权威·前沿·原创

皮书系列为

“十二五”“十三五”国家重点图书出版规划项目

BLUE BOOK

智库成果出版与传播平台

长江经济带蓝皮书

BLUE BOOK OF
YANGTZE RIVER ECONOMIC BELT

长江经济带发展报告（2019~2020）

ANNUAL REPORT ON THE DEVELOPMENT OF YANGTZE RIVER ECONOMIC BELT (2019-2020)

主　编／王　振
副主编／周海旺　王晓娟　尚勇敏

社会科学文献出版社
SOCIAL SCIENCES ACADEMIC PRESS (CHINA)

图书在版编目(CIP)数据

长江经济带发展报告. 2019-2020 / 王振主编. --
北京：社会科学文献出版社，2021. 1
（长江经济带蓝皮书）
ISBN 978-7-5201-7557-9

Ⅰ. ①长… Ⅱ. ①王… Ⅲ. ①长江经济带-区域经济
发展-研究报告-2019-2020 Ⅳ. ①F127. 5

中国版本图书馆 CIP 数据核字（2020）第 215248 号

长江经济带蓝皮书
长江经济带发展报告（2019~2020）

主　　编 / 王　振
副 主 编 / 周海旺　王晓娟　尚勇敏

出 版 人 / 王利民
组稿编辑 / 邓泳红
责任编辑 / 吴　敏

出　　版 / 社会科学文献出版社·皮书出版分社（010）59367127
地址：北京市北三环中路甲 29 号院华龙大厦　邮编：100029
网址：www. ssap. com. cn
发　　行 / 市场营销中心（010）59367081　59367083
印　　装 / 天津千鹤文化传播有限公司

规　　格 / 开 本：787mm×1092mm　1/16
印 张：27. 25　字 数：410 千字
版　　次 / 2021 年 1 月第 1 版　2021 年 1 月第 1 次印刷
书　　号 / ISBN 978-7-5201-7557-9
定　　价 / 128. 00 元

长江经济带蓝皮书编委会

主要编撰者简介

王　振　上海社会科学院副院长，兼任信息研究所所长，长三角与长江经济带研究中心常务副主任，区域经济学博士生导师。“长江经济带蓝皮书”主编、“长三角经济蓝皮书”主编、“数字经济蓝皮书”主编。1998年毕业于日本京都大学，获博士学位，获得全国留学回国成就奖、上海市领军人才、享受国务院特殊津贴等荣誉。第十五届上海市人大代表、主席团成员。近年研究出版多部著作，主要有《长三角共建世界级产业集群研究》《长三角地区协同发展战略研究》《长江经济带创新驱动发展的协同战略研究》《构建人才全球战略与人才发展新格局》《上海2050发展愿景》《新产业革命与上海的转型发展》《全面创新改革：上海建设全球影响力科技创新中心的体制机制问题》等。

周海旺　1992年毕业于华东师范大学西欧北美研究所，现任上海社会科学院城市与人口发展研究所副所长，上海社会科学院社科创新智库“人口发展与公共政策”首席专家。兼任上海市老龄科研中心老年人口研究所所长、上海社会科学院人力资源研究中心副主任。中国人口学会会员，上海人口学会理事，上海老年学会理事。主要从事人口发展与公共政策、社会发展、人口老龄化与社会保障、流动人口与就业问题等研究，承担完成2项全国哲学社会科学基金课题，作为核心成员参与完成1项国家社科基金重大项目、1项重点项目，主持完成20多项上海市哲学社会科学基金和上海市政府决策咨询课题、70多项省市委办局委托课题项目。关于上海人口发展战略、人口发展预测、生育政策、人口老龄化对象的多项研究成果被政府部门采纳，获得10多次省部级以上奖励。

王晓娟 上海社会科学院应用经济研究所副研究员，2007年毕业于浙江大学，获博士学位，2009年上海社会科学院应用经济学博士后流动站出站，主要研究方向为产业网络和区域经济发展等。近年来主持或参与多项国家及省部级课题。主要学术成果有：专著《知识网络与企业竞争优势：浙江产业集群的经验研究》，论文《企业跨区域发展视角下的产业集群转型》《知识网络与集群企业创新绩效——浙江黄岩模具产业集群的实证研究》《上海服务业发展特征及其与经济增长的关系研究》《网络视角下企业跨区域发展与产业集群升级研究》《长江三角洲地区产业一体化：内涵、主体与途径》《跨国公司与产业集群的融合：从地理接近到关系嵌入》《三大都市圈的汽车产业集群》《工业城市转型升级的两种国际模式及对上海的启示》等。

尚勇敏 上海社会科学院生态与可持续发展研究所副研究员，区域经济学博士，产业经济学博士后，长三角与长江经济带研究中心副秘书长，《长江经济带蓝皮书》副主编。主要从事区域创新与区域可持续发展研究，近年来主持国家自然科学基金、上海市政府决策咨询重点课题、上海市科委软科学重点课题、委托项目等10项，出版《绿色·创新·开放：中国区域经济发展模式的转型》等著作3部，在《地理研究》等期刊发表SSCI、CSSCI论文20余篇，获上海市哲学社会科学优秀成果奖二等奖、上海市决策咨询研究成果奖二等奖等多项荣誉，相关研究多次获上海市政府领导肯定性批示。

摘　要

《长江经济带发展报告（2019～2020）》是“长江经济带蓝皮书”的第五本，也是上海社会科学院长三角智库创新团队组织研创的国家高端智库成果之一。本报告以长江经济带区域整体发展为研究对象，分为总报告、指数篇和产业篇三大部分，重点对2019～2020年长江经济带的经济、社会、环境等发展状态与态势做较全面的梳理。运用统计数据和政府报告资料，一方面，继续对长江经济带126个城市的绿色发展、科技创新、产业转型进行综合评估和排名；另一方面，对长江经济带农业、工业、金融业、旅游业等主要产业进行全面梳理。这些指数的发布和主要产业及城市发展的研究，对于长江经济带建设具有重要的决策参考价值。

总报告从经济发展、社会发展、生态发展和城市群发展四个维度，对2019年长江经济带总体发展状况进行了全面分析。其中，经济发展报告指出，面对国内外风险和挑战明显上升的复杂局面，2019年长江经济带经济继续保持中高速增长态势，占全国的比重持续上升，区域内省际差距有所减小。产业结构进一步优化。投资、消费、出口三大经济发展动能处于动态调整阶段，其中，投资规模仍呈增长态势，但增幅收窄；内需消费高速增长，增速有所回落；出口呈现较为明显的大幅波动特征。社会发展报告重点研究了长江经济带人口和社会发展情况、居民收入和消费情况、教育医疗和卫生服务发展情况、科技文化事业发展情况、就业养老与社会保障情况等。生态发展报告指出长江经济带生态发展水平不断提升，生态系统逐步恢复、环境质量总体改善、资源利用效率不断提升，但区域性、局部性的生态环境问题依然明显。城市群发展报告指出，近年长江经济带三大城市群区域经济呈下行走势，但总体位于中高速增长区间；区域经济总量明显增加，对长江经济带和我国区域经济的贡献份额稳中有增；经济发展水平稳步提升，但地区差距较大。

指数篇包括了五大指数，分别是长江经济带绿色发展指数、科技创新驱动力指数、产业转型升级指数、社会发展指数和收入分配指数。其中，绿色发展指数报告从绿色生态、绿色生产、绿色生活三个领域，对长江经济带126个地级及以上行政区2018年度的绿色发展水平进行了系统评价。通过对绿色发展综合指数和三大领域发展指数的测算和排名，在城市、城市群两个尺度上全面刻画了长江经济带绿色发展水平和空间格局。科技创新驱动力指数报告通过构建长江经济带科技创新驱动力指标评价体系，并基于AHP-EVM模型设置主客观综合指标权重，得到科技创新驱动力综合指数及科技创新投入、科技创新载体、科技创新产出、科技创新绩效4个专项指数和10个二级指标得分，全面系统地评价了长江经济带110个城市的科技创新驱动力。结果表明，以上海、南京、武汉、苏州、杭州等城市为长江经济带科技创新核心驱动力的格局趋于稳定，成都、重庆、南昌、贵阳等中西部中心城市的排名均有所提升。产业转型升级指数报告从结构优化、质量提升、产业创新、环境友好四个维度，系统全面地评价了长江经济带126个城市的产业转型升级水平。依据综合指数及4个专项指数，对126个城市进行了排名，并着重对长江经济带产业转型升级排名前20的重点城市进行了分析。社会发展指数通过扩充样本数量、改进分析框架，对长江经济带全域范围内126个城市社会事业、社会保障、社会均衡和社会活力四个领域的发展成效进行综合评价。整体而言，长江经济带126个城市社会发展指数得分处于相对较低水平，区域差距较大。收入分配指数报告对2018年的收入分配指标体系做了进一步完善，仅评价了初次分配的效率性和公平性，选取了要素生产效率、要素配置效率、初次分配过程公平、初次分配结果公平4个指标，共筛选了11个测度指标，对长江经济带110个城市收入分配指数进行了分析评价，提出长江经济带在健全收入分配制度、改善收入分配状况方面取得了不少成绩，但依然有不合理、不规范的地方需要进一步改善。

产业篇跟踪研究了长江经济带农业、工业、数字经济、金融业、旅游业、交通运输业和文化产业等的最新发展态势，运用统计年鉴、统计公报数据进行全面梳理分析。其中，农业发展报告指出，2019 年，长江经济带地区的农业增加值占全国的比重稳定在 43% 左右。从产业结构来看，林业和渔业对全国农业经济的贡献度相对较高；从土地单产来看，长江经济带地区的谷物和油菜籽的土地产出率明显高于全国平均水平；从农业现代化水平来看，中下游地区的农业劳动生产率、土地产出率、机械化和设施化程度相对较高；从发展趋势来看，近年来耕地面积呈下降趋势，粮食产量有所下降，第一产业就业比重继续下降，农业就业人口占全国的比重相对稳定。工业发展报告指出，2019 年，长江经济带工业经济运行总体平稳、稳中有进，工业生产稳步发展，工业投资增速回落，经济效益持续下滑，工业资产平稳增长。分行业看，长江经济带计算机、通信和其他电子设备制造业稳中有进，化学原料和化学制品制造业差异化发展，电气机械和器材制造业良性发展，汽车制造业平稳发展。金融业发展报告指出，2019 年长江经济带金融业发展水平小幅提高，区域金融发展差异继续缩小，保险深度小幅上升，金融业务占有全国较大比重。银行存款业务增速保持平稳，贷款业务增速较快；上市公司数量与会员交易额保持较大比重，股票集资额和证券交易额均明显上升；保险业务增速显著提高。旅游业发展报告指出，长江经济带 11 省市旅游业在文旅融合、乡村旅游、生态优化等领域取得了显著的成就，但全流域在资源分布、经营业绩和发展环境等方面仍存在差异。

关键词： 长江经济带　指数比较　产业特征　区域比较

目录

Ⅰ 总报告

Ⅱ 指数篇

Ⅲ 产业篇

皮书数据库阅读**使用指南**

总 报 告

General Reports

B.1

长江经济带经济发展报告（2019～2020）

马双　王振*

摘　要： 长江经济带是我国纵深最长、覆盖面最广、影响最大的黄金经济带，在我国区域发展格局中具有极其重要的地位和作用。2019年，面对国内外风险和挑战明显上升的复杂局面，长江经济带地区经济继续保持中高速增长态势，占全国的比重持续上升，区域内省际差距减小。产业结构进一步优化，服务业、工业、战略性新兴产业发展各有千秋。投资、消费、出口三大经济发展动能处于动态调整阶段，其中投资规模仍呈增长态势，但增幅收窄；内需消费高速增长，增速有所回落；出口呈现较为明显的大幅波动特征。

* 马双，上海社会科学院信息研究所科技创新研究室助理研究员，研究方向：产业创新与转型；王振，上海社会科学院副院长、信息研究所所长，研究员，研究方向：区域经济政策与理论。

关键词： 经济发展 产业结构 经济动能 长江经济带

长江经济带在我国区域发展格局中具有极其重要的地位和作用，是我国纵深最长、覆盖面最广、影响最大的黄金经济带，是事关国家可持续发展的重要生态安全屏障，更是推动我国形成优势互补高质量发展的先行区域。

2019 年，面对国内外风险和挑战明显上升的复杂局面，长江经济带在“共抓大保护、不搞大开发”精神指引下，坚持稳中求进工作总基调，积极落实高质量发展总要求，经济增长保持韧性，创新驱动力稳步提升，新旧动能加快转换，经济结构持续优化，充分展现出黄金经济带的活力和潜力。2019 年长江经济带 11 省市经济规模占全国经济总量的比重达到 46.2%，进一步凸显了其对全国经济的支撑引领作用。特别是，在 2018 年 11 月首届中国国际进口博览会上习近平总书记宣布长三角一体化发展战略上升为国家战略以来，围绕一体化和高质量两大关键，长三角一体化发展进入了国家推动的新阶段，长江经济带区域经济发展正在形成新动能。

一 2019年长江经济带经济发展概况

2019 年，长江经济带地区经济继续保持中高速增长态势，地区经济总量和人均经济规模持续扩大，在全国经济发展格局中的重要性进一步凸显，经济发展质量不断提高，且省际经济发展差距缩小。

（一）经济规模持续扩大，增长速度略微下降

2019 年，长江经济带 11 省市实现地区生产总值 45.8 万亿元，平均增速达到 7.2%，较上年增速下降 0.5 个百分点，较同期我国国内生产总值增速高出 1.1 个百分点，与上一年的领先幅度持平。人均 GDP 达到 78276 元，同比增长 3.4%，高出全国平均水平（70892 元）近 7400 元，领先幅度进一步扩大。在 11 省市中，GDP 增速低于全国的只有上海（6.0%），人均 GDP

规模低于全国水平的有安徽、江西、湖南、四川、贵州和云南6省（见表1）。总体来看，长江经济带地区经济规模实现了持续稳定增长，经济增速呈现放缓趋势，但相对于全国经济增速优势仍较为突出。人均经济规模继续攀升，领先全国同期水平的幅度进一步扩大。

表1　2019年长江经济带11省市GDP和人均GDP情况

地区	GDP(亿元)		GDP增速(%)		人均GDP(元)	
	2018年	2019年	2018年	2019年	2018年	2019年
上海	32680	38155	6.6	6.0	135000	157300
江苏	92595	99632	6.7	6.1	115168	123607
浙江	56197	62352	7.1	6.8	98643	107624
安徽	30007	37114	8.0	7.5	47712	58496
江西	21985	24758	8.7	8.0	47434	53164
湖北	39367	45828	7.8	7.5	66531	77321
湖南	36426	39752	7.8	7.6	52950	57540
重庆	20363	23606	6.0	6.3	65933	75828
四川	40678	46616	8.0	7.5	48883	55774
贵州	14806	16769	9.1	8.3	41244	46433
云南	17881	23224	8.9	8.1	34545	47944
长江经济带	402985	457806	7.7	7.2	68549	78276
全国	900309	990865	6.6	6.1	64644	70892

资料来源：2018～2019年中国和各省市统计公报。

（二）经济比重继续提升，省际差距有所减小

2019年，长江经济带11省市生产总值占全国的比重达到46.2%，较2018年提升1.4个百分点，较2017年提升1个百分点，近三年经济总量增加8万亿元以上，长江经济带地区经济在全国经济总量中的比重上升。

在总量保持上升的情况下，长江经济带区域内各省市经济差距不断缩小。2019年，东部发达的长三角地区（沪苏浙皖）的经济总量在长江经济带中所占比重有所下滑，从2017年的52.3%下降到2019年的51.8%，下

降了0.5个百分点；中部地区赣鄂湘的占比从2017年的24.7%下降到2019年的24.1%，西部地区云贵川渝的占比从2017年的23.1%提高到2019年的24.2%。总体而言，西部欠发达地区的GDP占比提升，东部和中部地区的占比略微下降，长江经济带区域内省际差距减小（见表2）。

表2　2017~2019年长江经济带11省市GDP占比情况

单位：亿元，%

项目	2017年		2018年		2019年	
	GDP	占比	GDP	占比	GDP	占比
上海	30134	8.1	32680	8.1	38155	8.3
江苏	85901	23.0	92595	23.0	99632	21.8
浙江	51768	13.8	56197	13.9	62352	13.6
安徽	27519	7.4	30007	7.4	37114	8.1
江西	20819	5.6	21985	5.5	24758	5.4
湖北	36523	9.8	39367	9.8	45828	10.0
湖南	34591	9.3	36426	9.0	39752	8.7
重庆	19500	5.2	20363	5.1	23606	5.2
四川	36980	9.9	40678	10.1	46616	10.2
贵州	13541	3.6	14806	3.7	16769	3.7
云南	16531	4.4	17881	4.4	23224	5.1
长江经济带	373807		402985		457806	
全国	827122		900309		990865	
占比	45.2		44.8		46.2	

资料来源：2018~2019年中国和各省市统计公报。

二　2019年长江经济带产业发展概况

2019年，长江经济带产业结构进一步优化，除江西外各省市的第三产业占比均超过了50%。其中，服务业发展势头强劲，工业经济明显好转，战略性新兴产业加速成长，重点行业表现突出，但省际之间产业结构、产业体系和重点产业发展情况仍存在明显的差异。

（一）产业结构进一步优化，省际差异仍较明显

2019年，长江经济带11省市产业结构进一步优化，三产结构平均值从8.1∶40.6∶51.1调整为7.8∶38.8∶53.5，第一和第二产业比重进一步下降，第三产业比重上升2.4个百分点。分地区看，除了湖南的第一产业比重有所上升，其余地区的第一和第二产业比重均持平或下降，而11省市的第三产业比重均上升。其中，上海的第三产业比重首次超过70%，安徽、湖北、贵州、云南的第三产业比重首次达到或超过50%。

从各省市的产业结构比较来看，上海第三产业产值占比高出第二产业45.7个百分点，第二产业占比不足30%，第一产业占比微乎其微，服务型经济主导的产业结构特征极为明显；浙江、重庆的第一产业占比均不足7%，第三产业占地区生产总值的比重高出第二产业10个百分点以上，形成典型的"三二一"型产业结构；江苏、江西的第二产业比重与第三产业比重相差不大，呈现服务业与工业并重的产业格局；安徽、湖北的产业结构正处于服务业、工业并重向"三二一"型产业结构转型的过程中；湖南、四川、贵州、云南的第一产业比重在9%～14%，第二产业比重不足40%，第三产业占比又远远超过第二产业，产业体系中的农业仍占据一定地位，服务业增长较快，工业制造业等实体经济日渐式微（见表3）。

表3　2018～2019年长江经济带11省市三产结构变化情况

单位：%

地区	2018年			2019年		
	第一产业	第二产业	第三产业	第一产业	第二产业	第三产业
上海	0.3	29.8	69.9	0.3	27.0	72.7
江苏	4.5	44.5	51.0	4.3	44.4	51.3
浙江	3.4	43.6	53.0	3.4	42.6	54.0
安徽	8.8	46.1	45.1	7.9	41.3	50.8
江西	8.6	44.6	44.8	8.3	44.2	47.5
湖北	9.0	43.4	47.6	8.3	41.7	50.0
湖南	8.5	39.7	51.8	9.2	37.6	53.2

续表

地区	2018 年			2019 年		
	第一产业	第二产业	第三产业	第一产业	第二产业	第三产业
重庆	6.8	40.9	52.3	6.6	40.2	53.2
四川	10.9	37.7	51.4	10.3	37.3	52.4
贵州	14.6	38.9	46.5	13.6	36.1	50.3
云南	14.0	38.9	47.1	13.1	34.3	52.6

资料来源：2018～2019 年中国和各省市统计公报。

（二）服务业发展势头强劲，工业经济明显好转

2019 年，长江经济带服务业增加值超过 24 万亿元，增速达 7.8%，占 GDP 比重接近 54%，成为拉动区域经济发展的主要产业部门。除江西、湖北两省，其他 9 省市的服务业产值占比均超过了 GDP 的一半。其中，江苏、浙江的服务业对地区生产总值的贡献率最高，分别达到 147.9%、112.9%，贵州、重庆的服务业对地区生产总值的贡献率最低，仅分别为 28.2%、35.0%。

服务业重点行业发展情况地区差异较大。2019 年，上海服务业中增长最快的是信息传输、软件和信息技术服务业，增速接近 20%，占服务业比重最大的金融业增加值达 6600.6 亿元，增速达到 11.6%。江苏服务业中的金融、交通仓储运输和邮政等行业增长明显，互联网及相关服务业增速最快。浙江以新产业、新业态、新模式为主要特征的“三新”经济增加值占 GDP 的比重为 25.7%。数字经济核心产业增加值 6229 亿元，按可比价计算比上年增长 14.5%。安徽以互联网信息技术、商务服务等新兴行业为代表的规模以上其他营利性服务业营业收入增长 20.9%，带动优势凸显。江西省 2019 年的邮电业务总量高达 3068.6 亿元，比 2018 年增长 71.8%，是服务业中增长最快的产业门类。湖北、湖南的信息传输、软件和信息技术服务业增长较快。贵州的数字经济产业在 2019 年高达 22.1%，增速连续 5 年领跑全国。重庆的房地产业增速放缓，全年增速降至 2.7%，金融服务业增速最快，达

8.0%。云南、四川的交通运输和旅游业的增长速度仍保持在两位数以上。

2019年，长江经济带各省市的工业经济发展均有所好转。上海规模以上工业增加值增速达到0.4%。全年6个重点工业行业完成工业总产值23279.15亿元，比上年增长0.1%，占全市规模以上工业总产值的比重为67.6%。江苏的装备制造业增加值比上年增长6.0%，对规模以上工业增加值的贡献率达46.5%，其中电气机械、医药、专用设备等先进制造业增加值均实现10%以上的增长。浙江17个传统制造业增加值增长6.4%，平板电脑、3D打印设备、光纤、城市轨道车辆、太阳能电池、工业机器人等先进工业产品产量快速增长。安徽40个工业大类行业有35个行业的增加值保持增长，其中，化学原料和化学制品制造业，汽车制造业，通用设备制造业，电气机械和器材制造业，计算机、通信和其他电子设备制造业等增加值增长迅速。江西规模以上轻工业增加值增长4.3%，重工业增加值增长10.6%，38个工业大类行业中的26个大类行业增加值实现增长，增长面为68.4%，其中11个行业增加值实现两位数增长。湖北2019年规模以上工业增加值增速较上年提升0.7个百分点，其中高技术制造业增加值增长14.4%，快于规模以上工业6.6个百分点，对规模以上工业增长的贡献率达17.0%。湖南规模以上工业增加值占地区生产总值的比重、工业对地区经济增长的贡献率均有上升，其中六大高耗能行业增加值增长5.4%，占规模以上工业增加值的比重为29.1%。重庆规模以上工业增加值比上年增长6.2%，电子、装备、化工、医药、材料、能源等工业门类增加值均呈现快速上升态势。四川规模以上工业41个行业大类中有37个行业增加值增长，其中石油和天然气开采业，计算机、通信和其他电子设备制造业，铁路、船舶、航空航天和其他运输设备制造业三大行业增加值增速最快。贵州19个重点监测的行业中，12个行业增加值保持增长。其中，黑色金属冶炼和压延加工业、有色金属冶炼和压延加工业、煤炭开采和洗选业增加值增幅均在18%以上，是增长最快的三个产业部门。云南规模以上工业增加值增长400亿元，但增速放缓3.7个百分点，其中电力、热力生产和供应业，非金属矿物制品业，黑色金属冶炼及压延加工业等增加值实现较快增长。

表4　2018～2019年长江经济带11省市规模以上工业增加值及增速

单位：亿元，%

地区	2018年		2019年	
	工业增加值	增速	工业增加值	增速
上海	8694.95	1.9	9670.68	0.4
江苏	35748.3	5.1	37964.7	6.2
浙江	14714.0	7.3	16157.0	6.6
安徽	10675.6	9.3	11454.9	7.3
江西	8263.4	8.9	8965.8	8.5
湖北	13987.3	7.1	15078.3	7.8
湖南	10754.8	7.4	11647.4	8.3
重庆	6268.1	0.5	6656.7	6.2
四川	12375.6	8.3	13365.7	8.0
贵州	4687.0	9.0	5137.0	9.6
云南	4904.3	11.8	5301.5	8.1

资料来源：2018～2019年中国和各省市统计公报。

（三）战略性新兴产业加速成长，重点行业表现突出

2019年，长江经济带11省市战略性新兴产业实现增加值平均增速11.2%，高于全国增速（8.4%）2.8个百分点。上海战略性新兴产业产值占地区生产总值的比重为16.1%，比上年提高0.4个百分点，其中工业增长3.3%，服务业增长13.3%；江苏战略性新兴产业产值比上年增长7.6%，占规模以上工业总产值的比重达32.8%，比上年提高0.8个百分点；浙江以新产业、新业态、新模式为主要特征的“三新”经济增加值占GDP的25.7%，数字经济核心产业增加值达6229亿元，比上年增长14.5%；安徽七大战略性新兴产业增幅均在10%以上，24个战略性新兴产业集聚发展基地产值平均增长13.6%；江西战略性新兴产业增加值增长11.4%，占比为21.2%，比上年提高4.1个百分点，其中电子信息制造等行业快速增长；湖北战略性新兴产业实现10%的增长，其中锂电池、微信计算机设备、显示器等电子信息产品产量增幅明显；湖南战略性新兴产业增加值增长9.9%，

占地区生产总值的比重为8.6%，其中高加工度工业和高技术制造业增加值分别增长13.1%和16.3%，装备制造业增加值增长14.1%，占规模以上工业的比重达30.5%，机械制造行业继续表现出色；重庆新一代信息技术、生物医药、新材料、高端装备制造等产业表现亮眼，分别增长16.0%、7.9%、10.3%和7.8%；四川高技术制造业增加值增长11.7%，铁路、船舶、航空航天等高端装备制造业增幅明显；贵州近五年的战略性新兴产业年均增长都在13%以上，总产值近6000亿元，以新一代电子信息技术为主导的战略性新兴产业所占份额年均增长15%以上；云南围绕以生物医药、生物制造和生物技术服务为主的现代生物产业，基于硅、锗、铟等光电子基础材料资源优势和军工领域光电子技术积累，2019年实现战略性新兴产业增加值增长13.3%，占地区生产总值比重提高10%以上（见图1）。

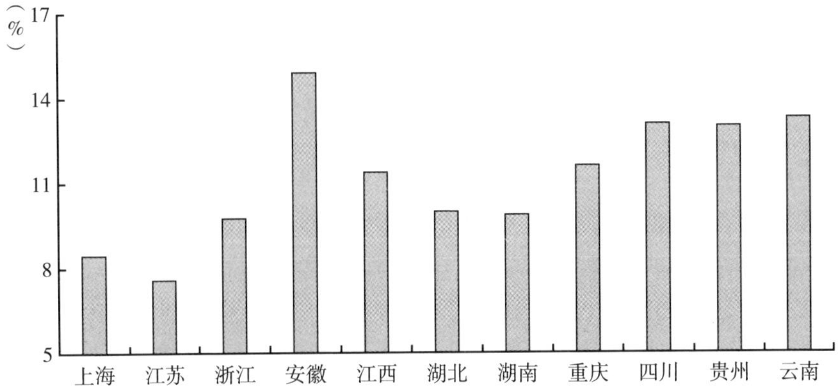

图1　2019年长江经济带11省市战略性新兴产业产值增速

资料来源：2019年长江经济带各省市统计公报。

三　2019年长江经济带三大经济动能概况

2019年，长江经济带地区经济增长动力仍处于动态调整阶段。三大发展动力中，投资规模仍然处于增长态势，但增幅收窄；内需消费高速增长，增幅有所回落；出口呈现较为明显的大幅波动变化特征。总体而言，长江经济带三大发展动力对经济增长的拉动作用仍然显著，但规模增速普遍下降，且内部各要素之间处于动态变化之中，地区经济增长动力结构存在较明显的差异。投资和消费实现较快增长，但增速放缓。受国际贸易形势影响，出口波动较大。

（一）投资规模继续增长，增速仍处下滑轨道

2019 年，长江经济带固定资产投资额继续保持增长，固定资产投资规模达 334441 亿元，占全国的比重接近 60%；投资增速达 7.7%，高出全国平均值 2.6 个百分点，但增幅较上年有所收窄。近年来，随着供给侧结构性改革和结构转型升级优化的推进，长江经济带固定资产投资回归理性，增幅持续收窄。除浙江、湖南投资增速实现正增长外，其余省市都出现增速放缓迹象。其中，贵州的固定资产投资增速下滑 14.8 个百分点，位于 11 省市下降之首，安徽、江西、重庆、云南等省市的投资增速也都出现 1～3 个百分点的下滑，上海、江苏、湖北、湖南、四川等省市的投资增速变化不大，呈现较为稳定的态势。

（二）内需消费高速增长，全国占比较为稳定

2019 年，长江经济带内需消费实现较快增长，全社会消费品零售总额增速为 8.9%，高出全国平均值 0.9 个百分点。其中，安徽、江西、湖北、湖南、四川、云南等省市的全社会消费品零售总额增速实现两位数以上较快增长。但是纵向比较来看，长江经济带地区除江西、湖南有微幅上升外，其余省市的消费增速均呈现不同程度的下降，贵州降幅最大为 3 个百分点，但远低于其固定资产投资的降幅。2019 年，长江经济带全社会消费品零售总额增至 176636 亿元，占全国的比重达 42.9%，消费带动作用依旧明显，但近五年来消费占全国的比重变化不大，远低于投资占比。

（三）出口增速明显好转，波动幅度仍然较大

2019 年，中美贸易摩擦不断升级，但世界经济总体稳步复苏，大宗商

品价格回升，国际经贸活跃，加之我国“一带一路”建设取得新的进展，长江经济带11省市出口仍然实现了较快增长，其中，除贵州出现了负增长外，其余省市均实现正增长。全年长江经济带实现出口额83817亿元，同比增长12.5%，增速较2018年上升1.6个百分点，高出全国7.5个百分点。其中，湖南出口增速达到51.9%，位居全国前列；安徽、江西、湖北、四川、云南等省市的出口增幅也达到了两位数。浙江出口增长稳定在9.0%，在沿海省份中排名前列。上海、江苏、重庆的出口增速下降较为明显，降幅为6～8个百分点。在全国地位方面，2019年长江经济带11省市出口规模占比达48.6%，重要性进一步显现。总体而言，长江经济带出口总体稳定，但受国际贸易不确定性影响，各省市的出口波动也较大。

表5　2019年长江经济带11省市投资、消费和出口情况

地区	绝对值（亿元）			增速（%）		
	投资	消费	出口	投资	消费	出口
上海	8012	13497	13721	5.1	6.5	0.4
江苏	58767	35291	27209	5.1	6.2	2.1
浙江	36703	27176	23070	10.1	8.7	9.0
安徽	35632	13378	2787	9.2	10.6	11.6
江西	26794	8422	2497	9.2	11.3	12.3
湖北	39129	20244	2485	10.6	10.3	10.3
湖南	37941	17240	3076	10.1	10.2	51.9
重庆	19725	9533	3713	5.7	8.7	9.4
四川	30928	20144	3892	10.2	10.4	16.8
贵州	17881	4174	327	1.0	5.1	-3.1
云南	22929	7539	1036	8.5	10.4	17.3
长江经济带	334441	176636	83817	7.7	8.9	12.5
全国	560874	411649	172342	5.1	8.0	5.0
与全国比较	占比59.6%	占比42.9%	占比48.6%	高2.6个百分点	高0.9个百分点	高7.5个百分点

资料来源：2019年中国和各省市统计公报。

从近年的发展趋势来看，长江经济带三大发展动力对经济增长的拉动作用仍然显著，但增速普遍下降，且内部各要素之间处于动态变化之中，地区经济增长动力结构存在较明显的差异。具体而言，投资、出口对长江经济带经济的拉动效果有所下降，消费的拉动作用显著上升，这与过去一直依靠大规模投资和享用经济全球化带来的外贸红利形成鲜明对比。从各省市来看，上游地区的投资、出口的经济带动作用仍较显著，中游地区“三驾马车”的经济贡献率相对稳定，下游地区则主要依靠扩大内需来拉动经济。上海、江苏等省市的投资、消费与出口的增速差距不断扩大，中部地区的江西、湖北等地三大需求的增速差距缩小，各发展动力对经济的贡献率也变化不大，而西部地区各省市的投资、出口降幅明显大于消费降幅。

B.2

长江经济带社会发展报告（2019～2020）

周海旺　欧阳才宇*

摘　要： 近年来长江经济带全域以共抓大保护、不搞大开发为导向，以流域生态保护优先、绿色高效发展为引领，依托长江黄金水道和跨流域立体交通网，在推动长江上、中、下游地区社会高质量发展方面取得了显著成效。本报告以长江经济带11省市2010年以来的社会发展基础数据为支撑，重点研究人口和社会发展情况、居民收入和消费情况、教育医疗和卫生服务发展情况、科技文化事业发展情况、就业养老与社会保障情况等社会民生各方面的发展情况。力求在分析梳理长江经济带社会发展基本趋势的同时，弄清现状和问题、挖掘痛点、厘清思路，为进一步推动全流域经济社会协同发展、打造高品质社会发展集聚区提供参考。

关键词： 长江经济带　社会发展　社会事业

近十年，长江经济带各省市社会发展水平都有了很大提升。上游云贵、川渝和中游湘鄂赣，在经济高速发展的基础上实现了社会发展的齐头并进。下游江、浙、沪、皖则保持了原有的高水平发展态势，同时不断创新社会服务理念和方法，尤其是近年安徽经济崛起给长江中下游地区经济发展带来了

---

* 周海旺，上海社会科学院城市与人口发展研究所副所长，研究员；欧阳才宇，上海社会科学院城市与人口发展研究所研究生。

新的增长点，其社会建设方面也变得愈发高效。整个长江经济带社会发展呈现欣欣向荣景象。作为中国新一轮改革开放和转型发展的重要窗口，长江经济带是具有全球影响力的黄金水道和内河经济带，融贯东、中、西，横穿华夏大地，是我国沿海沿江“T”形经济结构的重要支撑，也是中国生态文明建设的先行示范带。这一地区社会治理和社会服务能力综合建设的推进对于我国各项社会事业发展能级的提升具有重大而深远的意义。本文将“十三五”以来长江经济带11省市各个方面的社会发展数据进行汇总，利用多种数据呈现手段和方法，对各地多维度社会发展基本情况进行细致的刻画和梳理，在此基础上提出推动长江经济带各省市社会发展水平向更高层次迈进的一些意见和建议。

一　长江经济带各省市社会发展基本情况

（一）人口和社会发展

“十二五”以来，长江经济带各省市的常住人口总量都保持稳定小幅增长态势，11省市常住人口总量2010年为5.73亿人，2019年达到6.02亿人，约占全国总人口数的43%。其中，四川省常住人口最多，达到8375万人，其后依次为江苏省、湖南省、安徽省（见表1）。

在常住人口密度的空间分布方面，受制于西高东低的地形地貌和长期历史发展差异，长江经济带各省市人口密度由西向东越来越大。可以看出，人口密度最高的上海市每平方公里人口数是最低的云南省的22倍，人口的空间集聚效应十分明显。

在常住人口变动方面，近十年来长江经济带各省市常住人口同比增幅基本保持在2%以内，年均增长率约0.56%。其中2011年的云南、2015年和2017年的江苏出现了负增长。人口总体趋势上，2016年以来随着全国二孩政策全面放开，各省市人口增速有了明显的提升，但是“十三五”末期又逐步恢复到了2011年的水平。空间分布上，近十年整个长江下游地区的常

表1　2010～2019年长江经济带11省市常住人口情况

单位：万人

年份	上海	江苏	浙江	安徽	湖南	湖北	江西	四川	重庆	贵州	云南	合计
2010	2303.00	7869.00	5447.00	5957.00	6570.00	5728.00	4462.00	8045.00	2885.00	3479.00	4602.00	57347.00
2011	2347.46	7898.80	5463.00	5968.00	6595.60	5757.50	4488.44	8050.00	2919.00	3468.72	4630.80	57587.32
2012	2380.43	7919.98	5477.00	5988.00	6638.93	5779.00	4503.93	8076.20	2945.00	3484.07	4659.00	57851.54
2013	2415.15	7939.49	5498.00	6029.80	6690.60	5799.00	4522.15	8107.00	2970.00	3502.22	4686.60	58160.01
2014	2425.68	7960.06	5508.00	6082.90	6737.24	5816.00	4542.16	8140.20	2991.40	3508.04	4713.90	58425.58
2015	2415.27	7976.30	5539.00	6143.60	6783.03	5851.50	4565.63	8204.00	3016.55	3529.50	4741.80	58766.18
2016	2419.70	7999.00	5590.00	6196.00	6822.00	5885.00	4592.00	8262.00	3048.00	3555.00	4771.00	59139.70
2017	2418.33	8029.30	5657.00	6254.80	6860.20	5902.00	4622.10	8302.00	3075.16	3580.00	4800.50	59501.39
2018	2423.78	8050.70	5737.00	6323.60	6898.80	5917.00	4647.60	8341.00	3101.79	3600.00	4829.50	59870.77
2019	2428.14	8070.00	5850.00	6365.90	6918.40	5927.00	4666.10	8375.00	3124.32	3622.95	4858.30	60206.11

资料来源：国家及各省市统计年鉴，2019年各省市国民经济和社会发展统计公报。

住人口增长速度明显放缓，中西部地区的常住人口增速虽然有所提升，但并不十分明显，整体提高幅度较大的是湖北和云南两省。在城市群的尺度上，长江中游城市群和成渝城市群对人口的吸引力越来越大，常住人口的空间变动趋势与近年经济发展趋势基本相符。

在人口自然增长方面，长江经济带呈现明显的西高东低的基本态势，11个沿江省份中安徽、江西、贵州、云南四省人口自然增长率较高，东部地区则普遍较低，尤以上海和江苏最为明显。2019年自然增长率最高的贵州省是最低的上海市的4.5倍，这与常住人口规模呈明显的负相关（见表2）。

2019年自然增长率的空间分布可以更明显地看到浙、皖、赣、云、贵在人口发展方面的较好态势，而人口规模较大、密度较高的上海和江苏，包括中上游的重庆和湖南，整体增长趋势偏弱。众所周知，人口增长的疲乏对于经济的长期影响是显而易见的。因此，降低生育成本、提高生育服务水平将成为上述地区促进社会长期、稳定、可持续发展的关键环节之一。

在城镇化率方面，2019年长江经济带各省市平均值为61.7%，超过全国平均水平（60.60%），下游的江、浙、沪三省均超过70%，其中上海最高，为88.10%；中游的湖北和上游的重庆均超过60%，但不足70%，处于快速发展期的末端；长江上游的云贵两省城镇化率较低，均不足50%，单纯从城市发展规律的角度看还有很大的提升空间，但两省的自然条件可能成为其城市进一步拓展的阻碍（见表3）。

城市的发展有其客观规律，尤其是资源禀赋和空间条件对于不同城市的成长性有着巨大的影响。从整体结构看，长江上游成渝城市群和下游长三角城市群，城镇化发展梯队非常明显，区域协同发展处于两个非常重要的阶段。上游四省处于中心城市快速发展期，由于没有经历过城市化，各种城市发展问题，如老旧城区改造、交通拥堵、环境建设等都将在这个过程中逐步显现，这也是未来一段时间区域发展中所面临的挑战，加之上游地区的地形地貌特点，集约发展成为其城市发展的必由之路。而下游的长三角城市群经历了快速的城市化过程，大城市迅速发展，但中小城市发展明显缺乏有效互动和联系，长期以来各自为政的问题比较突出，发展分化较为明显，如何实现生

表 2　2015～2019 年长江经济带 11 省市人口自然增长情况

单位：‰

年份	指标	上海	江苏	浙江	安徽	湖南	湖北	江西	四川	重庆	贵州	云南	平均值
2019	出生率	7.00	9.12	10.51	12.03	10.39	11.35	12.59	10.70	10.48	13.65	12.63	10.95
	死亡率	5.50	7.04	5.52	6.04	7.28	7.08	6.03	7.09	7.57	6.95	6.20	6.57
	自然增长率	1.50	2.08	4.99	5.99	3.11	4.27	6.56	3.61	2.91	6.70	6.43	4.38
2018	出生率	7.20	9.32	11.02	12.41	12.19	11.54	13.43	11.05	11.02	13.90	13.19	11.48
	死亡率	5.40	7.03	5.58	5.96	7.08	7.00	6.06	7.01	7.54	6.85	6.32	6.53
	自然增长率	1.80	2.29	5.44	6.45	5.11	4.54	7.37	4.04	3.48	7.05	6.87	4.95
2017	出生率	8.10	9.71	11.92	14.07	13.27	12.6	12.43	11.26	11.18	13.98	13.53	12.00
	死亡率	5.30	7.03	5.56	5.90	7.08	7.01	7.11	7.03	7.27	6.88	6.68	6.62
	自然增长率	2.80	2.68	6.36	8.17	6.19	5.59	5.32	4.23	3.91	7.10	6.85	5.38
2016	出生率	9.00	9.76	11.22	13.02	13.57	12.04	13.45	10.48	11.77	13.43	13.16	11.90
	死亡率	5.00	7.03	5.52	5.96	7.01	6.97	6.16	6.99	7.24	6.93	6.55	6.49
	自然增长率	4.00	2.73	5.70	7.06	6.56	5.07	7.29	3.49	4.53	6.50	6.61	5.41
2015	出生率	7.52	9.05	10.52	12.92	13.58	10.74	13.20	10.30	11.05	13.00	12.88	11.34
	死亡率	5.07	7.03	5.50	5.94	6.86	5.83	6.24	6.94	7.19	7.20	6.48	6.39
	自然增长率	2.45	2.02	5.02	6.98	6.72	4.91	6.96	3.36	3.86	5.80	6.40	4.95

资料来源：国家及各省市统计年鉴，2019 年各省市统计公告。

表 3　2019 年长江经济带各省市人口城镇化基本情况

单位：万人，%

项目	上海	江苏	浙江	安徽	湖南	湖北
城镇	2139.2	5698.2	4095.0	3552.8	3958.7	3615.5
乡村	288.9	2371.8	1755.0	2813.1	2959.7	2311.5
人口城镇化率	88.10	70.61	70.00	55.81	57.22	61.00
项目	江西	四川	重庆	贵州	云南	合计
城镇	2679.3	4504.9	2087.0	1776.0	2376.2	36482.7
乡村	1986.8	3870.1	1037.3	1847.0	2482.1	23723.4
人口城镇化率	57.42	53.79	66.80	49.02	48.91	60.60

资料来源：国家及各省市统计年鉴，2019 年各省市统计公告。

态、绿色、高质量协同发展，一体化示范区的建设正是对新型城镇化的一次大胆尝试。长江中游地区的湘鄂赣三省从现状上看整体协同性较高，近年经济发展态势也良好，不论是人口密度、人口增长还是城镇化方面都有较好的潜力，地形地貌也相对较好。未来作为连接长江上下游的重要节点枢纽，以“九省通衢”的武汉为中心，长江中游城市群将成为拉动长江经济带进一步提质增效的关键环节，有基础实现世界级城市群的发展愿景。

（二）居民收入和社会消费

2010～2019 年，长江经济带各省市的城乡居民人均可支配收入呈现稳步增长的基本态势。其中，江、浙、沪三省的居民收入水平明显高于其他地区，整体表现出东高西低的演进形态，中上游各省市则基本低于全国平均水平。近年湖北和重庆的发展态势良好，但与下游地区的水平比较还是有一定的差距（见图 1）。

在居民消费品价格指数方面，2019 年长江经济带各省市 CPI 同比增幅基本保持在 3% 左右，消费者物价指数维持在合理区间，城乡居民人均消费支出保持增长势头。其中，城乡享受性消费支出（医疗保健、文化娱乐、交通和通信、家庭设备以及日用品等）有所减少，生存性消费支出（食品、居住及衣着等）明显增加。

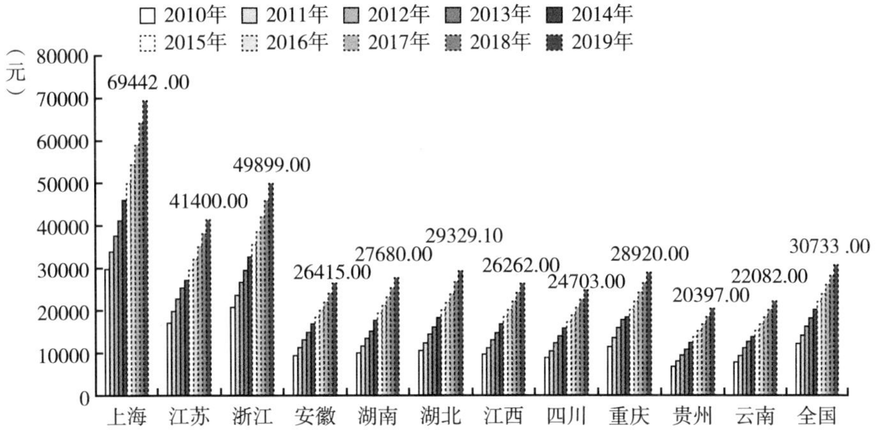

图1　2010～2019年长江经济带各省市城乡居民人均可支配收入

消费品价格的上涨反映了相应消费品需求的增加。一般来讲，生存性消费快速增加有两个方面的原因：其一，主要是短期物价的快速上涨，尤其是食品价格上涨的压力造成居民生活支出不断增加；其二，主要是长期人口结构方面的“老龄化”和“少子化”问题，造成居民整体消费结构的明显转向。目前，学术界对“老龄化”和“少子化”与居民消费的研究很多，但并未得出一致结论，既有正面影响的有关论证①②，也有负面影响的理论分析③，当然还有研究认为“老龄化”“少子化”与居民消费呈现非线性“U”形动态变化关系④。最新研究显示⑤，老年赡养比和少儿抚养比对于家庭生存性消费和享受性消费有着不同的影响（见图2）。

① Modigliani F., Cao S. L., “The Chinese Saving Puzzle and the Life: Cycle Hypothesis,” *Journal of Economic Literature*, 2004 (42).

② 谭江蓉、杨云彦：《人口流动、老龄化对农村居民消费的影响》，《人口学刊》2012年第6期。

③ 殷俊茹等：《人口老龄化对居民消费水平的影响研究——基于最优增长模型的理论分析与实证检验》，《系统工程理论与实践》2016年第12期。

④ 汪伟、艾春荣：《人口老龄化与中国储蓄率的动态演化》，《管理世界》2015年第6期。

⑤ 范兆媛、王子敏：《人口年龄结构与居民家庭消费升级——基于中介效应的检验》，《湘潭大学学报》（哲学社会科学版）2020年第2期。

表 4　2019 年长江经济带各省市城乡居民消费品价格增幅

单位：%

类别	指标	全国	上海	江苏	浙江	安徽	湖南	湖北	江西	四川	重庆	贵州	云南
生存性消费	食品烟酒价格	12.9	5.0	7.1	6.2	7.1	7.3	7.0	7.8	8.9	6.8	6.4	6.6
	衣着价格	0.8	3.2	2.8	1.8	2.1	1.1	1.6	0.9	1.2	0.2	0.2	-0.1
	居住价格	0.5	1.9	1.9	0.6	0.8	1.5	1.9	1.0	1.5	2.0	1.1	1.5
享受性消费	生活用品及服务价格	0.4	0.9	2.3	1.8	1.3	0.5	0.4	0.3	0.2	0.6	0.1	0.6
	交通和通信价格	-0.7	-2.2	-1.1	-1	-2.5	-1.4	-0.7	-2.2	-2.9	-1.4	-1.5	-1.8
	教育文化娱乐价格	1.8	1.2	2.6	3.7	2.2	2	2.5	2.4	0.8	1.9	0.6	1.9
	医疗保健价格	2.1	3.3	1.0	4.8	1.5	1.4	1.8	1.0	2.8	0.7	2.9	2.0

资料来源：国家及各省市统计年鉴，2019 年各省市统计公告。

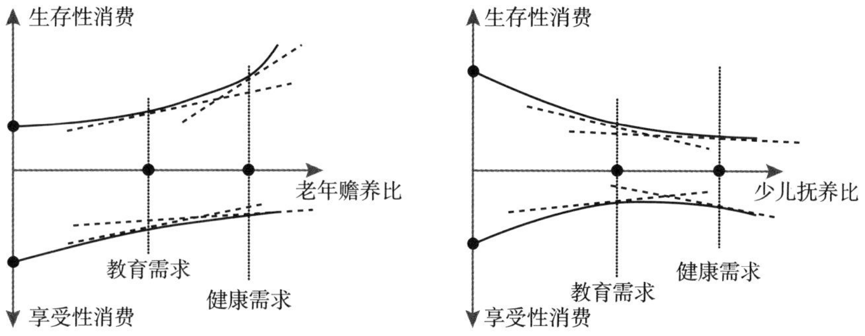

图2　老年赡养比和少儿抚养比提高对于居民消费影响的基本趋势

综合长江经济带各省市人口自然增长率的变化，可以发现流域人口老龄化问题日益严峻，生育率常年维持在较低水平。由此造成老年赡养比快速提高，自然在结构上也推高了家庭的生存性消费水平。2016年实施二孩政策以来，少儿抚养比经历了先快速增加又迅速回调的过程，这再一次推升了家庭生存性消费所占比重。因此，除了短期食品价格因素助推CPI上涨外，结构性消费转变是目前长江经济带居民收入和消费呈现新特点的关键因素之一。

（三）教育、医疗和卫生服务发展

“十二五”和“十三五”期间长江经济带11省市教育事业不断发展，各省市的平均受教育年限不断提高（见表5），各地区教学水平和教育质量明显提升，尤其是中西部地区的义务教育覆盖率进一步提升。

截至2019年，长江经济带各省市小学、初中、职业教育、高中和高等教育五个阶段的在校生人数均占到全国同阶段在校生人数的36%以上。其中，职业教育在校生规模人数占全国整体职业教育在校人数的比重最大，达到45.44%；占比最小的为初中阶段在校生人数，仅为36%，这与十年前长江经济带各省市新生人口规模的变动有很大的契合性（见表6）。

表 5　长江经济带各省市居民平均受教育年限情况

单位：年

年份	全国	上海	江苏	浙江	安徽	湖南	湖北	江西	四川	重庆	贵州	云南
2010	8.17	10.12	8.60	8.15	7.46	8.23	8.46	7.78	7.64	7.96	6.76	7.01
2011	8.81	10.48	9.16	8.82	8.25	8.81	9.05	8.74	8.22	8.78	7.59	7.69
2012	8.89	10.65	9.26	9.21	8.52	8.72	9.20	8.87	8.48	8.64	7.63	7.85
2013	8.98	10.56	9.42	9.37	8.52	8.96	9.34	9.24	8.45	8.68	8.04	7.84
2014	8.96	10.82	9.35	9.06	8.73	9.00	9.11	8.88	8.35	8.96	8.09	7.79
2015	9.07	10.95	9.49	8.98	8.80	9.30	9.33	8.87	8.45	8.94	7.78	8.05
2016	9.10	11.04	9.51	9.12	8.57	9.36	9.30	8.75	8.30	9.07	7.77	7.99
2017	9.21	11.41	9.44	9.13	8.56	9.40	9.35	8.72	8.50	9.14	8.09	8.13

注：“平均受教育年限”以 6 岁以上受教育人口为基本口径，且以 2011 年以来历年人口变动情况抽样调查数据为基础计算求得。具体来说，平均受教育年限 $=\frac{\sum P_i E_i}{P}$，P 为本地区 6 岁及以上人口，P_i 为具有 i 种文化程度人口数，E_i 为具有 i 种文化程度的人口受教育年数系数，i 则根据我国学制确定。

资料来源：2010 年全国人口普查、2015 年全国 1% 人口抽样调查、历年全国人口变动情况抽样调查等数据。

表6　2019年长江经济带各省市教育各阶段在校生人数

单位：人

地区	小学	初中	职业教育	高中	高等教育
全国	16479006	48271362	12161663	24143050	30315262
长江经济带	6991030	17380101	5526330	10126761	12885766
上海	145432	450954	99979	159445	526585
江苏	876384	2424561	621530	1050290	1874084
浙江	573232	1636986	542066	784233	1074688
安徽	753912	2188323	750713	1088028	1241151
湖南	839304	2482512	669992	1221359	1407108
湖北	561501	1653660	391910	852203	1500819
江西	765289	985973	385493	1055368	1134950
四川	935545	2737192	796091	1398064	1661737
重庆	384347	1115764	317203	616561	834864
贵州	545516	830780	438121	992072	765745
云南	610568	873396	513232	909138	864035

资料来源：教育部、国家及各省市统计年鉴，2019年各省市统计公告。

在小学教育入学率方面，11省市基本都达到全部入学标准，除安徽、四川、云南、贵州四省外，其他地区都在99.99%及以上。

高等教育毛入学率方面，2018年教育部公布中国高等教育毛入学率整体为48.1%，根据《中国教育监测与评价统计指标体系》中的指标解释，“高等教育毛入学率”只适用于国家级计算。① 因此，对于各地区的高等教育情况，我们只能用高中毕业生人数和高等教育招生人数的比值大致反映各省市高等教育的普及情况。

从表7中可以看到，高校的空间分布不均衡，上海、江苏、湖北三省市“招毕比”远远高于其他省市，其中上海由于高等教育资源集中，整体的招

① 教育部：《关于高等教育毛入学率统计口径的问题》，http：//www.moe.gov.cn/jyb_hygq/hygq_zczx/moe_1346/moe_1348/201909/t20190929_401597.html，2019年9月29日。

毕比达到185.42%。而地处西部地区的贵州和云南由于高校数量有限，整体招生规模偏低，贵州招毕比甚至不足30%。这样的高校招生规模在一定程度上制约了当地高等教育的普及和高层次人才队伍的建设。

表7　2019年长江经济带各省市高等教育招生人数和高中毕业人数

单位：人，%

地区	高中毕业生人数	高等教育招生人数	招毕比
全国	7892494	4312880	54.65
上海	51624	95721	185.42
江苏	313885	274259	87.38
浙江	254026	151634	59.69
安徽	363296	166050	45.71
湖南	379575	188797	49.74
湖北	274071	217367	79.31
江西	326947	145706	44.57
四川	470039	235226	50.04
重庆	206590	117696	56.97
贵州	333356	94667	28.40
云南	272366	108203	39.73

注：各省市高等教育招生人数统计中包括来自其他省市的，高校多的省市如上海会出现超过100%的情况。

资料来源：教育部、国家及各省市统计年鉴，2019年各省市统计公告。

在初中招毕比方面，由于高考制度的特殊性，东部地区教育大省的部分非本地户籍家长可能会在孩子小学毕业后选择将其送回老家就读，以保证其高中学业的连续性，这就造成了相关数据独特的分布特点。

从表8可以看到，长江下游地区的江、浙、沪三省市，整体初中招毕比低于中西部地区，而中西部地区初中招毕比往往会大于100%。在高中阶段，由于生源的相对稳定，各省市高中招毕比全部小于65%，这也反映了近年来各省市高中入学竞争激烈的社会现实。

表 8　2019 年长江经济带各省市初、高中招毕比

单位：人，%

地区	小学毕业生数	初中招生数	初中招毕比	初中毕业生数	高中招生数	高中招毕比
全国	16479006	16388487	99.45	14540936	8394949	57.73
上海	145432	132913	91.39	86567	54236	62.65
江苏	876384	862163	98.38	693410	387603	55.90
浙江	573232	550411	96.02	512211	273060	53.31
安徽	753912	768682	101.96	676496	378830	56.00
湖南	839304	851250	101.42	769462	437339	56.84
湖北	561501	565300	100.68	499686	301376	60.31
江西	765289	768708	100.45	635775	377216	59.33
四川	935545	943769	100.88	828692	484081	58.42
重庆	384347	396289	103.11	329956	209829	63.59
贵州	545516	561848	102.99	601458	325020	54.04
云南	610568	607343	99.47	618649	330490	53.42

资料来源：教育部、国家及各省市统计年鉴，2019 年各省市统计公告。

表 9 反映了长江经济带各省市各阶段专职教师数和师生比的基本情况。通过招生人数和在校生规模的控制，各省市在同一阶段的师生比的差距并不大。但是，从总量数据和不同阶段师生比数据可以发现，初中阶段专职教师整体规模偏小，其师生比仅略高于职业教育和高等教育，远远低于小学和高中阶段整体规模。在省级层面上，重庆的教师资源矛盾较为突出，各阶段的师生比都远远低于长江经济带其他省市。

“十三五”期间，长江经济带各省市医疗卫生事业得到了长足发展，总床位数、执业医师数和注册护士数不断增加（见表 10）。医疗机构覆盖率和医疗服务可达性大大提高，这些改变都极大地方便了人民群众生活，各省的医疗服务能力也随之有所提升，病死率逐年下降，医疗领域建设取得了一定的成绩。

不过，进一步分析 2010 年以来可获得的医疗数据发现，虽然相关事业发展取得长足进步，但是长江经济带中上游地区整体医疗服务水平仍普遍偏低，部分地区还不及全国平均水平。具体来说，在每千人执业医师数方面，长江经济带各省市虽然都在不断提高，并且五个省市即江、浙、沪、鄂、湘

表 9　2019 年长江经济带各省市各阶段专任教师数情况

单位：人，%

地区	小学		初中		职业教育		高中		高等教育	
	专职教师数	师生比	专职教师数	师生比	专职教师数	师生比	专职教师数	师生比	专职教师数	师生比
全国	6269084	38.04	3747429	7.76	642197	5.28	6389497	26.47	1760786	5.81
上海	59451	40.88	43073	9.55	8160	8.16	74450	46.69	46970	8.92
江苏	332052	37.89	200995	8.29	43161	6.94	344304	32.78	121239	6.47
浙江	216107	37.70	130566	7.98	35613	6.57	234451	29.90	67262	6.26
安徽	255415	33.88	162358	7.42	27884	3.71	278849	25.63	62926	5.07
江西	238475	28.41	136570	5.50	14225	2.12	226371	18.53	60839	4.32
湖北	208322	37.10	133135	8.05	20452	5.22	223227	26.19	85953	5.73
湖南	287097	37.51	181836	18.44	31027	8.05	312303	29.59	77293	6.81
重庆	128777	13.76	81196	2.97	15114	1.90	128021	9.16	46288	2.79
四川	337840	87.90	211700	18.97	37463	11.81	382718	62.07	90671	10.86
贵州	212485	38.95	128224	15.43	17470	3.99	210334	21.20	38095	4.97
云南	230762	37.79	133786	15.32	20128	3.92	206645	22.73	41547	4.81

资料来源：教育部、国家及各省市统计年鉴，2019 年各省市统计公告。

表 10　2019 年长江经济带各省医疗卫生资源基本情况

项目	上海	江苏	浙江	安徽	湖南	湖北	江西	四川	重庆	贵州	云南
总床位数(万张)	11.91	51.60	35.00	34.90	47.00	40.40	24.70	63.20	23.19	25.11	31.19
医院床位数(万张)	10.74	40.70	30.70	33.10	36.50	28.90	19.0	61.40	17.12	23.58	25.76
医院个数(个)	387	1941	1374	1241	1616	1028	2403	2417	847	2700	1376
执业医师数(万人)	7.77	25.00	20.60	13.70	19.00	15.40	9.60	22.10	8.22	8.80	11.40
注册护士数(万人)	9.71	28.00	22.00	16.30	24.20	19.40	12.00	27.10	10.32	12.14	13.33

资料来源：国家及各省市统计年鉴，2019 年各省市统计公告。

表 11　2010～2018 年长江经济带各省市每千人执业医师数变化

单位：人

年份	全国	上海	江苏	浙江	安徽	湖南	湖北	江西	四川	重庆	贵州	云南
2010	1.80	2.30	1.64	2.21	1.45	1.68	1.74	1.39	1.80	1.66	1.25	1.38
2011	1.83	2.29	1.71	2.28	1.42	1.71	1.77	1.40	1.91	1.70	1.31	1.40
2012	1.93	2.34	1.99	2.37	1.54	1.75	1.89	1.49	2.02	1.77	1.41	1.47
2013	2.05	2.40	2.14	2.52	1.64	1.90	2.02	1.55	2.14	1.86	1.60	1.60
2014	2.11	2.52	2.24	2.65	1.71	1.98	2.17	1.64	2.21	1.94	1.65	1.60
2015	2.21	2.61	2.37	2.85	1.75	2.22	2.32	1.68	2.21	2.02	1.80	1.61
2016	2.31	2.70	2.56	3.01	1.82	2.35	2.41	1.72	2.24	2.12	1.94	1.80
2017	2.44	2.81	2.70	3.16	1.93	2.52	2.50	1.81	2.35	2.23	2.11	1.96
2018	2.53	2.88	2.76	3.25	2.01	2.72	2.63	1.87	2.43	2.37	2.31	2.08

资料来源：国家及各省市统计年鉴，2019 年各省市统计公告。

均超过全国平均水平，但整体看中上游地区的医疗服务能力仍旧偏弱，执业医师和注册护士人数都还十分不足，未来随着区域城市化的推进，相关矛盾会愈发突出。

在公共卫生服务方面，新冠肺炎疫情的暴发是对公共卫生工作的一次大考，广大党员干部群众闻令而动、连续奋战，积极投身于各条防疫战线，经受住了极大的考验，守护了人民的生命安全。但是，本次疫情也为今后公共卫生工作敲响了警钟，目前来看长江经济带沿江诸地疾控中心覆盖状况欠佳，体系建设仍有诸多需要完善的地方，尤其是在公共卫生服务能力提升和专业人才队伍建设方面，缺口还十分明显。未来一段时间，要深入贯彻落实相关主要建设目标和发展任务，紧紧围绕构筑及时、完善、高效的公共卫生安全体系，建立健全突发卫生事件应急响应体系、物资保障体系和舆情引导体系，不断提升公共卫生服务水平和专业服务能力，打造安全、可靠的公共卫生保障网络。

（四）科技和文化事业发展

“十二五”和“十三五”期间长江经济带各省市秉持技术推进经济高质量发展的理念，不断优化创新创业环境，推进科技创新事业发展。长江下游地区的江、浙、沪三省市保持着高水准创新发展态势，江苏和浙江的科技进步贡献率分别达到64%和63.5%，远远高出59.5%的全国平均水平。在已公布的每万人发明专利拥有方面，上海以53.3件高居首位，江苏为30.2件，安徽为11.8件，湖北则为10.04件。2018年，R&D费用占GDP比重方面，上海为3.82%，江苏为2.66%，浙江为2.43%，其他省市普遍低于2%。

从历史数据看，沿江地区技术水平的空间差异与各省市长期的科研和试验费用投入规模有明显的正相关性。近十年在R&D经费投入方面，下游地区普遍高出中上游地区将近1个百分点，这种技术领域的日积月累也是造成长江经济带空间发展差异的主要因素之一。

在文化方面，随着经济社会发展，各省市人均公共文化财政支出不断增

表 12　2019 年长江经济带各省市专利申请、授予和交易基本情况

单位：亿元，万件

项目	上海	江苏	浙江	安徽	湖南	湖北	江西	四川	重庆	贵州	云南
技术合同规模	1522.2	1675.6	1120.5	1062.7	490.7	1449.6	148.6	1216.2	1150.3	227.2	82.8
全年专利申请量	17.36	59.40	43.60	16.70	10.61	14.21	9.15	13.15	6.73	4.43	3.52
全年专利授予量	10.06	31.40	28.50	8.25	5.47	7.13	5.91	8.21	4.39	2.47	2.23

资料来源：国家及各省市统计年鉴，2019 年各省市统计公告。

表 13　长江经济带各省市 R&D 费用占 GDP 比重

单位：%

年份	全国	上海	江苏	浙江	安徽	湖南	湖北	江西	四川	重庆	贵州	云南
2010	1.54	2.59	1.92	1.60	1.11	1.01	1.31	0.97	1.28	1.18	0.57	0.54
2011	1.70	2.81	2.04	1.73	1.35	1.18	1.65	0.99	1.52	1.22	0.68	0.60
2012	1.76	2.81	2.07	1.78	1.32	1.16	1.65	0.92	1.54	1.27	0.65	0.61
2013	1.84	3.11	2.17	1.85	1.40	1.19	1.65	0.83	1.40	1.28	0.64	0.63
2014	1.98	3.37	2.38	2.08	1.64	1.30	1.73	0.88	1.47	1.40	0.61	0.67
2015	2.08	3.60	2.51	2.18	1.85	1.33	1.81	0.94	1.52	1.39	0.59	0.68
2016	2.05	3.66	2.54	2.26	1.89	1.36	1.87	0.97	1.57	1.42	0.60	0.67
2017	2.07	3.73	2.57	2.36	1.96	1.43	1.90	1.04	1.67	1.57	0.59	0.80
2018	2.11	3.82	2.66	2.43	1.97	1.50	1.86	1.13	1.72	1.72	0.63	0.89

资料来源：国家及各省市统计年鉴，2019 年各省市统计公告。

加，上海、江苏、浙江、湖南四省市已经远远超过小康标准要求(200 元)，其他省市也接近于该标准。随着人民群众对于文化生活的要求越来越高，相关政策的落地将进一步丰富基层的文化生活，满足各个维度的文化需求。

在“三馆一站”建设方面，各省市严格推进公共文化发展举措，落实人均场馆面积要求，“十三五”期间部分场馆资源进行了有效的整合和调整，力求不断丰富文化场所服务内涵，增加服务弹性，充分发挥文化市场作用，以人民群众喜闻乐见的文化表现形式，丰富基层群众文化生活，提升文化品质。

（五）就业、养老与社会保障工作

在就业方面，长江经济带各省市着力落实促就业、吸引人才的相关政策和措施，2019 年江苏、安徽、湖北、江西、四川、贵州的就业人数分别为 4745.2 万人、4384 万人、3548 万人、2632 万人、4889 万人和 2049.4 万人，同比均略有上升。长江经济带各省市的登记失业率除安徽省外基本都维持在 5% 以内。

在社会保障和养老服务方面，长江经济带 11 省市不断深化改革，夯实服务基础。截至 2019 年，域内各省市的医疗、养老、失业、工伤、生育五类保险覆盖率越来越高。理赔服务流程和手续不断简化，社会保障方面取得了良好的效果。

与此同时，各地积极探索形式多样的各类社保服务工作创新。例如，上海市推进“长护险”服务模式探索；江苏完善市级统筹社保服务体系和制度；湖南对农村及城镇低保适龄妇女开展“两癌”免费检查并基本消除村卫生室“空白村”；云南和贵州努力补齐养老服务和社区服务短板，一方面协助做好脱贫攻坚工作、夯实脱贫攻坚成果，另一方面强化服务意识、积极应对日益加速的城镇化进程。这些努力和探索不断推进长江经济带各省市社会保障服务工作有序地向更高水平迈进。

表 14　2010～2018 年长江经济带各省市人均公共文化财政支出

单位：元

年份	上海	江苏	浙江	安徽	湖南	湖北	江西	四川	重庆	贵州	云南	平均值
2010	238.60	112.68	141.63	86.76	60.36	64.02	63.60	73.80	83.33	68.93	77.21	97.36
2011	293.08	147.95	155.76	104.47	68.03	81.79	88.36	108.51	106.75	101.80	97.91	123.13
2012	304.61	190.52	171.95	119.30	82.08	108.10	99.41	149.46	110.14	143.09	133.21	146.53
2013	369.20	218.58	192.80	131.85	103.05	124.92	116.37	175.65	117.64	139.00	130.90	165.45
2014	356.11	239.78	209.44	135.22	118.75	131.79	132.17	166.64	120.42	148.94	119.24	170.77
2015	448.07	245.81	298.57	143.55	164.73	143.60	150.41	169.93	153.60	173.87	130.03	202.02
2016	468.24	241.63	283.97	135.95	206.22	164.17	153.96	175.75	157.40	189.42	163.34	212.73
2017	491.04	242.07	282.23	129.40	216.94	161.40	161.51	167.93	158.52	180.21	148.53	212.71
2018	512.31	255.37	302.17	143.20	244.21	171.33	169.84	177.35	162.01	193.47	155.76	226.09

资料来源：国家及各省市统计年鉴，2019 年各省市统计公告。

表 15　长江经济带各省市“三馆”建设情况

单位：个

“三馆”	年份	全国	上海	江苏	浙江	安徽	湖南	湖北	江西	四川	重庆	贵州	云南
图书馆	2010	2884	28	111	97	88	124	107	108	161	43	93	150
	2011	2952	25	112	97	100	130	109	114	169	43	94	152
	2012	3076	25	112	97	102	136	111	114	188	43	93	152
	2013	3112	25	113	98	107	136	112	114	197	43	94	152
	2014	3117	25	114	98	113	136	112	114	198	43	95	151
	2015	3139	25	114	100	122	137	112	114	203	43	96	151
	2016	3153	24	114	102	123	137	112	113	203	43	98	151
	2017	3166	24	115	101	124	139	116	113	204	43	98	151
博物馆	2010	2435	27	213	100	120	81	120	108	108	37	59	120
	2011	2650	36	245	100	131	85	125	108	144	39	53	84
	2012	3069	90	266	166	141	95	161	109	152	39	66	85
	2013	3473	100	292	183	154	103	170	137	188	71	75	84
	2014	3660	103	301	187	164	109	174	137	206	78	74	86
	2015	3852	99	312	224	171	113	175	137	225	78	73	86
	2016	4109	99	317	275	171	115	183	138	239	82	73	90
	2017	4721	98	322	308	196	120	199	139	255	94	84	125

续表

“三馆”	年份	全国	上海	江苏	浙江	安徽	湖南	湖北	江西	四川	重庆	贵州	云南
艺术表演馆	2010	1461	96	201	242	60	63	68	57	94	46	7	36
	2011	1429	103	110	223	67	66	65	55	78	46	11	27
	2012	1279	117	217	271	72	83	66	73	130	31	10	60
	2013	1344	27	110	61	48	58	53	51	42	15	6	18
	2014	1338	24	111	62	48	57	52	49	41	15	7	17
	2015	2143	50	207	308	76	71	58	57	99	22	8	40
	2016	2285	47	223	326	88	86	58	57	88	22	12	30
	2017	2455	49	254	365	91	92	65	61	101	24	9	45

注：上海图书馆为市级和区级数字。
资料来源：国家及各省市统计年鉴。

表 16　2019 年长江经济带各省五类社保参保基本情况

单位：万人

项目	上海	江苏	浙江	安徽	湖南	湖北	江西	四川	重庆	贵州	云南
基本养老保险	1667	5754	4230	4719	4992	4036	2986	6069	2290	2533	3060
失业保险	985	1794	1562	519	607	620	290	950	515	276	289
基本医疗保险	1891	7849	5461	6732	6717	4469	4782	8617	3272	4148	4533
工伤保险	1084	2015	2257	640	807	717	539	1177	662	408	439
生育保险	990	1869	1561	622	600	578	299	955	467	350	308

资料来源：国家及各省市统计年鉴，2019 年各省市统计公告。

二 长江经济带各省市社会发展主要特点

（一）各省市的自然、人文基础差异较大，发展重点各异

长江流经11个省市，流域面积广、辐射范围大，区域地形地貌复杂多变，上、下游生态系统结构多样，是我国经济社会发展的重要战略支撑。沿江而上，从长三角城市群，到长江中游城市群，再到成渝城市群和云贵地区，各地经济社会发展基础条件和现实程度都有差异，从资源禀赋到人文历史、从自然地理到人口特质，各省迥异，省内条件相差都很大。在这样一个宏大的空间尺度内推进各领域建设不断向纵深发展，一方面，要划定工作红线，保持底线思维，即以修复长江生态环境作为压倒性的头等大事，共抓大保护、不搞大开发；另一方面，更要因地制宜施策略，实事求是谋发展，妥善处理好各阶段社会问题，推进区域高水平发展。

具体来讲，下游地区发展基础较好，经济起步较早，已经进入城市群发展的成熟阶段。随着社会经济的快速发展，人们对于高水平社会服务的需求也越来越迫切，对政府社会治理水平和治理能力现代化也提出了新的更高的要求。近年来江、浙、沪、皖在各领域大胆创新，直面问题，破解痛点难点。打造“15分钟生活圈”、建设“最多跑一次”窗口等这些举措的实施极大地方便了人们的生活，也促进了社会向高效、快速、公开、透明方向不断前进。

中游地区经历了快速的城市化过程，目前正向更高水平迈进。以“九省通衢”的武汉为核心，中游城市群内中心城市与重要节点城市之间距离大致相同，这样的空间分布有利于形成很好的放射面，也有利于产业沿交通主干线呈放射状发展。经济的腾飞进一步刺激了中游鄂、湘、赣三省的社会进步，以高水平社会治理为基础，结合荆楚独特的区域文化基因，不断推进社会网格化高效管理、提升居民幸福感和获得感，中游城市群各项社会事业蓬勃向前。

上游的成渝都市群和云贵地区，目前仍处于发展的起步阶段。部分核心城市自然承载力有限，其城镇人口的集聚规模远远没有达到推动城市群更高水平发展的水平，中小城镇普遍缺乏活力。近年来随着路网交通的完善，云贵地区经济发展进入快速提升期，但是社会发展明显滞后，公共服务能力还有待提升。在变革和创新中，长江上游地区应基于独特的山川地貌和悠久的历史沿革，进一步发挥川渝地区的示范带动作用，同时深入挖掘云贵地区独特的人文风俗和社会资源，让现代都市生活与悠远的历史印记相结合，打造独具气质的城市风景线。

（二）各省市之间、省市内部发展不平衡，协同发展是趋势

结合上述对 11 省市社会发展现状的梳理，可以发现目前长江经济带主要部分的发展阶段各不相同，区域内不平衡的现象也较为普遍。

首先，下游城市群中江浙沪地区起步较早，各方面发展都相对成熟，但安徽地区受限于地理位置和地形地貌，整体发展稍逊于其他三地。在江浙沪内部，不同中小城镇的发展状况也参差不齐，甚至有进一步分化的趋势，为此，应积极打造长三角一体化示范区、推动中小城镇全面协同发展。

其次，在长江中游地区，以武汉为核心的城市网需要不断向外延伸，将更多中小城市纳入，推动经济社会协同发展。但是，以省域为核心的资源配置方式将对这种呈放射状的空间的辐射作用造成一些不可预知的干扰，这对于重要节点城市的建设而言是一个考验。关键节点城市在发展趋势方面的任何错判都将大大提高整个区域协同发展的成本，从而造成区域发展不平衡。

最后，在长江上游地区，近年来伴随着成都和重庆两地经济的快速发展，成渝城市群双核双层经济圈迎来了很好的机遇期，吸纳了周边众多的劳动力，城市边界快速扩大，但这也加大了城市治理的难度，给城市公共服务发展造成了一定的压力。同时，成渝城市边界的快速扩大对带动云贵地区发展起到了一定的作用。但作为劳动人口流出大省，不切实际的城镇扩张和盲目的开发建设对于区域的长久发展将是十分不利的。寻找适合自身的产业路

径，有效地聚人气、兴百业，这才是云贵地区经济发展向更高水平迈进的应有之义。

（三）部分省市发展成果亟待巩固，夯实扶贫和乡村振兴工作基础

近年来，在脱贫攻坚、乡村振兴和全面建成小康社会等的引领下，长江中、上游地区的经济社会发展取得了明显的进步。诸多关键性指标明显提升，城镇化率越来越高，城乡居民人均可支配收入水平不断提升，社会消费品零售总额年年向好，市场主体的活力不断得到释放，社会发展逐步走向正轨。但是，在这些成绩的背后，我们仍然要清醒地认识到，广大农村地区的自然条件相对较差，因灾返贫的可能性相对较高，群众抵御风险的能力仍有不足。另外，在快速扩张的城市区域，教育、医疗、养老等公共服务需求也将随着城镇化的推进而出现爆发式增长，这些将是今后一段时间内工作的难点、痛点。

三　长江经济带各省市社会发展意见和建议

（一）下游地区优化空间布局，推进协同发展，提升“一老一小”服务质量

基于长江下游地区发展的整体态势，江、浙、沪、皖四省市的社会发展正向更高水平不断迈进。在城市群尺度上，今后要进一步优化整体空间布局，推进域内大、中、小城市协同创新发展，以长三角一体化示范区建设为契机，不断促进跨区域的各类社会服务互联、互认、互通、互享。以优质的社会服务理念、高效的社会服务模式、便捷的社会服务体验，不断满足经济社会发展的新要求，满足人民群众日益增长的各类服务需求，提升政府的社会服务水平和社会治理能力。

关于重点人群方面，为更好地解决下游地区面临的“老龄化”和“少子化”难题，要进一步提升全社会对“一老一小”两类重点对象的社会服

务整体覆盖度、服务水平和服务能力。从人力保障到资源储备、从必要的制度安排到充足的资金支持，都要给予其足够的重视，想方设法促进人口发展回到正常的轨道上来，通过各类手段、结合实际情况，妥善解决这一社会发展的难点问题。

（二）中游地区推进城市化进程，夯实社会服务基础，促进区域协同发展

长江中游地区的城市化进程已进入下半场，政府的社会服务职能建设显得十分必要。社会服务的基础是科学的制度设计、缜密的方案实施和高效的任务执行，这些都离不开一个负责、高效、有担当的服务主体。传统的管理型政府转型的需求变得越来越迫切，政府服务水平提升和治理能力现代化在这一阶段将产生较大的社会效益，促进整个区域经济社会的高水平发展。

此外，长江中游部分地区在脱贫攻坚方面，需要巩固现有发展成果、加大产业扶贫力度，防止返贫等工作任务艰巨。在脱贫攻坚和乡村振兴的过程中要进一步推动区域经济社会协同发展，让更多发展成果惠及百姓。充分利用好基础设施资源，以广袤的纵深进一步促进区域经济高质量发展。

（三）上游地区提升城市化水平，完善配套基础设施，巩固脱贫攻坚成果

长江上游地区，目前成渝城市群发展不断提速，城际联系越来越紧密，人才集聚效应明显，并对云贵地区的发展也起到了很好的辐射和带动作用。但是，整个上游地区发展还比较碎片化，城市化率仍有不小的提升空间。要进一步促进城市发展，发挥关键节点城市的区域带动作用，这将使整个上游地区的发展大为受益。同时，在城市化“破土”的这一阶段，要进行广泛的调研和资料收集，认真摸清家底、找准方向，助力未来的促发展工作。当然，这也给当地政府提出了新的更高的要求，在工作中要实现各级部门高效和顺畅的联动，保证各类社会数据的存储和利用，积极采取现代化的技术手

段和方式方法，整合资源、拓展空间，满足城市集约化、高水平、快速发展的要求。

当然，随着各地城市化率的提高，配套基础设施的建设也要紧跟城市拓展的步伐。在尊重科学、合理利用土地的同时，以最大的耐心和最灵敏的方式化解城市扩张过程中可能出现的各类社会矛盾（如环境污染、人地冲突等），保障人民健康和各项合法权益，促进经济的全面协调可持续发展。

上游地区在发展中面临的另一个重要问题是脱贫攻坚后的防止返贫工作。由于地理环境欠佳和历史因素，云、贵、川地区作为我国少数民族的主要集聚区之一，其全面脱贫攻坚完成后，防止返贫工作也将面临不小的挑战。今后一段时间，要继续发挥各省之间对口支援、对口帮扶的制度优势，落实重点领域和关键环节的全面对接帮扶工作，努力在实现全面脱贫的基础上，促进上游贫困地区的经济发展能够再上一个新的台阶。

（四）强化基本公共服务建设，冲刺脱贫攻坚，坚决防止脱贫后返贫

长江中上游地区，尤其是云贵地区，地理条件相对欠佳，长期以来成为制约当地经济社会发展的因素之一。目前各省市易地扶贫搬迁工作基本完成，产业帮扶步入正轨，在完善的基础设施的支持下，未来经济发展将日渐向好。

在经济发展逐步走上正轨的同时，要强化边远、贫困地区的基本公共服务设施建设和人才培养，在教育、医疗、养老和社会保障方面，要协调各方不断下大力气、见真功夫，切实保障人民群众可以享受到高效、便捷、可靠的社会服务。中上游地区各级政府更要重视基于先进的社会治理理念和管理方法，加强治理体系和治理能力现代化建设。尤其是在基层组织的运行和维护能力建设方面，要尽早缓解在经济发展初期可能出现的各类社会冲突和矛盾，落实一系列重要举措和相关政策，让发展的成果真正惠及普通百姓，促进广大中上游地区城乡经济高效、协调、可持续发展。

（五）落实乡村振兴战略，以产业赋能新农村，践行“绿水青山就是金山银山”

“共抓大保护、不搞大开发”是长江经济带发展的基本共识。在这一共识的指导下，沿江各省市社会发展日益蓬勃向上，大、中、小城市和广大乡村地区生机勃勃、欣欣向荣。但是，长江经济带 11 省市发展所处阶段不同，自然会对同一理念和事物在认知方面存在偏差和误区。例如，一直以来“美丽乡村”和“特色小镇”建设在中上游地区部分变成打造地区生态旅游的不二法门，由此造成了大面积的重复建设和同质化的城镇景观工程，而以产业赋能、促进新农村建设的理念并没有被真正理解和践行。因此，践行“绿水青山就是金山银山”的理念，需要进一步解放思想、狠抓落实，真正贯彻“以产业带发展、以产业兴农村”的愿景，更好地实现城乡统筹，促进区域经济社会协调发展。

B.3

长江经济带生态发展报告（2019 ~2020）

尚勇敏　海骏娇*

摘　要： 生态发展是长江经济带发展战略的重要领域，是长江经济带高质量发展的必由之路。2019年，在中共中央、国务院关于长江经济带生态优先、绿色发展等相关要求下，长江经济带各省市高质量打好蓝天、碧水、净土保卫战，全力整改长江经济带生态环境警示片反馈问题、中央生态环保督察反馈问题，切实推动环境治理体系不断完善，助推长江经济带生态发展取得显著成效。2019年，长江经济带生态发展水平不断提升，生态系统逐步恢复、环境质量总体改善、资源利用效率不断提升，但区域性、局部性的生态环境问题依然明显。通过绿色发展指数评价结果发现，东部地区绿色发展水平总体高于中、西部地区，但各地区绿色发展各有所长，东、中、西部地区分别在绿色生产、绿色生活、绿色生态上具有相对优势。提升长江经济带生态发展水平，需要统筹联动、协调发展，保护好长江经济带绿水青山；坚持生态经济平衡发展，探索生态产品价值实现路径；提升环境治理能力，建立现代化的生态环境治理体系。

关键词： 生态发展　污染防治攻坚战　生态环境　长江经济带

---

* 尚勇敏，区域经济学博士、博士后，上海社会科学院生态与可持续发展研究所副研究员，主要从事区域创新与区域可持续发展研究；海骏娇，区域经济学博士，上海社会科学院信息研究所助理研究员，主要从事长江经济带绿色发展研究。

生态环境是人类生存发展的基本条件和经济社会发展的重要基础。长江经济带作为我国重要的生态功能区，具有重要的水源涵养、水土保持和生物多样性维护等功能，还是我国重要的战略水源地。长江经济带对我国生态安全具有重要的战略支撑作用，是支撑我国经济社会可持续发展的重要基础。党中央、国务院高度重视长江经济带生态环境保护工作，习近平总书记多次就长江经济带生态环境保护与修复做出重要指示，中央经济工作会议将长江保护修复攻坚战列为国家污染防治攻坚战的七大标志性战略。2018 年 12 月，生态环境部及国家发展和改革委员会印发了《长江保护修复攻坚战行动计划》。

生态发展是长江经济带发展战略的重要领域，是长江经济带高质量发展的必由之路。在新形势下，长江经济带生态发展依然面临严峻挑战，表现在水环境质量巩固难度增大、水生态系统保护修复欠账较多等方面。同时，各省市生态发展水平与面临问题各不相同，推动生态发展的行动举措也多样。为此，了解当前长江经济带生态发展现状与水平，认清生态发展问题与不足，分析各省市推进长江经济带生态发展的成效与经验，对于长江经济带打好修复攻坚战具有十分重要的意义。2020 年是“十三五”的收官之年，也是谋划“十四五”的关键之年，我们不仅系统评估了 2019 年度长江经济带的生态发展水平，也为各省市做好“十四五”时期长江经济带生态环境保护规划、保持长江经济带生态发展战略定力提供支持。

一　长江经济带生态发展的现状与水平

长江拥有独特的生态系统，是我国重要的生态宝库，当前和今后相当长一个时期，要把修复长江生态环境摆在压倒性位置。在中共中央、国务院关于长江经济带生态优先、绿色发展等相关要求下，长江经济带生态发展水平不断提升，生态系统逐步恢复、环境质量总体改善、资源利用效率不断提升，但区域性、局部性的生态环境问题依然明显。

（一）生态系统逐步修复，生物多样性问题依然严峻

长江经济带是我国乃至全球生物多样性的热点地区之一，近年来，生态系统逐步恢复，生态环境不断改善。2019 年，长江经济带完成造林面积 248.23 万公顷，约占全国造林总面积的 35.13%，远高于国土面积占比，其中四川、重庆、贵州、湖南、湖北等中上游省市造林面积位居前列；长江经济带各省市森林覆盖率平均值为 44.93%，高出全国平均水平约 1 倍，其中江西、云南、浙江、贵州、湖南、重庆等上中游省市位居前 6 位，森林覆盖率均高于 50%。生态环境状况指数是评价区域生态环境质量的综合指数，2019 年，湖南、江西两省生态环境状况指数大于 75，生态环境状况指数级别为优，其余各省市均在 62.40 ~ 71.90，生态环境状况指数级别为良，云南、贵州的生态环境状况指数优良率占比分别为 100% 和 93.50%，以上省市均远高于全国平均水平 51.30（见表 1）。

表 1　长江经济带造林面积、森林覆盖率及生态环境状况指数

地区	全年完成造林面积（万公顷）	森林覆盖率（%）	生态环境状况指数
上海	0.75	17.60	62.40
江苏	4.40	12.19	66.10
浙江	1.43	61.15	69.20
安徽	5.12	28.65	68.60
江西	6.98	63.10	76.11
湖北	29.92	39.60	70.50
湖南	33.30	59.90	77.80
重庆	42.67	50.10	—
四川	62.56	39.60	71.90
云南	26.40	62.40	优 44.19%，良 55.81%
贵州	34.68	59.95	优 8.9%，良 84.6%，一般 6.5%
全国	706.70	22.96	51.30

注：重庆市未公开发布生态环境状况指数，云南、贵州仅发布 2019 年生态环境状况各等级的占比。

资料来源：2019 年各省市国民经济统计公报、2020 年生态环境状况公报。

近年来长江经济带水土流失状况总体好转，2018 年水土流失面积 40.10 万平方公里，较 2011 年下降了 38964.96 平方公里，占土地面积比例从 21.35%下降至 19.46%。其中，2019 年属长江流域的水土流失面积 29.39 万平方公里，占土地面积的 20.14%。土壤侵蚀问题主要涉及四川、湖北、贵州、云南、湖南、重庆等长江经济带上中游省市，尤其是金沙江下游、岷江沱江中下游、嘉陵江中下游、赤水河上中游、三峡库区等区域，上述省市水土流失面积占土地面积的 14.50%～31.32%。2019 年，长江干流主要水文控制站年输沙量与近 10 年平均值比较，直门达、攀枝花、向家坝、朱沱、寸滩、宜昌、沙市、汉口、大通站分别偏小 4%、81%、98%、37%、36%、52%、40%、30%、13%，石鼓站偏大 22%；长江干流泥沙含量不断降低，减少了长江中下游的泥沙淤积，但也一定程度上会降低长江口淤积造地的速度。

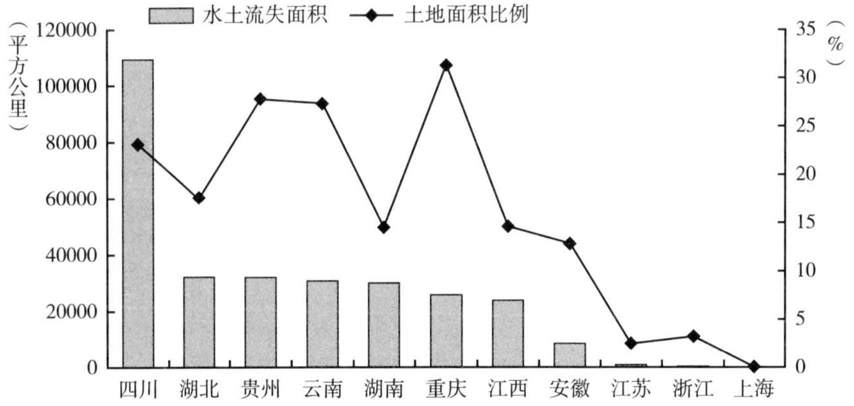

图 1　长江经济带水土流失情况

资料来源：2018 年《长江流域水土保持公报》。

然而，长江经济带生物多样性问题依然不容乐观，长江鱼类 400 余种，鱼类产量占我国淡水鱼类产量的 70%左右，长江沿岸经济蓬勃发展导致生物栖息地不同程度地被破坏，其再生能力以及环境容纳量受到影响，生物资源量急剧下降，特别是鱼类资源受损严重，部分鱼类甚至濒临灭绝。同时，海洋生态问题仍较为明显，据生态环境部2019年开展的河口、海湾、滩涂湿地、珊瑚礁、红树林和海草床生态系统检测，18个海洋生态系统中，3个呈健康状态，14个呈亚健康状态，1个呈不健康状态

表2　2019年长江干流主要水文控制站实测水沙特征值

单位：亿吨

项目	直门达	石鼓	攀枝花	向家坝	朱沱	寸滩	宜昌	沙市	汉口	大通
近10年平均年输沙量	0.118	0.311	0.104	0.353	0.717	0.992	0.182	0.315	0.817	1.21
2019年输沙量	0.113	0.378	0.02	0.007	0.449	0.639	0.088	0.188	0.573	1.05

资料来源：2019年《长江泥沙公报》。

（二）环境质量总体改善，部分区域领域环境问题突出

2019年，长江经济带各省市在“共抓大保护、不搞大开发”、打好污染防治攻坚战等工作指引下，积极推动生态环境治理，长江经济带各省市水土气环境总体改善，但局部水环境问题、部分城市空气质量问题、部分区域土壤环境问题较为突出。

一是水环境总体改善，局部水环境问题依然突出。2019年长江流域监测的509个水质断面中，Ⅰ～Ⅲ类水质断面占91.7%，比2018年上升4.2个百分点；劣Ⅴ类占0.6%，比2018年下降1.2个百分点。其中，干流和主要支流水质均为优。长江经济带各省市地表水质达标率也存在较大差异，如湖南、贵州、江西、浙江、湖北、四川Ⅰ～Ⅲ类水比例均为90%以上，重庆、云南分别为88.6%和84.5%，江苏、安徽分别为77.9%和72.8%，上海最低，仅为48.3%；化学需氧量、氨氮、总氮、总磷等污染物排放量占全国排放总量的比重超过40%。乌江、岷江、沱江、螳螂川、南淝河等支流，以及太湖、巢湖等湖泊主要污染物超标和富营养化问题严重，局部水环境污染严重，近岸海域污染物超标，江苏近岸海域水质良好，而上海和浙江近岸海域水质极差。

表3　2019年长江流域水质状况

水体	断面数（个）	占比（%）					
		Ⅰ类	Ⅱ类	Ⅲ类	Ⅳ类	Ⅴ类	劣Ⅴ类
流域	509	3.3	67.0	21.4	6.7	1.0	0.6
干流	59	6.8	91.5	1.7	0.0	0.0	0.0
主要支流	450	2.9	63.8	24.0	7.6	1.1	0.7
跨界断面	60	3.3	81.7	13.3	1.7	0.0	0.0
水体	断面数（个）	比2018年变化（个百分点）					
		Ⅰ类	Ⅱ类	Ⅲ类	Ⅳ类	Ⅴ类	劣Ⅴ类
流域	509	-2.4	12.3	-5.7	-2.3	-0.8	-1.2
干流	59	0.0	13.5	-13.6	0.0	0.0	0.0
主要支流	450	-2.6	12.1	-4.6	-2.6	-0.9	-1.3
跨界断面	60	-8.4	11.7	0.0	-3.3	0.0	0.0

资料来源：《中国生态环境状况公报2019》。

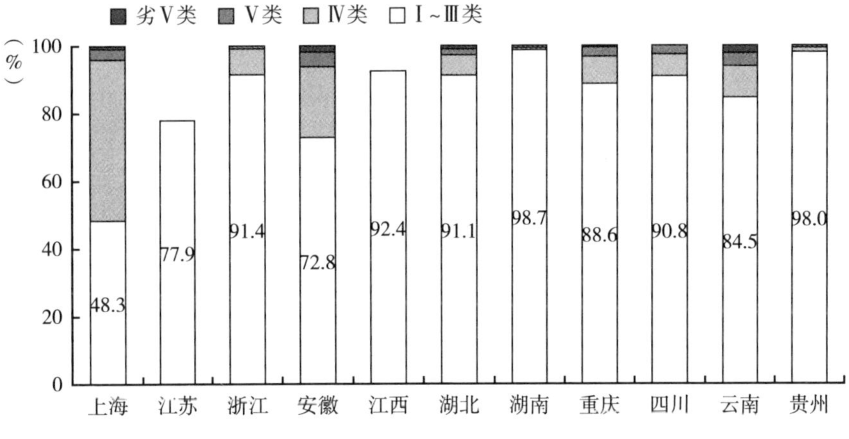

图2　2019年长江经济带各省市地表水质达标情况

注：江苏、江西仅发布了Ⅰ～Ⅲ类水的比重。

资料来源：2019年各省市生态环境状况公报。

二是大气污染物排放负荷大，东、中部地区空气质量相对较差。长江经济带以21%的土地承载了全国30%的石化产业、40%的水泥产业，大气污染物排放量大。2017年，长江经济带二氧化硫、氮氧化物、烟尘粉尘的排放量分别为321.96万吨、441.01万吨、227.49万吨，分别占全国排放总量的36.78%、35.03%、28.57%。[①] 从长江经济带各省市六项污染物年均值看，江西、贵州、安徽SO_2污染物排放平均浓度较高，江西排放浓度高于全国平均水平；上海、重庆、江苏、浙江、安徽等NO_2排放浓度较高，这也导致可吸入颗粒物、PM2.5数值较高；CO排放浓度较高的为江西、湖北、湖南、安徽、重庆等省市；江苏、安徽、湖北、重庆等臭氧排放浓度较高；云南、贵州、四川、江西等主要污染物排放总体情况好于其他省市。这也集中表现在各省市的空气质量优良率上，如云南、贵州空气质量优良率均高达98%左右，遥遥领先于其他省市，江西、四川、浙江、重庆空气质量优良率均在85%以上，江苏、安徽、湖北、湖南、上海空气质量优良率相对较低。

表4　2019年长江经济带各省市六项污染物年均值状况

地区	SO_2	NO_2	PM10	PM2.5	CO	O_3	降水pH平均值
上海	7.2	42	45	35	0.66	151	5.34
江苏	9.0	34	70	43	1.2	173	5.49
浙江	7.0	31	53	31	1.0	154	5.13
安徽	10.0	31	72	46	1.2	165	5.79
江西	13.0	24	24	35	1.4	151	5.12
湖北	9.0	26	70	42	1.4	158	6.81
湖南	9.0	25	61	41	1.4	148	5.03
重庆	7.0	40	60	38	1.2	157	5.82
四川	9.4	27.8	52.9	34.4	1.1	134	5.97
云南	9.0	16	38	22	1.0	127	6.34
贵州	10.0	18	38	24	1.0	118	6.40~7.89
全国	11.0	27	63	36	1.4	148	4.22~8.56

注：贵州、全国仅发布降水pH年均值范围。
资料来源：2019年各省市生态环境状况公报。

三是固废污染处置相对不足，土壤金属污染问题不容忽视。长江经济带是钢铁、电力、化工等行业企业集聚区，也是有色金属、非金属矿物等的富

① 截至2020年8月，长江经济带各省市大气污染排放数据更新至2017年。

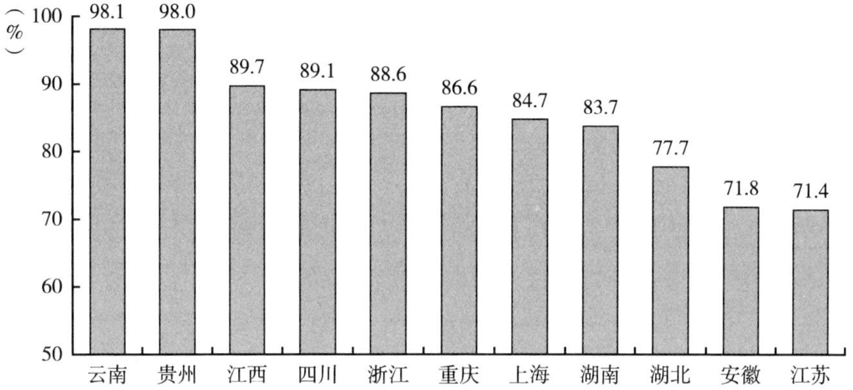

图3　2019年长江经济带各省市空气质量优良率

资料来源：2019年各省市生态环境状况公报。

集区、有色金属和非金属矿物行业的主要集聚区，燃煤、矿产开采、冶炼等产生大量矿渣、粉煤灰、炉渣等工业固废。2017年，长江经济带一般工业固体废物产生量9.37亿吨，占全国总量的28.26%，生活垃圾产生量9153.4万吨，占全国的40.14%，[①] 总体上长江经济带固废产生量大面广。长江经济带非法倾倒、处置、堆存长江或跨区域转移各种固废的环境违法问题严重，直接导致长江漂浮垃圾成灾和水质恶化，工业固废随意堆置还造成土壤污染严重。江西、湖南、浙江、重庆等酸雨严重，造成土壤酸化、板结等问题。工业企业产生大量含重金属的污染物排放，加之化肥农药大量使用，导致局部土壤受重金属污染程度加重。

（三）资源利用效率不断提升，利用水平区域差异较大

随着工业化、城镇化进程加快和消费结构升级，长江经济带能源需求刚性增长，节能降耗和提升资源利用效率成为长江经济带经济社会发展的关键。2019年，长江经济带单位生产总值能耗继续下降，各省市单位GDP用

① 截至2020年8月，长江经济带各省市固废产生量、生活垃圾产生量数据更新至2017年。

电量均保持下降态势，下降幅度最大的为上海、重庆、贵州、江苏等省市。从各省市单位 GDP 用电量看，上海、湖北、湖南、重庆等省市单位 GDP 用电量较低，能耗控制水平相对较高。从水资源利用效率看，上海、浙江、重庆单位 GDP 用水量较低，为 27 ~ 33 立方米/万元，而江西、湖南、安徽、云南等省单位 GDP 用水量较高（见表 5）。从土地资源利用效率看，2018 年长江经济带 110 个城市中，每亿元 GDP 占用建设用地面积最小的主要分布在长三角地区以及中西部地区经济发达城市，常州、杭州、扬州、宁波、上海等每亿元 GDP 占用建设用地面积仅为 0.06 平方公里。总体上，长江经济带资源利用效率不断提升，但区域差异也较大，单位产值能耗、水耗、土地利用效率等与经济发展水平关系密切，经济发展水平越高，资源利用效率就越高。

表 5　2019 年长江经济带单位 GDP 能耗水耗情况

省市	单位 GDP 用电量（千瓦时/万元）	单位 GDP 用电量下降率（%）	单位 GDP 用水量（立方米/万元）
上海	411.10	5.50	27.10
江苏	628.75	4.37	59.42
浙江	754.79	3.42	27.87
安徽	619.90	1.25	77.01
江西	620.30	1.38	101.30
湖北	483.17	1.98	64.79
湖南	468.99	2.37	84.78
重庆	491.49	5.16	32.70
四川	565.44	1.37	55.58
贵州	918.75	4.83	63.69
云南	780.25	2.97	67.04

资料来源：国家统计局数据库（http：//www.stats.gov.cn/tjsj/）。

二　长江经济带生态发展的行动与成效

长江经济带各省市围绕生态优先、绿色发展目标，高质量打好蓝天、碧水、净土保卫战，全力整改长江经济带生态环境警示片反馈问题、中央生态环保督察反馈问题，切实将反馈问题整改到位，切实推进生态文明体制机制改革，加快环保基础设施建设，推动环境治理体系不断完善，着力推动生态建设和绿色发展，把好项目建设环评关，助推长江经济带生态发展取得显著成效。

（一）持续打好碧水保卫战

首先，各省市全面贯彻落实水污染防治行动计划和污染防治攻坚战要求，深入开展“碧水保卫战”，深化水污染防治各项措施，积极贯彻落实河长制、湖长制，编制或进一步强化实施水污染防治工作计划及实施方案，将目标任务分解落实到各市区县和有关部门，定期梳理统计考核断面水质情况，严格按照水质目标要求，加大排查整治力度，加强监测预警，如四川编制印发全省 10 条主要河流水污染防治规划，对岷江、沱江流域未达标国考断面全部制定实施限期达标规划。同时，强化长江保护修复攻坚，印发实施长江保护修复攻坚战实施方案，推进长江经济带生态环境问题整改，如四川印发《四川省加强长江经济带沿江化工产业污染防治实施方案》，制定《四川省长江经济带发展负面清单实施细则（试行）》。

其次，持续推进饮用水源地问题整治攻坚，各省市严格落实饮用水源地保护区管理制度，积极优化完善水源地保护区划，浙江、安徽、云南、湖南、湖北、江西、贵州等省市开展或完成“千吨万人”以上饮用水源地保护区划定工作，推进河湖生态缓冲拦截区建设试点。

再次，积极推进城市黑臭水体治理攻坚战，各省市按照“控源截污、内源治理、疏浚活水、生态修复”的思路，开展控源截污，强化排污管理，加强工业污染和农业面源污染控制，“因河施策”推进城市黑臭水体治理，如上海 2019 年全年完成 7600 多条段劣Ⅴ类河道整治，湖北推进黑臭水体整治、实现全省地级及以上城市建成区黑臭水体消除比例达到 99%，云南地级市建成区 33 条黑臭水体全面整治完成。

（二）坚决打赢蓝天保卫战

各省市积极依靠源头控制、末端治理、监测管理、联防联控推动大气污染防治。

首先，加强源头控制。长江经济带各省市紧盯环境质量改善目标，持续推进火电燃煤机组和钢铁行业超低排放改造以及移动源污染防控，如上海着力实施钢铁行业超低排放改造和工业炉窑专项治理方案，流动源方面，2019 年 1 月 1 日起，油品供应实现车用柴油、浦东柴油、部分船舶用油“三油并轨”，7 月 1 日起实施轻型车国 6b 阶段排放标准，并开发上线“上海机动车环保认证助手”。

其次，推进末端治理。积极推动重点行业整治，推进工业企业达标，开展“散乱污”企业及集群分类整治，有序推进城市主城区重污染企业搬迁改造，并积极推动交通领域污染治理。如浙江省 2019 年完成 102 个重点工业园区废气年度治理任务、1048 个工业 VOCs 废气治理项目、11156 家涉气“散乱污”企业综合治理、239 个臭气异味治理项目，贵州完成全省 88 个区县高污染燃料禁燃区划定、完成 411 台工业炉（窑）大气污染综合治理、完成 63 家挥发性有机物重点行业企业综合治理。

再次，强化监测管理。依托大气污染防治攻坚战指挥部成立综合监督组、督导帮扶组等，建立健全空气污染应对工作预警、问题移交、重点污染源曝光、会商约谈等制度，以及城市环境空气质量定期会商、通报、预警、现场督查等制度；上海还加强扬尘在线监测，开展商业综合体油烟污染集约化治理试点，完成治理 863 家。

最后，强化区域合作。长三角、成渝等城市群积极建立和进一步完善大气污染联防联控机制，长三角区域大气污染防治协作机制成立以来，一市三省区域协作机制不断完善。2019 年 5 月 23 日，长三角区域大气污染防治协作小组第八次工作会议审议通过《长三角区域柴油货车污染协同治理行动方案（2018～2020 年）》；2019 年 11 月 4 日，生态环境部、国家发展和改革委员会、工业和信息化部等 14 部联合印发《长三角地区 2019～2020 年秋冬季大气污染综合治理攻坚行动方案》。随着生态环境部将推进成渝地区大气污染联防联控作为2019年工作要点，2020年4月1日，四川省生态环境厅、重庆市生态环境局召开推动成渝双城经济圈建设生态环境保护工作联席会议第一次会议，签订《深化川渝两地大气污染联合防治协议》，对加强两地重点区域大气污染联防联控有关工作做出部署。

（三）扎实推进净土保卫战

首先，长江经济带各省市建立健全土壤污染防治地方法规和标准体系，突出重点区域和行业监管，积极贯彻落实《土壤污染防治法》、实施“土十条”，建立土壤环境管理制度，印发关于建设用地土壤污染状况调查、风险评估、效果评估、污染风险管控和修复等一系列文件。各省市积极开展土壤污染调查，一方面推进农用地土壤污染状况详查，开展农用地土壤环境质量类型划定，2019年底长江经济带各省市基本完成农用地土壤污染状况调查、成果集成和上报工作；另一方面推进重点行业企业用地土壤污染状况调查，江西省2019年完成2393个重点行业企业用地土壤污染状况调查地块的信息采集工作，四川省、贵州省分别完成5291个、2216个重点行业企业地块基础信息采集、空间信息整合和风险筛查纠偏等工作，重庆完成调查地块空间信息“一张图”并通过国家审查入库。

其次，各省市强化污染源监管，各省市加强源头防控，建立并动态更新全省、全市土壤污染重点监管单位名录，将重点企业纳入土壤污染重点监管单位，加强涉重金属行业污染防控。各省持续推进土壤污染治理修复，不断加大土壤污染防治投入，通过下达中央土壤污染防治转向资金、省级专项资金等，支持土壤污染治理与修复效果评估、环境污染防治管理、重金属治理、涉危涉重行业污染防治等项目，并动态更新土壤污染防治项目库。

（四）加强自然生态保护修复

近年来，长江经济带11省市把修复长江生态环境作为压倒性任务，着力加强生态保护修复。首先，加强生态保护修复，各省市持续推进实施水土保持生态建设、实施天然草原退牧还草工程、生物多样性保护调查评估、湿地保护等工作，着力构筑自然生态屏障，如贵州投入34.3亿元专项资金开展乌蒙山山水林田湖草生态保护修复重大工程，重庆市编制并印发《重庆市生物多样性保护策略与行动计划》，四川省印发《四川省重要湿地认定办法》等。2019年1月6日，农业农村部、财政部、人力资源和社会保障部联合印发了《长江流域重点水域禁捕和建立补偿制度实施方案》，要求2019年底以前，完成水生生物保护区渔民退捕，率先实行全面禁捕。其次，强化自然保护地监管，持续开展“绿盾2019”专项行动，推进重点难点问题整改落实，组织开展自然保护地遥感监测和实地核查，如2019年重庆共发现需整改点位1557个，整改完成率达83.27%。再次，持续深化生态文明示范创建工作，编制和完善省级生态文明建设示范市县创建管理规程和指标修订，全面提升创建标准，完善生态文明示范创建制度体系，持续推进省级生态县（市、区）、乡镇、村创建工作，在2019年11月生态环境部办公厅发布的第三批国家生态文明建设示范市县名单中，全国共有85个示范市县，其中长江经济带共有44个市、县、区入围，占全国的51.8%。

表6　2019年第三批国家生态文明建设示范市县名单（长江经济带）

单位：个

省市	示范市县	数量
江苏省	南京市溧水区、无锡市锡山区、连云港市赣榆区、盐城市盐都区、扬州市邗江区、泰州市海陵区、沛县	7
浙江省	杭州市西湖区、宁波市北仑区、舟山市普陀区、泰顺县、德清县、义乌市、磐安县、天台县	8
安徽省	宣城市宣州区、当涂县、潜山市	3
江西省	景德镇市、南昌市湾里区、奉新县、宜丰县、莲花县	5
湖北省	十堰市、恩施土家族苗族自治州、五峰土家族自治县、赤壁市、恩施市、咸丰县	6
湖南省	长沙市望城区、永州市零陵区、桃源县、石门县	4
重庆市	北碚区、渝北区	2
四川省	成都市金牛区、大邑县、北川羌族自治县、宝兴县	4
贵州省	贵阳市花溪区、正安县	2
云南省	盐津县、洱源县、屏边苗族自治县	3

资料来源：生态环境部：《关于第三批国家生态文明建设示范市县拟命名名单的公示》，http：//www.mee.gov.cn/ywgz/zrstbh/stwmsfcj/201911/t20191101_740368.shtml。

（五）深入推进生态环境保护督察

首先，扎实推进中央生态环境保护督察反馈问题整改。2019 年，各省市积极围绕第一轮中央生态环境保护督察反馈的各项整改任务，成立配合督察工作领导小组，并设立领导小组办公室统筹各项工作，各级各部门狠抓落实，有力有序、高质高效配合督察组召开动员会、汇报会，并配合进行谈话、走访和现场督察，认真办理督察交办的各项群众举报、投诉。各省市配合督察工作的做法及成效，得到中央生态环境保护督察组、生态环境部的认可和充分肯定。2019 年各省市在落实第一轮中央生态环境保护督察反馈的各项问题中，整改成效显著，基本完成 2019 年度要求，未完成任务也在积极有序推进中（见表 7）。

表 7　长江经济带主要省市中央环境保护督察整改情况

省市	整改情况	截止时间
上海	第一轮中央生态环境保护督察上海市 46 项整改项目中,已完成 39 项,其余 7 项正在按序推进中	2019 年底
江苏	第一轮中央环保督察反馈的全省 50 项整改任务中,已完成 24 项、基本完成 5 项,其他 21 项整改任务正在有序推进中	2019 年底
浙江	第一轮中央环保督察反馈的 46 项整改任务中,35 项已完成	2019 年底
安徽	第一轮中央环保督察反馈的 144 个问题,已完成整改 120 个;“回头看”督察反馈的 68 个问题,已完成整改 35 个	2019 年 5 月 11 日
湖南	中央生态环保督察“回头看”反馈的 41 项任务,完成整改 18 项;长江经济带生态环境警示片披露的 18 个突出问题,基本完成整改 15 个	2019 年底
江西	中央生态环保督察反馈的 61 个问题,需限期整改的 40 个已完成 34 个,需长期坚持或持续改善的 21 个问题均达到序时进度	2019 年底
重庆	第一轮中央生态环保督察整改取得显著成效,第二轮中央生态环保督察受理交办的 3868 件群众举报、投诉已办结和阶段性办结 3310 件,国家长江办警示片反映的 20 个问题已整改 12 个	2019 年底
四川	中央环保督察反馈意见 89 项整改任务已整改完成 61 项,移交信访件涉及的 9070 个环境问题已整改完成 8942 个	2019 年底

续表

省市	整改情况	截止时间
贵州	中央生态环保督察“回头看”反馈的42个问题应整改完成的23个均按时完成,19个达序时进度稳步推进	2019年底
云南	中央环保督察“回头看”反馈的58项整改任务已完成整改37项,21项积极有序推进	2019年底

资料来源：笔者根据生态环境部网站进行整理。

其次，深化省级生态环境保护督察工作。各省市认真贯彻落实《中央生态环境保护督察工作规定》，高位推进2019年省级生态环境保护专项督察，分批对本省进行督察，实现省级督察全覆盖，着力推动各类突出生态环境问题整改，各地全力配合省级生态环境保护督察“回头看”，紧盯群众反映强烈问题，坚持立行立改、边督边改，如上海市2019年度分两批次共计8个区开展市级生态环境保护督察，涉及180多个问题，2019年完成120多个整改事项，完成率约为67%。各省市积极对标对表，出台省级生态环境保护督察工作实施办法，形成完备的生态环境保护督察体系，如江西率先出台《江西省生态环境保护督察工作实施办法》。

（六）不断完善生态环境治理体系

长江经济带各省市把规划管控、环境治理、生态保护、推动发展的各方力量集成为合力，加强新体制、新机制的出台与互鉴，极大地推动了长江经济带各省市生态发展的步伐。

首先，实施长江经济带发展负面清单制度。2019年1月12日，推动长江经济带发展领导小组办公室印发《长江经济带发展负面清单指南（试行)》，在国家层面要求和指引下，包含四川、湖南、湖北在内的各省市也纷纷出台负面清单实施细则，形成了国家、地方两级负面清单管理体系，进而明确了长江经济带沿岸禁止建设的项目类别，尤其是对污染排放大、环境影响强、产能过剩的产业实施逐步淘汰和退出；管好重要岸线、河段，管住污染排放大、环境风险大的产业。通过建立负面清单管控制度，长江经济带生态环境硬约束机制逐步确立。

其次，持续做好环境影响评价管理与排污许可管理。一是完成“三区三线”划定和“三线一单”编制。2019 年，长江经济带“三区三线”（城镇、农业、生态空间和生态保护红线、永久基本农田保护红线、城镇开发边界）划定和“三线一单”（生态保护红线、环境质量底线、资源利用上线和生态环境准入清单）编制工作顺利推进。在生态环境部的指导下，各省市以环境质量改善目标为导向，基本编制完成长江经济带战略环境评价“三线一单”，并通过生态环境部审核验收。通过“三线一单”编制，基本划定环境管控单元，初步构建生态环境分区管控体系，从空间约束、污染物排放控制、环境风险管控、资源利用效率等维度编制环境准入清单，明确不同空间管控要求，并同步建立“三线一单”数据管理系统。二是持续深化环评“放管服”改革。各省市出台环评审批改革指导意见，通过网上备案、环评“瘦身”、竣工环保自主验收、项目环评与规划环评联动、环评承诺备案等举措，深化环评改革，探索实施分类精准下放、分级审批等，实现环评审批提质增效，推动高质量发展。比如，重庆印发了《重庆市建设项目环境影响评价文件分级审批规定（2019 年修订）》，部分建设项目环评审批权限下放至区县，炼钢、有色金属等建设项目环评审批权限上收；贵州还在全国率先将环境影响评价、排污许可、入河排污口设置三项行政审批合一，制定《环评、排污许可及入河排污口设置“三合一”行政审批改革试点工作实施方案》，从减少审批事项、缩短审批流程等方面，解决环评审批难题。三是加强排污许可管理。2019 年，各省市积极推进按期、分批完成排污许可证核发和管理工作，不断提升核发质量，编制重点行业排污许可证核发范本，落实“依证管理”。比如，江西出台了《江西省排污许可管理办法（试行）》，对排污许可证申请、核发、实施、监督以及登记管理、证后监管进行明确；上海发布《关于开展 2019 年度排污许可证专项执法检查的通知》等，加强排污许可证执法检查，督促持证单位加强证后管理。

再次，积极争取中央生态环境保护金融支持。近年来，中央和国家层面不断加大对长江经济带生态环境保护的金融支持力度，截至2019年11月，中央有关部门累计安排1237亿元支持长江经济带生态环境保护修复；同时，开发性金融、政策性金融精准支持力度加大，2019年1~11月，国家开发银行、农业发展银行分别发放贷款3621亿元、1529亿元支持长江大保护和绿色发展。2019年10月17日，国家开发银行重庆分行向重庆330万亩国家储备林建设一期项目发放首笔贷款5亿元，这也是长江中上游国家储备林项目首笔落地的贷款。

最后，不断完善长江经济带协同发展体制机制。长江下游4省市和中游3省及上游4省市亦分别建立省际协商合作机制，由推动长江经济带发展领导小组办公室牵头、沿江11省市参加的长江经济带“1+3”省际协商合作机制全面建立。2019年12月，中共中央、国务院印发《长江三角洲区域一体化发展规划纲要》，并提出一市三省要强化生态环境共保联治，推进环境协同防治，推动生态环境协同监管等。浙江、安徽不断推深做实新安江流域生态补偿机制，2019年9月，安徽印发《关于进一步推深做实新安江流域生态补偿机制的实施意见》。2019年1月，川滇联合印发泸沽湖保护治理方案。在一系列的制度安排、区域合作机制实施下，长江经济带生态环境区域合作不断由虚转实，成效显著。

三　长江经济带生态发展评价

长江经济带生态发展不仅需要大力实施环境治理与生态保护，更需要各省市共谋绿色发展，实现高水平生态、高质量生产、高品质生活的共兴共融。本部分通过构建长江经济带绿色发展指数指标体系，对长江经济带九省二市2018年度的绿色发展情况进行全面系统评价，以探讨长江经济带绿色发展的总体特征、优势短板，为长江经济带绿色发展提供依据。

（一）评价方法

长江经济带绿色发展指标体系包括3个一级指标、7个二级指标、21

个三级指标，采用层次分析法和专家打分法确立各级指标权重，并通过极差标准化进行数据预处理。相关指标资料来源包括：各省市 2019 年统计年鉴、土地调查、中国环境监测总站等各级政府及相关部门公开数据等。

（二）评价结果

2018 年长江经济带九省二市以及东、中、西部三大区域绿色发展各级指标测算结果及排名如表 8、表 9 所示，总体呈现如下特征。

一是绿色发展综合水平呈现东高西低。在长江经济带九省二市中，上海市绿色发展综合指数排名第一位。从细分领域来看，上海市各类指标得分两极分化严重。一方面，上海绿色科技、节能减排、环境质量、污染治理等方面的发展水平很高，尤其在绿色科技领域，其下属 3 个评价指标人均 GDP、全社会研发经费占 GDP 比重和人均环保经费投入均在九省二市中高居榜首，且与排名第二位的江苏省相比，领先优势显著。另一方面，由于人口和经济密度很高，上海在自然禀赋、城市绿化、环境压力等方面存在严重短板、排名靠后，生态宜居程度相对较差。此外，浙江、重庆、江苏分列综合得分第二至四位，表明直辖市和东部沿海等经济发展能级较高的地区，在绿色发展综合水平方面同样具备领先优势。

二是西部地区在绿色生态方面存在相对优势。云南省的绿色生态指数在九省二市中排名首位，贵州省、湖南省分别位列第二、第三名。从细分领域来看，自然禀赋方面得分最高的地区依次为云南、贵州和四川，环境质量方面得分最高的地区依次为贵州、上海和浙江。在西部四省市内部，云南和贵州的各类指标得分结构基本相同，四川与云、贵两地的得分结构也较为相近，绿色生态水平整体优异、绿色生产和绿色生活水平相对欠佳；而重庆市独树一帜，绿色生态尤其是环境质量是其最大短板，绿色生产和绿色生活水平差强人意。同时，西部四省市的各项绿色生态评价指标虽然总体得分优异，但是土壤侵蚀和考核断面水环境质量的提升空间依然很大。

表 8　2018 年长江经济带九省二市绿色发展指数得分及排名

指标	上海	江苏	浙江	安徽	江西	湖北	湖南	重庆	四川	贵州	云南
绿色发展	64.30 (1)	54.93 (4)	59.13 (2)	52.23 (6)	50.41 (7)	48.53 (8)	54.22 (5)	56.25 (3)	47.39 (9)	39.26 (10)	38.75 (11)
绿色生态	33.99 (10)	23.09 (11)	54.09 (4)	34.71 (9)	49.61 (6)	36.22 (8)	59.44 (3)	38.60 (7)	54.01 (5)	66.28 (2)	70.94 (1)
自然禀赋	1.58 (11)	20.57 (10)	53.52 (8)	50.13 (9)	75.11 (4)	63.07 (6)	67.84 (5)	61.98 (7)	77.77 (3)	78.65 (2)	95.76 (1)
环境质量	55.60 (2)	24.77 (8)	54.47 (3)	24.43 (9)	32.62 (7)	18.33 (11)	53.84 (5)	23.01 (10)	38.17 (6)	58.03 (1)	54.39 (4)
绿色生产	91.58 (1)	65.38 (2)	44.79 (5)	43.19 (7)	31.81 (9)	50.19 (4)	44.71 (6)	55.20 (3)	38.59 (8)	19.38 (10)	16.65 (11)
节能减排	83.15 (1)	80.12 (2)	48.13 (9)	65.05 (6)	48.90 (8)	72.68 (5)	72.78 (4)	75.57 (3)	61.98 (7)	32.37 (10)	25.28 (11)
绿色科技	100.0 (1)	50.65 (2)	41.46 (3)	21.33 (6)	14.72 (9)	27.70 (5)	16.64 (7)	34.83 (4)	15.20 (8)	6.39 (11)	8.02 (10)
绿色生活	58.25 (8)	72.83 (5)	83.30 (1)	81.80 (2)	75.99 (3)	58.64 (7)	61.68 (6)	75.29 (4)	52.51 (9)	38.74 (10)	36.02 (11)
污染治理	96.67 (2)	60.00 (7)	98.89 (1)	93.64 (3)	58.23 (8)	64.26 (6)	69.63 (5)	71.70 (4)	31.65 (11)	45.32 (9)	33.02 (10)
城市绿化	19.56 (11)	75.52 (2)	65.10 (5)	72.78 (4)	88.74 (1)	42.00 (8)	44.67 (7)	74.32 (3)	53.49 (6)	31.98 (9)	31.45 (10)
环境压力	58.78 (9)	93.10 (1)	88.52 (3)	76.14 (8)	85.99 (4)	80.67 (6)	79.78 (7)	84.42 (5)	92.25 (2)	39.12 (11)	51.14 (10)

注：括号中的数字为九省二市在该领域的得分排名。

表 9　2018 年长江经济带东、中、西三大区域绿色发展指数得分及排名

指标	东部区域		中部区域		西部区域	
	得分	排名	得分	排名	得分	排名
绿色发展	57.65	1	51.05	2	45.41	3
绿色生态	36.47	3	48.42	2	57.46	1
自然禀赋	31.45	3	68.67	2	78.54	1
环境质量	39.82	2	34.93	3	43.40	1
绿色生产	61.24	1	42.24	2	32.46	3
节能减排	69.11	1	64.79	2	48.80	3
绿色科技	53.36	1	19.69	2	16.11	3
绿色生活	74.05	1	65.44	2	50.64	3
污染治理	87.30	1	64.04	2	45.42	3
城市绿化	58.24	2	58.47	1	47.81	3
环境压力	79.14	2	82.15	1	66.73	3

注：东部区域包括上海、江苏、浙江、安徽四省市，中部区域包括江西、湖北、湖南三省，西部区域包括重庆、四川、贵州、云南四省市。

三是东部地区在绿色生产方面存在相对优势。上海市的绿色生产指数在九省二市中排名首位，江苏省、重庆市分别位列第二、第三名。从细分领域来看，节能减排方面得分最高的地区依次为上海、江苏和重庆，绿色科技方面得分最高的地区依次为上海、江苏和浙江。在东部四省市内部，上海和江苏两地的各类指标得分结构较为相似，绿色生产水平很高，绿色生活水平处于中游，绿色生态水平很低；浙江省的三大领域排名整体较好且相对均衡，未来发展前景较好，需要在节能减排方面进行重点改造；安徽省的得分结构与江浙沪存在一定差异，与位于中部区域的江西省略为相近，绿色生活水平较高，绿色生态和绿色生产等领域的提升空间均较大。

四是中部地区在绿色生活方面存在相对优势。虽然浙江、安徽、江西三省的绿色生活指数在九省二市中排名前三位，总体而言，东部地区绿色生活指数得分高于中部和西部地区，但是从细分领域来看，中部区域在城市绿化、环境压力两个方面，平均得分均排名第一，在污染治理方面，平均得分排名第二，具有相对优势。在中部三省内部，江西、湖北、湖南三地的特色各异，各类指标得分结构差异较大。首先，江西省得分结构与东部的安徽省存在一定相似，两省的绿色生活发展水平均较高，其中江西城市绿化平均水平在九省二市中排名首位；同时，江西省绿色生态水平略高于安徽省，绿色生产水平整体略低。其次，湖北省得分结构与西部地区的重庆市略为相似，两地绿色生产水平均相对较高，绿色生态水平均相对较低，但是湖北省绿色生活发展水平不如重庆。最后，湖南省的绿色生态发展水平相对较好，在九省二市中排名第三位，绿色生产和绿色生活水平也均处于中游，各类指标得分相对均衡，仅绿色科技、城市绿化等方面相对薄弱。

五是绿色生产领域的区域差异最大，绿色生活领域的区域差异相对较小。从细分领域来看，九省二市绿色生态、绿色生产、绿色生活指数的变异系数分别为30.4%、43.8%、24.6%，绿色生产领域的省际差异远高于其他领域，尤其是其下属的绿色科技，变异系数高达83.7%。从具体评价指标来看，变异系数最高的3个指标分别为人均环保经费投入、人均GDP、土壤侵蚀度，对应变异系数分别为132.8%、98.7%和77.9%；变异系数最低的3个指标分别为人口密度、生活垃圾无害化处理率、农田与水域面积占比，对应数值分别为32.1%、35.5%、36.1%。这表明经济和投资相关指标的区域差异整体大于生态资源类指标，鉴于经济类指标的可调控性相对较大，因此，区域绿色发展的均衡程度有很大的提升和调控空间。

六是绿色生态和绿色生产领域呈现负相关。从细分领域来看，九省二市绿色生态与绿色生产得分序列的相关系数为-0.78，其中，自然禀赋与绿色科技得分序列的相关系数更是达到-0.92。这在一定程度上表明，自然生态禀赋与经济系统绿色转型的联动发展极为欠缺。虽然各地特色优势鲜明，但是绿水青山转化为金山银山的潜力依然很大，对于提高生态优势地区绿色发展水平的资金投入和科技投入力度，可以继续加强。

综上，长江经济带各省市绿色发展现状各有所长，但是总体上与经济发展水平的空间格局基本一致，且各区域均衡发展、各领域协同发展的提升空间较大。因此，一方面，九省二市应结合自身优势，在生产、生活、生态三大领域扬长避短，提高当地绿色发展综合水平；另一方面，长江经济带总体上可以以促进西部生态优势地区绿色生产发展为突破口，加大环保科技和资金投入，提高整个长江经济带区域的绿色发展均衡程度。

四　提升长江经济带生态发展水平的对策建议

“绿水青山既是自然财富、生态财富，又是社会财富、经济财富”，长江经济带拥有极其丰富的自然生态系统，如何探索出一条生态优先、绿色发展的新路子，尤其是探索出绿水青山转化为金山银山，推动生态产品价值实现，这是长江经济带各省市面临的重要问题。2019 年 10 月党的十九届四中全会召开，对生态文明建设进行系统部署，为国家生态环境治理体系和治理能力现代化描绘了蓝图。长江经济带也需要以生态产品价值实现和生态环境治理体系为牵引，着力提升生态发展水平。

（一）统筹联动协调发展，保护好长江经济带绿水青山

首先，注重生态要素联动，加强“山水林田湖草”系统治理。长江经济带生态环境保护理念应该从改善环境质量转变为确保生态环境系统安全稳定，推进环保、农业、水利、林业、建设、交通等政府部门跨部门综合治理，避免条线分割，形成协同共治；强化山、河、湖一体化系统，通过加强湿地与森林生态系统的保护提高水体的自净能力，在治理水土流失、石漠化、富营养化等问题时慎重采用对水生态环境安全影响较大的化学药剂、对生态环境系统扰动较大的工程措施。

其次，注重水岸联动，加快生产方式和生活方式的绿色变革。继续推进涉水相关产业，尤其是矿业、化工业、水产养殖业的绿色化、生态化改造，在继续削减国控污染物排放量基础上，重视与水生态环境安全相关的污染和风险管理；加强服务业能耗和污染监督管理，鼓励各地设立服务业能耗相关统计指标和考核标准；支持环保技术咨询服务业、垃圾回收和再资源化利用产业等绿色产业发展；倡导节约适度、环保低碳的生活理念，

逐步推动生活垃圾分类全覆盖，鼓励节约粮食宣传和措施常态化，支持建筑节能化改造，提倡绿色出行，推动绿色产品标准及认证，鼓励绿色消费。

最后，注重区域联动，推动上、中、下游协同发展。进一步强化九省二市联席会议制度，统筹协商和合作共推长江经济带生态发展各项工作；加强跨省、跨部门的数据信息资源共享，建立长江经济带生态环境风险预警平台；建立长江经济带环保科技基金和项目库，形成长江经济带水体、土壤、大气、生物、固废综合治理技术体系，发挥下游区域科技人才优势，支持各地环保科技资源共享；聚焦跨界环境污染问题，以生态系统边界为环境治理单元，突破行政藩篱。

（二）生态经济平衡发展，探索生态产品价值实现路径

首先，要推进生态资产确权登记，完善生态产品价值核算和定价机制。长江经济带生态产品价值实现的前提是生态资产产权清晰和对自然生态产品进行价值核算。建议自然资源部联合农业、林业、水利、海洋等部门以及地方各级部门、社会化主体开展生态资产专项调查，对自然资源进行统一确权登记。建议自然资源部联合国家发改委等牵头制定统一的生态产品核算方法体系和技术规范，对生态产品价值进行精细化核算。鼓励各地开展生态产品价格形成机制、绿证交易制度等探索创新，对影响面大、制约因素复杂的政策措施先行试点后再逐步推广。

其次，建立统一的长江经济带生态产品交易市场。积极培育生态产品市场主体，建立推广政府和社会资本合作模式，鼓励扶持一批综合性生态环境服务企业，提供第三方生态保护、环境治理和生态产品交易服务。建议自然资源部牵头联合发改委、农业、林业等部门建立统一的、综合性的“长江经济带生态产品与生态资产交易平台”，为各方提供交易信息，降低交易成本。促进平台与全国公共资源交易平台对接，实现统一信息发布、统一 CA 认证和电子签章、统一交易主体信用、统一电子化行政监管与配套服务等。

最后，加快出台生态补偿机制法律条例。进一步明确生态补偿利益

相关各方的权利、义务，对责任、补偿内容、补偿标准进行明确的界定；探索对口帮扶、技术交流与人员培训、绿色产业扶持等市场化、多元化生态补偿方式，如在上游地区划出一定土地与下游省市进行共同开发、共同招商、共同管理和共同受益，增强上游地区内生发展能力。发挥中央资金杠杆作用，各省市根据受益大小共同出资建立长江经济带生态补偿资金池，推进再贷款、贴息、担保、政府参与的绿色基金投资等投融资方式与生态补偿相结合。

（三）提升环境治理能力，建立现代化的生态环境治理体系

首先，强化生态环境保护督察。继续完善中央、省市两级生态环境保护机制，对地方党委、政府高度重视，群众反映强烈，环境保护不作为、缓作为、乱作为等行为进行重点督察。强化环境考核问责制度，将污染防治纳入各级政府目标管理范围。压实环保责任，各省/市纪委会同组织部、环保部门开展调查，对环保督察整改不到位的相关责任干部予以严肃问责查处。建立环保督察整改长期跟踪机制，避免“发现有问题—整改见成效—放松又反弹”的循环，实现污染防治从“一时美”变为“长久美”。

其次，加强多元参与生态环境建设。探索把长江流域水环境治理、土壤环境治理以及资源配置等转给市场，积极发展第三方治理和环保中介组织，使其成为沟通政府与企业环境管理的桥梁和纽带。引入社会力量，建立独立于政府、企业的环境监测与评价体系，为长江经济带各省市生态环境保护督察提供支撑。鼓励生态环境领域社会组织的发展，发挥其监督、研究、宣传、交流等作用，进一步加大政府信息公开力度，畅通公众环境信息渠道，实现长江经济带保护依靠人民、长江经济带保护为了人民。

最后，加强生态环境保护科技支撑。长江经济带生态发展必须提升生态环境治理能力，积极推进长江经济带跨区域联防联治，进一步建立完善长江经济带生态环境监测体系，提高监测系统精度，提高生态环境预警水平，加强生态环境保护技术创新和应用集成创新，鼓励“互联网+”、虚拟化、人工智能和云计算等技术的应用，提升长江经济带生态环境保护的信息化水平。

参考文献

邓霞：《长江经济带生态效率评价及影响因素研究》，西南大学硕士论文，2018。

兰秀娟：《长江经济带城镇化质量研究》，重庆工商大学硕士论文，2017。

李梦源：《长江经济带绿色发展法律保障问题研究》，华中农业大学硕士论文，2017。

李忠：《长江经济带生态产品价值实现路径研究》，《宏观经济研究》2020年第1期。

推动长江经济带发展领导小组办公室：《2016年以来推动长江经济带发展进展情况》，《中国经贸导刊》2019年第2期。

熊丽：《愿得长江万里清——写在推动长江经济带发展座谈会召开四周年之际》，《经济日报》2020年1月5日。

杨荣金、孙美莹、张乐、张钰莹、刘伟玲、李莹杰：《长江经济带生态环境保护的若干战略问题》，《环境科学研究》2020年第8期。

张慧、高吉喜、乔亚军：《长江经济带生态环境形势和问题及建议》，《环境与可持续发展》2019年第5期。

B.4
长江经济带城市群发展报告（2019～2020）

薛艳杰*

摘　要： 长三角城市群、长江中游城市群和成渝城市群是支撑和引领长江经济带高质量和一体化发展的重要引擎，也是我国区域发展战略格局中的重要功能区。本文主要基于统计年鉴和统计公报数据，分析长江经济带三大城市群近年经济发展的主要特征。主要结论如下：近年三大城市群区域经济呈下行走势，但总体位于中高速增长区间；区域经济总量明显增加，对长江经济带和我国区域经济的贡献份额稳中有增；经济发展水平稳步提升，但地区差距较大；九大核心城市经济增速减缓，在城市群内增速较慢，但经济总量明显上升，在城市群内规模优势较明显，发展水平较快提升，大部分指标在城市群内呈现较明显的领先优势。2020年三大城市群经济发展面临严峻挑战；由于发展阶段和发展水平不同，三大城市群下一步发展重点有所不同；九大核心城市发展能级水平存在较大差距，促进各城市群高质量发展，须着力提升核心城市的发展水平和功能作用。

关键词： 长江经济带　城市群　长江中游城市群　成渝城市群

* 薛艳杰，上海社会科学院城市与人口研究所副研究员，主要研究方向为区域经济、农业农村发展等。

城市群是城镇化和区域经济发展到较高阶段后形成的经济地理空间主体形态，是支撑和引领区域一体化、高质量发展的重要功能区。城市群的空间范围界定主要有两种方法：一种是经济地理视角，根据实际功能形态划分，是在一定的地理空间范围内集中分布的、以现代交通网络相连通、以一个及以上中心城市为核心、具备较完善的规模等级体系、经济社会联系比较紧密的一群城市；另一种是发展导向视角，基于国家或地方发展战略导向，规划确定城市群的边界范围，通过政策规划的实施，引导推动城市群形成发展，实现预期的战略目标。在长江经济带地区，自西向东依次分布着成渝城市群、长江中游城市群和长江三角洲城市群（以下简称“长三角城市群”）三大国家级城市群，根据国务院批复的《成渝城市群发展规划》、《长江中游城市群发展规划》和《长江三角洲城市群发展规划》，三大城市群的规划范围共涉及长江经济带 9 个省市 73 个地级及以上城市，国土总面积约 71.4 万平方公里，规划基期（2014 年）地区生产总值约 22.4 万亿元，总人口约 3.6 亿人，分别约占全国的 7.4%、32.8%、26.5%。其中，长三角城市群规划范围包括沪、苏、浙、皖 4 省市 26 个地级及以上城市的全域；① 长江中游城市群规划范围涉及鄂、湘、赣 3 省 31 个地级及以上城市，其中 29 市为全域范围，江西省抚州、吉安 2 市为部分县（区）在内；② 成渝城市群规划范围涉及川、渝 2 省市 16 个地级及以上城市，包括四川省 12 个市的行政区全域及绵阳、达州、雅安 3 市的部分区域，重庆市的 27 个区（县）全域及开县

---

① 根据《长江三角洲城市群发展规划》，长三角城市群在上海市、江苏省、浙江省、安徽省范围内，规划范围包括上海市，江苏省的南京、无锡、常州、苏州、南通、盐城、扬州、镇江、泰州，浙江省的杭州、宁波、嘉兴、湖州、绍兴、金华、舟山、台州，安徽省的合肥、芜湖、马鞍山、铜陵、安庆、滁州、池州、宣城等 26 市。

② 根据《长江中游城市群发展规划》，长江中游城市群规划范围包括：湖北省的武汉、黄石、鄂州、黄冈、孝感、咸宁、仙桃、潜江、天门、襄阳、宜昌、荆州、荆门，湖南省的长沙、株洲、湘潭、岳阳、益阳、常德、衡阳、娄底，江西省的南昌、九江、景德镇、鹰潭、新余、宜春、萍乡、上饶及抚州市、吉安市的部分县（区）。

（现开州区）和云阳县的部分地区。[①] 2019年，中共中央、国务院印发《长江三角洲区域一体化发展规划纲要》，提出以中心区辐射带动长三角地区高质量发展，中心区范围包括长三角城市群26市及浙江省温州市，共27市。本文主要对应于国务院批复的规划区域，重点分析2019年长江经济带三大城市群的经济发展特征。但是，基于新的发展背景及数据可获得性，本文分析对象涵盖长三角中心区27市、长江中游城市群31市和成渝城市群16市，包括长江经济带9省市74个地级及以上城市，所涉数据为各市的全域指标值，与规划区域并不完全一致。

一 总体发展概况

2019年，国内外宏观环境中的复杂影响因素增多，不稳定性增强，区域经济发展压力进一步增大。在此背景下，长江经济带三大城市群经济增速不同程度下降，但总体保持中高速增长，区域经济总量明显增长，在长江经济带和我国经济发展中起到举足轻重的支撑和引领作用，区域经济发展水平稳步提升，但地区之间的发展差距比较显著。

（一）经济走势下行为主，增速“西快东慢”

纵向来看，近年长江经济带三大城市群的区域经济增速总体都呈下行走势。2019年，长三角城市群27市的地区生产总值平均增长6.8%，较上年区域经济增速下降0.2个百分点，较2015年区域经济增速下降1.9个百分点；27市中，2/3的地区经济增速低于上年，近9/10的地区经济增速低于2015年。2019年，长江中游城市群31市的地区生产总值平均增长7.8%，

① 根据《成渝城市群发展规划》，成渝城市群的具体范围包括重庆市的渝中、万州、黔江、涪陵、大渡口、江北、沙坪坝、九龙坡、南岸、北碚、綦江、大足、渝北、巴南、长寿、江津、合川、永川、南川、潼南、铜梁、荣昌、璧山、梁平、丰都、垫江、忠县等27个区（县）以及开县、云阳的部分地区，四川省的成都、自贡、泸州、德阳、绵阳（除北川县、平武县）、遂宁、内江、乐山、南充、眉山、宜宾、广安、达州（除万源市）、雅安（除天全县、宝兴县）、资阳等15个市。

较上年区域经济增速下降 0.4 个百分点，较 2015 年区域经济增速下降 1 个百分点；31 市中，4/5 以上的地区经济增速低于上年，近 9/10 的地区经济增速低于 2015 年。成渝城市群 16 市的地区生产总值平均增长 7.7%，较上年区域经济增速下降 0.6 个百分点，较 2015 年区域经济增速下降 1.3 个百分点；16 市中，3/4 的地区经济增速低于上年，4/5 以上的地区经济增速低于 2015 年。三大城市群之间比较，2015～2019 年，长三角城市群区域经济年均增长 7.7%，长江中游城市群区域经济年均增长 8.2%，成渝城市群区域经济年均增长 8.3%；五年平均经济增速成渝城市群最高，长江中游城市群与之相近，长三角城市群较低。2015 年，成渝城市群经济增速最高，长三角城市群经济增速最低，三大城市群经济增速相近；2019 年，长江中游城市群增速最高，成渝城市群经济增速与之相近，长三角城市群经济增速与两地差距拉大，区域经济增长态势“西快东慢”的格局更为明显。

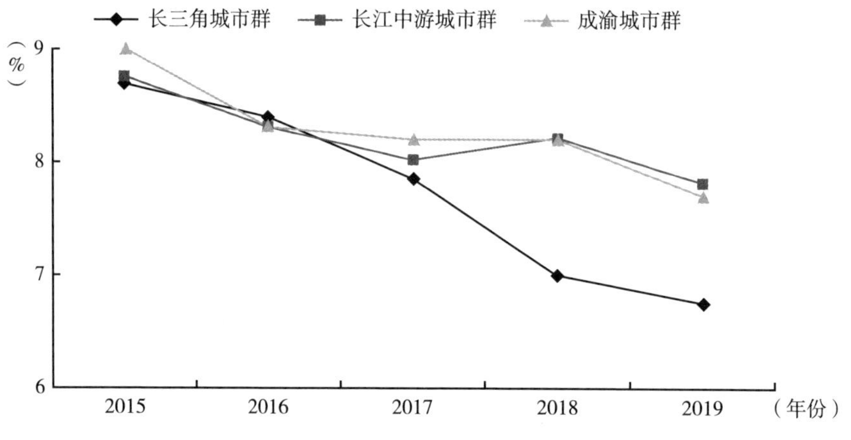

图 1　2015～2019 年长江经济带三大城市群经济增速变化

资料来源：全国及长江经济带三大城市群数据来自中国及三大城市群所涉各市的 2018 年和 2019 年统计年鉴、2018 年和 2019 年国民经济和社会发展统计公报、2019 年 12 月统计月报。本文数据若无特殊注明，来源相同。

横向比较，2019 年长江经济带三大城市群的经济增速均高于全国（6.1%），两大城市群的经济增速高于长江经济带（7.2%）。其中，长三角城市群27市平均经济增速较长江经济带11省市平均经济增速低0.4个百分点，较全国经济增速高0.7个百分点；长江中游城市群31市平均经济增速比长江经济带高0.6个百分点，比全国高1.7个百分点；成渝城市群16市平均经济增速较长江经济带高0.5个百分点，较全国高1.6个百分点。近年，长江经济带三大城市群区域经济总体都在中高速区间运行，且保持领先于全国平均水平的发展态势。

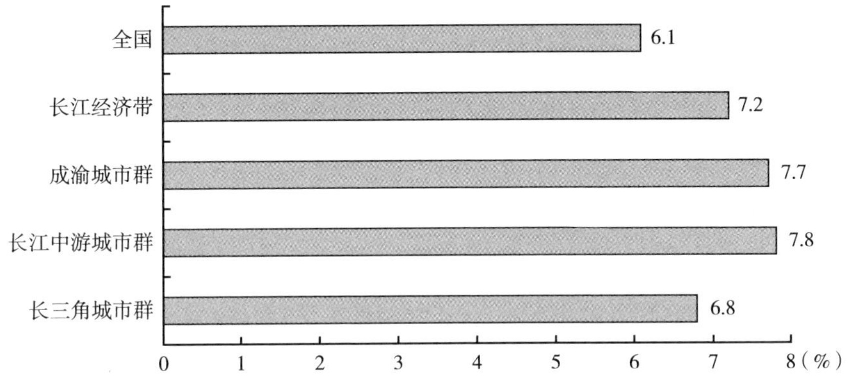

图2　2019年长江经济带三大城市群经济增速及区域比较

（二）经济总量持续增长，规模“东大西小”

近年，长江经济带三大城市群的区域经济总量明显增加。2019年，长三角城市群经济总量突破20万亿元，27市共实现地区生产总值约20.4万亿元；长江中游城市群经济总量迈上9万亿元台阶，31市共实现地区生产总值约9.38万亿元；成渝城市群地区经济总量迈上6万亿元台阶，16市共实现地区生产总值约6.51万亿元。三大城市群之间比较，长三角城市群区域面积最小，但区域经济总量超过两大城市群经济总量之和，长江中游城市群的经济总量是成渝城市群的1.4倍多，三大城市群的经济规模呈现“东大西小”，自东向西梯度递减的分布格局。在三大城市群所涉74市中，地区生产总值1万亿元以上的市10个，其中6个位于长三角城市群，2个位于长江中游城市群，2个位于成渝城市群；0.5万～1万亿元的市11个，其中10个位于长三角城市群，1个位于长江中游城市群，经济大市呈现“东多西少”的地区分布特征。

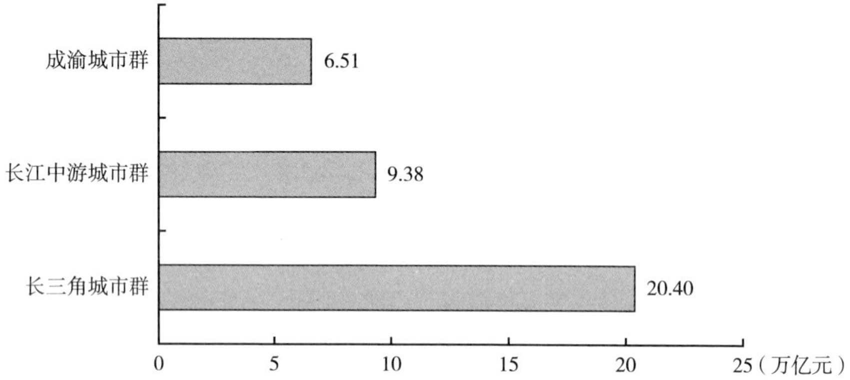

图3　2019年长江经济带三大城市群的地区生产总值

从对全国的经济贡献来看，长江经济带三大城市群74市土地总面积约81.4万平方公里，2019年共实现地区生产总值约36.3万亿元，常住总人口约3.97亿人，分别约占全国的8.5%、36.6%、28.4%。其中，长三角城市群27市以占全国约2.3%的土地面积，创造了全国约20.6%的经济总量，集聚了全国约11.8%的常住人口；长江中游城市群31市以占全国约3.6%的土地面积，产出了全国约9.5%的经济总量，集聚了全国约9.4%的常住人口；成渝城市群16市以占全国约2.5%的土地面积，产出了全国约6.6%的经济总量，集聚了全国约7.2%的常住人口。74市土地面积占全国的比重较三大城市群规划区域比重高约1.1个百分点，2019年地区生产总值比重较三大城市群规划基期比重高约3.8个百分点，常住人口比重较三大城市群规划基期比重高约1.9个百分点，可见，近年三大城市群对全国经济总量的贡献份额及吸纳常住人口比重有所提高。从全国范围来看，长江经济带三大城市群以占全国不足1/10的土地面积，承载了全国1/4以上的常住人口，产出了全国1/3以上的经济总量，在我国经济社会发展全局中具有重要战略地位。三大城市群74市以占长江经济带11省市近2/5的土地面积，吸纳了

11 省市近 2/3 的常住人口，产出了 11 省市近 4/5 的经济总量，对长江经济带经济社会发展具有决定性的支撑和影响作用。

表 1　2019 年长江经济带三大城市群的面积、GDP、人口及占全国比重

项目	主要指标	长三角城市群（27 市）	长江中游城市群（31 市）	成渝城市群（16 市）	合计（74 市）
总量规模	土地面积(万平方公里)	22.5	35	23.9	81.4
	GDP(万亿元)	20.4	9.4	6.5	36.3
	常住人口(亿人)	1.65	1.31	1.01	3.97
占全国比重	土地面积(%)	2.3	3.6	2.5	8.5
	GDP(%)	20.6	9.5	6.6	36.6
	常住人口(%)	11.8	9.4	7.2	28.4

注：长江中游城市群中，天门市常住人口数据为 2018 年值，根据该市近 3 年人口变动趋势，2019 年实际常住人口将会少于 2018 年，数量减少 6000 人左右，对城市群人口总量及占全国比重的数值影响较小。

（三）经济质量逐步提升，水平“东高西低”

近年，长江经济带三大城市群的经济发展水平稳步提升，但现状水平“东高西低”的梯度分异格局明显，地区之间发展差距较大。

2019 年，长三角城市群 27 市按常住人口计算的人均地区生产总值约为 12.37 万元，明显高于全国人均水平（约 7.09 万元），按 2019 年人民币兑美元平均汇率计算约为 1.79 万美元；长江中游城市群 31 市常住人口人均生产总值约为 7.18 万元，略高于全国人均水平，约合 1.04 万美元；成渝城市群 16 市常住人口人均生产总值约为 6.46 万元，低于全国人均水平，约合 0.94 万美元（见图 4）。三大城市群之间比较，长三角城市群人均地区生产总值明显领先，长江中游城市群和成渝城市群水平相近，长江中游城市群略高。分城市来看，三大城市群 74 市中，39 市人均生产总值超过 1 万美元，37 市人均生产总值高于全国平均水平，其中 22 市位于长三角城市群、13 市位于长江中游城市群、2 市位于成渝城市群；8 市人均生产总值达到 2 万美元以上，其中 7 市位于长三角城市群、1 市位于长江中游城市群。

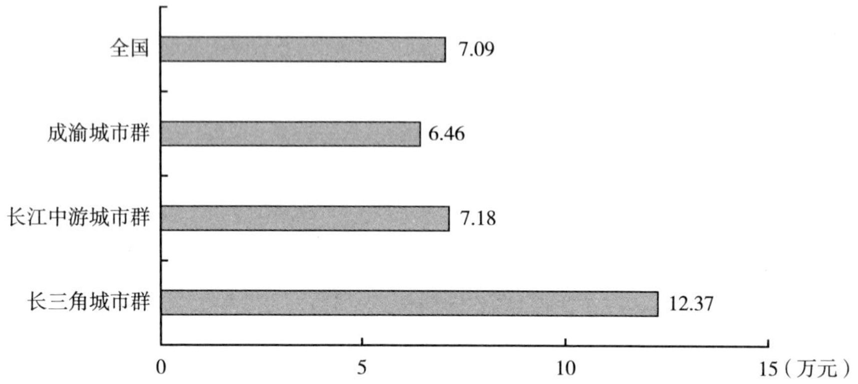

图4　2019年长江经济带三大城市群的人均GDP与全国比较

从地均产出来看，2019年长三角城市群每平方公里土地创造的地区生产总值约为9062万元，长江中游城市群每平方公里土地创造的地区生产总值约为2680万元，成渝城市群每平方公里土地创造的地区生产总值约为2716万元。长江经济带三大城市群的经济产出效率差距较大，长江中游城市群和成渝城市群单位面积产出相近，均不足长三角城市群单位面积产出的1/3，但均高于全国单位面积产出水平（约1032万元/平方公里），是全国平均水平的2.6倍左右。

表2　2019年长江经济带三大城市群发展水平主要指标与全国比较

地区	人均GDP（万元）	单位面积GDP（万元/平方公里）	城镇化率（%）	城镇居民人均可支配收入（元）	农村居民人均可支配收入（元）
长三角城市群	12.37	9062	68.4	53221	27172
长江中游城市群	7.18	2680	60.5	37642	18514
成渝城市群	6.46	2716	52.7	36766	17072
全　国	7.09	1032	60.6	42359	16021

2019年，长三角城市群27市常住人口城镇化率约为68.4%，较全国人口城镇化率（60.6%）高7.8个百分点；长江中游城市群31市常住人口城镇化率约为60.5%，与全国人口城镇化率基本持平；成渝城市群16市常住

人口城镇化率约为52.7%，比全国人口城镇化率低7.9个百分点。三大城市群之间的人口城镇化率水平形成较明显的梯度差距，长三角城市群城镇化率较长江中游城市群高7.9个百分点，长江中游城市群城镇化率比成渝城市群高7.8个百分点，成渝城市群的城镇化率比长三角城市群低15.7个百分点（见图5）。分城市来看，三大城市群74市中，37市人口城镇化率高于全国，其中22市位于长三角城市群、13市位于长江中游城市群、2市位于成渝城市群；16市城镇化率超过70%，其中10个位于长三角城市群、5个位于长江中游城市群、1个位于成渝城市群；3市城镇化率达到80%以上，其中2个位于长三角城市群、1个位于长江中游城市群。

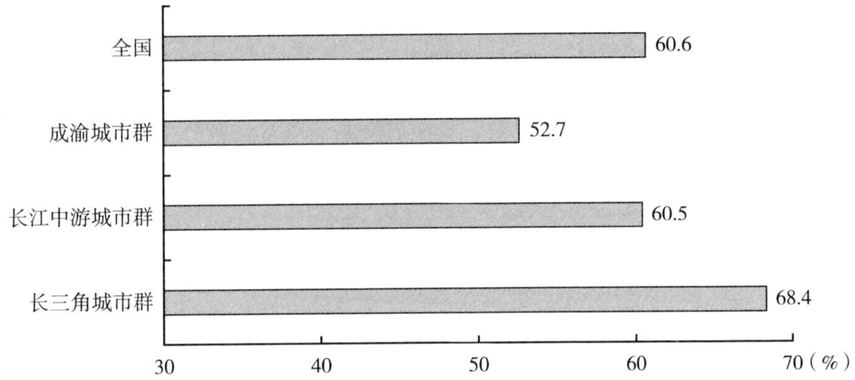

图5　2019年长江经济带三大城市群常住人口城镇化率与全国比较

注：①基于数据可获得性，各城市群城镇化率为区域内各市城镇化率的平均值；②长三角城市群中，上海市城镇化率为2018年值；③长江中游城市群中，天门市和宜昌市城镇化率为2018年值。

从城乡居民收入来看，2019年，长三角城市群27市的城镇居民人均可支配收入约为53221元，农村居民人均可支配收入约为27172元，较全国城镇居民人均可支配收入（42359元）和农村居民人均可支配收入（16021元）均高出1.1万元左右；长江中游城市群31市城镇居民人均可支配收入约为37642元，低于全国平均水平，农村居民人均可支配收入约为18514元，高于全国平均水平；成渝城市群16市的城镇居民人均可支配收入约为 36766 元，低于全国平均水平，农村居民人均可支配收入约为 17072 元，略高于全国平均水平（见图 6）。三大城市群之间比较，长三角城市群城乡居民收入水平明显领先，长江中游城市群和成渝城市群城乡居民收入水平相近，长江中游城市群略高；城乡收入比方面，长三角城市群最小（1.96），长江中游城市群居中（2.03），成渝城市群最高（2.15），但都小于全国平均水平（2.64）。分城市来看，三大城市群 74 市中，25 市城镇居民人均可支配收入高于全国平均水平，其中 20 市位于长三角城市群、4 市位于长江中游城市群、1 市位于成渝城市群；62 市农村居民人均可支配收入高于全国平均水平，其中 24 市位于长三角城市群、26 市位于长江中游城市群、12 市位于成渝城市群。

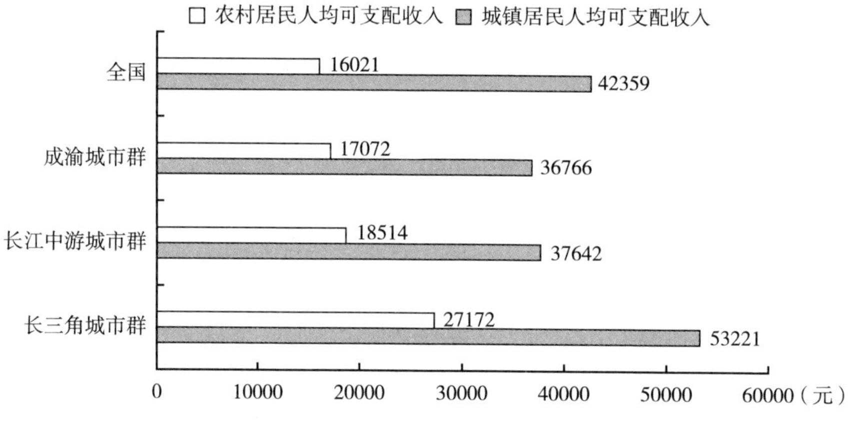

图 6　2019 年长江经济带三大城市群城乡居民人均可支配收入

注：长江中游城市群中，天门市 2019 年城乡居民人均可支配收入是根据 2015～2018 年年均增速估算而得。

二　中心城市发展概况

本文主要选取长江经济带三大城市群的一级核心城市及省会城市进行分析，包括上海、南京、杭州、合肥、武汉、长沙、南昌、成都、重庆等 9 市。其中，上海是长三角城市群的一级中心城市，南京、杭州、合肥是长三角城市群的二级核心城市；武汉、长沙、南昌是长江中游城市群的三个一级核心城市；成都、重庆是成渝城市群的两个一级核心城市。

（一）经济增长减缓，相对速度较慢

近年，长江经济带三大城市群的核心城市经济运行总体都呈下行走势，大部分地区经济增速波动式下滑，少数地区呈直线式下滑。2015 年，九大核心城市的地区生产总值平均增长 9.4%，其中 3 市实现两位数以上高速增长、3 市经济增速达到 9% 以上；9 市中最高经济增速为 11%，最低经济增速为 7%，最大增速差距为 4 个百分点。2019 年，9 市地区生产总值平均增长 7.3%，较 2015 年下降 2 个多百分点，9 市中最高经济增速为 8.1%，最低经济增速为 6%，最大增速差距为 2.1 个百分点，9 市的经济增速差距较 2015 年明显缩小。分城市来看，2019 年除杭州市和重庆市外，其他 7 市经济增速均低于上年，9 市经济增速均低于 2015 年；除上海市外，其他 8 市经济增速均高于全国平均水平。

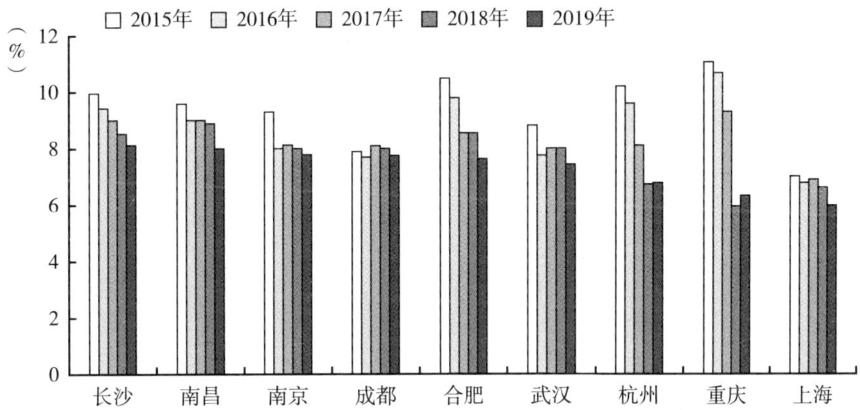

图 7　2015～2019 年长江经济带三大城市群核心城市 GDP 增速变化

注：按 2019 年增速由高至低排序。

在各城市群内部，大部分核心城市的经济增长速度相对较慢。2019 年，南京、合肥、杭州、上海 4 市的地区生产总值增速分别位于长三角城市群

27 市的第 8 位、第 10 位、第 14 位和第 22 位；长沙、南昌、武汉 3 市的地区生产总值增速分别位于长江中游城市群 31 市的第 3 位、第 10 位和第 29 位；成都、重庆 2 市的地区生产总值增速分别位于成渝城市群 16 市的第 7 位和第 16 位。在三大城市群 74 市中比较，大部分核心城市经济增长速度位于中下游（见表 3）。

表 3　2019 年长江经济带三大城市群核心城市的 GDP 增速

城市	GDP 增速(%)	在本城市群排名		在三大城市群74 市中排名
南京	7.8	长三角城市群（27 市）	8	32
合肥	7.6		10	42
杭州	6.8		14	59
上海	6.0		22	69
长沙	8.1	长江中游城市群（31 市）	3	8
南昌	8.0		10	17
武汉	7.4		29	51
成都	7.8	成渝城市群（16 市）	7	31
重庆	6.3		16	67

（二）经济总量跃升，规模优势凸显

近年，长江经济带三大城市群核心城市的经济总量明显增长。2015 ~ 2019 年，上海市地区生产总值实现了从 2 万亿元台阶至 3 万亿元台阶的跃升，重庆市地区生产总值实现了从 1 万亿元至 2 万亿元的跃升，成都、武汉、杭州 3 市地区生产总值突破 1.5 万亿元，南京、长沙 2 市地区生产总值突破 1 万亿元，合肥、南昌 2 市地区生产总值增幅也分别达到 66.2% 和 39.5%。九大核心城市之间比较，地区经济总量形成较明显的梯度差距。以 1 万亿元为一个规模等级，2019 年上海市地区生产总值为 3 万亿 ~4 万亿元，稳居第一梯度；重庆市地区生产总值为 2 万亿 ~3 万亿元，位于第二梯度；成都、武汉、杭州、南京、长沙 5 市地区生产总值为 1 万亿 ~2 万亿元，居于第三梯度；合肥、南昌 2 市地区生产总值低于 1 万亿元，居第四梯度（见图 8）。

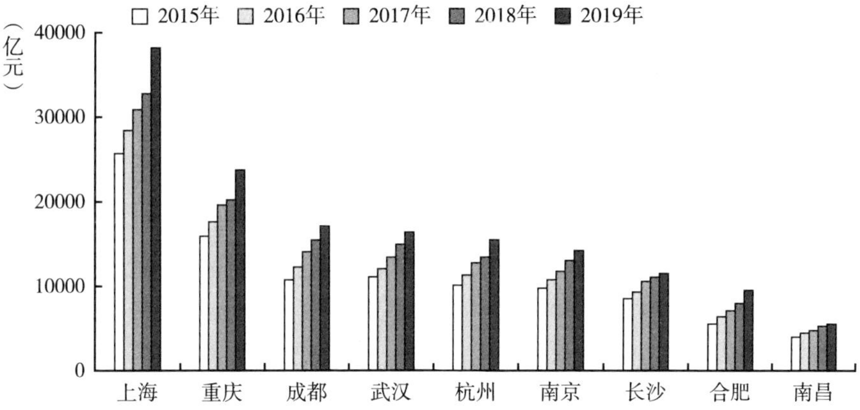

图8　2015～2019 年长江经济带三大城市群核心城市 GDP 变化

与城市群中其他各市比较，九大核心城市的经济体量规模优势显著。2019 年，上海、杭州、南京、合肥 4 市的地区生产总值分别居于长三角城市群 27 市的第 1 位、第 3 位、第 4 位和第 7 位；武汉、长沙、南昌 3 市的地区生产总值囊括了长江中游城市群 31 市的前三强；重庆、成都 2 市的地区生产总值明显领先于成渝城市群其他各市，稳居城市群前两位。在三大城市群 74 市中比较，七大核心城市的地区生产总值位于前十强，合肥市位于第 11 位，南昌市位于第 18 位，总体都处于前列水平。从区域经济贡献来看，上海、南京、杭州、合肥四大核心城市创造了长三角城市群 37.7% 的经济总量；武汉、长沙、南昌三大核心城市产出了长江中游城市群 35.6% 的经济总量；重庆市和成都市集聚了成渝城市群 62.4% 的经济总量（见表 4）。

表 4　2019 年长江经济带三大城市群核心城市的 GDP

城市	GDP（亿元）	在本城市群比较			在三大城市群74 市中排名
		城市群	群内排名	群内比重（%）	
上海	38155.32	长三角城市群（27 市）	1	37.7	1
杭州	15373		3		6
南京	14030.15		4		7
合肥	9409.4		7		11

续表

城市	GDP（亿元）	在本城市群比较			在三大城市群74市中排名
		城市群	群内排名	群内比重(%)	
武汉	16223.21	长江中游城市群（31市）	1	35.6	5
长沙	11574.22		2		10
南昌	5596.18		3		18
重庆	23605.77	成渝城市群（16市）	1	62.4	2
成都	17012.65		2		4

注：按在各城市群中该项指标排名先后排序。本篇后文排序规则与此相同。

（三）经济质量提升，发展水平领先

近年，长江经济带三大城市群九大核心城市的经济发展质量均不断提升，大部分核心城市的主要发展指标明显居于城市群最前列。

近年，长江经济带九大核心城市的人均地区生产总值不断上升。2015～2019年的人均生产总值增幅，合肥市最高，达58.2%，上海、重庆2市超过40%；武汉、成都、南京、杭州、南昌5市高于30%，长沙市最小，为17.7%。横向比较，九大核心城市的人均生产总值均高于全国人均水平。按2019年人民币兑美元平均汇率计算，南京、上海、杭州、武汉4市人均生产总值超过2万美元，长沙市人均生产总值接近2万美元，合肥、成都、南昌3市人均生产总值为1.5万～2万美元，重庆市人均生产总值突破1万美元。在各城市群中比较，八大核心城市人均生产总值水平明显领先，1个核心城市人均生产总值排序位于中游。其中，南京、上海、杭州3市人均生产总值分别位于长三角城市群的第3位、第4位和第6位，明显高于城市群平均水平，合肥市人均生产总值居第12位，略低于长三角城市群平均水平；武汉、长沙、南昌3市人均生产总值分别位于长江中游城市群的第1位、第2位和第5位，均明显高于长江中游城市群平均水平；成都、重庆2市人均生产总值居渝城市群的前2位，高于成渝城市群平均水平。在三大城市群74市中，长三角城市群和长江中游大部分核心城市人均生产总值居前列，长江中游城市群部分核心城市及成渝城市群核心城市居中游水平（见表5）。

表5　2019年长江经济带三大城市群核心城市的人均GDP

城市	2019年人均GDP（万元）	较2015年增长(%)	在各城市群排名		在三大城市群74市中排名
南京	16.57	38.2	长三角城市群（27市）	3	3
上海	15.73	48.4		4	4
杭州	15.25	35.9		6	6
合肥	11.56	58.2		12	14
武汉	14.55	39.8	长江中游城市群（31市）	1	7
长沙	13.79	17.7		2	9
南昌	10.04	32.0		5	22
成都	10.34	39.1	成渝城市群（16市）	1	20
重庆	7.58	44.2		2	34

长江经济带三大城市群的城镇化水平总体较高，大部分核心城市已步入城镇化后期稳定发展阶段，近年城镇化率增长速度较慢，但部分核心城市城镇化进程较快，城镇化率年均增长1个百分点以上。2019年，上海、南京、武汉3市的常住人口城镇化率均达到80%以上，长沙、杭州、合肥、南昌、成都5市的常住人口城镇化率高于70%；重庆市常住人口城镇化率高于65%。与2015年比较，各市常住人口城镇化率均不同程度提升，其中合肥、长沙、重庆3市常住人口城镇化率年均上升5个百分点以上。2019年，九大核心城市的常住人口城镇化率均高于全国水平。在各城市群中比较，九大核心城市的常住人口城镇化率明显领先。其中，上海、南京、杭州、合肥4市常住人口城镇化率分别居长三角城市群的第1、第2、第3位和第6位；武汉、长沙、南昌3市常住人口城镇化率居长江中游城市群前3位；成都、重庆2市常住人口城镇化率居成渝城市群前2位。在三大城市群74市中，除重庆市常住人口城镇化率居中游水平外，其他8市均居前10位（见表6）。

近年，长江经济带九大核心城市的城乡居民收入稳步增长。从城镇居民收入来看，相较2015年，2019年合肥、武汉2市城镇居民人均可支配收入增幅超过40%，其他7大核心城市增幅均在36%～40%。以1万元为1个等级，2019年九大核心城市的城镇居民人均可支配收入可划分为5个梯度。其中，上海市城镇居民人均可支配收入突破7万元；杭州、南京2市为6万~7万元；长沙、武汉2市为5万~6万元；成都、合肥、南昌3市为4万~5万元；重庆市为3万~4万元。除重庆市外，其他各市城镇居民人均可支配收入均高于全国平均水平。在各城市群中比较，大部分核心城市的城镇居民收入水平具有较明显的领先优势。其中，上海、杭州、南京3市城镇居民人均可支配收入分别位于长三角城市群的第1位、第3位和第5位，合肥市城镇居民人均可支配收入居长三角城市群第20位；长沙、武汉、南昌3市城镇居民人均可支配收入分别位于长江中游城市群第1位、第2位和第4位；成都、重庆2市城镇居民人均可支配收入居成渝城市群前2位。在三大城市群74市中比较，上海、杭州、南京3市城镇居民收入水平领先，部分核心城市城镇居民收入处于中下游水平（见表7）。

表6　2019年长江经济带三大城市群核心城市的常住人口城镇化率

城市	2019年常住人口城镇化率(%)	比2015年提升(个百分点)	在各城市群排名		在三大城市群74市中排名
上海	88.1	0.5	长三角城市群(27市)	1	1
南京	83.2	1.8		2	2
杭州	78.5	3.2		3	5
合肥	76.3	5.9		6	8
武汉	80.5	1.1	长江中游城市群(31市)	1	3
长沙	79.6	5.2		2	4
南昌	75.2	3.6		3	9
成都	74.4	2.9	成渝城市群(16市)	1	10
重庆	66.8	5.9		2	26

注：上海市城镇化率为2018年值，来自《中国统计年鉴2019》。

表7　2019年长江经济带三大城市群核心城市的城镇居民人均可支配收入

城市	2019年城镇居民人均可支配收入(元)	较2015年增长(%)	在各城市群排名		在三大城市群74市中排名
上海	73615	39.0	长三角城市群(27市)	1	1
杭州	66068	36.7		3	3
南京	64372	39.6		5	5
合肥	45404	41.9		20	24

续表

城市	2019年城镇居民人均可支配收入(元)	较2015年增长(%)	在各城市群排名		在三大城市群74市中排名
长沙	55211	38.2	长江中游城市群(31市)	1	15
武汉	51706	41.9		2	17
南昌	44136	38.2		4	25
成都	45878	37.0	成渝城市群(16市)	1	22
重庆	37939	39.3		2	37

从农村居民人均可支配收入来看（见表8），相对2015年，2019年九大核心城市的农村居民人均可支配收入增幅高于城镇居民。其中，杭州、上海、南京、合肥、南昌、重庆6市增幅高于40%，其他3市增幅为37%～40%。九大核心城市之间的农村居民人均可支配收入差距相对较小，以1万元为1个等级，2019年九大核心城市的农村居民人均可支配收入可以划分为3个梯度，杭州、上海、长沙3市为3万～4万元；南京、武汉、成都、合肥4市为2万～3万元；南昌、重庆2市为1万～2万元。除重庆市外，其他各市农村居民人均可支配收入均高于全国平均水平。在各城市群中比较，九大核心城市的农村居民收入排序情况差异较大，部分核心城市排名居于城市群首位，部分核心城市排名处于中游水平，也有部分核心城市排名靠

表8　2019年长江经济带三大城市群核心城市的农村居民人均可支配收入

城市	2019年农村居民人均可支配收入(元)	较2015年增长(%)	在各城市群排名		在三大城市群74市中排名
杭州	36255	41.0	长三角城市群(27市)	4	4
上海	33195	43.1		9	9
南京	27636	41.8		14	15
合肥	22462	42.8		21	24
长沙	32329	37.0	长江中游城市群(31市)	1	10
武汉	24776	39.8		2	17
南昌	19498	42.4		9	32
成都	24357	37.7	成渝城市群(16市)	1	18
重庆	15133	44.1		14	67

后，总体领先优势不及城镇居民人均可支配收入明显。其中，杭州、上海 2 市的农村居民人均可支配收入分别居长三角城市群第 4 位和第 9 位，南京市居第 14 位，合肥市处于第 21 位；长沙、武汉和南昌 3 市的农村居民人均可支配收入分别居长江中游城市群的第 1 位、第 2 位和第 9 位；成都和重庆 2 市的农村居民人均可支配收入分别居成渝城市群的第 1 位和第 14 位。在三大城市群 74 市中比较，杭州、上海、长沙 3 市居前 10 位，南京、武汉、成都 3 市居第 15 ~20 位，其他 3 市排名靠后。

三 主要结论与思考

长三角城市群、长江中游城市群和成渝城市群在长江经济带地区经济发展中具有决定性的支撑和引领作用，也是我国区域发展战略格局中的重要功能区，三大城市群的发展走势和发展水平，对长江经济带乃至全国具有重要影响。基于前述分析，主要结论和展望如下。

（一）2020年三大城市群经济发展形势严峻

近年，在严峻复杂的内外部环境条件影响下，长江经济带三大城市群区域经济总体呈下行走势，但各城市群经济增速都高于全国平均水平；分地区来看，2019 年三大城市群 74 市中，68 市经济增速快于全国平均水平，总体实现较快增长。然而，2020 年在突如其来的新冠肺炎疫情影响下，一季度区域经济明显衰退，二季度随着国内疫情得到有效控制，各地经济逐渐复苏增长，但从发布的经济运行信息来看，2020 年上半年，三大城市群的九大核心城市地区生产总值为低速增长或负增长，其中受疫情影响最严重的武汉市 2020 年上半年地区生产总值比上年同期下降 19. 5% 。2020 年下半年，预计三大城市群的区域经济增速将保持回升为主的态势，但是，受新冠肺炎疫情对全球经济广泛持续的冲击、逆全球化和贸易保护升温等多种不利因素影响，全球市场萎缩，波动风险加剧，外需拉动力减弱的可能性增大。基于国内疫情防控形势向好，在政府促进消费等政策推动下，内需市场逐渐回暖，但疫情影响还未完全消除，未来发展尚存在不确定性，内需活力较难在短期内全面恢复到疫情前水平。预计下半年固定资产投资将会实现较快增长，成为拉动区域经济增长的重要动力，但由于上半年投资减少，全年投资增速低于上年或与上年持平的可能性较大。因此，2020 年三大城市群经济要实现较快增长面临严峻挑战。

（二）三大城市群发展阶段和发展重点不同

目前，长江经济带三大城市群处于不同的发展阶段。长三角城市群已步入城市群形成发展的中后期阶段，尤其是城市群核心区，城镇密集分布，规模等级体系较完善，城际快速交通网络体系发达，核心城市与其他城市的经济社会联系较紧密，区域一体化水平较高，综合发展实力较强。长江中游城市群和成渝城市群还处于规划引导阶段，城市群内部以各小城市群或都市圈独立发展为主，整体尚未形成完整意义的城市群，城市群一体化发展的空间结构形态和现代交通网络、城市规模和分工体系、城际间的发展联系、制度框架和政策体系等还在构建和培育发展过程中。从经济发展水平来看，三大城市群存在较大差距，总体特征为自东向西梯度递减，长三角城市群明显领先，长江中游城市群略高于成渝城市群，中西部地区两大城市群的经济发展效率还存在较大的提升空间。因此，下阶段长三角城市群应着力构建一体化高质量发展新格局，长江中游城市群和成渝城市群应重点推动几大都市圈发展，同时加快完善一体化发展的政策机制和现代交通网络，引导推动分散发展的都市圈向一体化的城市群转变；同时，积极引导促进三大城市群之间的协同发展，构建经济社会发展水平较高的沿江城镇带。

（三）三大城市群要着力提升核心城市功能

中心城市是城市群发展的重要引擎，尤其是一级核心城市的规模等级、发展水平、辐射带动能力、区域竞争力和影响力等，对城市群的形成和发展具有至关重要的影响。目前，长江经济带三大城市群一级核心城市的能级水平及其在城市群中的功能作用存在较明显差距。在长三角城市群，从城市规模、活力效率、国际国内影响力、对其他地区的辐射带动能力等综合比较来看，上海稳居一级核心城市之位；长江中游城市群有武汉、长沙、南昌三个一级核心城市，成渝城市群有成都、重庆 2 个一级核心城市，但各核心城市仅是较小空间尺度的区域性中心，且处于极化为主的发展阶段，对其他地区的辐射带动效应不强，在省域内的经济首位度高，但人口吸引力不强，人口首位度较低；个别核心城市尚处于极化发展的早期阶段，无论是从经济总量还是从常住人口规模来看都不是省域内的首位城市，省域中心地位尚未形成，对周边地区的带动作用较弱。基于各城市群的发展实际，下阶段长三角城市群一级核心城市要增强在长三角一体化高质量发展以及建设世界级城市群中的引领带动作用；长江中游城市群和成渝城市群的一级核心城市要加快巩固提升发展优势和中心城市地位，增强辐射带动效应，引领城市群一体化发展。

参考文献

张学良、杨朝远：《发挥中心城市和城市群在区域协调发展中的带动引领作用》，《光明日报》2020 年 1 月 14 日。

陈雯：《长三角的都市圈：单个还是多个中心城市组成》，《第一财经日报》2019 年 7 月 17 日。

刘世锦：《建设都市圈：稳增长和高质量发展的新引擎》，《北京日报》2020 年 4 月 27 日。

周雪、李超：《长江经济带城市群空间功能分工与地区差距》，《上海城市管理》2020 年第 2 期。

王娜、王兆林等：《成渝经济区城市群空间异质性特征分析》，《资源开发与市场》2019 年第 3 期。

指　数　篇

Index Reports

B.5

长江经济带绿色发展指数报告（2020）

海骏娇*

摘　要： 本报告从绿色生态、绿色生产、绿色生活三个领域，对长江经济带126个地级及以上行政区2018年度的绿色发展水平进行了系统评价。通过对绿色发展综合指数和三大领域发展指数的测算和排名，在城市、城市群两个尺度上全面刻画了长江经济带绿色发展水平和空间格局，并对综合指数排名前20位的领军城市发展情况进行了重点介绍。

关键词： 绿色发展　指标体系　长江经济带

* 海骏娇，上海社会科学院信息研究所长三角与长江经济带研究中心助理研究员，主要研究方向为区域可持续发展。

“共抓大保护、不搞大开发”是推动长江经济带区域协调可持续发展的战略引领，构建绿色发展路径是长江经济带各城市面临的现实需求。本报告旨在对长江经济带各城市的绿色发展进程进行年度评价和追踪。此次评价在2019年长江经济带绿色发展指标评价体系的基础上进行了改进，一方面，将评价对象从110个地级及以上城市扩充至126个地级及以上行政区，评价范围更加完整；另一方面，对部分三级指标进行微调和替换，提升了数据的可得性、可靠性。修改之后的长江经济带绿色发展指标体系包括3个一级指标、7个二级指标、21个三级指标，具体指标框架及权重见本报告附录。

一　长江经济带126个城市绿色发展综合指数

绿色发展综合指数包括绿色生态、绿色生产、绿色生活3个一级指标，2018年度长江经济带城市绿色发展综合指数测算结果及排名如表1所示，东部区域存在一定的发展优势。在126个城市中，排前20位的城市分别为丽水、黄山、湖州、无锡、南通、杭州、上海、扬州、台州、舟山、苏州、南京、鹰潭、景德镇、萍乡、宁波、长沙、合肥、十堰、镇江。在这些城市中，东部区域有15个城市入围，包括上海1席、江苏6席、浙江6席、安徽2席；中部区域有5个城市入围，包括江西3席，湖北、湖南各1席；西部区域没有城市入围，排名最靠前的为绵阳，位居第22位。

长江经济带各城市绿色发展综合指数得分差距不大。丽水市排名第一，综合得分为65.94。得分为60~65分的城市有21个，多数城市位于东部长三角区域。得分为55~60分的城市有36个，多数城市位于东部和中部区域。得分为50~55分的城市有49个，多数位于中部和西部区域。得分为50分以下的城市有19个，集中在长江上游流域（见表1）。

表1　2018年长江经济带城市绿色发展综合指数得分及排名

排序	城市	得分	排序	城市	得分	排序	城市	得分
1	丽水(浙江)	65.94	43	湘潭(湖南)	56.74	85	昆明(云南)	53.12
2	黄山(安徽)	64.39	44	温州(浙江)	56.58	86	广安(四川)	53.05
3	湖州(浙江)	64.36	45	吉安(江西)	56.53	87	安庆(安徽)	52.98
4	无锡(江苏)	64.30	46	广元(四川)	56.47	88	宿州(安徽)	52.93
5	南通(江苏)	63.75	47	铜陵(安徽)	56.42	89	西双版纳州(云南)	52.87
6	杭州(浙江)	63.35	48	遵义(贵州)	56.27	90	安顺(贵州)	52.74
7	上海	62.92	49	郴州(湖南)	56.14	91	黔西南州(贵州)	52.70
8	扬州(江苏)	62.75	50	蚌埠(安徽)	56.06	92	迪庆州(云南)	52.62
9	台州(浙江)	62.48	51	马鞍山(安徽)	55.81	93	上饶(江西)	52.48
10	舟山(浙江)	62.39	52	阿坝州(四川)	55.79	94	阜阳(安徽)	52.34
11	苏州(江苏)	62.34	53	徐州(江苏)	55.34	95	攀枝花(四川)	52.26
12	南京(江苏)	61.73	54	湘西州(湖南)	55.19	96	咸宁(湖北)	52.12
13	鹰潭(江西)	61.70	55	宜昌(湖北)	55.11	97	随州(湖北)	52.00
14	景德镇(江西)	61.66	56	益阳(湖南)	55.09	98	自贡(四川)	51.87
15	萍乡(江西)	61.48	57	赣州(江西)	55.07	99	娄底(湖南)	51.83
16	宁波(浙江)	61.46	58	淮安(江苏)	55.05	100	红河州(云南)	51.79
17	长沙(湖南)	61.15	59	岳阳(湖南)	54.91	101	遂宁(四川)	51.39
18	合肥(安徽)	60.98	60	成都(四川)	54.75	102	铜仁(贵州)	51.17
19	十堰(湖北)	60.66	61	滁州(安徽)	54.65	103	眉山(四川)	51.03
20	镇江(江苏)	60.45	62	六安(安徽)	54.60	104	普洱(云南)	51.01
21	南昌(江西)	60.43	63	雅安(四川)	54.57	105	黄石(湖北)	50.81
22	绵阳(四川)	60.11	64	贵阳(贵州)	54.52	106	甘孜州(四川)	50.63
23	泰州(江苏)	59.97	65	保山(云南)	54.36	107	乐山(四川)	50.50
24	盐城(江苏)	59.88	66	襄阳(湖北)	54.29	108	淮南(安徽)	49.73
25	衢州(浙江)	59.74	67	资阳(四川)	54.20	109	衡阳(湖南)	49.32
26	嘉兴(浙江)	59.54	68	黔南州(贵州)	54.19	110	内江(四川)	49.29
27	常州(江苏)	59.39	69	宜春(江西)	54.14	111	邵阳(湖南)	48.96
28	玉溪(云南)	59.20	70	九江(江西)	53.99	112	巴中(四川)	48.59
29	张家界(湖南)	58.85	71	淮北(安徽)	53.97	113	南充(四川)	48.33
30	新余(江西)	58.71	72	鄂州(湖北)	53.75	114	黔东南州(贵州)	48.13
31	抚州(江西)	58.57	73	宿迁(江苏)	53.71	115	荆州(湖北)	47.65
32	株洲(湖南)	58.41	74	连云港(江苏)	53.67	116	六盘水(贵州)	47.24
33	丽江(云南)	58.21	75	德阳(四川)	53.64	117	毕节(贵州)	47.09
34	池州(安徽)	58.20	76	荆门(湖北)	53.61	118	孝感(湖北)	46.98
35	绍兴(浙江)	58.11	77	临沧(云南)	53.54	119	凉山州(四川)	46.90
36	武汉(湖北)	57.91	78	大理州(云南)	53.46	120	曲靖(云南)	46.63
37	芜湖(安徽)	57.64	79	永州(湖南)	53.44	121	黄冈(湖北)	46.33
38	恩施州(湖北)	57.54	80	怀化(湖南)	53.41	122	昭通(云南)	46.04
39	金华(浙江)	57.44	81	宜宾(四川)	53.28	123	达州(四川)	45.28
40	宣城(安徽)	57.29	82	泸州(四川)	53.27	124	怒江州(云南)	44.55
41	重庆	57.26	83	楚雄州(云南)	53.24	125	文山州(云南)	43.73
42	常德(湖南)	56.74	84	亳州(安徽)	53.14	126	德宏州(云南)	41.65

资料来源：《中国城市统计年鉴2019》，各省市2019年统计年鉴，国家、地方政府开放数据。

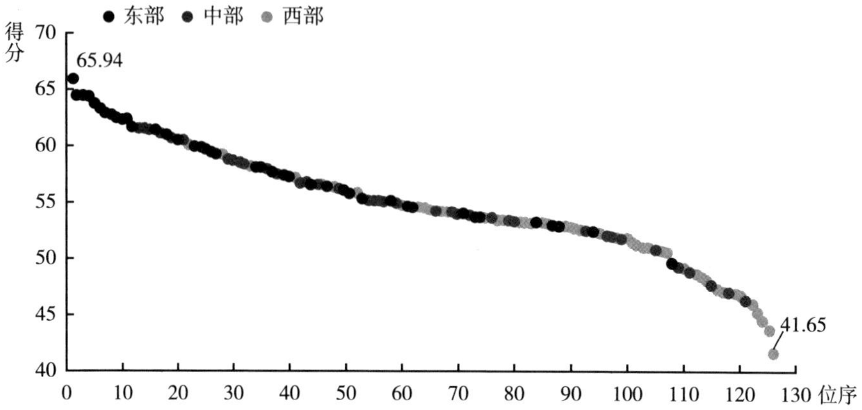

图 1 2018 年长江经济带绿色发展综合指数得分位序

从城市群尺度来看，长江经济带上游成渝城市群、中游城市群、下游长三角城市群[①]的绿色发展综合指数平均得分依次递增。长三角城市群平均得分为 59.90，城市群内部得分标准差为 3.04，在三大城市群中，区域绿色发展水平整体较高，区域内部差异相对较小；其中，综合得分最高的城市为浙江省湖州市，得分较低的城市为安徽省安庆市。长江中游城市群平均得分为 55.09，城市群内部得分标准差为 4.34，相较而言，区域绿色发展水平属于中等水平，区域内部差异相对较大；其中，综合得分最高的城市为江西省鹰潭市，得分较低的城市为湖北省黄冈市。上游成渝城市群平均得分为 52.61，城市群内部得分标准差为 3.38，相较而言，区域绿色发展水平相对较低，区域内部差异相对较小；其中，综合得分最高的城市为四川省绵阳市，得分较低的城市为四川省达州市。

① 考虑数据的可得性，长三角城市群的统计范围为上海市，江苏省的南京市、无锡市、常州市、苏州市、南通市、扬州市、镇江市、盐城市、泰州市，浙江省的杭州市、宁波市、温州市、湖州市、嘉兴市、绍兴市、金华市、舟山市、台州市，安徽省的合肥市、芜湖市、马鞍山市、铜陵市、安庆市、滁州市、池州市、宣城市全域；长江中游城市群的统计范围为湖北省的武汉市、黄石市、鄂州市、黄冈市、孝感市、咸宁市、襄阳市、宜昌市、荆州市、荆门市，湖南省的长沙市、株洲市、湘潭市、岳阳市、益阳市、常德市、衡阳市、娄底市，江西省的南昌市、九江市、景德镇市、鹰潭市、新余市、宜春市、萍乡市、上饶市、抚州市、吉安市全域；成渝城市群的统计范围为重庆市，四川省的成都市、自贡市、泸州市、德阳市、绵阳市、遂宁市、内江市、乐山市、南充市、眉山市、宜宾市、广安市、达州市、雅安市、资阳市全域。

表 2　2018 年长江经济带三大城市群绿色发展综合指数得分及标准差

项目	长三角城市群	长江中游城市群	成渝城市群
平均得分	59.90	55.09	52.61
标准差	3.04	4.34	3.38

资料来源：《中国城市统计年鉴 2019》，各省市 2019 年统计年鉴，国家、地方政府开放数据。

二　长江经济带126个城市绿色发展分项指数

（一）绿色生态指数得分及城市排名

绿色生态领域包括自然禀赋和环境质量 2 个二级指标，2018 年长江经济带城市绿色生态指数测算结果及排名如表 3 所示，西部区域总体优势显著。在 126 个城市中，排名前 20 位的城市分别为丽水、迪庆州、黔东南州、怒江州、普洱、丽江、张家界、甘孜州、阿坝州、昭通、湘西州、黄山、黔西南州、攀枝花、西双版纳州、永州、保山、景德镇、大理州、雅安。其中，东部区域仅有 2 个城市入围，分别位于浙江和安徽；中部区域有 4 个城市入围，包括湖南 3 席、江西 1 席；西部区域有 14 个城市入围，包括云南 8 席、四川 4 席、贵州 2 席。上海、重庆以及江苏、湖北的城市没有进入前 20。

表 3　2018 年长江经济带城市绿色生态指数得分及排名

城市	一级指标		二级指标			
	绿色生态		自然禀赋		环境质量	
	排序	得分	排序	得分	排序	得分
丽水(浙江)	1	69.05	8	57.15	1	76.98
迪庆州(云南)	2	64.39	6	59.19	4	67.86
黔东南州(贵州)	3	63.54	17	51.64	2	71.48
怒江州(云南)	4	62.52	2	69.68	17	57.75
普洱(云南)	5	61.05	4	64.86	15	58.52
丽江(云南)	6	59.78	18	51.40	5	65.37
张家界(湖南)	7	58.92	10	55.07	8	61.49

续表

城市	一级指标		二级指标			
	绿色生态		自然禀赋		环境质量	
	排序	得分	排序	得分	排序	得分
甘孜州(四川)	8	57.64	1	70.90	48	48.80
阿坝州(四川)	9	57.50	3	65.63	34	52.07
昭通(云南)	10	56.89	65	37.82	3	69.59
湘西州(湖南)	11	56.04	19	51.38	12	59.14
黄山(安徽)	12	55.79	11	54.56	21	56.61
黔西南州(贵州)	13	55.11	24	49.05	11	59.15
攀枝花(四川)	14	54.92	29	48.27	10	59.35
西双版纳州(云南)	15	54.11	12	53.78	30	54.32
永州(湖南)	16	53.74	35	46.55	14	58.53
保山(云南)	17	52.82	22	50.04	26	54.67
景德镇(江西)	18	52.56	38	45.71	20	57.13
大理州(云南)	19	52.30	27	48.45	25	54.87
雅安(四川)	20	52.24	5	59.75	57	47.22
黔南州(贵州)	21	52.04	39	45.63	22	56.32
临沧(云南)	22	51.28	15	52.60	42	50.40
楚雄州(云南)	23	50.82	33	47.61	32	52.96
红河州(云南)	24	50.22	45	43.75	27	54.54
郴州(湖南)	25	50.08	28	48.30	37	51.27
凉山州(四川)	26	49.85	31	47.88	38	51.17
怀化(湖南)	27	49.67	16	52.19	53	48.00
衢州(浙江)	28	49.60	37	45.78	33	52.14
台州(浙江)	29	49.54	70	36.35	16	58.34
广元(四川)	30	49.40	13	53.57	60	46.62
玉溪(云南)	31	49.16	41	45.08	36	51.89
德宏州(云南)	32	48.95	7	57.25	68	43.42
遵义(贵州)	33	48.09	36	45.91	45	49.54
金华(浙江)	34	48.00	62	38.36	28	54.43
恩施州(湖北)	35	46.92	9	56.01	81	40.86
文山州(云南)	36	46.72	43	44.33	49	48.32
铜仁(贵州)	37	46.66	49	43.10	46	49.04
益阳(湖南)	38	46.64	57	40.20	39	50.93
萍乡(江西)	39	45.56	53	41.44	50	48.31
曲靖(云南)	40	45.50	68	37.72	40	50.68

续表

城市	一级指标		二级指标			
	绿色生态		自然禀赋		环境质量	
	排序	得分	排序	得分	排序	得分
湖州(浙江)	41	45.28	85	30.38	24	55.22
昆明(云南)	42	44.83	82	31.86	31	53.47
舟山(浙江)	43	44.67	102	20.23	9	60.96
宜春(江西)	44	44.29	46	43.75	63	44.65
安顺(贵州)	45	44.25	75	34.90	41	50.48
新余(江西)	46	44.23	63	38.34	51	48.15
池州(安徽)	47	44.05	23	49.66	88	40.31
杭州(浙江)	48	44.05	58	40.03	59	46.73
巴中(四川)	49	43.98	32	47.82	75	41.42
宁波(浙江)	50	43.92	92	26.78	23	55.35
温州(浙江)	51	43.83	60	38.57	56	47.34
娄底(湖南)	52	43.72	77	34.52	44	49.85
邵阳(湖南)	53	43.42	42	44.44	69	42.74
吉安(江西)	54	43.08	20	50.78	100	37.94
株洲(湖南)	55	43.02	52	42.05	66	43.67
南通(江苏)	56	42.55	119	13.04	6	62.23
贵阳(贵州)	57	42.53	83	31.46	43	49.91
宣城(安徽)	58	42.50	40	45.56	86	40.46
上饶(江西)	59	42.45	44	44.31	78	41.22
抚州(江西)	60	41.87	26	48.62	103	37.36
赣州(江西)	61	41.74	21	50.44	109	35.94
毕节(贵州)	62	41.66	64	38.27	64	43.91
咸宁(湖北)	63	41.64	50	43.01	85	40.72
十堰(湖北)	64	41.58	14	53.25	116	33.80
盐城(江苏)	65	41.23	110	17.34	19	57.16
鹰潭(江西)	66	40.96	54	41.31	84	40.72
南昌(江西)	67	40.66	103	20.12	29	54.34
绍兴(浙江)	68	39.95	81	32.35	62	45.02
六盘水(贵州)	69	39.88	78	34.15	65	43.70
泸州(四川)	70	39.43	59	38.77	92	39.86
常德(湖南)	71	39.37	69	36.66	79	41.17
绵阳(四川)	72	39.05	34	46.60	115	34.02
九江(江西)	73	38.68	47	43.42	111	35.52

续表

城市	一级指标		二级指标			
	绿色生态		自然禀赋		环境质量	
	排序	得分	排序	得分	排序	得分
嘉兴(浙江)	74	38.49	123	7.93	13	58.87
长沙(湖南)	75	38.35	79	33.79	76	41.39
岳阳(湖南)	76	38.28	73	35.75	91	39.96
乐山(四川)	77	38.27	30	48.17	119	31.67
眉山(四川)	78	38.17	74	34.98	89	40.29
马鞍山(安徽)	79	37.97	98	21.71	47	48.81
上海	80	37.96	126	2.11	7	61.86
荆州(湖北)	81	37.79	96	24.36	58	46.75
六安(安徽)	82	37.44	67	37.75	104	37.24
重庆	83	37.13	61	38.38	106	36.29
衡阳(湖南)	84	37.08	76	34.58	98	38.74
达州(四川)	85	36.98	51	42.70	118	33.17
苏州(江苏)	86	36.66	125	5.38	18	57.52
泰州(江苏)	87	36.61	117	13.57	35	51.97
湘潭(湖南)	88	36.56	84	30.92	87	40.32
随州(湖北)	89	36.19	48	43.29	120	31.46
荆门(湖北)	90	35.88	66	37.75	114	34.63
安庆(安徽)	91	35.52	71	35.93	113	35.25
资阳(四川)	92	34.86	90	27.80	94	39.57
遂宁(四川)	93	34.79	89	27.83	95	39.43
内江(四川)	94	34.66	95	24.61	77	41.36
阜阳(安徽)	95	34.60	112	15.28	55	47.48
孝感(湖北)	96	34.59	94	24.83	80	41.10
黄冈(湖北)	97	34.56	72	35.79	117	33.73
宜昌(湖北)	98	34.50	25	48.67	125	25.05
襄阳(湖北)	99	33.95	55	40.53	123	29.57
合肥(安徽)	100	33.65	105	18.92	67	43.47
扬州(江苏)	101	33.64	114	14.30	61	46.54
芜湖(安徽)	102	33.59	100	20.59	71	42.26
广安(四川)	103	33.58	91	27.24	102	37.80
蚌埠(安徽)	104	33.27	101	20.31	72	41.91
滁州(安徽)	105	33.22	86	29.53	110	35.69
德阳(四川)	106	33.00	88	28.17	108	36.22

续表

城市	一级指标		二级指标			
	绿色生态		自然禀赋		环境质量	
	排序	得分	排序	得分	排序	得分
铜陵(安徽)	107	33.00	97	22.97	93	39.68
黄石(湖北)	108	32.95	87	29.09	112	35.52
宿迁(江苏)	109	32.88	109	18.15	70	42.69
南京(江苏)	110	32.85	121	10.74	54	47.59
亳州(安徽)	111	32.57	106	18.86	74	41.70
宜宾(四川)	112	32.53	56	40.23	124	27.40
淮南(安徽)	113	32.10	104	18.99	82	40.84
无锡(江苏)	114	31.32	124	6.17	52	48.09
南充(四川)	115	30.98	80	32.61	121	29.89
宿州(安徽)	116	30.92	107	18.60	96	39.13
淮北(安徽)	117	30.63	116	13.91	73	41.78
淮安(江苏)	118	30.15	108	18.30	99	38.04
武汉(湖北)	119	30.10	115	14.13	83	40.75
成都(四川)	120	30.06	99	20.78	107	36.25
鄂州(湖北)	121	29.47	111	16.83	101	37.89
镇江(江苏)	122	28.23	120	12.01	97	39.05
连云港(江苏)	123	27.90	113	14.43	105	36.88
常州(江苏)	124	27.84	122	9.63	90	39.98
自贡(四川)	125	25.14	93	25.38	126	24.98
徐州(江苏)	126	23.06	118	13.28	122	29.57

资料来源：《中国城市统计年鉴2019》，各省市2019年统计年鉴，国家、地方政府开放数据。

从二级指标来看，自然禀赋方面得分最高的城市包括甘孜州、怒江州和阿坝州，环境质量方面得分最高的城市包括丽水、黔东南州和昭通。该领域的优势城市基本都位于西部区域，此外，东部的丽水市在环境质量方面的表现尤为突出。

从城市群尺度来看，长江中游和长三角城市群的绿色生态指数平均得分相对较高，该领域的西部优势城市多数不包含在成渝城市群的范围内，因此成渝城市群平均得分相对最低。具体而言，长三角城市群平均得分为38.52，城市群内部得分标准差为5.79，区域内部差异相对较大；其中，综合得分最高的城市为浙江省丽水市，得分较低的城市为江苏省常州市。长江中游城市群平均得分为39.38，城市群内部得分标准差为5.14，相较而言，绿色生态总体水平较高，区域内部差异相对较小；其中，综合得分最高的城市为湖南省张家界市，得分较低的城市为湖北省鄂州市。成渝城市群平均得分为35.68，城市群内部得分标准差为5.62，城市群绿色生态水平相对较低；其中，综合得分最高的城市为四川省雅安市，得分较低的城市为四川省自贡市。

表4　2018年长江经济带三大城市群绿色生态指数得分及标准差

项目	长三角城市群	长江中游城市群	成渝城市群
平均得分	38.52	39.38	35.68
标准差	5.79	5.14	5.62

资料来源：《中国城市统计年鉴2019》，各省市2019年统计年鉴，国家、地方政府开放数据。

（二）绿色生产指数得分及城市排名

绿色生产领域包括节能减排和绿色科技2个二级指标，2018年长江经济带城市绿色生产指数测算结果及排名如表5所示。在126个城市中，排名前20位的城市分别为上海、无锡、南京、苏州、长沙、合肥、常州、杭州、扬州、武汉、镇江、绵阳、宁波、泰州、鹰潭、南通、十堰、舟山、湖州、芜湖。其中，东部区域有15个城市入围，包括上海1席、江苏8席、浙江4席、安徽2席；中部区域有4个城市入围，包括湖北2席，江西、湖南各1席；西部区域仅有1个城市入围，位于四川省。重庆以及贵州、云南的城市没有进入前20。

从二级指标来看，节能减排方面得分最高的城市包括资阳、襄阳和常德，绿色科技方面得分最高的城市包括上海、无锡和苏州。该领域的优势城市较多位于东部区域，尤其是绿色科技方面，东、中、西部的区域间差异较大。

表 5　2018 年长江经济带城市绿色生产指数得分及排名

城市	一级指标		二级指标			
	绿色生产		节能减排		绿色科技	
	排序	得分	排序	得分	排序	得分
上海	1	79.80	30	88.42	1	71.19
无锡(江苏)	2	77.66	28	88.58	2	66.75
南京(江苏)	3	72.50	25	88.69	4	56.32
苏州(江苏)	4	71.64	54	84.66	3	58.62
长沙(湖南)	5	71.49	17	89.96	5	53.02
合肥(安徽)	6	69.89	26	88.63	6	51.16
常州(江苏)	7	69.70	18	89.83	8	49.57
杭州(浙江)	8	69.11	36	87.61	7	50.62
扬州(江苏)	9	68.97	7	93.33	12	44.60
武汉(湖北)	10	68.50	16	90.16	10	46.84
镇江(江苏)	11	67.79	23	89.12	11	46.47
绵阳(四川)	12	65.58	31	88.38	16	42.77
宁波(浙江)	13	65.45	45	86.45	13	44.44
泰州(江苏)	14	65.38	6	93.37	23	37.40
鹰潭(江西)	15	64.23	53	84.92	14	43.54
南通(江苏)	16	64.00	27	88.62	20	39.38
十堰(湖北)	17	63.82	37	87.37	18	40.27
舟山(浙江)	18	63.48	4	94.52	32	32.44
湖州(浙江)	19	63.30	75	79.22	9	47.38
芜湖(安徽)	20	63.28	34	88.15	22	38.41
玉溪(云南)	21	63.09	51	85.61	17	40.56
嘉兴(浙江)	22	62.45	65	82.06	15	42.84
襄阳(湖北)	23	62.30	2	95.34	36	29.25
成都(四川)	24	62.24	12	91.35	31	33.13
德阳(四川)	25	61.45	15	90.95	33	31.95
宜昌(湖北)	26	61.11	39	87.16	26	35.06
徐州(江苏)	27	60.51	9	92.34	39	28.67
盐城(江苏)	28	59.75	10	91.71	44	27.80
株洲(湖南)	29	59.63	57	83.65	25	35.60
重庆	30	59.61	50	85.79	30	33.42
萍乡(江西)	31	59.03	32	88.36	34	29.70
南昌(江西)	32	58.81	35	88.14	35	29.48

续表

城市	一级指标		二级指标			
	绿色生产		节能减排		绿色科技	
	排序	得分	排序	得分	排序	得分
湘潭(湖南)	33	58.63	24	89.00	41	28.26
荆门(湖北)	34	58.28	21	89.37	49	27.20
马鞍山(安徽)	35	58.18	86	77.54	21	38.81
鄂州(湖北)	36	57.51	38	87.34	47	27.67
常德(湖南)	37	57.34	3	95.23	71	19.46
铜陵(安徽)	38	57.33	48	86.05	40	28.60
岳阳(湖南)	39	57.29	11	91.58	62	23.00
淮安(江苏)	40	57.22	14	91.04	59	23.39
台州(浙江)	41	56.47	52	85.22	46	27.72
蚌埠(安徽)	42	55.93	41	87.05	54	24.81
绍兴(浙江)	43	55.41	101	74.19	24	36.63
连云港(江苏)	44	55.08	42	86.95	60	23.21
自贡(四川)	45	54.59	5	94.42	88	14.76
攀枝花(四川)	46	53.95	100	74.24	28	33.66
黄山(安徽)	47	53.92	81	78.64	38	29.20
宜宾(四川)	48	53.70	43	86.63	65	20.76
池州(安徽)	49	53.60	77	79.07	42	28.12
黄石(湖北)	50	53.53	70	80.47	50	26.59
宿迁(江苏)	51	53.17	44	86.53	69	19.82
郴州(湖南)	52	53.09	46	86.20	66	19.97
昆明(云南)	53	52.69	68	80.94	56	24.44
丽水(浙江)	54	52.44	90	76.78	43	28.10
益阳(湖南)	55	52.33	29	88.49	79	16.17
宣城(安徽)	56	52.27	72	80.21	57	24.33
资阳(四川)	57	52.22	1	98.71	124	5.74
贵阳(贵州)	58	52.06	94	76.33	45	27.79
滁州(安徽)	59	52.02	80	78.65	52	25.38
淮北(安徽)	60	51.98	20	89.42	89	14.55
恩施州(湖北)	61	51.78	47	86.19	75	17.38
新余(江西)	62	51.78	97	75.94	48	27.62
随州(湖北)	63	51.75	13	91.24	101	12.25
宿州(安徽)	64	51.68	8	93.26	111	10.11
大理州(云南)	65	51.53	84	78.13	53	24.94

续表

城市	一级指标		二级指标			
	绿色生产		节能减排		绿色科技	
	排序	得分	排序	得分	排序	得分
张家界（湖南）	66	51.43	40	87.06	82	15.79
衢州（浙江）	67	51.33	111	68.51	27	34.16
阿坝州（四川）	68	51.33	120	62.97	19	39.68
温州（浙江）	69	51.14	61	82.43	68	19.84
金华（浙江）	70	50.82	89	77.12	55	24.53
遂宁（四川）	71	50.43	19	89.53	104	11.33
景德镇（江西）	72	50.10	82	78.60	64	21.61
九江（江西）	73	50.07	59	82.85	77	17.29
抚州（江西）	74	50.03	60	82.71	76	17.36
亳州（安徽）	75	49.86	22	89.32	109	10.39
泸州（四川）	76	49.78	56	84.44	84	15.12
咸宁（湖北）	77	49.27	62	82.38	80	16.16
遵义（贵州）	78	49.04	58	83.17	86	14.90
荆州（湖北）	79	48.61	66	81.78	83	15.45
六安（安徽）	80	48.57	49	85.98	105	11.16
乐山（四川）	81	48.35	91	76.75	67	19.94
衡阳（湖南）	82	48.18	79	78.66	74	17.70
雅安（四川）	83	48.16	102	73.97	63	22.35
广安（四川）	84	48.01	33	88.25	120	7.77
孝感（湖北）	85	47.76	74	79.25	78	16.28
广元（四川）	86	47.70	63	82.13	96	13.26
安庆（安徽）	87	47.53	69	80.53	90	14.54
黔南州（贵州）	88	47.47	92	76.75	73	18.19
丽江（云南）	89	47.25	123	60.96	29	33.55
铜仁（贵州）	90	46.63	113	67.01	51	26.26
迪庆州（云南）	91	46.38	119	63.51	37	29.25
内江（四川）	92	46.17	67	81.73	106	10.61
怀化（湖南）	93	46.11	83	78.40	94	13.81
南充（四川）	94	46.01	55	84.48	121	7.54
六盘水（贵州）	95	46.00	112	67.81	58	24.18
永州（湖南）	96	45.87	87	77.54	91	14.20
上饶（江西）	97	45.73	73	79.48	103	11.98
赣州（江西）	98	45.58	108	71.41	70	19.76

续表

城市	一级指标		二级指标			
	绿色生产		节能减排		绿色科技	
	排序	得分	排序	得分	排序	得分
娄底(湖南)	99	45.49	78	78.87	102	12.12
阜阳(安徽)	100	45.39	64	82.10	118	8.68
眉山(四川)	101	45.30	71	80.37	110	10.24
安顺(贵州)	102	45.20	109	71.30	72	19.09
黄冈(湖北)	103	45.08	88	77.44	97	12.72
临沧(云南)	104	44.57	93	76.67	99	12.47
保山(云南)	105	44.05	98	75.43	98	12.67
楚雄州(云南)	106	44.01	85	78.03	112	9.98
淮南(安徽)	107	43.91	107	71.90	81	15.92
吉安(江西)	108	43.71	103	73.28	92	14.13
红河州(云南)	109	43.25	104	72.60	93	13.90
甘孜州(四川)	110	43.05	121	62.97	61	23.14
邵阳(湖南)	111	42.97	96	76.02	113	9.92
西双版纳州(云南)	112	42.75	95	76.22	116	9.28
达州(四川)	113	42.55	76	79.09	123	6.02
黔西南州(贵州)	114	42.12	110	69.16	85	15.07
湘西州(湖南)	115	40.78	106	71.95	114	9.60
宜春(江西)	116	40.28	116	65.74	87	14.82
文山州(云南)	117	40.09	115	66.52	95	13.67
巴中(四川)	118	39.29	105	71.96	122	6.61
昭通(云南)	119	38.79	99	74.85	126	2.73
怒江州(云南)	120	38.26	118	64.11	100	12.42
毕节(贵州)	121	37.93	114	66.87	117	9.00
普洱(云南)	122	37.70	117	64.96	108	10.44
凉山州(四川)	123	36.73	122	62.97	107	10.49
曲靖(云南)	124	32.89	124	56.37	115	9.40
黔东南州(贵州)	125	30.70	125	53.07	119	8.34
德宏州(云南)	126	21.21	126	36.90	125	5.52

资料来源：《中国城市统计年鉴2019》，各省市2019年统计年鉴，国家、地方政府开放数据。

从城市群尺度来看，长三角城市群的绿色生产指数平均得分远高于长江中游城市群和成渝城市群，优势比较显著。具体而言，长三角城市群平均得分为62.55，城市群内部得分标准差为8.34，区域绿色生产整体水平较高，但是内部差异也相对较大；其中，综合得分最高的城市为上海市，得分较低的城市为安徽省安庆市。长江中游城市群平均得分为54.15，城市群内部得分标准差为7.53，绿色生产总体水平与区域内部差异均处于中间位次；其中，综合得分最高的城市为湖南省长沙市，得分较低的城市为江西省宜春市。成渝城市群平均得分为52.13，城市群内部得分标准差为6.62，城市群绿色生产水平相对较低；其中，综合得分最高的城市为四川省绵阳市，得分较低的城市为四川省达州市。

表6　2018年长江经济带三大城市群绿色生产指数得分及标准差

项目	长三角城市群	长江中游城市群	成渝城市群
平均得分	62.55	54.15	52.13
标准差	8.34	7.53	6.62

资料来源：《中国城市统计年鉴2019》，各省市2019年统计年鉴，国家、地方政府开放数据。

（三）绿色生活指数得分及城市排名

绿色生活领域包含污染治理、城市绿化、环境压力三个主题，2018年长江经济带城市绿色生活指数测算结果及排名如表7所示，中东部城市得分相对较高。在126个城市中，排名前20位的城市分别为吉安、黄山、抚州、景德镇、湖州、南通、扬州、台州、镇江、新余、宜春、南昌、衢州、赣州、丽水、徐州、萍乡、淮北、绍兴、六安。其中，东部长三角区域12个城市入围，包括浙江5席、江苏4席、安徽3席；中部区域8个城市入围，均位于江西省。西部区域没有城市入围，排名最高的城市为四川省广安市，排名第24位。此外，上海以及湖北、湖南两省的城市同样没有进入前20。

从二级指标来看，污染治理方面得分最高的城市包括广元、资阳和湖州，城市绿化方面得分最高的城市包括新余、景德镇和广安，环境压力方面得分最高的城市包括黄山、吉安和鹰潭。该领域的优势城市多位于中东部区域，尤其集中于浙江、江苏、安徽、江西四省。

表 7　2018 年长江经济带城市绿色生活指数得分及排名

城市	一级指标		二级指标					
	绿色生活		污染治理		城市绿化		环境压力	
	排序	得分	排序	得分	排序	得分	排序	得分
吉安(江西)	1	87.08	21	95.29	11	73.92	2	96.98
黄山(安徽)	2	86.94	9	96.40	15	72.33	1	97.25
抚州(江西)	3	86.65	16	95.78	9	74.67	6	92.35
景德镇(江西)	4	86.17	48	91.34	2	84.22	66	79.72
湖州(浙江)	5	84.86	3	97.64	5	74.77	67	79.49
南通(江苏)	6	84.60	51	90.38	6	74.70	4	92.82
扬州(江苏)	7	83.55	58	89.70	7	74.70	18	88.98
台州(浙江)	8	83.42	22	94.86	21	68.51	13	90.36
镇江(江苏)	9	82.89	53	90.28	13	73.20	23	87.46
新余(江西)	10	82.45	43	91.80	1	88.68	124	51.30
宜春(江西)	11	82.45	4	97.36	22	68.42	65	80.69
南昌(江西)	12	82.37	6	97.27	31	62.95	10	91.43
衢州(浙江)	13	81.10	7	96.49	34	62.59	24	87.34
赣州(江西)	14	81.04	79	83.72	14	72.66	5	92.45
丽水(浙江)	15	80.84	33	94.04	39	62.16	8	91.80
徐州(江苏)	16	80.73	31	94.14	29	63.52	20	88.35
萍乡(江西)	17	80.66	20	95.35	10	74.23	119	64.16
淮北(安徽)	18	79.95	35	93.69	8	74.69	120	62.99
绍兴(浙江)	19	79.86	32	94.07	37	62.21	30	86.76
六安(安徽)	20	79.81	30	94.18	33	62.70	41	85.31
滁州(安徽)	21	79.60	29	94.22	43	61.26	27	87.05
无锡(江苏)	22	79.46	27	94.29	28	63.70	62	81.29
阜阳(安徽)	23	79.35	19	95.40	20	68.67	114	68.63
广安(四川)	24	79.24	74	84.63	3	78.06	105	70.84
鹰潭(江西)	25	79.07	52	90.33	46	60.23	3	94.19
蚌埠(安徽)	26	79.03	24	94.59	49	58.40	16	89.14
宣城(安徽)	27	78.79	34	94.02	38	62.18	60	81.54
盐城(江苏)	28	78.71	59	89.33	40	61.58	9	91.73
舟山(浙江)	29	78.67	42	91.85	35	62.48	45	84.70
铜陵(安徽)	30	78.65	56	89.94	12	73.81	117	65.76
池州(安徽)	31	78.47	25	94.45	17	70.57	121	62.32
亳州(安徽)	32	78.10	11	96.29	66	54.52	19	88.89
安庆(安徽)	33	77.70	50	90.61	30	63.02	63	81.24

续表

城市	一级指标		二级指标					
	绿色生活		污染治理		城市绿化		环境压力	
	排序	得分	排序	得分	排序	得分	排序	得分
连云港(江苏)	34	77.55	54	90.12	47	58.77	15	89.97
常州(江苏)	35	77.20	39	92.68	50	57.91	43	84.85
淮安(江苏)	36	77.06	67	86.52	45	60.62	12	91.04
嘉兴(浙江)	37	76.71	17	95.67	60	55.42	61	81.40
宿州(安徽)	38	76.62	18	95.61	64	54.74	56	82.39
温州(浙江)	39	76.60	15	95.92	78	51.02	17	89.11
合肥(安徽)	40	76.43	75	84.56	44	60.95	11	91.15
南京(江苏)	41	76.26	85	80.23	18	69.04	55	82.76
资阳(四川)	42	76.17	2	97.70	54	56.91	103	71.62
泰州(江苏)	43	76.11	81	83.44	32	62.94	21	87.79
恩施州(湖北)	44	75.82	47	91.35	52	57.10	58	82.23
金华(浙江)	45	75.70	13	96.02	84	49.36	22	87.76
苏州(江苏)	46	75.62	49	91.02	56	56.43	53	83.21
十堰(湖北)	47	75.52	62	89.02	58	56.23	26	87.09
宿迁(江苏)	48	75.26	94	77.09	25	65.98	14	90.13
广元(四川)	49	75.25	1	98.97	72	51.91	77	74.49
淮南(安徽)	50	75.12	60	89.25	26	64.28	115	68.51
自贡(四川)	51	74.98	26	94.32	48	58.53	112	69.21
杭州(浙江)	52	74.96	46	91.53	70	52.36	28	87.03
九江(江西)	53	74.52	104	73.24	16	72.21	59	81.70
湘潭(湖南)	54	74.38	23	94.63	82	50.21	57	82.24
重庆	55	74.27	87	79.94	36	62.43	31	86.58
芜湖(安徽)	56	74.17	77	84.22	51	57.75	29	86.95
遵义(贵州)	57	74.09	86	80.21	23	67.50	75	75.04
绵阳(四川)	58	73.87	10	96.31	74	51.54	84	73.68
宁波(浙江)	59	73.69	72	85.67	57	56.36	50	84.37
湘西州(湖南)	60	73.57	69	86.12	65	54.59	34	86.44
宜宾(四川)	61	73.46	8	96.43	79	50.92	96	72.60
常德(湖南)	62	73.33	5	97.31	102	43.57	42	84.88
鄂州(湖北)	63	73.02	66	86.79	59	56.18	68	79.15
株洲(湖南)	64	72.16	40	92.34	94	45.82	47	84.49
泸州(四川)	65	71.78	64	88.12	62	55.08	98	72.49
武汉(湖北)	66	71.60	12	96.26	96	45.21	76	75.04

续表

城市	一级指标		二级指标					
	绿色生活		污染治理		城市绿化		环境压力	
	排序	得分	排序	得分	排序	得分	排序	得分
眉山(四川)	67	71.53	63	88.59	67	54.34	102	71.82
上饶(江西)	68	71.49	121	57.44	4	75.31	7	91.96
安顺(贵州)	69	71.30	101	74.21	19	69.01	108	70.09
丽江(云南)	70	71.24	61	89.12	71	52.00	83	73.96
马鞍山(安徽)	71	70.50	38	93.00	24	66.24	126	34.03
长沙(湖南)	72	70.18	55	90.02	98	44.92	64	81.00
贵阳(贵州)	73	69.78	102	74.03	27	64.03	95	72.78
保山(云南)	74	69.64	68	86.16	75	51.34	92	73.22
成都(四川)	75	69.46	76	84.48	53	57.03	118	64.25
遂宁(四川)	76	69.26	57	89.86	86	48.34	110	69.89
南充(四川)	77	68.76	99	75.00	42	61.51	106	70.79
张家界(湖南)	78	68.67	14	95.99	116	32.40	33	86.55
娄底(湖南)	79	68.38	41	92.03	109	37.33	54	83.15
岳阳(湖南)	80	68.37	90	79.15	83	49.69	51	84.15
随州(湖北)	81	68.16	44	91.77	113	35.06	25	87.14
内江(四川)	82	68.07	45	91.54	100	44.13	113	69.00
楚雄州(云南)	83	67.97	71	85.80	90	47.30	85	73.63
临沧(云南)	84	67.76	84	82.03	81	50.62	87	73.50
宜昌(湖北)	85	67.73	109	70.74	61	55.32	32	86.55
益阳(湖南)	86	67.22	37	93.07	115	32.72	48	84.48
怀化(湖南)	87	66.89	28	94.22	120	29.82	35	86.34
咸宁(湖北)	88	66.41	70	85.88	110	37.22	38	85.86
郴州(湖南)	89	66.27	96	76.53	93	46.30	40	85.67
曲靖(云南)	90	66.09	80	83.52	95	45.51	99	72.39
巴中(四川)	91	65.60	82	83.27	101	44.06	90	73.37
乐山(四川)	92	65.59	88	79.59	88	47.64	86	73.51
雅安(四川)	93	65.46	106	72.73	68	53.37	74	75.13
上海	94	65.36	36	93.64	105	41.97	123	55.57
黔南州(贵州)	95	65.28	89	79.47	85	49.10	111	69.29
西双版纳州(云南)	96	65.12	117	64.25	41	61.55	82	73.99
荆门(湖北)	97	65.10	111	69.03	80	50.64	37	86.15
黄石(湖北)	98	65.06	78	83.90	99	44.56	116	68.41
红河州(云南)	99	64.76	103	73.58	73	51.76	93	73.11

续表

城市	一级指标		二级指标					
	绿色生活		污染治理		城市绿化		环境压力	
	排序	得分	排序	得分	排序	得分	排序	得分
毕节(贵州)	100	64.73	95	76.93	92	46.94	71	75.91
黔西南州(贵州)	101	64.39	93	77.67	87	48.17	107	70.25
玉溪(云南)	102	64.04	107	72.53	76	51.10	94	72.95
襄阳(湖北)	103	63.94	105	73.15	103	43.56	36	86.28
德阳(四川)	104	63.88	112	68.13	55	56.61	109	69.91
永州(湖南)	105	63.24	65	88.11	122	27.15	39	85.67
衡阳(湖南)	106	63.09	100	74.44	106	41.66	52	83.27
邵阳(湖南)	107	62.47	92	78.17	112	35.75	46	84.53
昆明(云南)	108	62.00	113	66.47	69	52.94	104	71.21
铜仁(贵州)	109	61.74	108	71.22	91	47.19	101	71.89
德宏州(云南)	110	61.62	91	78.94	108	38.39	89	73.42
阿坝州(四川)	111	60.04	119	61.02	77	51.03	70	76.08
黄冈(湖北)	112	59.79	97	76.29	118	30.78	44	84.79
普洱(云南)	113	58.69	116	64.79	97	44.95	81	74.00
孝感(湖北)	114	58.34	83	82.93	123	25.13	72	75.57
凉山州(四川)	115	57.51	115	65.71	107	40.40	73	75.35
达州(四川)	116	57.20	73	85.42	125	21.27	97	72.58
大理州(云南)	117	57.18	118	63.65	104	42.64	91	73.34
六盘水(贵州)	118	56.25	110	70.40	89	47.64	125	45.16
荆州(湖北)	119	56.22	114	66.31	117	32.00	49	84.48
黔东南州(贵州)	120	55.95	98	76.14	114	33.71	122	60.07
甘孜州(四川)	121	53.74	120	59.93	111	36.36	69	76.12
迪庆州(云南)	122	49.16	122	57.39	121	28.30	79	74.44
攀枝花(四川)	123	47.36	126	26.17	63	55.01	78	74.45
文山州(云南)	124	45.59	124	46.84	119	30.40	88	73.43
昭通(云南)	125	44.85	123	54.72	124	21.41	100	71.98
怒江州(云南)	126	34.97	125	31.23	126	19.08	80	74.23

资料来源：《中国城市统计年鉴2019》，各省市2019年统计年鉴，国家、地方政府开放数据。

从城市群尺度来看，长三角城市群、长江中游城市群、成渝城市群的绿色生活指数平均得分依次递减。具体而言，长三角城市群平均得分为

77.72，城市群内部得分标准差为4.15，区域绿色生活整体水平较高，内部差异相对较小；其中，综合得分最高的城市为浙江省湖州市，得分较低的城市为上海市。长江中游城市群平均得分为72.04，城市群内部得分标准差为8.53，绿色生活总体水平较高，但是区域内部差异较大；其中，综合得分最高的城市为江西省吉安市，得分较低的城市为湖北省荆州市。成渝城市群平均得分为70.19，城市群内部得分标准差为5.28，绿色生活水平整体较低；其中，综合得分最高的城市为四川省广安市，得分较低的城市为四川省达州市。

表8　2018年长江经济带三大城市群绿色生活指数得分及标准差

项目	长三角城市群	长江中游城市群	成渝城市群
平均得分	77.72	72.04	70.19
标准差	4.15	8.53	5.28

资料来源：《中国城市统计年鉴2019》，各省市2019年统计年鉴，国家、地方政府开放数据。

三　长江经济带绿色发展20强城市

根据绿色生态、绿色生产、绿色生活各分项指数得分和排名，长江经济带绿色发展综合指数20强城市可以进一步分为四个类别，如表9所示。

表9　2018年长江经济带绿色发展指数20强城市分类

类别	城市	特征
1	丽水(1)；黄山(2)；台州(9)；景德镇(14)	以绿色生态、绿色生活为优势
2	湖州(3)；无锡(4)；南通(5)；扬州(8)；舟山(10)；鹰潭(13)；镇江(20)	以绿色生产、绿色生活为优势
3	杭州(6)；上海(7)；苏州(11)；南京(12)；宁波(16)；长沙(17)；合肥(18)；十堰(19)	以绿色生产为优势
4	萍乡(15)	以绿色生活为优势

注：若某城市在某一领域排名居前30，则认为该城市在该领域具有优势。

第一类城市在绿色生态、绿色生活领域均表现出色，而在绿色生产领域存在弱势。该类别包括四个城市，分别为：丽水，综合指数得分 65.94，排名第 1；黄山，综合指数得分 64.39，排名第 2；台州，综合指数得分 62.48，排名第 9；景德镇，综合指数得分 61.66，排名第 14 位。

按照得分结构进行进一步划分，将这四个城市分为两个小类。

第一小类仅包含丽水，绿色生态领域的优势更为突出。在长江经济带 126 个城市中，丽水的绿色发展综合指数排名第 1 位，绿色发展水平整体较高。就一级指标而言，丽水在绿色生态领域排名第 1，在绿色生活领域排名第 15 位，反映了丽水绿色生态基底优异，保护工作成效显著。就二级指标而言，丽水的优势集中在环境质量、自然禀赋、环境压力三个主题上，分别排名第 1、第 8 和第 8。就三级指标而言，丽水林木覆盖率达到 78.38%，农田和水域面积占比达到 96.20%，均位居区域榜首。此外，丽水在人均水资源量、考核断面水环境质量、一般工业固体废弃物综合利用率、建成区绿化覆盖率、人口密度等指标上也表现优异。

第二小类城市为黄山、台州和景德镇，这三个城市在绿色生活领域的表现相对更好。其中，黄山的绿色发展综合指数得分排名第 2 位，在环境压力、污染治理两个主题上分别排第 1 位和第 9 位，自然禀赋和城市绿化分别排第 11 位、第 15 位，环境宜居特色鲜明。台州在各领域、各主题上的得分相对均衡，在绿色生活领域的表现相对突出。景德镇在得分结构上与黄山的相似度更高，其城市绿化主题的得分尤其高，排名第 2 位，环境质量也相对较好。就具体指标而言，黄山的林木覆盖率、农田与水域面积占比、单位 GDP 能耗均排第 4 位，建成区绿化覆盖率位居第 6，人均水资源量、人均环保经费投入等指标也表现较好。台州的单位 GDP 能耗约为 0.335 吨标煤/万元，排第 8 位，其余指标排名均在第 20 位之后。景德镇的建成区绿化覆盖率达到 51.61%，在全部城市中位居榜首；同时，林木覆盖率、人均公园绿地面积等指标也进入前 20 位。

表 10　2018 年长江经济带绿色发展指数第一类城市得分及排名

指标	丽水		黄山		台州		景德镇	
	得分	排名	得分	排名	得分	排名	得分	排名
绿色发展	65.94	1	64.39	2	62.48	9	61.66	14
绿色生态	69.05	1	55.79	12	49.54	29	52.56	18
自然禀赋	57.15	8	54.56	11	36.35	70	45.71	38
环境质量	76.98	1	56.61	21	58.34	16	57.13	20
绿色生产	52.44	54	53.92	47	56.47	41	50.10	72
节能减排	76.78	90	78.64	81	85.22	52	78.60	82
绿色科技	28.10	43	29.20	38	27.72	46	21.61	64
绿色生活	80.84	15	86.94	2	83.42	8	86.17	4
污染治理	94.04	33	96.40	9	94.86	22	91.34	48
城市绿化	62.16	39	72.33	15	68.51	21	84.22	2
环境压力	91.80	8	97.25	1	90.36	13	79.72	66

第二类城市在绿色生产、绿色生活领域均表现出色，而绿色生态是其显著短板。该类别包括 7 个城市，分别为：湖州，综合指数得分 64.36，排名第 3；无锡，综合指数得分 64.30，排名第 4；南通，综合指数得分 63.75，排名第 5；扬州，综合指数得分 62.75，排名第 8；舟山，综合指数得分 62.39，排名第 10；鹰潭，综合指数得分 61.70，排名第 13；镇江，综合指数得分 60.45，排名第 20。除鹰潭之外，其他城市均位于浙江、江苏两省。总体而言，这些城市自然禀赋较差，但是人为的生态治理和管控水平较高。

按照得分结构进行进一步划分，将这四个城市分为三个小类。

第一小类包括湖州、南通两个城市，其在绿色生活领域的排名明显优于绿色生产领域。其中，湖州在污染治理、城市绿化、绿色科技三个主题上分别列第 3、第 5 和第 9 位。南通的环境压力指标得分列第 4 位，城市绿化和环境质量得分均列第 6 位。就具体指标而言，湖州的一般工业固体废弃物综合利用率达到 99.64%，居第 4 位，此外，湖州建成区绿化覆盖率、人均环保经费投入、全社会研发经费占 GDP 比重、土壤侵蚀度等指标也表现较好。南通的单位 GDP 能耗仅为 0.289 吨标煤/万元，在全部城市中高居榜首。此外，南通土壤侵蚀度、单位工业增加值二氧化硫排放量、人均公园绿地面积等指标排名均进入前 10 位。

第二小类包括扬州、镇江两个城市，它们的绿色生产和绿色生活指标得分相对均衡，且总体得分结构比较相似。节能减排、绿色科技、城市绿化和环境压力等主题是其共同优势。其中，扬州的节能减排和城市绿化得分均高于镇江，镇江的绿色科技得分略高于扬州。就具体指标而言，两地的人均公园绿地面积、人均 GDP 等指标均表现突出，同时，扬州的单位工业增加值用水量、镇江的全社会研发经费占 GDP 比重和单位工业增加值二氧化硫排放量等指标均进入排名前 20（见表 11）。

表 11　2018 年长江经济带绿色发展指数第二类城市得分及排名（一）

指标	湖州		南通		扬州		镇江	
	得分	排名	得分	排名	得分	排名	得分	排名
绿色发展	64.36	3	63.75	5	62.75	8	60.45	20
绿色生态	45.28	41	42.55	56	33.64	101	28.23	122
自然禀赋	30.38	85	13.04	119	14.30	114	12.01	120
环境质量	55.22	24	62.23	6	46.54	61	39.05	97
绿色生产	63.30	19	64.00	16	68.97	9	67.79	11
节能减排	79.22	75	88.62	27	93.33	7	89.12	23
绿色科技	47.38	9	39.38	20	44.60	12	46.47	11
绿色生活	84.86	5	84.60	6	83.55	7	82.89	9
污染治理	97.64	3	90.38	51	89.70	58	90.28	53
城市绿化	74.77	5	74.70	6	74.70	7	73.20	13
环境压力	79.49	67	92.82	4	88.98	18	87.46	23

第三小类包括无锡、舟山、鹰潭三个城市，它们的绿色生产领域指标得分情况明显优于绿色生活领域，但在细分领域上各具特色。其中，无锡的绿色科技尤为出色，排名第 2 位。舟山的节能减排和环境质量分别列第 4、第 9 位。鹰潭的环境压力较小，得分列第 3 位。就具体指标而言，2018 年无锡人均 GDP 达到 17.43 万元，在 126 个城市中排名第 1，同时，绿色科技方面的另外 2 个指标人均环保经费投入和全社会研发经费占 GDP 比重均进入前 10 位。对舟山而言，单位工业增加值用电量、单位工业增加值用水量、

PM2.5 年均浓度和人均 GDP 是其优势指标。鹰潭的全社会研发经费占 GDP 比重高达 4.81%，仅次于四川绵阳，居第 2 位；同时，单位 GDP 能耗指标也表现优异，排名第 6 位（见表 12）。

表 12　2018 年长江经济带绿色发展指数第二类城市得分及排名（二）

指标	无锡		舟山		鹰潭	
	得分	排名	得分	排名	得分	排名
绿色发展	64.30	4	62.39	10	61.70	13
绿色生态	31.32	114	44.67	43	40.96	66
自然禀赋	6.17	124	20.23	102	41.31	54
环境质量	48.09	52	60.96	9	40.72	84
绿色生产	77.66	2	63.48	18	64.23	15
节能减排	88.58	28	94.52	4	84.92	53
绿色科技	66.75	2	32.44	32	43.54	14
绿色生活	79.46	22	78.67	29	79.07	25
污染治理	94.29	27	91.85	42	90.33	52
城市绿化	63.70	28	62.48	35	60.23	46
环境压力	81.29	62	84.70	45	94.19	3

第三类城市在绿色生产领域优势显著，而绿色生态和绿色生活水平相对较低。该类别包括 8 个城市，分别为：杭州，综合指数得分 63.35，排名第 6；上海，综合指数得分 62.92，排名第 7；苏州，综合指数得分 62.34，排名第 11；南京，综合指数得分 61.73，排名第 12；宁波，综合指数得分 61.46，排名第 16；长沙，综合指数得分 61.15，排名第 17；合肥，综合指数得分 60.98，排名第 18；十堰，综合指数得分 60.66，排名第 19。这些城市均为省会或各级中心城市，经济基础雄厚，绿色生产转型力度较大、水平较高，但是由于人口和经济活动密集，绿色生态和绿色生活状况有待改善。

按照得分结构进行划分，将这八个城市大体分为两类。

第一小类城市为上海、苏州、南京、长沙、合肥，这五个城市在绿色生态、绿色生产、绿色生活三大领域中的排名对比极为明显。具体而言，这些城市在绿色生产，尤其是绿色科技方面存在极大优势，绿色科技排名分别为第1、第3、第4、第5、第6位。在其他方面，整体表现不佳，其中，只有上海和苏州的环境质量、南京的城市绿化、长沙的节能减排、合肥的环境压力等主题排名进入前20位，其他主题得分均有很大提升空间。值得注意的是，上海的自然禀赋和环境压力两个主题，分别排名倒数第一、倒数第四位。在三级指标方面，五个城市的人均GDP、全社会研发经费占GDP比重、人均环保经费投入、单位工业增加值二氧化硫排放量等4项指标排名均进入前20乃至前10位（长沙的全社会研发经费占GDP比重、苏州的单位工业增加值二氧化硫排放量除外）。此外，上海和苏州的土壤侵蚀度、长沙的单位工业增加值用电量和单位工业增加值废水排放量、合肥的单位GDP能耗等指标排名也进入前10位（见表13）。

表13　2018年长江经济带绿色发展指数第三类城市得分及排名（一）

指标	上海		苏州		南京		长沙		合肥	
	得分	排名	得分	排名	得分	排名	得分	排名	得分	排名
绿色发展	62.92	7	62.34	11	61.73	12	61.15	17	60.98	18
绿色生态	37.96	80	36.66	86	32.85	110	38.35	75	33.65	100
自然禀赋	2.11	126	5.38	125	10.74	121	33.79	79	18.92	105
环境质量	61.86	7	57.52	18	47.59	54	41.39	76	43.47	67
绿色生产	79.80	1	71.64	4	72.50	3	71.49	5	69.89	6
节能减排	88.42	30	84.66	54	88.69	25	89.96	17	88.63	26
绿色科技	71.19	1	58.62	3	56.32	4	53.02	5	51.16	6
绿色生活	65.36	94	75.62	46	76.26	41	70.18	72	76.43	40
污染治理	93.64	36	91.02	49	80.23	85	90.02	55	84.56	75
城市绿化	41.97	105	56.43	56	69.04	18	44.92	98	60.95	44
环境压力	55.57	123	83.21	53	82.76	55	81.00	64	91.15	11

第二小类城市为杭州、宁波、十堰，与第一小类相比，这三个城市在绿色生产领域的优势相对弱，在绿色生态和绿色生活领域的劣势也相对小。其中，杭州在绿色科技主题上排名第7位，宁波在绿色科技主题上排名第13

位，十堰在自然禀赋、绿色科技两个方面分别排名第14位、第18位。就具体指标而言，杭州和宁波的得分结构相对类似。杭州的人均GDP为14.02万元，位列第5；宁波为13.26万元，位列第9。杭州的全社会研发经费占GDP比重达到3.44%，位列第4；宁波为2.57%，位列第20。十堰的林木覆盖率达到77.41%，位列第3；人均环保经费投入约为828元，位列第5；单位工业增加值废水排放量位列第9（见表14）。

表14　2018年长江经济带绿色发展指数第三类城市得分及排名（二）

指标	杭州		宁波		十堰	
	得分	排名	得分	排名	得分	排名
绿色发展	63.35	6	61.46	16	60.66	19
绿色生态	44.05	48	43.92	50	41.58	64
自然禀赋	40.03	58	26.78	92	53.25	14
环境质量	46.73	59	55.35	23	33.80	116
绿色生产	69.11	8	65.45	13	63.82	17
节能减排	87.61	36	86.45	45	87.37	37
绿色科技	50.62	7	44.44	13	40.27	18
绿色生活	74.96	52	73.69	59	75.52	47
污染治理	91.53	46	85.67	72	89.02	62
城市绿化	52.36	70	56.36	57	56.23	58
环境压力	87.03	28	84.37	50	87.09	26

第四类城市在三大领域的得分相对均衡，其中在绿色生活领域的表现相对突出。该类别仅有萍乡一个城市，综合指数得分61.48，排名第15位。就一级指标而言，萍乡在绿色生活、绿色生产、绿色生态领域的排名分别为第17、第31和第39位，总体表现尚可，但也没有绝对优势领域。就二级指标而言，萍乡的城市绿化得分相对较高，排名第10位。就三级指标而言，萍乡的建成区绿化覆盖率为46.82%，排名第7位。此外，单位工业增加值用水量、单位工业增加值废水排放量、人均环保经费投入、人均公园绿地面积等指标排名在第10至第20名（见表15）。

表 15　2018 年长江经济带绿色发展指数第四类城市得分及排名

指标	萍乡	
	得分	排名
绿色发展	61.48	15
绿色生态	45.56	39
自然禀赋	41.44	53
环境质量	48.31	50
绿色生产	59.03	31
节能减排	88.36	32
绿色科技	29.70	34
绿色生活	80.66	17
污染治理	95.35	20
城市绿化	74.23	10
环境压力	64.16	119

附录：长江经济带绿色发展指数评价方法

在 2019 年长江经济带绿色发展指标评价体系的基础上，本报告沿用原有指标框架，对部分三级指标进行替换，形成包括 3 个一级指标、7 个二级指标、21 个三级指标的绿色发展指标体系，并使用层次分析法和专家打分法，确立各级指标权重（见附表 1）。

在综合指数的计算中，首先，对各指标原始数据进行极差标准化，其中 PM2.5 年均浓度、土壤侵蚀度、单位工业增加值用电量、单位工业增加值用水量、单位工业增加值废水排放量、单位工业增加值二氧化硫排放量、单位 GDP 能耗、人口密度等 8 个指标为逆指标；其次，根据权重对各级指标依次加权求和。

指标资料来源广泛。其中，人均 GDP、水资源总量、工业用电量、工业废水排放量等数据主要来自《中国城市统计年鉴 2019》，常住人口、工业增加值、人均公园绿地面积等数据广泛来自各省市 2019 年统计年鉴，耕地面积、林地面积、水域面积等数据来自土地调查，地方一般公共预算节能环保经费支出、PM2.5 年均浓度、考核断面水环境质量等数据来自 2018 年度国家和地方政府各类公开数据。部分空缺数据采用全省平均值或插值法进行估算或替代。

数据评价时期为 2018 年。

附表 1　长江经济带绿色发展指标体系

一级指标		二级指标		三级指标	
名称	权重	名称	权重	名称	权重
绿色生态	0.3	自然禀赋	0.4	林木覆盖率	0.3
				农田与水域面积占比	0.2
				人均水资源量	0.3
				人均耕地面积	0.2
		环境质量	0.6	考核断面水环境质量	0.3
				PM2.5 年均浓度	0.4
				土壤侵蚀度	0.3
绿色生产	0.4	节能减排	0.5	单位工业增加值用电量	0.25
				单位工业增加值用水量	0.25
				单位工业增加值废水排放量	0.25
				单位工业增加值二氧化硫排放量	0.25
		绿色科技	0.5	人均 GDP	0.3
				全社会研发经费占 GDP 比重	0.35
				人均环保经费投入	0.35
绿色生活	0.3	污染治理	0.4	生活垃圾无害化处理率	0.2
				污水处理厂集中处理率	0.4
				一般工业固体废弃物综合利用率	0.4
		城市绿化	0.4	建成区绿化覆盖率	0.5
				人均公园绿地面积	0.5
		环境压力	0.2	单位 GDP 能耗	0.6
				人口密度	0.4

参考文献

陈晓雪、徐楠楠：《长江经济带绿色发展水平测度与时空演化研究——基于 11 省市 2007～2017 年数据》，《河海大学学报》（哲学社会科学版）2019 年第 6 期。

高红贵、赵路：《长江经济带产业绿色发展水平测度及空间差异分析》，《科技进步与对策》2019 年第 12 期。

郭付友、吕晓、于伟、任嘉敏、初楠臣：《山东省绿色发展水平绩效评价与驱动机制——基于 17 地市面板数据》，《地理科学》2020 年第 2 期。

熊曦、张陶、段宜嘉、方晓萍、周家宇：《长江中游城市群绿色化发展水平测度及其差异》，《经济地理》2019 年第 12 期。

张峰、宋晓娜、董会忠：《粤港澳大湾区制造业绿色竞争力指数测度与时空格局演化特征分析》，《中国软科学》2019 年第 10 期。

张旭、魏福丽、袁旭梅：《中国省域高质量绿色发展水平评价与演化》，《经济地理》2020 年第 2 期。

张卓群、张涛、宋梦迪、刘宽斌：《新发展理念指标评价研究综述》，《城市与环境研究》2019 年第 4 期。

朱帮助、张梦凡：《绿色发展评价指标体系构建与实证》，《统计与决策》2019 年第 17 期。

B.6
长江经济带科技创新驱动力指数报告（2020）

杨　凡*

摘　要： 通过构建长江经济带科技创新驱动力指标评价体系，并基于AHP－EVM模型设置主客观综合指标权重，得到科技创新驱动力综合指标，科技创新投入、科技创新载体、科技创新产出、科技创新绩效4个一级指标，以及10个二级指标得分，全面系统地评价了长江经济带110个城市的科技创新驱动力状况。结果表明，以上海、南京、武汉、苏州、杭州等城市为长江经济带科技创新核心驱动力的格局已趋于稳定，成都、重庆、南昌、贵阳等中西部中心城市的排名均有所提升。

关键词： 长江经济带　科技创新驱动力　城市发展

本报告沿用2019年所构建的长江经济带科技创新驱动力指标评价体系，以便于横、纵向比较。本报告的科技创新驱动力指标评价体系由科技创新投入、科技创新载体、科技创新产出和科技创新绩效4个一级指标，10个二级指标，35个三级指标组成。具体的指标评价体系和研究方法详见本报告附录，本报告评价的区域范围为长江经济带的110个地级及以上城市。

---

* 杨凡，博士，上海社会科学院信息研究所助理研究员，主要研究方向科技创新与区域发展。

一 长江经济带110个城市科技创新驱动力综合指数

表1显示了2018年长江经济带110个城市的科技创新驱动力综合指数（以下简称“综合指数”）测算结果及排名。综合指数排前20名的城市包括上海、南京、武汉、苏州、杭州、成都、长沙、合肥、无锡、宁波、镇江、重庆、芜湖、常州、南通、嘉兴、南昌、扬州、贵阳、湘潭。其中，除上海外，江苏城市有7个，浙江城市有3个，分别比上年减少1个（湖州和泰州），安徽城市有2个，长三角地区城市占比为65%，比上年略有下降，而进入前20位的中西部城市有武汉、长沙、成都、重庆、南昌、贵阳和湘潭，其中贵阳和湘潭为新进城市。在综合指数排后20名的城市中，以西部地区云、贵、川城市居多的格局仍未改观。从排名前后两端的城市分布差异看，东部城市的科技创新驱动力明显强于中西部城市，但也看到部分中西部城市的科技创新驱动力提升，如成都、重庆、南昌、贵阳、湘潭、马鞍山等城市的排名都有显著提升。

长江经济带科技创新龙头城市依然不变，排名前5位的城市仍为上海、南京、武汉、苏州、杭州。上海在长江经济带科技创新发展中的龙头地位明显，科技创新驱动力综合指数高达0.661，远高于排名第二的南京。南京、武汉、苏州、杭州的综合指数基本都在0.44以上，分别排第2至5位。成都、长沙、合肥、无锡的综合指数在0.30以上，分别排第6至第9位，这些是长江经济带科技创新的重点城市，除了无锡外，其余都是中西部省会城市，与上年相比，长江经济带中上游城市的科技创新驱动力有所增强。宁波、镇江、重庆、芜湖、常州、南通、嘉兴、南昌、扬州的综合指数在0.20以上，这些城市的科技创新驱动力明显强于其他城市，但与龙头和领先城市相比仍有一定差距，具有向核心驱动城市发展的潜力。

表1 2018年长江经济带110个城市科技创新驱动力综合指数及排名

排名	城市	综合指数	排名	城市	综合指数
1	上海	0.661	35	株洲市(湖南)	0.147
2	南京(江苏)	0.543	36	蚌埠(安徽)	0.146
3	武汉(湖北)	0.531	37	宜昌(湖北)	0.138
4	苏州(江苏)	0.470	38	连云港(江苏)	0.132
5	杭州(浙江)	0.449	39	宣城(安徽)	0.130
6	成都(四川)	0.408	40	滁州(安徽)	0.129
7	长沙(湖南)	0.404	41	衢州(浙江)	0.124
8	合肥(安徽)	0.400	42	自贡(四川)	0.121
9	无锡(江苏)	0.314	43	淮安(江苏)	0.118
10	宁波(浙江)	0.298	44	攀枝花(四川)	0.117
11	镇江(江苏)	0.274	45	丽水(浙江)	0.117
12	重庆	0.272	46	岳阳市(湖南)	0.115
13	芜湖(安徽)	0.261	47	黄石(湖北)	0.114
14	常州(江苏)	0.255	48	池州(安徽)	0.111
15	南通(江苏)	0.235	49	新余(江西)	0.106
16	嘉兴(浙江)	0.233	50	雅安(四川)	0.104
17	南昌(江西)	0.215	51	德阳(四川)	0.103
18	扬州(江苏)	0.204	52	益阳(湖南)	0.103
19	贵阳(贵州)	0.199	53	荆门(湖北)	0.102
20	湘潭(湖南)	0.199	54	鹰潭(江西)	0.100
21	绍兴(浙江)	0.197	55	黄山(安徽)	0.099
22	湖州(浙江)	0.195	56	郴州(湖南)	0.098
23	昆明(云南)	0.194	57	遵义(贵州)	0.096
24	马鞍山(安徽)	0.187	58	淮北(安徽)	0.096
25	徐州(江苏)	0.183	59	资阳(四川)	0.095
26	绵阳(四川)	0.180	60	常德(湖南)	0.094
27	温州(浙江)	0.175	61	宿迁(江苏)	0.093
28	台州(浙江)	0.173	62	安庆(安徽)	0.093
29	泰州(江苏)	0.169	63	淮南(安徽)	0.092
30	舟山(浙江)	0.162	64	吉安(江西)	0.092
31	襄阳(湖北)	0.162	65	萍乡(江西)	0.091
32	盐城(江苏)	0.153	66	咸宁(湖北)	0.089
33	铜陵(安徽)	0.150	67	赣州(江西)	0.088
34	金华(浙江)	0.149	68	衡阳(湖南)	0.087

续表

排名	城市	综合指数	排名	城市	综合指数
69	亳州(安徽)	0.087	90	安顺(贵州)	0.066
70	内江(四川)	0.087	91	乐山(四川)	0.065
71	孝感(湖北)	0.086	92	泸州(四川)	0.065
72	广安(四川)	0.086	93	六盘水(贵州)	0.064
73	宜宾(四川)	0.085	94	荆州(湖北)	0.064
74	九江(江西)	0.082	95	上饶(江西)	0.063
75	宿州(安徽)	0.081	96	玉溪(云南)	0.059
76	鄂州(湖北)	0.080	97	随州(湖北)	0.059
77	眉山(四川)	0.079	98	黄冈(湖北)	0.054
78	阜阳(安徽)	0.076	99	毕节(贵州)	0.052
79	永州(湖南)	0.076	100	张家界(湖南)	0.051
80	景德镇(江西)	0.074	101	达州(四川)	0.050
81	邵阳(湖南)	0.071	102	广元(四川)	0.047
82	宜春(江西)	0.071	103	铜仁(贵州)	0.042
83	娄底(湖南)	0.070	104	曲靖(云南)	0.038
84	南充(四川)	0.070	105	巴中(四川)	0.035
85	抚州(江西)	0.069	106	丽江(云南)	0.035
86	遂宁(四川)	0.069	107	普洱(云南)	0.034
87	六安(安徽)	0.069	108	保山(云南)	0.023
88	十堰(湖北)	0.068	109	昭通(云南)	0.020
89	怀化(湖南)	0.066	110	临沧(云南)	0.019

二　长江经济带110个城市科技创新驱动力专项指数

（一）科技创新投入指数及城市排名

科技创新投入指数由3个二级指标构成，分别是科技研发投入、人才资源投入、创新基础投入。表2显示了长江经济带科技创新投入指数及城市排名。与上年结果一致的是，上海在科技创新投入方面的优势明显，一级指标得分为0.743，远高于其他城市。除上海外，排名前20位的城市分别是南京、武汉、苏州、杭州、成都、长沙、合肥、无锡、宁波、重庆、常州、镇江、芜湖、嘉兴、绵阳、绍兴、昆明、南通、南昌。其中，除重庆外，江苏城市有 6 个，浙江城市有 4 个，安徽城市有 2 个，四川城市有 2 个，湖南、湖北、云南和江西各有 1 个城市。贵州没有城市进入，贵阳排名第 21 位。与上年相比，中西部核心城市排名有所提升，昆明、南昌进入前 20 强，成都、贵阳、湘潭等城市的排名也有所上升。

从二级指标看，科技研发投入排名第一的是上海，苏州、杭州、武汉和绵阳分列第 2 ~5 位；人力资源投入排名第一的是南京，武汉、上海、长沙、杭州分列第 2 ~5 位；创新基础投入排名第一的是上海，苏州、杭州、南京、宁波分列第 2 ~5 位。在一级指标得分未进入前 10 位的城市中，有些城市在某些二级指标上表现突出。例如，芜湖（排名第 14）的科技研发投入排名第 8 位，昆明（排名第 18）的人力资源投入排名第 11 位，舟山（排名第 36）的创新基础投入排名第 11 位。

表 2　2018 年长江经济带 110 个城市科技创新投入指数及排名

一级指标排名	城市	一级指标得分	二级指标得分及排名		
			科技研发投入	人力资源投入	创新基础投入
1	上海	0.743	0.801(1)	0.631(3)	0.851(1)
2	南京(江苏)	0.515	0.343(7)	0.701(1)	0.488(4)
3	武汉(湖北)	0.514	0.407(4)	0.658(2)	0.439(7)
4	苏州(江苏)	0.466	0.428(2)	0.431(7)	0.611(2)
5	杭州(浙江)	0.464	0.411(3)	0.496(5)	0.510(3)
6	成都(四川)	0.365	0.307(9)	0.453(6)	0.306(14)
7	长沙(湖南)	0.365	0.228(15)	0.497(4)	0.374(9)
8	合肥(安徽)	0.346	0.349(6)	0.379(8)	0.273(17)
9	无锡(江苏)	0.330	0.292(10)	0.295(9)	0.474(6)
10	宁波(浙江)	0.303	0.270(11)	0.248(13)	0.477(5)
11	重庆	0.296	0.252(12)	0.272(10)	0.433(8)
12	常州(江苏)	0.259	0.238(14)	0.224(15)	0.371(10)
13	镇江(江苏)	0.249	0.201(19)	0.259(12)	0.324(13)
14	芜湖(安徽)	0.237	0.332(8)	0.160(20)	0.201(30)

续表

一级指标排名	城市	一级指标得分	二级指标得分及排名		
			科技研发投入	人力资源投入	创新基础投入
15	嘉兴(浙江)	0.233	0.208(18)	0.204(17)	0.337(12)
16	绵阳(四川)	0.222	0.361(5)	0.142(24)	0.103(69)
17	绍兴(浙江)	0.221	0.213(17)	0.189(18)	0.298(15)
18	昆明(云南)	0.209	0.131(32)	0.271(11)	0.240(24)
19	南通(江苏)	0.209	0.246(13)	0.140(25)	0.271(19)
20	南昌(江西)	0.197	0.120(38)	0.244(14)	0.255(21)
21	贵阳(贵州)	0.193	0.130(33)	0.216(16)	0.273(18)
22	扬州(江苏)	0.186	0.173(23)	0.160(21)	0.266(20)
23	湖州(浙江)	0.181	0.174(21)	0.132(27)	0.293(16)
24	温州(浙江)	0.166	0.144(29)	0.151(22)	0.241(23)
25	金华(浙江)	0.158	0.135(30)	0.135(26)	0.249(22)
26	徐州(江苏)	0.155	0.172(25)	0.121(29)	0.191(31)
27	湘潭(湖南)	0.151	0.128(35)	0.180(19)	0.142(44)
28	泰州(江苏)	0.149	0.178(20)	0.088(35)	0.211(27)
29	台州(浙江)	0.145	0.129(34)	0.119(30)	0.231(25)
30	宜昌(湖北)	0.144	0.113(42)	0.143(23)	0.208(28)
31	马鞍山(安徽)	0.144	0.172(24)	0.105(32)	0.162(37)
32	株洲(湖南)	0.137	0.174(22)	0.096(33)	0.145(43)
33	鹰潭(江西)	0.136	0.223(16)	0.040(57)	0.151(41)
34	盐城(江苏)	0.133	0.162(27)	0.075(37)	0.191(32)
35	襄阳(湖北)	0.127	0.166(26)	0.066(41)	0.171(34)
36	舟山(浙江)	0.127	0.058(72)	0.085(36)	0.347(11)
37	蚌埠(安徽)	0.118	0.152(28)	0.092(34)	0.101(71)
38	黄石(湖北)	0.114	0.092(49)	0.131(28)	0.122(52)
39	铜陵(安徽)	0.099	0.123(37)	0.055(45)	0.135(49)
40	德阳(四川)	0.095	0.111(44)	0.074(38)	0.105(68)
41	宣城(安徽)	0.093	0.132(31)	0.043(53)	0.116(54)
42	荆门(湖北)	0.093	0.115(40)	0.064(42)	0.110(62)
43	攀枝花(四川)	0.093	0.051(77)	0.067(40)	0.227(26)
44	淮安(江苏)	0.090	0.111(43)	0.039(61)	0.150(42)
45	滁州(安徽)	0.090	0.125(36)	0.043(55)	0.112(60)
46	连云港(江苏)	0.089	0.114(41)	0.039(62)	0.139(45)
47	衢州(浙江)	0.088	0.096(48)	0.040(60)	0.170(35)
48	丽水(浙江)	0.087	0.080(54)	0.034(65)	0.206(29)

续表

一级指标排名	城市	一级指标得分	二级指标得分及排名		
			科技研发投入	人力资源投入	创新基础投入
49	十堰（湖北）	0.085	0.077(55)	0.072(39)	0.127(51)
50	新余（江西）	0.085	0.082(53)	0.046(49)	0.166(36)
51	鄂州（湖北）	0.082	0.075(56)	0.042(56)	0.176(33)
52	景德镇（江西）	0.080	0.086(51)	0.061(44)	0.108(63)
53	雅安（四川）	0.079	0.044(86)	0.111(31)	0.087(82)
54	宿迁（江苏）	0.078	0.105(47)	0.034(66)	0.114(56)
55	孝感（湖北）	0.077	0.110(45)	0.049(48)	0.068(99)
56	岳阳（湖南）	0.075	0.092(50)	0.037(63)	0.117(53)
57	宜春（江西）	0.075	0.105(46)	0.024(73)	0.115(55)
58	铜仁（贵州）	0.074	0.119(39)	0.010(99)	0.113(59)
59	赣州（江西）	0.073	0.083(52)	0.029(69)	0.138(46)
60	玉溪（云南）	0.068	0.052(75)	0.040(58)	0.153(40)
61	淮南（安徽）	0.064	0.067(63)	0.062(43)	0.061(103)
62	九江（江西）	0.063	0.061(69)	0.020(85)	0.154(39)
63	衡阳（湖南）	0.062	0.061(68)	0.053(47)	0.082(87)
64	荆州（湖北）	0.061	0.061(70)	0.054(46)	0.072(94)
65	安庆（安徽）	0.060	0.074(57)	0.026(72)	0.101(72)
66	常德（湖南）	0.060	0.065(65)	0.028(71)	0.114(57)
67	萍乡（江西）	0.060	0.067(62)	0.014(90)	0.136(47)
68	郴州（湖南）	0.059	0.070(60)	0.022(80)	0.107(66)
69	遵义（贵州）	0.058	0.035(90)	0.031(67)	0.161(38)
70	淮北（安徽）	0.057	0.052(76)	0.045(52)	0.092(79)
71	宜宾（四川）	0.056	0.048(80)	0.040(59)	0.105(67)
72	黄山（安徽）	0.056	0.071(59)	0.019(86)	0.100(73)
73	益阳（湖南）	0.055	0.071(58)	0.029(70)	0.076(91)
74	抚州（江西）	0.054	0.065(66)	0.022(78)	0.094(77)
75	吉安（江西）	0.053	0.057(73)	0.021(83)	0.110(61)
76	咸宁（湖北）	0.053	0.044(85)	0.043(54)	0.090(81)
77	自贡（四川）	0.052	0.045(84)	0.046(50)	0.079(88)
78	永州（湖南）	0.049	0.065(67)	0.020(84)	0.076(92)
79	怀化（湖南）	0.049	0.066(64)	0.015(89)	0.086(83)
80	丽江（云南）	0.049	0.021(97)	0.045(51)	0.113(58)
81	池州（安徽）	0.049	0.055(74)	0.021(82)	0.092(80)
82	泸州（四川）	0.047	0.032(92)	0.036(64)	0.098(74)

续表

一级指标排名	城市	一级指标得分	二级指标得分及排名		
			科技研发投入	人力资源投入	创新基础投入
83	六安(安徽)	0.047	0.070(61)	0.014(93)	0.068(100)
84	六盘水(贵州)	0.047	0.036(89)	0.013(94)	0.135(48)
85	曲靖(云南)	0.047	0.039(88)	0.023(75)	0.107(65)
86	乐山(四川)	0.046	0.034(91)	0.030(68)	0.103(70)
87	黄冈(湖北)	0.045	0.059(71)	0.018(87)	0.071(96)
88	上饶(江西)	0.044	0.048(81)	0.012(96)	0.098(75)
89	内江(四川)	0.040	0.019(99)	0.016(88)	0.128(50)
90	娄底(湖南)	0.039	0.051(78)	0.013(95)	0.070(98)
91	毕节(贵州)	0.037	0.047(82)	0.005(107)	0.083(85)
92	邵阳(湖南)	0.037	0.051(79)	0.014(92)	0.056(107)
93	普洱(云南)	0.036	0.018(100)	0.023(76)	0.097(76)
94	安顺(贵州)	0.035	0.032(93)	0.012(97)	0.086(84)
95	临沧(云南)	0.035	0.011(106)	0.022(81)	0.108(64)
96	保山(云南)	0.033	0.015(103)	0.022(79)	0.093(78)
97	阜阳(安徽)	0.033	0.046(83)	0.011(98)	0.052(108)
98	南充(四川)	0.031	0.020(98)	0.023(77)	0.072(95)
99	眉山(四川)	0.031	0.014(104)	0.024(74)	0.077(90)
100	宿州(安徽)	0.028	0.032(94)	0.007(105)	0.062(102)
101	亳州(安徽)	0.027	0.040(87)	0.007(103)	0.041(110)
102	遂宁(四川)	0.027	0.027(96)	0.008(102)	0.065(101)
103	随州(湖北)	0.026	0.029(95)	0.008(101)	0.058(104)
104	广元(四川)	0.024	0.016(101)	0.007(106)	0.073(93)
105	达州(四川)	0.023	0.014(105)	0.014(91)	0.057(105)
106	昭通(云南)	0.023	0.008(108)	0.010(100)	0.078(89)
107	张家界(湖南)	0.022	0.010(107)	0.004(108)	0.083(86)
108	资阳(四川)	0.019	0.016(102)	0.007(104)	0.049(109)
109	广安(四川)	0.015	0.001(110)	0.002(109)	0.071(97)
110	巴中(四川)	0.013	0.005(109)	0.000(110)	0.056(106)

注：括号中的数字是二级指标排名。

（二）科技创新载体指数及城市排名

科技创新载体指数由3个二级指标构成，分别是科技研发载体、高新产业载体、创新培育载体。表3显示了长江经济带科技创新载体指数及城市排名。科技创新载体的建设需要较长周期，因此与上年相比，科技创新载体指数排名变动不大，科技创新载体指数得分较高的城市主要集中在长三角地区及中西部省会城市。上海的科技创新载体优势明显，一级指标得分远超其他城市。除上海外，排名前20位的城市分别是南京、武汉、苏州、杭州、合肥、成都、重庆、长沙、昆明、南通、无锡、南昌、宁波、徐州、贵阳、盐城、绍兴、泰州和扬州，其中，除重庆外，江苏城市有8个，浙江城市有3个，湖北、安徽、江西、湖南、四川、贵州、云南城市各有1个。

从二级指标看，科技研发载体排名第一的是上海，南京、合肥、武汉和杭州分列第2~5位；高新产业载体排名第一的是苏州，武汉、南通、杭州和上海分列第2~5位；创新培育载体排名第一的是上海，苏州、杭州、武汉和南京分列第2~5位。在一级指标得分未进入前10位的城市中，有些城市在某些二级指标上表现突出。例如，无锡（排名第12）的创新培育载体排名第8位，宜昌（排名第23）和绍兴（排名第18）的高新产业载体分别排名第8和第11位。

表3　2018年长江经济带110个城市科技创新载体指数及排名

一级指标排名	城市	一级指标得分	二级指标得分及排名		
			科技研发载体	高新产业载体	创新培育载体
1	上海	0.782	0.913(1)	0.356(5)	1.000(1)
2	南京(江苏)	0.497	0.580(2)	0.292(7)	0.472(5)
3	武汉(湖北)	0.450	0.435(4)	0.477(2)	0.484(4)
4	苏州(江苏)	0.410	0.203(10)	0.846(1)	0.670(2)
5	杭州(浙江)	0.396	0.374(5)	0.377(4)	0.586(3)
6	合肥(安徽)	0.370	0.467(3)	0.185(12)	0.203(12)
7	成都(四川)	0.278	0.313(6)	0.168(17)	0.325(7)
8	重庆	0.250	0.219(9)	0.295(6)	0.331(6)

续表

一级指标排名	城市	一级指标得分	二级指标得分及排名		
			科技研发载体	高新产业载体	创新培育载体
9	长沙(湖南)	0.235	0.235(7)	0.243(9)	0.210(10)
10	昆明(云南)	0.225	0.233(8)	0.213(10)	0.203(11)
11	南通(江苏)	0.190	0.104(21)	0.415(3)	0.185(14)
12	无锡(江苏)	0.186	0.179(11)	0.160(19)	0.303(8)
13	南昌(江西)	0.149	0.135(14)	0.175(14)	0.177(16)
14	宁波(浙江)	0.140	0.142(13)	0.117(27)	0.186(13)
15	徐州(江苏)	0.134	0.154(12)	0.078(40)	0.148(17)
16	贵阳(贵州)	0.122	0.128(16)	0.122(26)	0.086(24)
17	盐城(江苏)	0.119	0.117(17)	0.099(33)	0.178(15)
18	绍兴(浙江)	0.117	0.096(23)	0.199(11)	0.042(30)
19	泰州(江苏)	0.116	0.101(22)	0.158(20)	0.104(22)
20	扬州(江苏)	0.112	0.128(15)	0.063(45)	0.130(20)
21	常州(江苏)	0.106	0.115(18)	0.020(76)	0.259(9)
22	宿迁(江苏)	0.104	0.093(24)	0.167(18)	0.013(57)
23	宜昌(湖北)	0.102	0.050(51)	0.254(8)	0.062(26)
24	镇江(江苏)	0.102	0.115(19)	0.054(48)	0.134(19)
25	温州(浙江)	0.099	0.113(20)	0.069(43)	0.090(23)
26	连云港(江苏)	0.092	0.072(33)	0.169(16)	0.030(36)
27	淮安(江苏)	0.091	0.085(26)	0.131(23)	0.027(41)
28	嘉兴(浙江)	0.088	0.085(28)	0.075(41)	0.139(18)
29	赣州(江西)	0.088	0.060(38)	0.175(13)	0.048(29)
30	金华(浙江)	0.086	0.073(31)	0.142(21)	0.028(39)
31	芜湖(安徽)	0.085	0.085(27)	0.102(31)	0.039(32)
32	湖州(浙江)	0.082	0.071(34)	0.100(32)	0.108(21)
33	曲靖(云南)	0.071	0.057(42)	0.129(24)	0.020(48)
34	马鞍山(安徽)	0.070	0.081(29)	0.054(49)	0.040(31)
35	黄石(湖北)	0.068	0.036(66)	0.172(15)	0.020(47)
36	蚌埠(安徽)	0.067	0.089(25)	0.028(69)	0.020(44)
37	滁州(安徽)	0.059	0.072(32)	0.042(57)	0.020(46)
38	宣城(安徽)	0.059	0.048(53)	0.111(29)	0.005(73)
39	安庆(安徽)	0.059	0.050(52)	0.097(34)	0.027(40)
40	绵阳(四川)	0.056	0.052(47)	0.061(46)	0.067(25)
41	池州(安徽)	0.054	0.044(56)	0.094(35)	0.012(61)
42	新余(江西)	0.053	0.048(54)	0.082(37)	0.016(54)

续表

一级指标排名	城市	一级指标得分	二级指标得分及排名		
			科技研发载体	高新产业载体	创新培育载体
43	舟山(浙江)	0.052	0.080(30)	0.000(86)	0.003(79)
44	铜陵(安徽)	0.049	0.060(39)	0.033(63)	0.020(45)
45	抚州(江西)	0.049	0.058(41)	0.033(64)	0.027(42)
46	襄阳(湖北)	0.048	0.053(45)	0.034(62)	0.054(27)
47	内江(四川)	0.048	0.019(92)	0.139(22)	0.012(67)
48	衢州(浙江)	0.048	0.060(37)	0.030(67)	0.010(69)
49	孝感(湖北)	0.048	0.046(55)	0.066(44)	0.012(59)
50	九江(江西)	0.044	0.053(44)	0.025(71)	0.036(34)
51	十堰(湖北)	0.044	0.054(43)	0.030(65)	0.015(55)
52	台州(浙江)	0.044	0.065(35)	0.000(87)	0.019(50)
53	湘潭(湖南)	0.043	0.041(60)	0.053(51)	0.035(35)
54	丽水(浙江)	0.042	0.062(36)	0.005(83)	0.000(89)
55	自贡(四川)	0.041	0.022(87)	0.103(30)	0.012(66)
56	宜宾(四川)	0.041	0.031(73)	0.081(38)	0.005(71)
57	黄山(安徽)	0.040	0.059(40)	0.000(89)	0.017(52)
58	株洲(湖南)	0.040	0.044(57)	0.029(68)	0.038(33)
59	荆州(湖北)	0.038	0.053(46)	0.012(79)	0.012(64)
60	咸宁(湖北)	0.038	0.011(103)	0.122(25)	0.000(94)
61	宜春(江西)	0.037	0.038(63)	0.050(53)	0.003(84)
62	淮南(安徽)	0.037	0.050(50)	0.016(78)	0.000(92)
63	玉溪(云南)	0.036	0.051(49)	0.011(80)	0.005(77)
64	吉安(江西)	0.036	0.034(69)	0.048(54)	0.017(53)
65	德阳(四川)	0.035	0.037(64)	0.022(73)	0.054(28)
66	常德(湖南)	0.035	0.028(78)	0.060(47)	0.012(60)
67	六安(安徽)	0.034	0.043(58)	0.020(75)	0.013(58)
68	随州(湖北)	0.033	0.022(85)	0.070(42)	0.012(65)
69	黄冈(湖北)	0.033	0.038(62)	0.030(66)	0.012(62)
70	遵义(贵州)	0.033	0.033(72)	0.040(58)	0.018(51)
71	阜阳(安徽)	0.033	0.051(48)	0.000(90)	0.000(93)
72	安顺(贵州)	0.030	0.015(99)	0.080(39)	0.003(86)
73	遂宁(四川)	0.030	0.002(108)	0.113(28)	0.005(76)
74	衡阳(湖南)	0.029	0.041(59)	0.008(81)	0.000(95)
75	泸州(四川)	0.029	0.021(89)	0.051(52)	0.025(43)
76	上饶(江西)	0.029	0.023(84)	0.054(50)	0.003(80)

续表

一级指标排名	城市	一级指标得分	二级指标得分及排名		
			科技研发载体	高新产业载体	创新培育载体
77	益阳(湖南)	0.028	0.025(81)	0.046(56)	0.005(75)
78	鄂州(湖北)	0.028	0.030(75)	0.034(60)	0.000(103)
79	景德镇(江西)	0.028	0.031(74)	0.025(70)	0.020(49)
80	攀枝花(四川)	0.028	0.027(80)	0.037(59)	0.012(63)
81	郴州(湖南)	0.027	0.038(61)	0.005(84)	0.008(70)
82	萍乡(江西)	0.026	0.022(88)	0.047(55)	0.003(81)
83	岳阳(湖南)	0.025	0.034(71)	0.001(85)	0.030(38)
84	鹰潭(江西)	0.025	0.028(77)	0.025(72)	0.003(78)
85	永州(湖南)	0.024	0.037(65)	0.000(95)	0.000(98)
86	亳州(安徽)	0.023	0.034(68)	0.000(92)	0.005(72)
87	广安(四川)	0.023	0.003(107)	0.084(36)	0.000(100)
88	宿州(安徽)	0.022	0.034(67)	0.000(91)	0.000(102)
89	张家界(湖南)	0.022	0.034(70)	0.000(94)	0.003(83)
90	荆门(湖北)	0.021	0.019(91)	0.021(74)	0.030(37)
91	娄底(湖南)	0.020	0.017(96)	0.034(61)	0.005(74)
92	丽江(云南)	0.020	0.030(76)	0.000(108)	0.000(109)
93	乐山(四川)	0.019	0.020(90)	0.018(77)	0.012(68)
94	淮北(安徽)	0.018	0.027(79)	0.000(88)	0.000(90)
95	普洱(云南)	0.016	0.025(82)	0.000(109)	0.003(88)
96	怀化(湖南)	0.015	0.023(83)	0.000(96)	0.003(82)
97	昭通(云南)	0.014	0.022(86)	0.000(107)	0.000(108)
98	六盘水(贵州)	0.012	0.018(93)	0.000(103)	0.000(97)
99	南充(四川)	0.011	0.018(94)	0.000(97)	0.000(99)
100	保山(云南)	0.011	0.017(95)	0.000(106)	0.000(107)
101	雅安(四川)	0.011	0.017(97)	0.000(100)	0.000(105)
102	邵阳(湖南)	0.011	0.016(98)	0.000(93)	0.000(104)
103	铜仁(贵州)	0.010	0.013(100)	0.000(105)	0.015(56)
104	毕节(贵州)	0.008	0.013(101)	0.000(104)	0.000(106)
105	临沧(云南)	0.008	0.013(102)	0.000(110)	0.000(110)
106	广元(四川)	0.006	0.006(106)	0.008(82)	0.000(91)
107	眉山(四川)	0.005	0.007(104)	0.000(98)	0.003(85)
108	达州(四川)	0.004	0.006(105)	0.000(99)	0.003(87)
109	资阳(四川)	0.001	0.001(109)	0.000(102)	0.000(96)
110	巴中(四川)	0.000	0.000(110)	0.000(101)	0.000(101)

注：括号中的数字是二级指标排名。

（三）科技创新产出指数及城市排名

科技创新产出指数由2个二级指标构成，分别是科技研发成果、成果转化与产业化。表4显示了长江经济带科技创新产出指数及城市排名。与上年相比，上海在科技创新产出上仍居首位，南京超过武汉列第2位，苏州依然列第4位，成都跻身第5位。除上述五个城市外，排名前20位的城市分别是杭州、长沙、合肥、无锡、镇江、宁波、常州、芜湖、重庆、嘉兴、南通、湖州、绍兴、扬州、台州。前20位中，江苏城市有7个，浙江城市有6个，安徽城市有2个，湖北、湖南、四川城市各有1个，江西、贵州和云南没有城市进入。与上年相比，浙江城市增加了2个，江苏城市减少了2个。总的来看，中西部城市的科技创新投入虽然有一定提升，但在产出方面的提升效果还需要时间累积，目前科技创新产出仍集中在东部城市。

从二级指标看，科技研发成果排名第一的是南京，这与南京的高等教育和科研资源密集相关，上海、杭州、武汉和苏州分列第2~5位；成果转化与产业化排名第一的是成都，上年排名首位的是武汉、成都排名第六位，成都位次提升明显。这与成都近年来积极与其他地区重点高校建立校地合作密切关系。武汉、苏州、上海、长沙分列第2~5位。在一级指标得分未进入前10位的城市中，有些城市在某些二级指标上表现突出。例如，常州（排名第12）的成果转化与产业化排名第8位，也与常州积极引进高校的异地研究院相关。

表4 2018年长江经济带110个城市科技创新产出指数及排名

一级指标排名	城市	一级指标得分	二级指标得分及排名	
			科技研发成果	成果转化与产业化
1	上海	0.663	0.755(2)	0.571(4)
2	南京(江苏)	0.589	0.784(1)	0.394(7)
3	武汉(湖北)	0.589	0.527(4)	0.652(2)
4	苏州(江苏)	0.561	0.500(5)	0.621(3)

续表

一级指标排名	城市	一级指标得分	二级指标得分及排名	
			科技研发成果	成果转化与产业化
5	成都（四川）	0.512	0.341(6)	0.683(1)
6	杭州（浙江）	0.452	0.584(3)	0.321(13)
7	长沙（湖南）	0.431	0.322(8)	0.540(5)
8	合肥（安徽）	0.393	0.336(7)	0.449(6)
9	无锡（江苏）	0.329	0.295(9)	0.364(9)
10	镇江（江苏）	0.323	0.283(10)	0.362(10)
11	宁波（浙江）	0.302	0.271(11)	0.333(11)
12	常州（江苏）	0.284	0.197(12)	0.372(8)
13	芜湖（安徽）	0.257	0.189(13)	0.325(12)
14	重庆	0.223	0.181(15)	0.265(16)
15	嘉兴（浙江）	0.221	0.173(16)	0.268(15)
16	南通（江苏）	0.205	0.099(25)	0.312(14)
17	湖州（浙江）	0.196	0.162(17)	0.229(19)
18	绍兴（浙江）	0.175	0.188(14)	0.162(23)
19	扬州（江苏）	0.171	0.096(26)	0.245(17)
20	台州（浙江）	0.148	0.129(20)	0.168(22)
21	徐州（江苏）	0.144	0.091(28)	0.197(20)
22	湘潭（湖南）	0.135	0.078(30)	0.191(21)
23	马鞍山（安徽）	0.134	0.118(22)	0.150(25)
24	襄阳（湖北）	0.129	0.019(53)	0.240(18)
25	贵阳（贵州）	0.128	0.096(27)	0.161(24)
26	南昌（江西）	0.125	0.107(23)	0.143(28)
27	温州（浙江）	0.125	0.147(18)	0.102(36)
28	泰州（江苏）	0.108	0.068(32)	0.149(26)
29	株洲（湖南）	0.102	0.073(31)	0.131(30)
30	舟山（浙江）	0.098	0.123(21)	0.074(49)
31	金华（浙江）	0.096	0.100(24)	0.092(39)
32	盐城（江苏）	0.094	0.060(34)	0.129(31)
33	绵阳（四川）	0.090	0.089(29)	0.091(40)
34	昆明（云南）	0.088	0.144(19)	0.032(78)
35	铜陵（安徽）	0.087	0.027(46)	0.147(27)
36	蚌埠（安徽）	0.084	0.046(37)	0.123(32)
37	宜昌（湖北）	0.083	0.043(38)	0.122(33)
38	岳阳（湖南）	0.074	0.013(64)	0.134(29)

续表

一级指标排名	城市	一级指标得分	二级指标得分及排名	
			科技研发成果	成果转化与产业化
39	滁州(安徽)	0.073	0.040(39)	0.107(35)
40	宣城(安徽)	0.072	0.060(33)	0.083(44)
41	衢州(浙江)	0.071	0.059(35)	0.083(42)
42	连云港(江苏)	0.068	0.027(45)	0.108(34)
43	攀枝花(四川)	0.066	0.056(36)	0.077(48)
44	淮安(江苏)	0.061	0.028(44)	0.093(38)
45	黄石(湖北)	0.059	0.017(59)	0.102(37)
46	荆门(湖北)	0.056	0.027(47)	0.086(41)
47	黄山(安徽)	0.048	0.025(48)	0.071(51)
48	郴州(湖南)	0.046	0.010(74)	0.082(45)
49	萍乡(江西)	0.046	0.011(73)	0.081(46)
50	新余(江西)	0.045	0.007(84)	0.083(43)
51	淮北(安徽)	0.044	0.031(43)	0.058(59)
52	自贡(四川)	0.044	0.018(56)	0.070(52)
53	鹰潭(江西)	0.044	0.007(82)	0.080(47)
54	德阳(四川)	0.043	0.024(49)	0.061(57)
55	池州(安徽)	0.042	0.020(51)	0.063(56)
56	常德(湖南)	0.042	0.011(72)	0.073(50)
57	益阳(湖南)	0.040	0.011(70)	0.070(53)
58	衡阳(湖南)	0.039	0.019(54)	0.059(58)
59	九江(江西)	0.038	0.007(83)	0.068(54)
60	吉安(江西)	0.037	0.007(81)	0.068(55)
61	安庆(安徽)	0.036	0.024(50)	0.049(65)
62	孝感(湖北)	0.035	0.017(57)	0.054(64)
63	丽水(浙江)	0.035	0.036(40)	0.034(76)
64	咸宁(湖北)	0.033	0.008(78)	0.057(60)
65	宜春(江西)	0.032	0.010(75)	0.054(62)
66	宜宾(四川)	0.032	0.033(41)	0.030(80)
67	赣州(江西)	0.031	0.016(61)	0.046(67)
68	娄底(湖南)	0.030	0.006(85)	0.054(63)
69	遵义(贵州)	0.030	0.018(55)	0.042(72)
70	鄂州(湖北)	0.030	0.011(69)	0.048(66)
71	邵阳(湖南)	0.029	0.003(102)	0.056(61)
72	安顺(贵州)	0.025	0.008(79)	0.043(71)

续表

一级指标排名	城市	一级指标得分	二级指标得分及排名	
			科技研发成果	成果转化与产业化
73	淮南(安徽)	0.025	0.031(42)	0.019(92)
74	宿迁(江苏)	0.025	0.011(65)	0.038(73)
75	阜阳(安徽)	0.024	0.017(58)	0.030(79)
76	上饶(江西)	0.023	0.003(97)	0.043(69)
77	随州(湖北)	0.023	0.002(103)	0.044(68)
78	十堰(湖北)	0.023	0.011(71)	0.035(75)
79	永州(湖南)	0.023	0.003(98)	0.043(70)
80	亳州(安徽)	0.021	0.020(52)	0.023(86)
81	景德镇(江西)	0.021	0.005(92)	0.036(74)
82	遂宁(四川)	0.019	0.006(89)	0.033(77)
83	抚州(江西)	0.019	0.008(80)	0.030(81)
84	荆州(湖北)	0.018	0.014(63)	0.023(87)
85	六安(安徽)	0.018	0.011(68)	0.025(85)
86	宿州(安徽)	0.017	0.016(60)	0.018(93)
87	怀化(湖南)	0.017	0.006(87)	0.027(82)
88	雅安(四川)	0.016	0.016(62)	0.017(95)
89	眉山(四川)	0.016	0.011(66)	0.020(90)
90	六盘水(贵州)	0.015	0.003(96)	0.026(84)
91	广安(四川)	0.015	0.002(105)	0.027(83)
92	南充(四川)	0.014	0.006(86)	0.022(88)
93	黄冈(湖北)	0.013	0.005(91)	0.022(89)
94	乐山(四川)	0.013	0.009(77)	0.017(94)
95	资阳(四川)	0.012	0.004(95)	0.020(91)
96	内江(四川)	0.011	0.006(88)	0.016(96)
97	泸州(四川)	0.010	0.011(67)	0.009(100)
98	达州(四川)	0.008	0.004(93)	0.011(98)
99	广元(四川)	0.007	0.003(100)	0.011(97)
100	铜仁(贵州)	0.006	0.005(90)	0.007(102)
101	毕节(贵州)	0.006	0.001(108)	0.011(99)
102	玉溪(云南)	0.006	0.010(76)	0.001(105)
103	巴中(四川)	0.004	0.001(106)	0.008(101)
104	张家界(湖南)	0.004	0.003(99)	0.006(103)
105	普洱(云南)	0.002	0.003(101)	0.002(104)
106	曲靖(云南)	0.002	0.004(94)	0.001(107)

续表

一级指标排名	城市	一级指标得分	二级指标得分及排名	
			科技研发成果	成果转化与产业化
107	丽江(云南)	0.001	0.002(104)	0.001(106)
108	保山(云南)	0.001	0.001(107)	0.000(108)
109	临沧(云南)	0.000	0.000(109)	0.000(110)
110	昭通(云南)	0.000	0.000(110)	0.000(109)

注：括号中是二级指标排名。

（四）科技创新绩效指数及城市排名

科技创新绩效指数由2个二级指标构成，分别是投入产出绩效、驱动转型绩效。表5显示了长江经济带科技创新绩效指数及城市排名。与上年一致的是，长沙的科技创新绩效表现优异，一级指标得分居首位，南京、武汉、湘潭和合肥分列第2~5位。除上述5个城市外，排名前20位的城市分别是芜湖、杭州、马鞍山、成都、南昌、宁波、资阳、铜陵、舟山、自贡、上海、镇江、苏州、嘉兴、无锡。其中，江苏、浙江和安徽城市各有4个，四川城市有3个，湖南城市有2个，江西和湖北城市各有1个，贵州和云南没有城市进入。此外，上海的科技创新绩效比上年上升4个位次，从第20位上升至第16位。

在二级指标上，投入产出绩效排名第一的是南京，这与上年结果一致，但排名前5位城市变动较大，长沙、成都、昆明等一线城市掉出前5位，广安、舟山、南昌、资阳分列第2~5位；驱动转型绩效排名首位的是长沙，结果也与上年一致，同样第2~5位城市变化较大，武汉、湘潭、芜湖、铜陵分列第2~5位。原先排前5位的城市（苏州、南通、常州、泰州）位次都出现了一定程度下滑。可见，一些二、三线城市的绩效表现突出，如资源型城市铜陵在绿色发展和转型升级中打造出“铜陵模式”，转型绩效开始显现。在一级指标得分未进入前10位的城市中，有些城市在某些二级指标上表现突出。例如，资阳（排名第12）、舟山（排名第14）、广安（排名第29）、眉山（排名第46）、宿州（排名第48）的投入产出绩效分别排名第5、第3、第2、第10、第6位，宁波（排名第11）、铜陵（排名第13）、嘉兴（排名第19）、襄阳（排名第24）的驱动转型绩效分别排名第6、第5、第10、第9位。

表5　2018年长江经济带110个城市科技创新绩效指数及排名

一级指标排名	城市	一级指标得分	二级指标得分及排名	
			投入产出绩效	驱动转型绩效
1	长沙(湖南)	0.592	0.373(7)	0.738(1)
2	南京(江苏)	0.562	0.559(1)	0.564(11)
3	武汉(湖北)	0.549	0.365(9)	0.671(2)
4	湘潭(湖南)	0.523	0.311(15)	0.665(3)
5	合肥(安徽)	0.522	0.368(8)	0.625(7)
6	芜湖(安徽)	0.480	0.231(27)	0.647(4)
7	杭州(浙江)	0.472	0.334(14)	0.564(12)
8	马鞍山(安徽)	0.446	0.187(42)	0.619(8)
9	成都(四川)	0.445	0.342(13)	0.513(21)
10	南昌(江西)	0.444	0.416(4)	0.463(34)
11	宁波(浙江)	0.444	0.167(48)	0.628(6)
12	资阳(四川)	0.426	0.415(5)	0.434(39)
13	铜陵(安徽)	0.425	0.100(77)	0.642(5)
14	舟山(浙江)	0.421	0.428(3)	0.416(46)
15	自贡(四川)	0.418	0.277(19)	0.513(22)
16	上海	0.414	0.265(21)	0.514(20)
17	镇江(江苏)	0.413	0.248(23)	0.523(19)
18	苏州(江苏)	0.400	0.184(44)	0.545(15)
19	嘉兴(浙江)	0.398	0.128(63)	0.578(10)
20	无锡(江苏)	0.394	0.141(55)	0.563(13)
21	贵阳(贵州)	0.393	0.271(20)	0.474(33)
22	台州(浙江)	0.381	0.199(35)	0.502(26)
23	绵阳(四川)	0.376	0.110(71)	0.554(14)
24	襄阳(湖北)	0.374	0.064(97)	0.582(9)
25	扬州(江苏)	0.372	0.137(58)	0.529(17)
26	南通(江苏)	0.366	0.103(74)	0.541(16)
27	雅安(四川)	0.365	0.243(25)	0.446(35)
28	池州(安徽)	0.363	0.189(39)	0.479(32)
29	广安(四川)	0.363	0.516(2)	0.261(86)
30	蚌埠(安徽)	0.359	0.136(60)	0.508(24)
31	丽水(浙江)	0.359	0.173(46)	0.482(28)

续表

一级指标排名	城市	一级指标得分	二级指标得分及排名	
			投入产出绩效	驱动转型绩效
32	常州(江苏)	0.355	0.128(64)	0.507(25)
33	泰州(江苏)	0.344	0.072(92)	0.526(18)
34	宣城(安徽)	0.344	0.208(32)	0.435(38)
35	益阳(湖南)	0.342	0.089(85)	0.511(23)
36	滁州(安徽)	0.341	0.132(62)	0.481(29)
37	温州(浙江)	0.340	0.248(24)	0.401(49)
38	亳州(安徽)	0.339	0.360(11)	0.325(65)
39	株洲(湖南)	0.336	0.120(65)	0.480(30)
40	衢州(浙江)	0.333	0.208(31)	0.417(45)
41	徐州(江苏)	0.333	0.198(36)	0.423(43)
42	连云港(江苏)	0.333	0.111(70)	0.480(31)
43	重庆	0.331	0.226(28)	0.402(48)
44	湖州(浙江)	0.328	0.173(47)	0.431(41)
45	岳阳(湖南)	0.327	0.089(84)	0.486(27)
46	眉山(四川)	0.320	0.363(10)	0.291(78)
47	攀枝花(四川)	0.317	0.149(53)	0.429(42)
48	宿州(安徽)	0.314	0.395(6)	0.260(87)
49	遵义(贵州)	0.313	0.277(18)	0.337(61)
50	内江(四川)	0.310	0.189(40)	0.391(51)
51	淮北(安徽)	0.309	0.214(29)	0.373(53)
52	郴州(湖南)	0.307	0.102(76)	0.444(37)
53	盐城(江苏)	0.304	0.112(69)	0.431(40)
54	昆明(云南)	0.298	0.352(12)	0.261(85)
55	黄山(安徽)	0.298	0.288(16)	0.304(76)
56	淮南(安徽)	0.289	0.265(22)	0.306(75)
57	吉安(江西)	0.287	0.181(45)	0.358(56)
58	新余(江西)	0.283	0.039(104)	0.445(36)
59	常德(湖南)	0.281	0.085(87)	0.412(47)
60	咸宁(湖北)	0.277	0.202(34)	0.328(64)
61	金华(浙江)	0.276	0.212(30)	0.319(66)
62	绍兴(浙江)	0.275	0.161(51)	0.351(59)
63	德阳(四川)	0.273	0.051(101)	0.421(44)

续表

一级指标排名	城市	一级指标得分	二级指标得分及排名	
			投入产出绩效	驱动转型绩效
64	萍乡(江西)	0.273	0.141(56)	0.360(55)
65	淮安(江苏)	0.272	0.104(73)	0.383(52)
66	南充(四川)	0.271	0.283(17)	0.264(83)
67	荆门(湖北)	0.267	0.072(91)	0.396(50)
68	阜阳(安徽)	0.261	0.232(26)	0.281(82)
69	安庆(安徽)	0.259	0.187(41)	0.306(74)
70	衡阳(湖南)	0.255	0.162(50)	0.317(70)
71	宜宾(四川)	0.251	0.190(38)	0.291(77)
72	宜昌(湖北)	0.249	0.088(86)	0.356(57)
73	遂宁(四川)	0.245	0.119(66)	0.330(63)
74	永州(湖南)	0.245	0.055(99)	0.372(54)
75	邵阳(湖南)	0.245	0.085(88)	0.352(58)
76	黄石(湖北)	0.242	0.095(80)	0.340(60)
77	娄底(湖南)	0.227	0.092(81)	0.318(68)
78	乐山(四川)	0.219	0.081(89)	0.311(72)
79	六盘水(贵州)	0.218	0.113(68)	0.289(79)
80	怀化(湖南)	0.217	0.067(95)	0.317(69)
81	孝感(湖北)	0.216	0.079(90)	0.307(73)
82	九江(江西)	0.214	0.107(72)	0.285(80)
83	六安(安徽)	0.212	0.137(59)	0.262(84)
84	泸州(四川)	0.211	0.206(33)	0.215(97)
85	安顺(贵州)	0.211	0.193(37)	0.222(94)
86	鹰潭(江西)	0.208	0.014(110)	0.336(62)
87	鄂州(湖北)	0.206	0.037(105)	0.318(67)
88	宿迁(江苏)	0.205	0.046(102)	0.311(71)
89	达州(四川)	0.199	0.143(54)	0.237(91)
90	赣州(江西)	0.195	0.165(49)	0.216(96)
91	景德镇(江西)	0.192	0.053(100)	0.285(81)
92	张家界(湖南)	0.190	0.151(52)	0.217(95)
93	抚州(江西)	0.189	0.136(61)	0.225(93)
94	毕节(贵州)	0.188	0.115(67)	0.236(92)
95	随州(湖北)	0.186	0.098(78)	0.244(89)
96	上饶(江西)	0.185	0.091(83)	0.248(88)

续表

一级指标排名	城市	一级指标得分	二级指标得分及排名	
			投入产出绩效	驱动转型绩效
97	广元(四川)	0.185	0.097(79)	0.243(90)
98	荆州(湖北)	0.164	0.186(43)	0.150(103)
99	宜春(江西)	0.156	0.091(82)	0.199(100)
100	巴中(四川)	0.150	0.137(57)	0.158(102)
101	玉溪(云南)	0.148	0.058(98)	0.208(98)
102	黄冈(湖北)	0.148	0.067(93)	0.201(99)
103	十堰(湖北)	0.134	0.067(94)	0.179(101)
104	普洱(云南)	0.098	0.103(75)	0.095(105)
105	丽江(云南)	0.079	0.067(96)	0.087(106)
106	铜仁(贵州)	0.078	0.017(109)	0.120(104)
107	保山(云南)	0.054	0.034(107)	0.067(107)
108	昭通(云南)	0.049	0.043(103)	0.053(109)
109	曲靖(云南)	0.047	0.036(106)	0.054(108)
110	临沧(云南)	0.034	0.027(108)	0.038(110)

注：括号中是二级指标排名。

三　长江经济带上、中、下游科技创新驱动力指数分析

长江经济带科技创新驱动力的区域差异明显，下游地区的综合指数得分最高，中游地区其次，上游地区最低，上、中游地区的指标得分都低于长江经济带的平均值，同时，所有一级指标的平均得分也表现出同样的区域差异特征，说明下游地区是长江经济带科技创新驱动力最强的区域。但从指标数值看，与上年相比，长江上、中、下游地区的科技创新投入有减小的趋势，但在科技创新载体、科技创新产出、科技创新绩效等方面的差异依然明显（见图1）。

从更加细化的二级指标的平均得分看，除投入产出绩效外，所有指标都表现为下游地区 > 中游地区 > 上游地区的总体格局。上游地区的投入产出效率高于中游地区，但与上年结果不同的是，长江经济带下游地区的投入产出效率提升，高于上、中游地区（见图2）。

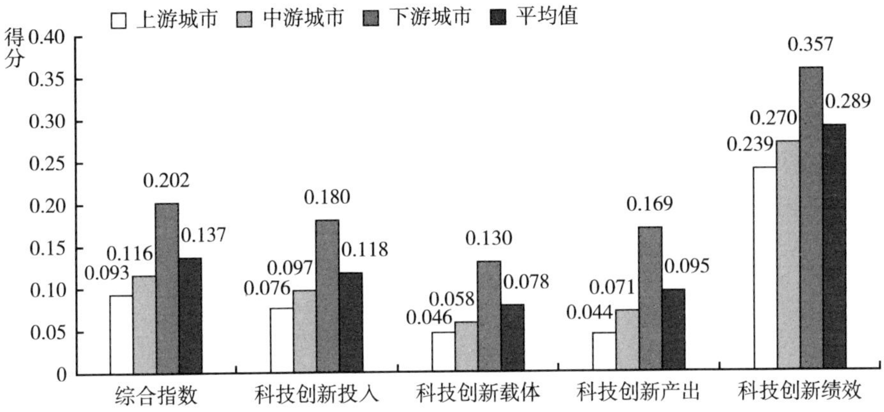

图1　长江经济带上、中、下游科技创新驱动力综合指数和一级指标的平均得分

注：长江流域横跨中国东、中、西部，可划分为上游、中游、下游三大区域，通过计算各指标的区域平均得分可比较科技创新驱动力的区域差异。上海、江苏、浙江和安徽属于下游地区，共41个城市，湖南、湖北和江西属于中游地区，共36个城市，重庆、四川、云南和贵州属于上游地区，共33个城市。

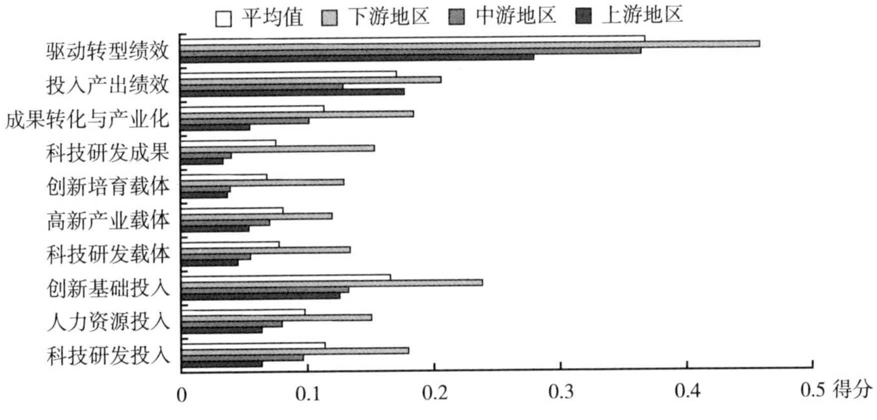

图2　长江经济带上、中、下游科技创新驱动力二级指标的平均得分

四　长江经济带科技创新驱动力20强城市分析

依据综合指数得分的排名，选出长江经济带科技创新驱动力最强的20个城市。根据自然断裂点法，按综合指数得分进一步将上述城市分为四个等级，上海是第一梯队，南京、武汉、苏州、杭州是第二梯队，成都、长沙、合肥、无锡、宁波、镇江、重庆是第三梯队，芜湖、常州、南通、嘉兴、南昌、扬州、贵阳、湘潭是第四梯队（见图 3）。云南是长江经济带沿江 11 个省市中仅有的没有城市进入科技创新驱动力 20 强的省份，昆明排名最靠前，仅为第 23 位。与上年相比，第一梯队没有变化，上海是长江经济带科技创新驱动发展的龙头城市；第二梯队城市总体变化不大，但长沙下降至第三梯队；成都、合肥、无锡、宁波、镇江稳定在第三梯队，常州下降至第四梯队，重庆上升至第三梯队；第四梯队变动较大，湘潭和贵阳为新进城市，泰州和湖州掉出前 20 强梯队。

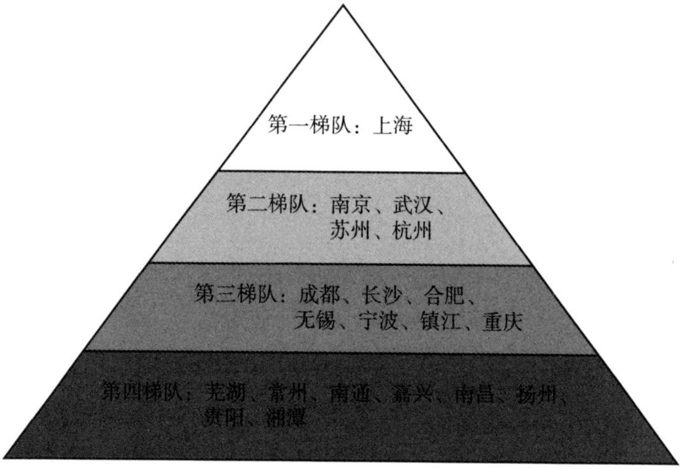

图 3　2018 年长江经济带科技创新驱动力 20 强城市梯队分布

上海在科技创新投入、载体和产出方面的表现都位居榜首，尽管科技创新绩效的表现相对不佳，但排名从上年的第 20 位上升至第 16 位（见表 6）。从二级指标的排名情况看，上海的投入力度较大，在科技研发投入和创新基础投入方面都处于领先地位，人力资源投入排第 3 位。2018 年，上海在研发投入的各个方面都比 2017 年进一步提升，研发经费高达 1359 亿元，研发强度超过 4%，研发人员超过 27 万名，此外，地方财政实力雄厚，科技支出达到 8352 亿元，人均教育投入超过 3787 元，为科技创新发展奠定了扎实的基础。

上海的载体功能也有优势，科技研发载体和创新培育载体都居首位，高新产业载体排名第5位，与2017年的排名一致。上海的高校、国家实验室、工程技术研究中心等创新主体，产业园区和大学科技园等创新空间，风险资本、创新孵化机构等创新支撑要素众多，同时，尽管规模以上工业企业中设立研发机构的占比不高，但独角兽企业大多集中在上海，来自中小企业的科技创新动能较大。上海的科技创新产出能力较强，科技研发成果排名第2，排名比2017年下降1个位次，成果转化与产业化排名第4位，上海2018年的SSCI论文和发明专利产出数量分别超过38万篇和2.1万件，技术合同交易额达到1303亿元。但上海的投入产出绩效表现一般，仅排第21位，但在投入提升的同时，与2017年（排名第39位）相比投入产出绩效仍有明显提升，同时驱动转型绩效排第20位，排名比2017年略有下降，主要是在高新技术产值占工业总产值比重和从业人员规模以上工业增加值等方面还有较大提升空间。

表6　2018年上海科技创新驱动力一、二级指标得分及排名

一级指标	得分	排名	二级指标	得分	排名
科技创新投入	0.743	1	科技研发投入	0.801	1
			人力资源投入	0.631	3
			创新基础投入	0.851	1
科技创新载体	0.782	1	科技研发载体	0.913	1
			高新产业载体	0.356	5
			创新培育载体	1.000	1
科技创新产出	0.663	1	科技研发成果	0.755	2
			成果转化与产业化	0.571	4
科技创新绩效	0.414	16	投入产出绩效	0.265	21
			驱动转型绩效	0.514	20

南京、武汉、苏州、杭州是仅次于龙头上海的核心城市。从一级指标得分和排名看，除苏州外，各城市的一级指标得分排名波动不大（见表7）。苏州的科技创新绩效排名与2017年相比有较大下降，与上海的科技创新驱动力发展情况相似，科技创新投入、载体和产出表现都比较优异，但绩效有待提升。

表7　2018年南京等4个第二梯队城市科技创新驱动力一级指标得分及排名

一级指标	南京		武汉		苏州		杭州	
	得分	排名	得分	排名	得分	排名	得分	排名
科技创新投入	0.515	2	0.514	3	0.466	4	0.464	5
科技创新载体	0.497	2	0.450	3	0.410	4	0.396	5
科技创新产出	0.589	2	0.589	3	0.560	4	0.452	6
科技创新绩效	0.562	2	0.549	4	0.400	18	0.472	7

从二级指标的得分和排名看，南京的人力资源投入、科技研发成果、投入产出绩效表现优异，排名首位，体现了南京在科技人才和研发能力上的优势，但在科技研发投入，以及产业对科技的支撑和转型方面仍有待加强；武汉和南京相似，都是高校集聚地，因此在人力资源投入方面有优势，同时武汉在高新产业载体及其科技创新支撑方面比南京表现更好，与2017年相比，武汉在投入和绩效方面都有进步，但从均衡发展的角度看，武汉的创新基础投入和投入产出绩效上可进一步提升；苏州的经济发展水平较高，科技创新的优势体现在投入和产业基础方面，如高新产业载体排首位，但主要问题是投入产出绩效表现较差，与2017年相比没有明显改观，在驱动转型绩效方面排名还略有下滑；杭州在创新培育载体和科技研发成果方面有一定优势，并没有明显的短板，但在科技创新驱动力的各个方面都有提升空间，尤其是在科技成果转化和科技创新绩效方面（见表8）。

表8　2018年南京等4个第二梯队城市科技创新驱动力二级指标得分及排名

一级指标	二级指标	南京		武汉		苏州		杭州	
		得分	排名	得分	排名	得分	排名	得分	排名
科技创新投入	科技研发投入	0.343	7	0.407	4	0.428	2	0.411	3
	人力资源投入	0.701	1	0.658	2	0.431	7	0.496	5
	创新基础投入	0.488	4	0.439	7	0.611	2	0.510	3
科技创新载体	科技研发载体	0.580	2	0.435	4	0.203	10	0.374	5
	高新产业载体	0.292	7	0.477	2	0.846	1	0.377	4
	创新培育载体	0.472	5	0.484	4	0.670	2	0.586	3

续表

一级指标	二级指标	南京		武汉		苏州		杭州	
		得分	排名	得分	排名	得分	排名	得分	排名
科技创新产出	科技研发成果	0.784	1	0.527	4	0.500	5	0.584	3
	成果转化与产业化	0.394	7	0.652	2	0.621	3	0.321	13
科技创新绩效	投入产出绩效	0.559	1	0.365	9	0.184	44	0.334	14
	驱动转型绩效	0.564	11	0.671	2	0.545	15	0.564	12

成都、长沙、合肥、无锡、宁波、镇江和重庆是长江经济带科技创新的引领城市。从一级指标的排名看，成都、长沙、合肥、宁波在科技创新驱动力的各方面表现比较均衡，无锡和重庆在绩效上表现相对较弱，镇江在载体上表现相对较弱（见表9）。与2017年相比，重庆为新进城市，常州掉出引领城市行列，同时无锡和镇江绩效方面的表现欠佳。

表9　2018年成都等7个第三梯队城市科技创新驱动力一级指标得分排名

城市	科技创新投入	科技创新载体	科技创新产出	科技创新绩效
成都	6	7	5	9
长沙	7	9	7	1
合肥	8	6	8	5
无锡	9	11	9	20
宁波	10	14	11	11
镇江	13	24	10	17
重庆	11	8	14	43

从二级指标的排名看，成都在科技成果转化与产业化方面表现优异，排首位，但在高新产业载体和驱动转型绩效等方面有待提升；长沙在驱动转型绩效方面表现优异，排首位，除投入可进一步增加外，其他方面的表现比较均衡；合肥的绩效较2017年有一定提升，但创新基础投入仍有待加强；无锡的投入产出绩效表现尤为不佳，创新基础投入的表现相对较好；宁波的表现与上年基本一致，创新基础投入和驱动转型绩效表现较好，但高新产业载

体和投入产出绩效的表现较差；镇江的科技研发成果表现较好，但与上年相比，绩效表现有所下滑；重庆在科技创新载体方面的表现较好，与上年相比，在科技成果转化与产业化方面有显著提升，这也是重庆跻身第二梯队的重要推动因素（见表10）。

表10　2018年成都等7个第三梯队城市科技创新驱动力二级指标得分排名

一级指标	二级指标	成都	长沙	合肥	无锡	宁波	镇江	重庆
科技创新投入	科技研发投入	9	15	6	10	11	19	12
	人力资源投入	6	4	8	9	13	12	10
	创新基础投入	14	9	17	6	5	13	8
科技创新载体	科技研发载体	6	7	3	11	13	19	9
	高新产业载体	17	9	12	19	27	48	6
	创新培育载体	7	10	12	8	13	19	6
科技创新产出	科技研发成果	6	8	7	9	11	10	15
	成果转化与产业化	1	5	6	9	11	10	16
科技创新绩效	投入产出绩效	13	7	8	55	48	23	28
	驱动转型绩效	21	1	7	13	6	19	48

芜湖、常州、南通、嘉兴、南昌、扬州、贵阳和湘潭是长江经济带科技创新驱动力的重要节点城市。从一级指标的排名看，常州、芜湖和嘉兴在科技创新投入方面表现较好，湘潭相对偏弱；南通和南昌在科技创新载体方面表现较好，芜湖、嘉兴和湘潭相对偏弱；常州和芜湖在科技创新产出方面表现较好，南昌和贵阳相对偏弱；湘潭、芜湖和南昌在科技创新绩效方面表现较好，与上年相比，南昌和湘潭都是在绩效方面的提升推动了总排名上升，同时常州、南通和扬州相对较弱（见表11）。

从二级指标的排名看，芜湖在科技研发投入、驱动转型绩效、成果转化与产业化等方面都表现较好，但高新产业载体和创新培育载体相对不足；常州在成果转化与产业化和创新培育载体方面有优势，但投入产出绩效亟待加强，其是常州排名下滑的主要原因；南通在高新产业载体方面有优势，在投入产出绩效方面表现较差；嘉兴在创新基础投入和驱动转型绩效上有较好表现，但在投入产出绩效和高新产业载体方面需要提升；南昌的投入产出绩效较好，但科技研发投入不足，这可能也是造成其投入产出绩效较好的原因；扬州和贵阳在科技创新驱动力各方面的表现相对均衡；湘潭在驱动转型绩效方面表现较好，而在其他方面则都有提升空间（见表12）。

表11　2018年芜湖等8个第四梯队城市的科技创新驱动力一级指标排名

城市	科技创新投入	科技创新载体	科技创新产出	科技创新绩效
芜湖	14	31	13	6
常州	12	21	12	32
南通	19	11	16	26
嘉兴	15	28	15	19
南昌	20	13	26	10
扬州	22	20	19	25
贵阳	21	16	25	21
湘潭	27	53	22	4

表12　2018年芜湖等8个第四梯队城市的科技创新驱动力二级指标排名

一级指标	二级指标	芜湖	常州	南通	嘉兴	南昌	扬州	贵阳	湘潭
科技创新投入	科技研发投入	8	14	13	18	38	23	33	35
	人力资源投入	20	15	25	17	14	21	16	19
	创新基础投入	30	10	19	12	21	20	18	44
科技创新载体	科技研发载体	27	18	21	28	14	15	16	60
	高新产业载体	31	76	3	41	14	45	26	51
	创新培育载体	32	9	14	18	16	20	24	35
科技创新产出	科技研发成果	13	12	25	16	23	26	27	30
	成果转化与产业化	12	8	14	15	28	17	24	21
科技创新绩效	投入产出绩效	27	64	74	63	4	58	20	15
	驱动转型绩效	4	25	16	10	34	17	33	3

附录：长江经济带科技创新驱动力评价方法

本报告构建的长江经济带科技创新驱动力指标评价体系如附表1所示。

各项指标所采用的科技和经济统计数据主要来源于《中国城市统计年鉴》、各省市统计年鉴和统计公报，科技部、各省科技厅、各市科技局及相关部门网站。此外，论文数据根据 web of science 网站检索得到，风险投资机构数据根据清科数据库的投资界网站得到。需要说明的是，信息化水平指标用人均互联网宽带接入用户数衡量；高等院校指标的统计方法是，1 所一流大学折算为 2 所一流学科建设大学，1 所一流学科建设大学折算为 2 所普通高校；国家级重点实验室指标的统计方法是，1 家国家实验室折算为 3 家国家级重点实验室；国家级园区在统计中包括国家级高新区和国家级经济技术开发区；生产性服务业占服务业比重指标用生产性服务业的从业人数占服务业总从业人数的比重表示。①

附表 1　长江经济带科技创新驱动力指标评价体系

一级指标	二级指标	三级指标(统计单位)
科技创新投入	科技研发投入	研发经费(亿元)
		研发强度(%)
		科技经费占地方财政支出比重(%)
	人力资源投入	研发人员数(人)
		每万人从业人口中研发人员数(人)
		每十万城市人口中的在校研究生数量(人)
	创新基础投入	人均 GDP(元)
		地方财政支出(亿元)
		人均教育投入(元)
		信息化水平(户/百人)
科技创新载体	科技研发载体	高等院校(所)
		国家工程技术中心、国家级企业技术中心(家)
		国家级重点实验室(家)
		国家重大科学装置(家)
		规模以上工业企业中设立研发机构企业占比(%)
		独角兽企业数(家)

① 根据《中国城市统计年鉴》中的服务业类别，本研究将交通运输、仓储和邮政业，信息传输、计算机服务和软件业，金融业，租赁和商务服务业，科学研究、技术服务和地质勘查业认定为生产性服务业，将批发和零售业、住宿和餐饮业等其他类别认定为生活性服务业。

续表

一级指标	二级指标	三级指标(统计单位)
科技创新载体	高新产业载体	国家级园区面积(平方公里)
		国家级大学科技园区(家)
	创新培育载体	国家级科技企业孵化器(家)
		国家级众创空间(家)
		风险投资机构(家)
科技创新产出	科技研发成果	国内授权发明专利总量(件)
		每万人国内授权发明专利数(件)
		科技论文发表总量(篇)
		每万人科技论文发表量(篇)
	成果转化与产业化	技术合同交易额总量(亿元)
		人均技术合同交易额(元)
		高新技术产业产值总量(亿元)
		人均高新技术产业产值(元)
科技创新绩效	投入产出绩效	每亿元研发投入产生的国内授权发明专利数(件)
		每亿元研发投入形成的高新技术产业产值(亿元)
		每亿元科技经费产生的科技论文数(篇)
	驱动转型绩效	高新技术产业产值占工业总产值比重(%)
		从业人员人均规模以上工业增加值(元)
		生产性服务业占服务业比重(%)

指标得分的具体计算过程如下：首先，运用极值法对各项三级指标的变量数据进行0～1标准化处理；其次，基于AHP－EVM模型，分别采用层次分析法（AHP）和熵值法（EVM）得到主观指标权重和客观指标权重，并根据客观指标权重对主观指标权重进行修正，从而得到综合指标权重；最后，通过将标准化后的各三级指标数值乘以权重再加总得到各城市的二级指标得分，同理可得各城市的科技创新驱动力一级指标得分和综合指数。

参考文献

王振等：《长江经济带创新驱动发展的协同战略研究》，上海人民出版社，2018。

黄亮、王振、范斐：《基于突变级数模型的长江经济带50座城市科技创新能力测度与分析》，《统计与信息论坛》2017年第4期。

王振、卢晓菲：《长三角城市群科技创新驱动力的空间分布与分层特征》，《上海经济研究》2018年第10期。

B.7
长江经济带产业转型升级指数报告（2020）

马　双*

摘　要： 本报告从结构优化、质量提升、产业创新、环境友好四个维度，系统全面地评价了长江经济带 126 个城市的产业转型升级水平。依据综合指数及 4 个专项指数，对 126 个城市进行了排名，并着重对长江经济带产业转型升级排名前 20 的重点城市进行了分析。

关键词： 长江经济带　产业　城市

产业转型升级是长江经济带各城市实现区域可持续发展的重要途径。因此，对长江经济带各个城市的产业转型升级情况进行年度评价显得尤为必要。本报告在之前研究的基础上，沿用包括 4 个领域（一级指标）、9 个主题（二级指标）、23 项具体指标的产业转型升级指数指标体系（见本报告附录），对 2018 年长江经济带范围内 126 个城市的产业转型升级情况进行全面评价，以期为相关研究和政府决策提供参考。

一　长江经济带126个城市产业转型升级综合指数

2018 年长江经济带城市产业转型升级综合指数测算结果及排名如表 1

* 马双，博士，上海社会科学院信息研究所助理研究员，主要研究方向为区域经济与创新发展。

所示。在126个城市中，排名前20位的城市分别为：上海、南京、苏州、武汉、杭州、无锡、长沙、成都、宁波、常州、合肥、台州、绵阳、镇江、嘉兴、南昌、舟山、重庆、芜湖和扬州。其中，长三角地区有14个城市入围，包括上海1席、江苏省6席、浙江5席、安徽2席；长江中游地区有3个城市入围，湖北、湖南、江西各1席，皆为省会城市；长江上游城市群同样有3个城市入围，重庆1席、四川2席，云南、贵州两省没有城市入围。

上海在长江经济带126个城市中处于龙头地位，产业转型升级综合得分高达0.780，远远高于排名第二的南京，领先优势十分明显，是当之无愧的产业转型升级的“领头羊”。南京、苏州、武汉、杭州、无锡、长沙、成都、宁波、常州紧随其后，综合得分均在0.5以上，分别居第二名至第十名。这些城市具备雄厚的产业基础和强劲的创新发展动能，是长江经济带区域内重要的节点城市。合肥、台州、绵阳、镇江、嘉兴、南昌、舟山、重庆、芜湖和扬州等10个城市的得分均在0.41及以上，具备较强的产业转型升级基础和前景，在长江经济带产业转型升级发展中起到了重要作用，其中，苏州、无锡、常州和宁波等非省会城市的产业转型升级表现显著强于其他非省会城市，对标上海、南京等领军城市，有着巨大的产业转型升级空间。

从产业转型升级综合指数进入前50名的分省情况看，江苏省13个城市中除盐城排名第56位、宿迁排名第83位外，其他11个城市都进入前50；浙江省除衢州外其余10个城市全部进入前50；安徽省16个城市中有7个城市进入前50，分别是合肥、芜湖、滁州、宣城、蚌埠、铜陵、马鞍山；江西省11个城市中有4个城市进入前50，分别是南昌、宜春、吉安、鹰潭；湖北省16个城市中只有3个城市进入前50，分别是武汉、十堰、咸宁；湖南省13个城市中有5个城市进入前50，分别是长沙、常德、张家界、湘潭、株洲；四川省18个城市中有6个城市进入前50，分别是成都、绵阳、自贡、资阳、德阳、遂宁；贵州省6个城市中只有贵阳1个城市进入前50，云南省8个城市中也只有昆明1个城市进入前50。

从空间分布来看，长江经济带126个城市的产业转型升级分布呈现出东高西低、组团集聚的空间特征。一方面，长江经济带沿长江上游至下游，城市的产业转型升级水平呈现逐渐递增的趋势，云南、贵州和四川各地级市的产业转型升级指数总体较低，中游的湖北、江西等地次之，长江下游城市的产业转型升级指数得分最高，尤其是以上海等龙头的长三角地区城市。另一方面，各地区城市形成以各直辖市和省会城市为核心的组团集聚区域，这些集聚区域的产业转型升级指数得分很高，它们散落分布于长江经济带各个区域，并向周围城市辐射递减。与 2017 年的产业转型升级分布情况相比，2018 年各地区城市的产业转型升级指数极化现象依旧，但地区间差异有明显的缩小，发展更加均衡。

表 1　2018 年长江经济带城市产业转型升级综合指数及排名

排序	城市	得分	排序	城市	得分	排序	城市	得分
1	上海	0.780	24	滁州(安徽)	0.403	47	吉安(江西)	0.370
2	南京(江苏)	0.573	25	绍兴(浙江)	0.402	48	鹰潭(江西)	0.368
3	苏州(江苏)	0.563	26	金华(浙江)	0.401	49	株洲(湖南)	0.368
4	武汉(湖北)	0.561	27	泰州(江苏)	0.401	50	昆明(云南)	0.367
5	杭州(浙江)	0.559	28	南通(江苏)	0.399	51	黄山(安徽)	0.364
6	无锡(江苏)	0.549	29	宜春(江西)	0.396	52	萍乡(江西)	0.364
7	长沙(湖南)	0.524	30	资阳(四川)	0.396	53	益阳(湖南)	0.361
8	成都(四川)	0.516	31	常德(湖南)	0.395	54	九江(江西)	0.361
9	宁波(浙江)	0.509	32	丽水(浙江)	0.395	55	阜阳(安徽)	0.360
10	常州(江苏)	0.508	33	淮安(江苏)	0.392	56	盐城(江苏)	0.359
11	合肥(安徽)	0.465	34	十堰(湖北)	0.392	57	郴州(湖南)	0.359
12	台州(浙江)	0.443	35	连云港(江苏)	0.392	58	赣州(江西)	0.358
13	绵阳(四川)	0.441	36	遂宁(四川)	0.391	59	随州(湖北)	0.358
14	镇江(江苏)	0.434	37	宣城(安徽)	0.390	60	安庆(安徽)	0.356
15	嘉兴(浙江)	0.429	38	德阳(四川)	0.390	61	宜宾(四川)	0.356
16	南昌(江西)	0.416	39	蚌埠(安徽)	0.386	62	襄阳(湖北)	0.355
17	舟山(浙江)	0.416	40	铜陵(安徽)	0.385	63	池州(安徽)	0.354
18	重庆	0.415	41	咸宁(湖北)	0.383	64	新余(江西)	0.354
19	芜湖(安徽)	0.414	42	湖州(浙江)	0.381	65	南充(四川)	0.354
20	扬州(江苏)	0.410	43	马鞍山(安徽)	0.377	66	衢州(浙江)	0.353
21	徐州(江苏)	0.408	44	张家界(湖南)	0.376	67	邵阳(湖南)	0.349
22	自贡(四川)	0.405	45	湘潭(湖南)	0.374	68	遵义(贵州)	0.349
23	温州(浙江)	0.404	46	贵阳(贵州)	0.374	69	淮北(安徽)	0.347

续表

排序	城市	得分	排序	城市	得分	排序	城市	得分
70	毕节(贵州)	0.346	89	上饶(江西)	0.322	108	铜仁(贵州)	0.272
71	安顺(贵州)	0.343	90	怀化(湖南)	0.320	109	临沧(云南)	0.260
72	宿州(安徽)	0.341	91	荆门(湖北)	0.317	110	阿坝(四川)	0.258
73	亳州(安徽)	0.341	92	内江(四川)	0.315	111	凉山(四川)	0.256
74	抚州(江西)	0.341	93	景德镇(江西)	0.314	112	攀枝花(四川)	0.256
75	玉溪(云南)	0.338	94	黔东南(贵州)	0.309	113	黔西南(贵州)	0.254
76	泸州(四川)	0.338	95	六安(安徽)	0.309	114	黔南(贵州)	0.254
77	黄石(湖北)	0.338	96	达州(四川)	0.308	115	昭通(云南)	0.248
78	广元(四川)	0.337	97	孝感(湖北)	0.304	116	甘孜(四川)	0.248
79	永州(湖南)	0.334	98	曲靖(云南)	0.302	117	恩施(湖北)	0.237
80	娄底(湖南)	0.334	99	雅安(四川)	0.301	118	迪庆(云南)	0.231
81	宜昌(湖北)	0.332	100	乐山(四川)	0.301	119	德宏(云南)	0.222
82	鄂州(湖北)	0.330	101	巴中(四川)	0.298	120	普洱(云南)	0.222
83	宿迁(江苏)	0.327	102	荆州(湖北)	0.297	121	怒江(云南)	0.213
84	岳阳(湖南)	0.326	103	丽江(云南)	0.293	122	西双版纳(云南)	0.211
85	广安(四川)	0.325	104	保山(云南)	0.285	123	红河(云南)	0.211
86	眉山(四川)	0.325	105	淮南(安徽)	0.284	124	楚雄(云南)	0.209
87	衡阳(湖南)	0.324	106	湘西(湖南)	0.280	125	文山(云南)	0.207
88	黄冈(湖北)	0.322	107	六盘水(贵州)	0.277	126	大理(云南)	0.205

资料来源：《中国城市统计年鉴 2019》、各省市 2019 年统计年鉴、2018 年度国家和地方统计公报。

从省级尺度来看，平均得分从高到低依次为上海、江苏、浙江、重庆、安徽、江西、湖南、湖北、四川、贵州、云南（见表 2）。首先，上海优势明显，得分远超过第二名。江苏、浙江、重庆三省市也有较大优势，省内平均得分分别达到0.440、0.427 和0.415，远高于其他省市。其次，安徽、江西、湖南、湖北、四川得分处于中游，这些省份平均得分均在 0.35 左右，差异不大。最后，贵州、云南两省平均得分相对较低，产业基础相对薄弱，产业转型升级压力很大。

表 2　2018 年长江经济带省级产业转型升级综合指数及排名

项目	上海	江苏	浙江	重庆	安徽	江西	湖南	湖北	四川	贵州	云南
排名	1	2	3	4	5	6	7	8	9	10	11
得分	0.780	0.440	0.427	0.415	0.367	0.362	0.359	0.348	0.339	0.307	0.251

资料来源：《中国城市统计年鉴 2019》、各省市 2019 年统计年鉴、2018 年度国家和地方统计公报。

二　长江经济带126个城市产业转型升级分项指数

产业转型升级综合指数包含结构优化、质量提升、产业创新、环境友好四个领域，各领域分项得分情况存在差异。

（一）结构优化指数及城市排名

结构优化领域包含产业结构和就业结构两个子领域，2018 年长江经济带城市结构优化指数测算结果及排名如表 3 所示。在 126 个城市中，排名前 20 位的城市分别为上海、南京、杭州、苏州、舟山、宁波、成都、金华、无锡、丽水、武汉、长沙、嘉兴、昆明、衢州、温州、张家界、绵阳、常州、重庆。其中，长江下游长三角区域 13 个城市入围，包括上海 1 席、浙江 8 席、江苏 4 席；长江中游城市群 3 个城市入围，湖南 2 席、湖北 1 席；长江上游城市群有 4 个城市入围，四川 2 席、重庆 1 席、云南 1 席。安徽、江西、贵州三个省份没有城市进入前 20。

表 3　2018 年长江经济带城市结构优化指数及排名

城市	结构优化指数		产业结构		就业结构	
	排序	得分	排序	得分	排序	得分
上海	1	0.783	1	0.641	1	0.995
南京（江苏）	2	0.600	8	0.397	2	0.904
杭州（浙江）	3	0.592	6	0.426	3	0.842
苏州（江苏）	4	0.581	2	0.582	73	0.581

续表

城市	结构优化指数		产业结构		就业结构	
	排序	得分	排序	得分	排序	得分
舟山(浙江)	5	0.577	4	0.470	12	0.738
宁波(浙江)	6	0.542	5	0.445	19	0.687
成都(四川)	7	0.530	12	0.351	6	0.798
金华(浙江)	8	0.526	3	0.494	78	0.574
无锡(江苏)	9	0.504	7	0.412	42	0.643
丽水(浙江)	10	0.501	30	0.289	4	0.819
武汉(湖北)	11	0.498	23	0.316	8	0.772
长沙(湖南)	12	0.498	26	0.307	7	0.784
嘉兴(浙江)	13	0.496	9	0.389	33	0.658
昆明(云南)	14	0.489	20	0.321	11	0.742
衢州(浙江)	15	0.488	28	0.300	9	0.770
温州(浙江)	16	0.480	11	0.359	32	0.661
张家界(湖南)	17	0.478	10	0.374	48	0.633
绵阳(四川)	18	0.473	62	0.252	5	0.805
常州(江苏)	19	0.469	13	0.351	39	0.645
重庆	20	0.456	25	0.308	21	0.679
合肥(安徽)	21	0.455	19	0.322	35	0.653
连云港(江苏)	22	0.454	46	0.267	13	0.736
贵阳(贵州)	23	0.454	27	0.304	22	0.679
镇江(江苏)	24	0.452	29	0.299	20	0.682
普洱(云南)	25	0.450	21	0.321	40	0.643
台州(浙江)	26	0.449	16	0.330	50	0.629
常德(湖南)	27	0.448	67	0.246	10	0.750
黄山(安徽)	28	0.443	32	0.285	23	0.678
湖州(浙江)	29	0.442	18	0.323	52	0.621
郴州(湖南)	30	0.440	57	0.255	14	0.718
南昌(江西)	31	0.439	31	0.287	29	0.667
铜陵(安徽)	32	0.434	17	0.328	65	0.594
铜仁(贵州)	33	0.430	34	0.280	34	0.655
池州(安徽)	34	0.429	77	0.239	15	0.715
南充(四川)	35	0.423	78	0.237	16	0.701
马鞍山(安徽)	36	0.423	37	0.277	44	0.642
益阳(湖南)	37	0.421	73	0.241	18	0.692
阜阳(安徽)	38	0.418	56	0.255	31	0.664

续表

城市	结构优化指数		产业结构		就业结构	
	排序	得分	排序	得分	排序	得分
绍兴(浙江)	39	0.417	14	0.350	107	0.516
萍乡(江西)	40	0.416	47	0.266	46	0.640
毕节(贵州)	41	0.414	50	0.260	38	0.646
丽江(云南)	42	0.410	97	0.219	17	0.696
娄底(湖南)	43	0.409	81	0.234	25	0.672
淮安(江苏)	44	0.408	68	0.246	36	0.652
亳州(安徽)	45	0.407	61	0.252	45	0.640
湘潭(湖南)	46	0.407	52	0.258	49	0.630
芜湖(安徽)	47	0.407	36	0.278	62	0.600
邵阳(湖南)	48	0.406	43	0.271	56	0.609
宿州(安徽)	49	0.405	54	0.257	51	0.627
永州(湖南)	50	0.404	42	0.271	58	0.603
蚌埠(安徽)	51	0.403	86	0.228	30	0.666
九江(江西)	52	0.402	38	0.277	68	0.590
咸宁(湖北)	53	0.401	96	0.221	27	0.670
怀化(湖南)	54	0.400	45	0.268	63	0.597
南通(江苏)	55	0.399	22	0.317	104	0.523
广元(四川)	56	0.399	108	0.213	24	0.678
自贡(四川)	57	0.398	103	0.216	28	0.670
鹰潭(江西)	58	0.396	24	0.313	105	0.520
资阳(四川)	59	0.393	111	0.208	26	0.671
宣城(安徽)	60	0.391	85	0.228	47	0.635
徐州(江苏)	61	0.390	59	0.254	64	0.595
淮南(安徽)	62	0.389	102	0.217	37	0.648
达州(四川)	63	0.388	53	0.258	71	0.583
德阳(四川)	64	0.388	98	0.219	43	0.642
株洲(湖南)	65	0.388	74	0.240	55	0.609
安顺(贵州)	66	0.387	63	0.252	66	0.591
扬州(江苏)	67	0.387	40	0.274	88	0.556
岳阳(湖南)	68	0.386	71	0.242	59	0.602
新余(江西)	69	0.385	44	0.271	87	0.556
上饶(江西)	70	0.384	75	0.240	61	0.601
衡阳(湖南)	71	0.384	41	0.272	92	0.551
吉安(江西)	72	0.382	35	0.278	98	0.538

续表

城市	结构优化指数		产业结构		就业结构	
	排序	得分	排序	得分	排序	得分
赣州(江西)	73	0.382	60	0.253	76	0.576
宜昌(湖北)	74	0.382	90	0.225	53	0.616
临沧(云南)	75	0.382	15	0.332	109	0.456
泰州(江苏)	76	0.381	33	0.281	100	0.532
淮北(安徽)	77	0.380	82	0.233	60	0.601
雅安(四川)	78	0.379	113	0.204	41	0.643
景德镇(江西)	79	0.379	65	0.249	77	0.575
盐城(江苏)	80	0.379	70	0.243	72	0.583
黄冈(湖北)	81	0.378	48	0.266	95	0.546
荆州(湖北)	82	0.378	66	0.247	79	0.574
黄石(湖北)	83	0.375	51	0.259	93	0.550
滁州(安徽)	84	0.373	80	0.235	74	0.580
保山(云南)	85	0.372	39	0.276	106	0.516
宜宾(四川)	86	0.372	106	0.213	54	0.609
内江(四川)	87	0.371	92	0.225	67	0.591
乐山(四川)	88	0.371	89	0.226	70	0.589
宜春(江西)	89	0.371	72	0.242	84	0.564
玉溪(云南)	90	0.368	95	0.221	69	0.589
随州(湖北)	91	0.368	87	0.228	75	0.578
遵义(贵州)	92	0.367	109	0.209	57	0.604
孝感(湖北)	93	0.365	83	0.231	83	0.565
抚州(江西)	94	0.365	55	0.255	101	0.529
泸州(四川)	95	0.364	88	0.228	81	0.569
六安(安徽)	96	0.364	79	0.237	91	0.554
十堰(湖北)	97	0.363	93	0.224	80	0.571
襄阳(湖北)	98	0.358	91	0.225	86	0.558
遂宁(四川)	99	0.355	105	0.214	82	0.567
昭通(云南)	100	0.353	101	0.217	89	0.556
广安(四川)	101	0.351	107	0.213	85	0.559
眉山(四川)	102	0.350	100	0.217	94	0.548
宿迁(江苏)	103	0.349	84	0.230	102	0.528
荆门(湖北)	104	0.349	99	0.218	96	0.544
曲靖(云南)	105	0.348	76	0.239	108	0.512
六盘水(贵州)	106	0.347	110	0.209	90	0.554

续表

城市	结构优化指数		产业结构		就业结构	
	排序	得分	排序	得分	排序	得分
安庆(安徽)	107	0.347	104	0.215	97	0.543
鄂州(湖北)	108	0.345	94	0.224	103	0.526
巴中(四川)	109	0.336	115	0.203	99	0.535
湘西(湖南)	110	0.323	69	0.246	110	0.439
阿坝(四川)	111	0.262	123	0.158	111	0.418
凉山(四川)	112	0.255	125	0.146	112	0.418
迪庆(云南)	113	0.242	58	0.254	118	0.223
甘孜(四川)	114	0.239	126	0.121	113	0.418
德宏(云南)	115	0.239	64	0.250	119	0.223
黔东南(贵州)	116	0.236	112	0.204	114	0.277
恩施(湖北)	117	0.227	116	0.190	115	0.265
黔南(贵州)	118	0.227	117	0.189	116	0.273
黔西南(贵州)	119	0.225	118	0.186	117	0.280
怒江(云南)	120	0.211	114	0.204	120	0.223
攀枝花(四川)	121	0.206	49	0.263	126	0.119
文山(云南)	122	0.198	119	0.181	121	0.221
红河(云南)	123	0.197	120	0.180	122	0.220
西双版纳(云南)	124	0.196	121	0.179	123	0.219
楚雄(云南)	125	0.186	122	0.162	124	0.217
大理(云南)	126	0.181	124	0.154	125	0.216

资料来源：《中国城市统计年鉴 2019》、各省市 2019 年统计年鉴。

从省级尺度来看，平均得分从高到低依次为上海、浙江、重庆、江苏、湖南、安徽、江西、湖北、四川、贵州、云南（见表4）。从区域尺度来看，东部区域41个城市的平均得分为0.452，中部区域38个城市的平均得分为0.391，西部区域47个城市的平均得分为0.340。

表4　2018年长江经济带省级结构优化指数及排名

项目	上海	浙江	重庆	江苏	湖南	安徽	江西	湖北	四川	贵州	云南
排名	1	2	3	4	5	6	7	8	9	10	11
得分	0.783	0.501	0.456	0.443	0.414	0.404	0.391	0.368	0.362	0.343	0.301

资料来源：《中国城市统计年鉴 2019》、各省市 2019 年统计年鉴。

（二）质量提升指数及城市排名

质量提升领域包含生产效率和投资效益两个子领域，2018 年长江经济带城市质量提升指数测算结果及排名如表 5 所示。在 126 个城市中，排名前 20 的城市分别为上海、无锡、常州、苏州、南京、杭州、宁波、长沙、武汉、德阳、成都、九江、宜春、遂宁、滁州、扬州、镇江、十堰、泰州、台州。其中，长江下游长三角区域 12 个城市入围，包括上海 1 席、江苏 7 席、浙江 3 席、安徽 1 席；长江中游城市群 5 个城市入围，江西 2 席、湖北 2 席、湖南 1 席；长江上游城市群有 3 个城市入围，全都位于四川省。重庆、贵州、云南三个省市没有城市进入前 20。

表 5　2018 年长江经济带质量提升指数及排名

城市	质量提升指数		生产效率		投资效益	
	排序	得分	排序	得分	排序	得分
上海	1	0.798	2	0.733	1	0.864
无锡(江苏)	2	0.678	1	0.833	17	0.522
常州(江苏)	3	0.647	3	0.724	12	0.570
苏州(江苏)	4	0.639	4	0.696	10	0.582
南京(江苏)	5	0.570	7	0.614	15	0.525
杭州(浙江)	6	0.552	11	0.484	5	0.619
宁波(浙江)	7	0.541	9	0.553	14	0.529
长沙(湖南)	8	0.529	6	0.619	25	0.439
武汉(湖北)	9	0.520	8	0.595	24	0.445
德阳(四川)	10	0.468	32	0.335	7	0.602
成都(四川)	11	0.446	38	0.313	11	0.580
九江(江西)	12	0.441	43	0.291	8	0.591
宜春(江西)	13	0.433	84	0.192	3	0.673
遂宁(四川)	14	0.423	71	0.226	4	0.619
滁州(安徽)	15	0.422	68	0.230	6	0.613
扬州(江苏)	16	0.420	13	0.462	36	0.379
镇江(江苏)	17	0.417	5	0.642	91	0.193
十堰(湖北)	18	0.415	102	0.146	2	0.684
泰州(江苏)	19	0.404	15	0.402	29	0.407

续表

城市	质量提升指数		生产效率		投资效益	
	排序	得分	排序	得分	排序	得分
台州(浙江)	20	0.398	36	0.322	20	0.474
绍兴(浙江)	21	0.393	18	0.390	31	0.395
上饶(江西)	22	0.391	82	0.195	9	0.586
自贡(四川)	23	0.384	46	0.286	19	0.482
南昌(江西)	24	0.375	24	0.356	32	0.393
南通(江苏)	25	0.371	17	0.396	46	0.345
徐州(江苏)	26	0.368	16	0.401	48	0.336
赣州(江西)	27	0.368	88	0.179	13	0.556
合肥(安徽)	28	0.367	26	0.352	35	0.382
淮安(江苏)	29	0.366	21	0.376	41	0.356
嘉兴(浙江)	30	0.364	12	0.463	75	0.265
宣城(安徽)	31	0.355	60	0.261	23	0.449
芜湖(安徽)	32	0.350	20	0.379	54	0.321
新余(江西)	33	0.350	14	0.447	81	0.253
吉安(江西)	34	0.349	91	0.176	16	0.523
马鞍山(安徽)	35	0.349	19	0.383	58	0.315
襄阳(湖北)	36	0.343	57	0.266	27	0.419
常德(湖南)	37	0.341	33	0.334	43	0.349
资阳(四川)	38	0.339	70	0.227	22	0.450
毕节(贵州)	39	0.337	90	0.178	18	0.497
攀枝花(四川)	40	0.329	39	0.309	42	0.349
绵阳(四川)	41	0.329	77	0.201	21	0.456
咸宁(湖北)	42	0.328	48	0.282	38	0.373
遵义(贵州)	43	0.325	35	0.324	53	0.327
衢州(浙江)	44	0.324	28	0.348	63	0.301
铜陵(安徽)	45	0.322	23	0.357	64	0.286
连云港(江苏)	46	0.320	42	0.291	44	0.348
安庆(安徽)	47	0.312	79	0.198	26	0.427
玉溪(云南)	48	0.311	63	0.253	39	0.370
重庆	49	0.311	51	0.276	45	0.346
宜宾(四川)	50	0.309	72	0.219	30	0.398
宿迁(江苏)	51	0.308	45	0.287	51	0.330
鹰潭(江西)	52	0.307	47	0.285	52	0.329
鄂州(湖北)	53	0.306	30	0.344	70	0.268

续表

城市	质量提升指数		生产效率		投资效益	
	排序	得分	排序	得分	排序	得分
随州(湖北)	54	0.305	41	0.299	59	0.311
湖州(浙江)	55	0.303	22	0.367	84	0.240
贵阳(贵州)	56	0.303	55	0.270	49	0.336
丽水(浙江)	57	0.296	34	0.326	73	0.266
萍乡(江西)	58	0.293	56	0.268	56	0.318
舟山(浙江)	59	0.291	10	0.495	121	0.088
蚌埠(安徽)	60	0.287	53	0.271	62	0.303
安顺(贵州)	61	0.282	92	0.173	33	0.391
湘潭(湖南)	62	0.281	29	0.345	87	0.218
荆门(湖北)	63	0.281	65	0.244	55	0.318
盐城(江苏)	64	0.279	25	0.355	89	0.203
金华(浙江)	65	0.276	44	0.287	74	0.266
阜阳(安徽)	66	0.276	105	0.136	28	0.416
黄山(安徽)	67	0.276	67	0.234	57	0.317
广安(四川)	68	0.274	95	0.160	34	0.387
宜昌(湖北)	69	0.272	31	0.336	88	0.207
眉山(四川)	70	0.269	61	0.260	67	0.278
南充(四川)	71	0.269	94	0.163	37	0.374
郴州(湖南)	72	0.268	50	0.277	79	0.259
昆明(云南)	73	0.268	59	0.262	69	0.274
泸州(四川)	74	0.262	87	0.183	47	0.341
黄石(湖北)	75	0.262	49	0.280	83	0.243
益阳(湖南)	76	0.259	58	0.263	80	0.254
荆州(湖北)	77	0.256	76	0.207	61	0.304
张家界(湖南)	78	0.255	64	0.244	72	0.267
邵阳(湖南)	79	0.255	101	0.151	40	0.358
抚州(江西)	80	0.244	98	0.155	50	0.333
宿州(安徽)	81	0.244	89	0.179	60	0.309
岳阳(湖南)	82	0.243	27	0.352	107	0.133
淮北(安徽)	83	0.242	73	0.217	71	0.267
池州(安徽)	84	0.240	66	0.244	85	0.236
娄底(湖南)	85	0.236	75	0.210	76	0.262
乐山(四川)	86	0.234	52	0.274	90	0.194
株洲(湖南)	87	0.228	37	0.315	105	0.141

续表

城市	质量提升指数		生产效率		投资效益	
	排序	得分	排序	得分	排序	得分
温州(浙江)	88	0.227	40	0.300	102	0.154
亳州(安徽)	89	0.215	99	0.154	68	0.276
衡阳(湖南)	90	0.214	62	0.255	98	0.172
六盘水(贵州)	91	0.213	54	0.270	101	0.156
广元(四川)	92	0.208	96	0.157	78	0.259
雅安(四川)	93	0.202	74	0.216	93	0.188
曲靖(云南)	94	0.202	97	0.157	82	0.246
景德镇(江西)	95	0.198	69	0.230	100	0.167
孝感(湖北)	96	0.197	109	0.115	66	0.279
黄冈(湖北)	97	0.191	115	0.102	65	0.281
铜仁(贵州)	98	0.190	83	0.194	94	0.185
永州(湖南)	99	0.185	80	0.196	97	0.174
淮南(安徽)	100	0.160	100	0.153	99	0.167
内江(四川)	101	0.159	86	0.183	106	0.134
巴中(四川)	102	0.153	123	0.045	77	0.261
保山(云南)	103	0.152	112	0.112	92	0.192
达州(四川)	104	0.144	111	0.113	96	0.175
黔西南(贵州)	105	0.143	81	0.195	112	0.092
怀化(湖南)	106	0.143	78	0.198	122	0.087
黔南(贵州)	107	0.142	85	0.192	111	0.092
湘西(湖南)	108	0.137	106	0.130	104	0.144
六安(安徽)	109	0.130	124	0.037	86	0.224
黔东南(贵州)	110	0.128	93	0.164	110	0.092
丽江(云南)	111	0.123	110	0.114	108	0.132
普洱(云南)	112	0.120	113	0.110	109	0.130
昭通(云南)	113	0.117	116	0.087	103	0.147
阿坝(四川)	114	0.106	103	0.146	124	0.067
凉山(四川)	115	0.106	104	0.145	126	0.067
恩施(湖北)	116	0.103	126	0.027	95	0.179
迪庆(云南)	117	0.098	114	0.104	115	0.082
临沧(云南)	118	0.096	107	0.122	123	0.069
甘孜(四川)	119	0.093	108	0.119	125	0.067
楚雄(云南)	120	0.079	117	0.066	117	0.071
西双版纳(云南)	121	0.078	118	0.063	120	0.055

续表

城市	质量提升指数		生产效率		投资效益	
	排序	得分	排序	得分	排序	得分
红河(云南)	122	0.075	119	0.059	118	0.073
大理(云南)	123	0.072	120	0.052	116	0.100
德宏(云南)	124	0.069	121	0.046	113	0.192
怒江(云南)	125	0.069	122	0.046	114	0.091
文山(云南)	126	0.062	125	0.032	119	0.089

资料来源:《中国城市统计年鉴 2019》、各省市 2019 年统计年鉴。

从省级尺度来看，平均得分从高到低依次为上海、江苏、浙江、江西、重庆、湖北、安徽、四川、湖南、贵州、云南（见表6）。从区域尺度来看，东部区域41个城市的平均得分为0.368，中部区域38个城市的平均得分为0.292，西部区域47个城市的平均得分为0.210。

表6　2018年长江经济带省级质量提升指数及排名

项目	上海	江苏	浙江	江西	重庆	湖北	安徽	四川	湖南	贵州	云南
排名	1	2	3	4	5	6	7	8	9	10	11
得分	0.798	0.445	0.361	0.341	0.311	0.291	0.284	0.262	0.255	0.229	0.124

资料来源:《中国城市统计年鉴 2019》、各省市 2019 年统计年鉴。

（三）产业创新指数及城市排名

产业创新领域包含创新投入、创新产出、成果转化三个子领域，2018年度长江经济带城市产业创新指数测算结果及排名如表7所示。在126个城市中，排名前20位的城市分别为上海、武汉、杭州、南京、成都、合肥、长沙、苏州、重庆、无锡、芜湖、绵阳、嘉兴、绍兴、台州、温州、宁波、株洲、贵阳、蚌埠。其中，长江下游长三角区域13个城市入围，包括上海1席、江苏3席、浙江6席、安徽3席；长江中游城市群3个城市入围，湖北1席、湖南2席；长江上游城市群有4个城市入围，重庆1席、四川2席、贵州1席。江西、云南两个省份没有城市进入前20。

表 7　2018 年长江经济带城市产业创新指数及排名

城市	产业创新指数		创新投入		创新产出		成果转化	
	排序	得分	排序	得分	排序	得分	排序	得分
上海	1	0. 837	15	0. 477	1	0. 979	1	1. 000
武汉(湖北)	2	0. 547	13	0. 490	3	0. 572	2	0. 571
杭州(浙江)	3	0. 452	10	0. 529	5	0. 448	4	0. 396
南京(江苏)	4	0. 437	35	0. 342	2	0. 760	6	0. 266
成都(四川)	5	0. 430	43	0. 320	4	0. 476	3	0. 477
合肥(安徽)	6	0. 384	9	0. 552	9	0. 271	5	0. 343
长沙(湖南)	7	0. 345	7	0. 567	7	0. 321	9	0. 197
苏州(江苏)	8	0. 329	20	0. 434	8	0. 310	7	0. 264
重庆	9	0. 323	37	0. 329	6	0. 412	8	0. 251
无锡(江苏)	10	0. 309	4	0. 619	10	0. 182	11	0. 171
芜湖(安徽)	11	0. 282	2	0. 714	20	0. 082	17	0. 108
绵阳(四川)	12	0. 275	1	0. 774	25	0. 066	28	0. 056
嘉兴(浙江)	13	0. 253	3	0. 709	24	0. 068	34	0. 051
绍兴(浙江)	14	0. 250	6	0. 598	19	0. 089	16	0. 110
台州(浙江)	15	0. 242	11	0. 511	22	0. 071	12	0. 169
温州(浙江)	16	0. 239	5	0. 613	17	0. 099	25	0. 064
宁波(浙江)	17	0. 222	41	0. 322	13	0. 160	10	0. 192
株洲(湖南)	18	0. 193	16	0. 468	33	0. 032	18	0. 107
贵阳(贵州)	19	0. 188	32	0. 352	15	0. 116	15	0. 118
蚌埠(安徽)	20	0. 185	8	0. 566	36	0. 026	45	0. 020
马鞍山(安徽)	21	0. 179	12	0. 495	31	0. 033	35	0. 051
常州(江苏)	22	0. 176	30	0. 356	18	0. 093	20	0. 103
湖州(浙江)	23	0. 166	23	0. 392	26	0. 050	21	0. 082
南通(江苏)	24	0. 159	27	0. 362	21	0. 079	23	0. 067
镇江(江苏)	25	0. 159	26	0. 362	14	0. 118	38	0. 038
徐州(江苏)	26	0. 159	31	0. 354	16	0. 102	29	0. 055
铜陵(安徽)	27	0. 153	17	0. 463	70	0. 006	39	0. 031
咸宁(湖北)	28	0. 151	14	0. 484	90	0. 003	60	0. 013
昆明(云南)	29	0. 149	103	0. 136	12	0. 163	13	0. 149
滁州(安徽)	30	0. 149	18	0. 451	39	0. 022	50	0. 018
宣城(安徽)	31	0. 143	19	0. 440	45	0. 018	56	0. 015
德阳(四川)	32	0. 143	22	0. 405	55	0. 011	36	0. 045
宜昌(湖北)	33	0. 142	47	0. 302	32	0. 033	19	0. 105
南昌(江西)	34	0. 139	88	0. 193	11	0. 165	22	0. 078

续表

城市	产业创新指数		创新投入		创新产出		成果转化	
	排序	得分	排序	得分	排序	得分	排序	得分
湘潭(湖南)	35	0.138	33	0.345	30	0.036	27	0.059
扬州(江苏)	36	0.133	40	0.323	23	0.068	37	0.040
丽水(浙江)	37	0.132	21	0.424	50	0.014	94	0.002
金华(浙江)	38	0.132	42	0.322	27	0.048	30	0.053
衢州(浙江)	39	0.129	24	0.386	42	0.020	47	0.019
盐城(江苏)	40	0.127	46	0.302	28	0.044	26	0.059
黄石(湖北)	41	0.126	34	0.342	63	0.008	33	0.052
宜宾(四川)	42	0.122	44	0.320	47	0.018	32	0.052
泰州(江苏)	43	0.119	51	0.287	29	0.040	31	0.053
襄阳(湖北)	44	0.117	86	0.203	49	0.014	14	0.130
曲靖(云南)	45	0.115	25	0.377	80	0.005	102	0.001
鹰潭(江西)	46	0.115	28	0.358	107	0.001	52	0.017
益阳(湖南)	47	0.113	29	0.357	71	0.006	69	0.009
连云港(江苏)	48	0.112	61	0.265	38	0.022	24	0.065
淮南(安徽)	49	0.109	36	0.330	41	0.020	61	0.011
安庆(安徽)	50	0.105	38	0.327	52	0.013	81	0.008
淮北(安徽)	51	0.104	39	0.327	66	0.008	82	0.008
荆门(湖北)	52	0.098	50	0.293	58	0.010	46	0.019
孝感(湖北)	53	0.096	48	0.295	57	0.010	67	0.010
南充(四川)	54	0.095	45	0.306	62	0.008	98	0.002
郴州(湖南)	55	0.093	58	0.279	72	0.006	48	0.019
衡阳(湖南)	56	0.092	66	0.253	40	0.020	43	0.025
玉溪(云南)	57	0.091	57	0.280	87	0.004	54	0.016
赣州(江西)	58	0.091	67	0.251	34	0.031	53	0.017
景德镇(江西)	59	0.091	54	0.286	77	0.005	62	0.010
宜春(江西)	60	0.089	52	0.286	65	0.008	91	0.003
永州(湖南)	61	0.089	49	0.293	91	0.003	112	0.001
抚州(江西)	62	0.089	56	0.281	93	0.003	65	0.010
怀化(湖南)	63	0.088	53	0.286	82	0.004	93	0.002
十堰(湖北)	64	0.088	63	0.261	64	0.008	49	0.018
铜仁(贵州)	65	0.086	55	0.283	89	0.003	110	0.001
六盘水(贵州)	66	0.085	59	0.279	94	0.003	92	0.002
黄冈(湖北)	67	0.085	64	0.258	73	0.005	57	0.015
自贡(四川)	68	0.084	71	0.237	56	0.010	44	0.023

续表

城市	产业创新指数		创新投入		创新产出		成果转化	
	排序	得分	排序	得分	排序	得分	排序	得分
岳阳(湖南)	69	0.083	60	0.268	67	0.007	95	0.002
阜阳(安徽)	70	0.083	62	0.262	51	0.013	108	0.001
淮安(江苏)	71	0.083	65	0.254	43	0.019	101	0.001
安顺(贵州)	72	0.078	81	0.214	85	0.004	40	0.030
泸州(四川)	73	0.077	74	0.229	48	0.017	72	0.009
萍乡(江西)	74	0.076	68	0.247	88	0.003	90	0.003
遂宁(四川)	75	0.076	70	0.238	97	0.002	73	0.009
遵义(贵州)	76	0.075	89	0.190	37	0.023	42	0.029
毕节(贵州)	77	0.075	69	0.244	86	0.004	111	0.001
池州(安徽)	78	0.074	73	0.232	83	0.004	83	0.008
攀枝花(四川)	79	0.073	77	0.219	54	0.012	71	0.009
宿州(安徽)	80	0.073	72	0.234	60	0.009	120	0.000
亳州(安徽)	81	0.072	75	0.228	53	0.012	114	0.001
吉安(江西)	82	0.071	79	0.218	78	0.005	64	0.010
六安(安徽)	83	0.071	78	0.219	68	0.007	84	0.007
常德(湖南)	84	0.068	80	0.215	69	0.006	86	0.005
昭通(云南)	85	0.068	76	0.224	125	0.000	104	0.001
达州(四川)	86	0.068	83	0.208	74	0.005	77	0.009
内江(四川)	87	0.067	85	0.206	75	0.005	74	0.009
雅安(四川)	88	0.066	94	0.178	35	0.031	78	0.009
荆州(湖北)	89	0.066	98	0.163	46	0.018	41	0.029
邵阳(湖南)	90	0.066	82	0.213	95	0.003	96	0.002
宿迁(江苏)	91	0.065	84	0.207	61	0.008	122	0.000
舟山(浙江)	92	0.063	95	0.173	44	0.018	59	0.013
乐山(四川)	93	0.062	90	0.188	76	0.005	75	0.009
上饶(江西)	94	0.060	91	0.184	84	0.004	66	0.010
广安(四川)	95	0.060	87	0.197	105	0.001	99	0.002
眉山(四川)	96	0.059	92	0.183	103	0.002	76	0.009
娄底(湖南)	97	0.056	96	0.164	92	0.003	55	0.015
九江(江西)	98	0.055	99	0.162	59	0.009	63	0.010
保山(云南)	99	0.055	93	0.179	109	0.001	103	0.001
资阳(四川)	100	0.052	100	0.160	106	0.001	79	0.009
鄂州(湖北)	101	0.052	97	0.164	98	0.002	87	0.005
黄山(安徽)	102	0.051	101	0.156	81	0.004	85	0.007

续表

城市	产业创新指数		创新投入		创新产出		成果转化	
	排序	得分	排序	得分	排序	得分	排序	得分
新余(江西)	103	0.048	104	0.135	104	0.001	51	0.017
广元(四川)	104	0.046	102	0.148	99	0.002	97	0.002
随州(湖北)	105	0.040	105	0.129	113	0.001	88	0.004
德宏(云南)	106	0.039	108	0.114	102	0.002	68	0.010
普洱(云南)	107	0.038	106	0.123	101	0.002	106	0.001
临沧(云南)	108	0.037	117	0.113	124	0.000	80	0.008
巴中(四川)	109	0.036	107	0.118	111	0.001	100	0.002
黔东南(贵州)	110	0.036	118	0.096	79	0.005	58	0.013
西双版纳(云南)	111	0.035	115	0.114	115	0.001	109	0.001
文山(云南)	112	0.035	114	0.114	112	0.001	113	0.001
丽江(云南)	113	0.035	116	0.114	126	0.000	105	0.001
迪庆(云南)	114	0.035	110	0.114	110	0.001	116	0.001
红河(云南)	115	0.035	113	0.114	114	0.001	119	0.001
楚雄(云南)	116	0.035	112	0.114	118	0.000	118	0.002
大理(云南)	117	0.035	111	0.114	119	0.000	117	0.002
怒江(云南)	118	0.034	109	0.114	116	0.001	121	0.001
黔西南(贵州)	119	0.033	120	0.096	96	0.002	70	0.009
恩施(湖北)	120	0.030	121	0.095	120	0.000	89	0.003
黔南(贵州)	121	0.029	119	0.096	100	0.002	126	0.000
湘西(湖南)	122	0.029	122	0.095	108	0.001	107	0.001
张家界(湖南)	123	0.024	123	0.078	123	0.000	115	0.002
阿坝(四川)	124	0.023	124	0.076	117	0.001	123	0.001
甘孜(四川)	125	0.023	125	0.076	121	0.000	124	0.002
凉山(四川)	126	0.023	126	0.076	122	0.000	125	0.001

资料来源：《中国城市统计年鉴2019》、各省市2019年统计年鉴。

从省级尺度来看，平均得分从高到低依次为上海、重庆、浙江、江苏、安徽、湖北、湖南、四川、江西、贵州、云南（见表8）。从区域尺度来看，东部区域41个城市的平均得分为0.188，中部区域38个城市的平均得分为0.106，西部区域47个城市的平均得分为0.082。

表 8　2018 年长江经济带省级产业创新指数及排名

项目	上海	重庆	浙江	江苏	安徽	湖北	湖南	四川	江西	贵州	云南
排名	1	2	3	4	5	6	7	8	9	10	11
得分	0.837	0.323	0.207	0.182	0.139	0.126	0.105	0.093	0.084	0.076	0.054

资料来源：《中国城市统计年鉴 2019》、各省市 2019 年统计年鉴。

（四）环境友好指数及城市排名

环境友好领域包含资源利用和环境保护两个子领域，2018 年度长江经济带城市环境友好指数测算结果及排名如表 9 所示。在 126 个城市中，排名前 20 位的城市分别为黔东南、资阳、自贡、张家界、徐州、随州、长沙、六安、萍乡、广元、绵阳、武汉、常德、株洲、温州、巴中、南昌、淮安、阿坝、甘孜。其中，长江下游长三角区域 4 个城市入围，包括江苏 2 席、安徽和浙江各 1 席；长江中游城市群 8 个城市入围，包括湖南 4 席、湖北 2 席、江西 2 席；长江上游城市群有 8 个城市入围，包括四川 7 席、贵州 1 席。上海、重庆、云南三个省市没有城市进入前二十。

表 9　2018 年长江经济带城市环境友好指数及排名

城市	环境友好指数		资源利用		环境保护	
	排序	得分	排序	得分	排序	得分
黔东南（贵州）	1	0.964	1	0.943	10	0.984
资阳（四川）	2	0.828	2	0.658	1	0.998
自贡（四川）	3	0.770	3	0.578	17	0.961
张家界（湖南）	4	0.758	8	0.531	9	0.985
徐州（江苏）	5	0.745	12	0.518	15	0.972
随州（湖北）	6	0.741	45	0.490	5	0.992
长沙（湖南）	7	0.733	53	0.477	7	0.989
六安（安徽）	8	0.733	18	0.515	20	0.950
萍乡（江西）	9	0.732	27	0.508	19	0.955
广元（四川）	10	0.731	20	0.514	21	0.948
绵阳（四川）	11	0.729	14	0.518	25	0.941
武汉（湖北）	12	0.728	7	0.532	34	0.925

续表

城市	环境友好指数		资源利用		环境保护	
	排序	得分	排序	得分	排序	得分
常德(湖南)	13	0.726	5	0.551	50	0.900
株洲(湖南)	14	0.722	33	0.501	24	0.944
温州(浙江)	15	0.722	29	0.507	28	0.938
巴中(四川)	16	0.722	62	0.455	6	0.990
南昌(江西)	17	0.719	40	0.494	23	0.945
淮安(江苏)	18	0.718	17	0.516	36	0.920
阿坝(四川)	19	0.716	72	0.434	2	0.998
甘孜(四川)	20	0.716	73	0.434	3	0.998
凉山(四川)	21	0.716	74	0.434	4	0.998
内江(四川)	22	0.714	22	0.513	39	0.915
舟山(浙江)	23	0.712	4	0.562	72	0.863
遂宁(四川)	24	0.712	47	0.488	29	0.936
蚌埠(安徽)	25	0.709	25	0.510	44	0.908
合肥(安徽)	26	0.707	61	0.457	18	0.958
镇江(江苏)	27	0.707	32	0.503	41	0.912
泰州(江苏)	28	0.707	55	0.473	27	0.941
扬州(江苏)	29	0.706	21	0.513	53	0.898
十堰(湖北)	30	0.703	79	0.421	13	0.984
湘潭(湖南)	31	0.702	39	0.494	43	0.910
亳州(安徽)	32	0.701	6	0.537	71	0.865
台州(浙江)	33	0.701	44	0.490	40	0.912
抚州(江西)	34	0.700	9	0.527	68	0.873
怀化(湖南)	35	0.699	16	0.517	63	0.882
淮北(安徽)	36	0.699	35	0.499	52	0.898
宁波(浙江)	37	0.698	43	0.491	45	0.905
永州(湖南)	38	0.697	81	0.406	8	0.989
池州(安徽)	39	0.694	52	0.478	42	0.911
上海	40	0.694	46	0.489	51	0.899
黄山(安徽)	41	0.691	19	0.515	70	0.866
常州(江苏)	42	0.690	15	0.517	73	0.862
宣城(安徽)	43	0.688	50	0.480	55	0.896
安庆(安徽)	44	0.687	37	0.499	67	0.876
邵阳(湖南)	45	0.687	64	0.446	31	0.928
黔南(贵州)	46	0.686	95	0.389	11	0.984

续表

城市	环境友好指数		资源利用		环境保护	
	排序	得分	排序	得分	排序	得分
黔西南(贵州)	47	0.686	96	0.389	12	0.984
宜春(江西)	48	0.685	24	0.511	75	0.860
连云港(江苏)	49	0.684	42	0.492	66	0.877
成都(四川)	50	0.684	83	0.400	16	0.967
吉安(江西)	51	0.684	13	0.518	80	0.849
南通(江苏)	52	0.683	34	0.500	69	0.866
盐城(江苏)	53	0.683	23	0.513	79	0.853
湘西(湖南)	54	0.679	68	0.441	38	0.916
滁州(安徽)	55	0.676	57	0.468	60	0.884
达州(四川)	56	0.675	77	0.430	37	0.920
阜阳(安徽)	57	0.674	41	0.494	78	0.854
咸宁(湖北)	58	0.673	67	0.443	48	0.902
泸州(四川)	59	0.672	10	0.526	97	0.819
金华(浙江)	60	0.672	38	0.498	82	0.846
南京(江苏)	61	0.672	59	0.465	65	0.878
黄冈(湖北)	62	0.671	69	0.440	46	0.903
益阳(湖南)	63	0.671	48	0.486	77	0.856
鹰潭(江西)	64	0.671	71	0.439	47	0.903
无锡(江苏)	65	0.663	56	0.469	76	0.857
宿州(安徽)	66	0.661	26	0.508	100	0.814
恩施(湖北)	67	0.659	76	0.430	59	0.889
苏州(江苏)	68	0.656	51	0.479	87	0.834
芜湖(安徽)	69	0.652	99	0.378	33	0.926
丽水(浙江)	70	0.648	30	0.506	105	0.789
娄底(湖南)	71	0.645	65	0.446	83	0.844
郴州(湖南)	72	0.642	86	0.391	57	0.893
铜陵(安徽)	73	0.640	70	0.439	84	0.840
南充(四川)	74	0.637	112	0.291	14	0.983
宜宾(四川)	75	0.636	11	0.520	113	0.751
眉山(四川)	76	0.635	49	0.485	106	0.786
衡阳(湖南)	77	0.634	100	0.375	56	0.893
丽江(云南)	78	0.632	97	0.381	62	0.883
安顺(贵州)	79	0.631	84	0.400	74	0.861
杭州(浙江)	80	0.630	63	0.448	102	0.811

续表

城市	环境友好指数		资源利用		环境保护	
	排序	得分	排序	得分	排序	得分
广安(四川)	81	0.630	109	0.318	26	0.941
遵义(贵州)	82	0.629	106	0.329	30	0.929
湖州(浙江)	83	0.622	28	0.507	115	0.736
赣州(江西)	84	0.621	66	0.445	104	0.797
鄂州(湖北)	85	0.621	80	0.407	86	0.836
新余(江西)	86	0.621	78	0.426	99	0.817
景德镇(江西)	87	0.611	60	0.464	110	0.757
德宏(云南)	88	0.610	87	0.391	89	0.829
怒江(云南)	89	0.610	88	0.391	90	0.829
迪庆(云南)	90	0.610	89	0.391	91	0.829
大理(云南)	91	0.610	90	0.391	92	0.829
楚雄(云南)	92	0.610	91	0.391	93	0.829
红河(云南)	93	0.610	92	0.391	94	0.829
文山(云南)	94	0.610	93	0.391	95	0.829
西双版纳(云南)	95	0.610	94	0.391	96	0.829
黄石(湖北)	96	0.607	102	0.367	81	0.846
襄阳(湖北)	97	0.606	115	0.266	22	0.946
嘉兴(浙江)	98	0.602	31	0.504	118	0.700
岳阳(湖南)	99	0.602	82	0.402	103	0.801
重庆	100	0.601	110	0.305	54	0.897
保山(云南)	101	0.584	85	0.395	108	0.774
宿迁(江苏)	102	0.583	105	0.329	85	0.837
孝感(湖北)	103	0.580	104	0.330	88	0.830
玉溪(云南)	104	0.579	114	0.275	61	0.883
曲靖(云南)	105	0.572	103	0.331	101	0.814
雅安(四川)	106	0.569	118	0.213	35	0.925
马鞍山(安徽)	107	0.547	58	0.466	120	0.627
临沧(云南)	108	0.545	101	0.373	117	0.717
绍兴(浙江)	109	0.545	54	0.476	121	0.614
荆门(湖北)	110	0.543	121	0.158	32	0.927
乐山(四川)	111	0.537	108	0.320	111	0.754
宜昌(湖北)	112	0.536	119	0.169	49	0.902
毕节(贵州)	113	0.526	113	0.287	109	0.764
德阳(四川)	114	0.523	120	0.167	64	0.879

续表

城市	环境友好指数		资源利用		环境保护	
	排序	得分	排序	得分	排序	得分
昆明(云南)	115	0.507	123	0.123	58	0.891
贵阳(贵州)	116	0.495	117	0.216	107	0.774
淮南(安徽)	117	0.487	75	0.431	123	0.542
九江(江西)	118	0.484	116	0.242	116	0.725
昭通(云南)	119	0.470	111	0.291	119	0.649
荆州(湖北)	120	0.469	124	0.121	98	0.818
六盘水(贵州)	121	0.460	107	0.324	122	0.596
衢州(浙江)	122	0.415	36	0.499	124	0.332
攀枝花(四川)	123	0.402	125	0.058	114	0.746
上饶(江西)	124	0.387	126	0.021	112	0.754
铜仁(贵州)	125	0.341	98	0.380	125	0.303
普洱(云南)	126	0.215	122	0.130	126	0.301

资料来源：《中国城市统计年鉴2019》、各省市2019年统计年鉴。

从省级尺度来看，平均得分从高到低依次为上海、湖南、江苏、安徽、四川、浙江、江西、湖北、贵州、重庆、云南（见表10）。从区域尺度来看，东部区域41个城市的平均得分为0.664，中部区域38个城市的平均得分为0.649，西部区域47个城市的平均得分为0.616。

表10　2018年长江经济带省级环境友好指数及排名

项目	上海	湖南	江苏	安徽	四川	浙江	江西	湖北	贵州	重庆	云南
排名	1	2	3	4	5	6	7	8	9	10	11
得分	0.694	0.685	0.684	0.665	0.664	0633	0.629	0.626	0.602	0.601	0562

资料来源：《中国城市统计年鉴2019》、各省市2019年统计年鉴。

三　长江经济带产业转型升级20强城市

根据前述综合指数得分，选择由各个省会城市和相对较为发达的城市构成的20个重要城市进行分析，并且这20强城市可以进一步分为四个梯队（见表11）。其中，上海进入20个重要城市的第一梯队，南京、苏州、武汉和杭州进入第二梯队，无锡、长沙、成都、宁波、常州、合肥进入第三梯队，台州、镇江、南昌、舟山、重庆、芜湖、扬州、贵阳、昆明位列20个重要城市的第四梯队。

表11　2018年长江经济带产业转型升级指数20强城市分类

类别	城市	综合得分
第一梯队	上海	0.780
第二梯队	南京、苏州、武汉、杭州	0.564
第三梯队	无锡、长沙、成都、宁波、常州、合肥	0.512
第四梯队	台州、镇江、南昌、舟山、重庆、芜湖、扬州、贵阳、昆明	0.410

上海在长江经济带126城市产业转型升级排名中居榜首，为第一梯队之首，是长江经济带产业转型升级的重要引擎。从构成产业转型升级综合指数的4个一级指标来看，上海结构优化一级指标排名第一，指数得分为0.783，远高于排第二名的南京，这主要得益于上海产业结构和就业结构表现突出。2018年，上海第三产业增加值占比高达69.9%，比排第二名的南京高出8个百分点。产业集聚度达到2.103，是126个城市中唯一集聚度超过2.0的城市，比该项指标排名第二的苏州高出一半以上。先进生产性服务业从业人员占比达到24.0%，也是126个城市中唯一超过20%的城市。上海质量提升指数位居第一，虽然上海的人均GDP、全员劳动生产率分别达到134982元和25.5万元/人，低于南京（152886元、29.2万元/人）、苏州（173765元、32.1万元/人）等城市，但建设用地土地生产率、投资效益系数、工业企业固定资产利润率等指标却远远高于南京，分别高251%、54%和34%。上海产业创新一级指标位居第一，指数得分为0.837，与其后的武汉（0.547）、南京（0.437）等城市相比保持了显著的领先优势，这主要得益于上海较高的研发经费投入、活跃的专利科技活动和高水平的成果转化能力，其中发明专利授权数达2.1万件、技术合同成交额高达867.5亿元、国

家级科技成果转化中心和技术中心达到69家，各项指标均列首位。但在研发人员投入强度和科技财政投入占比等方面，上海排名落后于南京、杭州等城市。上海环境友好排名一般，排第40，指数得分为0.694。上海这一指标得分较低的原因主要是资源利用率和环境保护成效还不够凸显，除了单位工业增加值用电量排名较靠前外，一般工业固体废弃物综合利用率及单位工业增加值废水、废气、烟尘排放量等指标均不尽如人意，远远落后于杭州、贵阳、昆明等地（见表12）。

表12　2018年上海产业转型升级一级指标

指标	上海		对比城市:南京	
	得分	排名	得分	排名
结构优化	0.783	1	0.600	2
质量提升	0.798	1	0.570	5
产业创新	0.837	1	0.437	4
环境友好	0.694	40	0.672	61

南京、苏州、武汉、杭州这四个城市进入长江经济带20个重要城市的第二梯队，位列长江经济带产业转型升级综合排名的第二至第五名。除苏州之外，其余三个城市均为省会城市。

南京作为经济发达省份——江苏省的省会，综合排名第二，综合得分0.573，这得益于其结构优化一级指标排第二名，仅低于上海，尤其是南京的就业结构得分达到0.904，排在上海之后居第二位。2018年南京从事非农产业和先进生产性服务业的人员占比分别达到99.8%和20%，仅次于上海。此外，南京产业创新一级指标排名第四，其中南京的创新产出二级指标表现突出，位居第二，2018年南京高水平期刊科技类论文发表数量高达3270篇，超过上海居首位。授权发明专利数量达到11090件，仅次于上海。但南京在创新投入上表现相对较弱，仅排第35名。南京质量提升一级指标排名第5，指数得分为0.570，主要得益于高效的生产效率和投资效益，两项二级指标排名均位居前列。其中，2018年底南京人均GDP达到15.3万元，仅次于无锡和苏州；工业企业资产利润率和建设用地土地生产率分别达到26.6%和1.95亿元/平方公里，排名均处于前列。但南京的投资效益系数和全员劳动生产率表现略为逊色，分别居第17名和第15名。南京环境友好一级指标仅排名第61，指数得分为0.672。其中表现较好的是单位工业增加值用电量达11.6元/千瓦时，排名前三十，表现一般的指标有一般工业固体废弃物综合利用率及单位工业增加值废水、废气、烟粉尘排放，排名均在前50名之后。

苏州是进入长江经济带20个重要城市产业转型升级第二梯队的唯一非省会城市，这和苏州近年来创新发展、转型升级的发展策略密不可分。从4个一级指标来看，苏州结构优化和质量提升两个一级指标表现突出，均排名第4，这主要得益于苏州的产业结构、生产效率等二级指标，两者分列第2和第4名。其中，2018年苏州产业集聚度达到1.51，仅次于上海，外贸依存度达到831.8，超过上海，位居第一，人均GDP达到17.38万元，居第二。此外，苏州的全员劳动生产率、建设用地土地生产率、投资效益系数等指标均列前五位。产业创新一级指标排名第8，主要得益于苏州的创新产出和成果转化两个二级指标。具体而言，授权发明专利数量、国家企业技术中心数量、技术合同成交额等指标表现出色，其中2018年苏州授权发明专利数量达10845件，位居第三，国家级科技成果转化基地与企业技术中心数有24家，位居第四，技术合同成交额156.0亿元，位居第六，以上出色的成绩与苏州雄厚的产业基础和极强的科技成果转化能力分不开。但苏州的高水平期刊科技类论文发表数量、R&D经费投入强度和R&D人员投入强度、科教支出占财政预算支出比重等指标表现一般，排名均在前十名之后，未来苏州应以加强创新策源能力、加大创新投入为主要抓手，提升区域产业转型升级水平。此外，苏州环境友好一级指标得分0.656，排名第68位，未来在单位产值污染排放物方面应有进一步的加强。

武汉作为湖北省省会，产业转型升级排名第4。武汉产业创新实力极强，得分达0.547，仅次于上海。其中，创新产出二级指标排名第3，成果转化二级指标排名第2。2018年，武汉技术合同交易额达625.8亿元，国家级科技成果转化基地与企业技术中心数29家，分列第2和第3位；高水平期刊科技类论文发表数量和授权发明专利数量分别达到2394篇和8807件，在长江经济带126个城市中分列第3和第5位。质量提升一级指标排名第9，其中生产效率得分0.595，排名第8，但投资效益仅排第24位。2018年，武汉人均GDP达13.5万元，建设用地土地生产率为1.833亿元/平方公里，分别排名第7和第9。结构优化一级指标排名第11位，其中就业结构二级指标排名第8，产业结构排名第23。2018年，武汉就业结构情况良好，非农产业从业人员比重和先进生产性服务业从业人员比重分别在99%和14%以上，均进入长江经济带126个城市中的前十位。此外，武汉的产业集聚度达1.3，位列前十。环境友好一级指标排名第12，主要得益于资源利用二级指标表现良好。2018年，武汉资源利用得分0.532，排名第7。其中，单位工业增加值用电量为16.895元/千瓦时，一般工业固体废弃物综合利用率为97.04%，均位列前十。相比其他第二梯队的城市，武汉四个一级指标领域得分较为接近，发展较为均衡。

杭州是经济强省——浙江的省会，在长江经济带126个城市的产业转型升级中综合排名第5。从4个一级指标来看，杭州在结构优化、质量提升和产业创新上均表现优异，但在环境友好领域表现欠佳。具体而言，结构优化中的第三产业增加值占GDP比重高达63.9%，仅次于上海，这与杭州这几年致力于发展数字经济“一号工程”密不可分。产业集聚度1.28，外贸依存度256.9，均在前十位。就业结构中的先进生产性服务业从业人员比重高达17.4%，仅次于上海和南京，与产业结构相辅相成。产业创新一级指标得分0.452，排名第3，下属3个二级指标创新投入、创新产出、成果转化分别排名第10、第5和第4。其中，技术合同交易额为222.7亿元，排名第5，国家企业技术中心数量37家，与成都并列第二，仅次于上海。授权发明专利数量和高水平期刊科技类论文发表数量分别达10267件和1359篇，均位列前十。质量提升方面，杭州的投资效益二级指标排名第5，投资效益系数和工业企业固定资产利润率分别达到22.0%和31.4%，排名均位于前列。杭州环境友好一级指标表现不太理想，得分仅为0.630（见表13）。

表 13　2018 年南京、苏州、武汉、杭州产业转型升级一级指标

指标	南京		苏州		武汉		杭州	
	得分	排名	得分	排名	得分	排名	得分	排名
结构优化	0. 600	2	0. 581	4	0. 498	11	0. 592	3
质量提升	0. 570	5	0. 639	4	0. 520	9	0. 552	6
产业创新	0. 437	4	0. 329	8	0. 547	2	0. 452	3
环境友好	0. 672	61	0. 656	68	0. 728	12	0. 630	80

无锡等 6 个城市进入长江经济带 20 个重要城市产业转型升级的第三梯队。这 6 个城市可以分为两类，一类是沿江各省的省会或直辖市，包括长沙、成都、合肥，这些省会城市和其他城市相比，在产业创新一级指标上存在突出优势：一方面，创新产出成果丰富。得益于丰富的大学和科研院所等科技创新载体和较为雄厚的产业基础，长沙、成都、合肥的授权发明专利数量分别为 4823 件、8304 件、5597 件，高水平期刊科技类发表论文数量分别为 1359 篇、1840 篇和 914 篇，仅次于第一梯队和第二梯队的各个城市。另一方面，成果转化成效显著。如长沙、成都、合肥的技术合同交易额分别达到 102. 5 亿元、362. 7 亿元和 142. 7 亿元，国家企业技术中心数量分别为 19 家、37 家和 36 家，两项指标在长江经济带 126 城市中均居前 15 位。此外，长沙在质量提升、产业创新、环境友好三个一级指标方面表现均较为良好，排名分别为第 8、第 7 和第 7，2018 年长沙单位工业增加值用电量及单位工业增加值废水、烟粉尘排放量均位列前茅。成都结构优化和产业创新分别排名第 7 和第 5，其中 2018 年成都产业集聚度和工业企业固定资产利润率分别达到 1. 20 和 33. 0%，在长江经济带 126 个城市中排名靠前。合肥则在 R&D 经费投入强度上达到 3. 4%，位居第二，仅次于上海。

6 个城市中除了省会城市，还有另一类城市即江浙经济发达的地级市，包括无锡、宁波、常州。这些地级市凭借雄厚的经济基础和产业基础，在产业转型升级方面具备一定优势。第一，生产效率较高，人均、地均产值达到高水平。2018 年，无锡、常州、宁波人均 GDP 分别达到 17. 4 万元、14. 9 万元和 13. 3 万元，分别位列第 1、第 4 和第 9；建设用地土地生产率分别达到2.5亿元/平方公里、1.6亿元/平方公里和1.1亿元/平方公里，分别位列第2、第5和第8。此外，无锡、常州的全员劳动生产率均超过50万元/人，分别列第二、第三位。第二，产业结构、就业结构进一步优化。如无锡、宁波的产业集聚度分别达到1.14和1.13，非农产业从业人员比重超过95%，均位列长江经济带126个城市前十位。第三，研发投入强度巨大，尤其是研发人员投入指标，如2018年无锡R&D人员投入强度达7.6%，位居第2，仅次于长沙（见表14）。

表14　2018年长江经济带20个主要城市产业转型升级第三梯队一级指标

城市	结构优化		质量提升		产业创新		环境友好	
	得分	排名	得分	排名	得分	排名	得分	排名
无锡	0.504	9	0.678	2	0.309	10	0.663	65
长沙	0.498	12	0.529	8	0.345	7	0.733	7
成都	0.530	7	0.446	11	0.430	5	0.684	50
宁波	0.542	6	0.541	14	0.222	17	0.698	37
常州	0.469	19	0.647	12	0.176	22	0.690	42
合肥	0.455	21	0.367	28	0.384	6	0.707	26

江浙皖部分发达城市以及赣云贵三省的省会进入长江经济带126城市产业转型升级20个重要城市的第四梯队。其中台州、镇江等是东部沿海较为发达的地级市，GDP排名基本位于省内的中上游，而南昌、贵阳和昆明则为内陆省会城市。凭借发达的经济和优质的产业、就业结构，台州等城市在结构优化、质量提升两项一级指标上表现相对较好，如2018年舟山第三产业增加值占GDP比重达到56.6%，位居第四，仅次于沪宁杭三市；外贸依存度达570.7，位居第三，仅次于苏州和上海，远远超过重庆、贵阳、昆明。扬州、镇江的人均GDP均超过12万元，超过不足10万元的南昌、贵阳和昆明三个省会城市。台州、扬州的投资效益系数接近20，台州、扬州的工业企业固定资产利润率接近20%，也超过南昌、贵阳和昆明三市。在产业创新方面，重庆表现较好，R&D人

员投入强度达3.9%，授权发明专利数量达6570件，技术合同交易额达121.7亿元，均列前十位。而贵阳、昆明在环境友好方面表现较好，分列第9和第13，两者单位工业增加值废水、废气、烟粉尘排放量均不足1吨，单位工业增加值用电量也超过了11元/千瓦时，远远优于同梯队的东部城市（见表15）。

表15　2018年长江经济带20个主要城市产业转型升级第四梯队一级指标

城市	结构优化		质量提升		产业创新		环境友好	
	得分	排名	得分	排名	得分	排名	得分	排名
台州	0.449	26	0.398	20	0.242	15	0.701	33
镇江	0.452	24	0.417	17	0.159	25	0.707	27
南昌	0.439	31	0.375	24	0.139	34	0.719	17
舟山	0.577	5	0.291	59	0.063	92	0.712	23
重庆	0.456	20	0.311	49	0.323	9	0.601	100
芜湖	0.407	47	0.350	32	0.282	11	0.652	69
扬州	0.387	67	0.420	16	0.133	36	0.706	29
贵阳	0.416	40	0.293	58	0.076	74	0.732	9
昆明	0.375	83	0.368	27	0.091	58	0.726	13

附录：产业转型升级评价方法

本报告使用权重优化模型，运用层次分析法和熵值法对各子系统进行了综合权重分析，指标体系如附表1。首先，需要确定各级指标的具体权重，通过运用层次分析法（AHP）和熵值法（EVM）对各子系统进行综合权重分析。该研究方法的主要目的是尽可能避免出现指标权重的不确定性，以达到各指标赋权的主客观一致性，同时也确保各子系统内部权重之和为1。

附表 1　产业转型升级指数指标体系

一级指标		二级指标		三级指标		
名称	权重	名称	权重	序号	名称	权重
结构优化	0.3	产业结构	0.6	1	第二产业增加值占 GDP 比重	0.2
				2	第三产业增加值占 GDP 比重	0.3
				3	产业集聚度	0.2
				4	外贸依存度	0.3
		就业结构	0.4	5	非农产业从业人员比重	0.5
				6	先进生产性服务业从业人员比重	0.5
质量提升	0.3	生产效率	0.5	7	人均 GDP	0.4
				8	全员劳动生产率	0.3
				9	建设用地土地生产率	0.3
		投资效益	0.5	10	投资效益系数	0.5
				11	工业企业固定资产利润率	0.5
产业创新	0.2	创新投入	0.3	12	R&D 经费投入强度	0.35
				13	R&D 人员投入强度	0.35
				14	科教支出占财政预算支出比重	0.3
		创新产出	0.3	15	授权发明专利数量	0.5
				16	高水平期刊科技类论文发表数量	0.5
		成果转化	0.4	17	技术合同交易额	0.5
				18	国家企业技术中心数量	0.5
环境友好	0.2	资源利用	0.5	19	单位工业增加值用电量	0.5
				20	一般工业固体废弃物综合利用率	0.5
		环境保护	0.5	21	单位工业增加值废水排放量	0.4
				22	单位工业增加值废气排放量	0.3
				23	单位工业增加值烟粉尘排放量	0.3

B.8 长江经济带社会发展指数报告（2020）

刘玉博*

摘　要： 本报告基本延续了上年度长江经济带社会发展指数的分析方法，通过扩充样本数量、改进分析框架，对长江经济带全域范围内126个城市社会事业、社会保障、社会均衡和社会活力四个领域的发展成效进行综合评价。整体而言，长江经济带126个城市社会发展指数得分处于相对较低水平，区域差距较大。从分项指标看，长江经济带城乡发展相对均衡，卫生事业和教育事业发展相对较好。报告列示了长江经济带社会发展四大领域的标杆城市，并进一步对比了14个重要节点城市社会领域的发展情况，发现上海、杭州和苏州社会领域的发展较为均衡，部分城市在社会发展的细分领域仍明显滞后，需进一步采取有针对性的举措促进社会全面发展。

关键词： 长江经济带　社会发展　社会指数

在2020年全面建成小康社会之后，长江经济带社会领域的发展将迈入新的征程。为更好地服务于长江经济带社会领域的健康发展，本报告基本沿用了上年度长江经济带社会发展指标体系构建方法和分析工具，并进一步增补分析了长江经济带15个自治州等地区的社会发展状况，将城市样本数量由110个扩充

* 刘玉博，经济学博士，上海社会科学院城市与人口发展研究所助理研究员，研究方向为城市经济和产业结构，近年来主要从事城市收缩、人口流动与区域平衡发展等方面的研究。

为126个，更全面、系统地掌握长江经济带全域社会发展状况。具体地，本报告重点关注了长江经济带126个城市社会事业、社会保障、社会均衡和社会活力四方面的发展动向，分析了长江经济带社会发展的区域差距，并对14个重要节点城市社会领域的发展水平进行了评价，为检验长江经济带社会发展成效、寻找进一步推动长江经济带社会发展的着力点提供数据支持和决策参考。

一 指标体系构建

（一）指标选取

本报告重点关注长江经济带各城市在社会事业、社会保障、社会均衡和社会活力等方面的综合表现。其中，社会事业领域主要评价教育事业、卫生事业和文化事业发展概况。社会保障领域主要关注保障水平和保障覆盖两个方面的发展水平。社会均衡领域关注生产效率与公平的良性互动，主要评价收入水平、消费水平和城乡差距概况。社会活力领域关注城市未来发展潜力，主要评价人力资源和经济基础概况。最终形成了包括4项一级指标、10项二级指标和30项三级指标在内的综合评价体系（见表1）。

表1 长江经济带社会发展指数指标体系

一级指标	二级指标	三级指标	权重
社会事业	教育事业	人均教育投入[①]（元）	2
		万人教育行业从业人员数（人）	2
		义务教育生师比[②]	2
		高中生师比[③]	2
		万人在校大学生数（人）	2
	卫生事业	人均医疗卫生投入（元）	3
		万人卫生机构床位数（张）	2.5
		万人卫生技术人员数（人）	2.5
	文化事业	人均文化体育与传媒投入（元）	3
		万人文化事业单位从业人员数（人）	2.5
		宽带网络普及率（%）	2.5

续表

一级指标	二级指标	三级指标	权重
社会保障	保障水平	人均社会保障和就业投入(元)	5
		最低工资标准④(元/月)	5
	保障覆盖	城镇职工养老保险参保率⑤(%)	5
		城镇职工医疗保险参保率(%)	5
		城镇职工失业保险参保率(%)	5
社会均衡	收入水平	城乡居民人均可支配收入(元)	2.5
		职工平均工资(元)	2.5
		城乡居民人均可支配收入增长率(%)	1.5
		职工平均工资增长率(%)	1.5
	消费水平	城乡居民人均消费支出(元)	6
	城乡差距	城乡居民人均可支配收入比	5
		城乡居民人均消费支出比	5
社会活力	人力资源	大专及以上教育人口比重⑥(%)	3.5
		常住人口密度(人/平方公里)	3.5
		外来人口比重(%)⑦	3
		劳动参与率(%)⑧	3
	经济基础	GDP 增长率(%)	4
		人均 GDP(元)	4
		地均 GDP(万元/平方公里)	4

注：①人均教育投入 = 一般预算财政支出中教育经费支出额/常住人口。人均医疗卫生投入、人均文化体育与传媒投入、人均社会保障和就业投入，类同。②义务教育生师比 = （初中在校学生数 + 小学在校学生数）/（初中专任教师数 + 小学专任教师数）。③高中生师比 = 高中在校学生数/高中专任教师数。④为当地城市最低工资标准的第一档水平。⑤城镇职工养老保险参保率（城镇职工养老保险参保人数/各行业从业人口）×100%。城镇职工医疗保险参保率、城镇职工失业保险参保率，类同。⑥由于数据可得性较差，以城市所在省份的相应数据进行替换。⑦外来人口比重 = [（常住人口 - 户籍人口）/常住人口] ×100%。⑧劳动参与率计算方法：（从业人口/常住人口）×100%。

资料来源：《中国城市统计年鉴 2019》、各城市 2019 年统计年鉴、各城市 2018 国民经济和社会发展统计公报，各城市 2018 国民经济和社会发展计划执行情况与 2019 年国民经济和社会发展计划草案，以及各城市社会保障职能部门公开发布数据。

（二）指数计算

报告沿用极值化方法对各三级指标数据进行标准化处理，其中正向指标的标准化公式为：

$$x'_{ij}=\frac{x_{ij}-\min\{x_{ij}\}}{\max\{x_{ij}\}-\min\{x_{ij}\}}$$

其中，x_{ij} 代表二级指标 x 第 i 项三级指标中第 j 个城市的统计性原始数据；$\min\{x_{ij}\}$ 为三级指标 x_i 的最小值，$\max\{x_{ij}\}$ 为三级指标 x_i 的最大值；x'_{ij} 为标准化后的数据，$x'_{ij}\sim[0,1]$。负向指标①的标准化公式为：

$$x'_{ij}=\frac{\max\{x_{ij}\}-x_{ij}}{\max\{x_{ij}\}-\min\{x_{ij}\}}$$

各二级指标、一级指标和社会发展指数得分为下一级指标得分的加权平均值。

二　长江经济带126个城市社会发展领域整体评价

（一）社会发展指数整体排名

根据指数计算结果，表 2 列示了长江经济带 126 个城市社会发展综合指数得分及排名情况。

表 2　长江经济带 126 个城市社会发展指数排名

排名	城市	指数	排名	城市	指数	排名	城市	指数
1	上海	73.27	8	武汉	46.62	15	绍兴	42.92
2	杭州	56.07	9	成都	46.39	16	镇江	39.94
3	南京	55.84	10	常州	46.00	17	荆州	39.15
4	苏州	55.03	11	贵阳	45.93	18	南通	39.09
5	无锡	50.97	12	嘉兴	45.34	19	丽水	38.64
6	宁波	48.53	13	长沙	45.34	20	扬州	38.53
7	舟山	48.36	14	湖州	43.98	21	泰州	37.86

① 负向指标为：义务生师比、高中生师比、城乡居民人均可支配收入比和城乡居民人均消费支出比。

续表

排名	城市	指数	排名	城市	指数	排名	城市	指数
22	衢州	37.70	46	黄石	32.76	70	迪庆藏族自治州	28.60
23	阿坝藏族羌族自治州	37.60	47	乐山	32.60	71	益阳	28.46
24	攀枝花	37.59	48	淮安	32.39	72	十堰	28.33
25	台州	37.48	49	马鞍山	32.31	73	恩施土家族苗族自治州	28.14
26	南昌	37.37	50	绵阳	31.87	74	赣州	28.08
27	昆明	37.27	51	宜宾	31.48	75	广元	27.90
28	合肥	37.06	52	景德镇	31.34	76	德宏傣族景颇族自治州	27.65
29	金华	36.92	53	鹰潭	31.19	77	南充	27.63
30	重庆	36.52	54	黄山	30.85	78	永州	27.48
31	温州	36.21	55	自贡	30.54	79	郴州	27.45
32	宜昌	36.16	56	雅安	30.42	80	红河哈尼族彝族自治州	27.39
33	株洲	35.68	57	连云港	30.37	81	咸宁	27.10
34	随州	35.31	58	九江	30.25	82	铜陵	26.98
35	湘潭	34.76	59	泸州	30.16	83	广安	26.93
36	盐城	34.16	60	常德	30.11	84	安庆	26.87
37	襄阳	34.11	61	玉溪	30.05	85	黔南布依族苗族自治州	26.86
38	萍乡	34.10	62	衡阳	30.03	86	蚌埠	26.83
39	德阳	33.70	63	遵义	29.91	87	黔西南布依族苗族自治州	26.76
40	新余	33.54	64	眉山	29.72	88	丽江	26.70
41	甘孜藏族自治州	33.51	65	岳阳	29.65	89	荆门	26.69
42	徐州	33.28	66	遂宁	29.09	90	池州	26.67
43	芜湖	33.27	67	宿迁	29.02	91	楚雄彝族自治州	26.56
44	西双版纳傣族自治州	32.99	68	内江	28.92	92	怒江傈僳族自治州	26.56
45	鄂州	32.85	69	宣城	28.85	93	资阳	26.54

续表

排名	城市	指数	排名	城市	指数	排名	城市	指数
94	六盘水	26.37	105	达州	25.56	116	邵阳	24.23
95	张家界	26.21	106	凉山彝族自治州	25.54	117	湘西土家族苗族自治州	24.17
96	孝感	26.20	107	淮北	25.32	118	黔东南苗族侗族自治州	24.15
97	滁州	26.16	108	安顺	25.27	119	上饶	23.96
98	宜春	26.07	109	文山壮族苗族自治州	25.26	120	六安	23.69
99	保山	25.97	110	普洱	25.11	121	昭通	23.58
100	大理白族自治州	25.91	111	怀化	24.82	122	黄冈	22.82
101	吉安	25.90	112	铜仁	24.71	123	亳州	22.43
102	抚州	25.80	113	淮南	24.57	124	毕节	22.23
103	临沧	25.69	114	曲靖	24.43	125	阜阳	21.97
104	娄底	25.68	115	巴中	24.28	126	宿州	20.26

（二）社会发展水平综合评价

长江经济带社会发展整体处于相对较低水平，指数得分均值仅为32.03。长江经济带126个城市中，上海社会发展水平最好，综合指数得分为73.27。长江经济带城市社会发展水平差距较大，指数得分标准差为8.36，最大值是最小值的3.62倍。在4项一级指数中，社会均衡指数表现相对较好，均值为11.79，社会保障领域发展相对不足，均值为4.18（见表3）。总体来看，4项一级指数均值平均较低，为8.01。

表3　长江经济带126个城市社会发展指数得分统计信息

指数		均值	最大值	最小值	标准差	中位数
社会发展指数		32.03	73.27	20.26	8.36	29.82
一级指数	社会事业	8.27	15.95	3.68	2.30	7.68
	社会保障	4.18	18.79	0.29	2.98	3.10
	社会均衡	11.79	18.56	7.04	2.40	11.55
	社会活力	7.80	20.52	3.05	2.27	7.26

图1为长江经济带126个城市社会发展指数得分频次分布情况。大多数城市社会发展水平偏低，共计100个城市社会发展指数得分位于（24，39]，占比79.37%。其中，得分位于（24，29]的城市数量最多为51个，得分位于（29，34]的城市数量为29个。

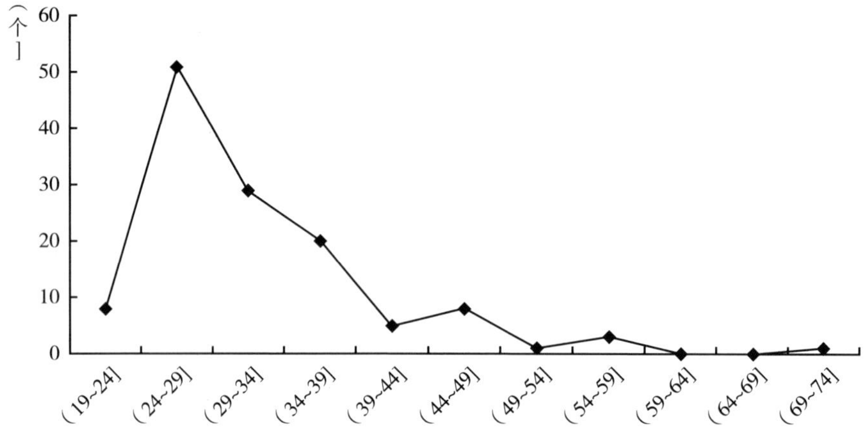

图1 长江经济带126个城市分组频次分布

为便于今后逐年对比分析，可根据各城市社会发展指数得分高低，主要按照等距分析法，将长江经济带126个城市分为4个类别（见表4）。其中一级城市分值大于49分，共计5个，分别为上海、杭州、南京、苏州和无锡；二级城市社会发展指数得分分值区间为（39，49]，共计13个，分别为宁波、舟山、武汉、成都、常州、贵阳、嘉兴、长沙、湖州、绍兴、镇江、荆州和南通；三级城市社会发展指数得分分值区间为（29，39]，共计49个；四级城市社会发展指数得分分值区间为（19，29]，共计59个。

表4 长江经济带126个城市社会发展领域类别划分

城市组别	分值区间	指数得分均值	包含城市数量(个)
社会发展一级城市	>49	58.24	5
社会发展二级城市	(39,49]	44.43	13
社会发展三级城市	(29,39]	33.47	49
社会发展四级城市	(19,29]	25.89	59

（三）社会发展细分领域评价

从分项指标看，长江经济带 126 个城市城乡发展相对均衡，卫生事业和教育事业发展较好。由表 5 和图 2 可知，长江经济带 126 个城市社会发展领域各二级指数均值满分达标率①平均为 32.80%。其中，长江经济带 126 个城市城乡均衡领域发展较好，二级指数城乡差距均值的满分达标率为 75.62%，各城市城乡居民人均可支配收入比均值为 2.33，各城市城乡居民人均消费支出比均值为 1.90，与上年基本持平。除城乡均衡领域发展较好外，长江经济带 126 个城市卫生事业和教育事业二级指数得分的满分达标率也相对较高，分别为 36.12% 和 35.19%。

表 5　长江经济带 126 个城市社会发展二级指数得分统计

二级指数	均值	最大值	最小值	标准差	中位数
教育事业	3.52(10)	7.20	1.54	0.96	3.54
卫生事业	2.89(8)	5.52	1.16	0.90	2.77
文化事业	1.86(8)	4.72	0.30	0.98	1.55
保障水平	1.90(10)	10.00	0.19	1.16	1.73
保障覆盖	2.28(15)	15.00	0.00	2.40	1.38
收入水平	2.18(8)	5.60	0.79	0.75	2.03
消费水平	2.04(6)	6.00	0.00	0.96	1.76
城乡差距	7.56(10)	9.82	3.95	1.32	7.85
人力资源	4.26(13)	11.95	0.55	1.30	4.16
经济基础	3.54(12)	8.56	0.81	1.25	3.34

注：括号内为每个二级指数的权重。

（四）社会发展50强城市分布

在长江经济带社会发展领域排名前 50 位的城市中，有 26 个城市来自下

① 均值满分达标率 = 均值/权重。如城乡差距指数得分均值为 7.56，权重为 10，满分达标率为 75.62%。

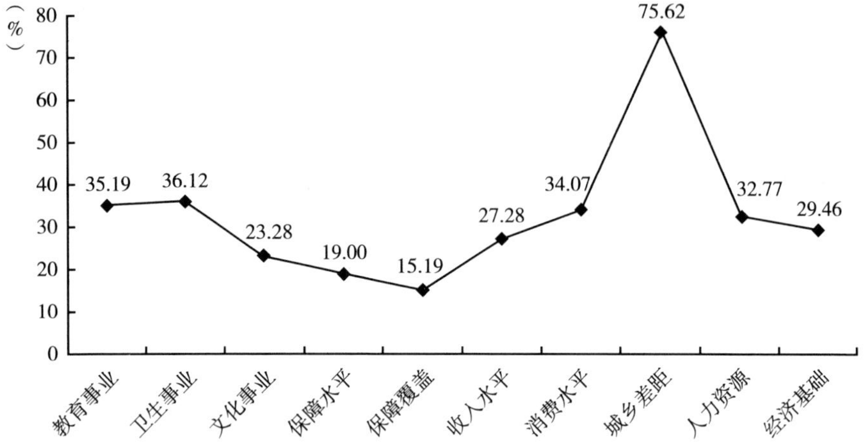

图 2　长江经济带 126 个城市社会发展二级指数满分达标率

游地区，占下游城市总数的 63. 41%；13 个城市来自中游地区，占中游城市总数的 34. 21%；11 个城市来自上游地区，占上游城市总数的 23. 40%。其中，江苏和浙江各包含 11 个城市，分别占江苏和浙江城市总数的 84. 62% 和 100%。湖北和四川各包含 7 个前 50 位城市，分别占湖北和四川城市总数的 53. 85% 和 33. 33%（见图 3）。

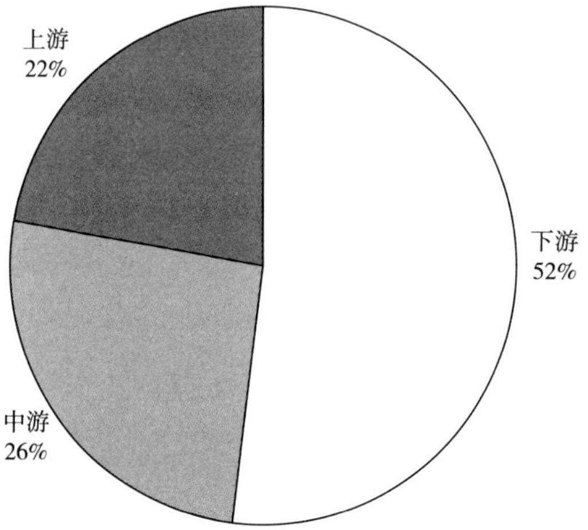

a.50强城市地区分布

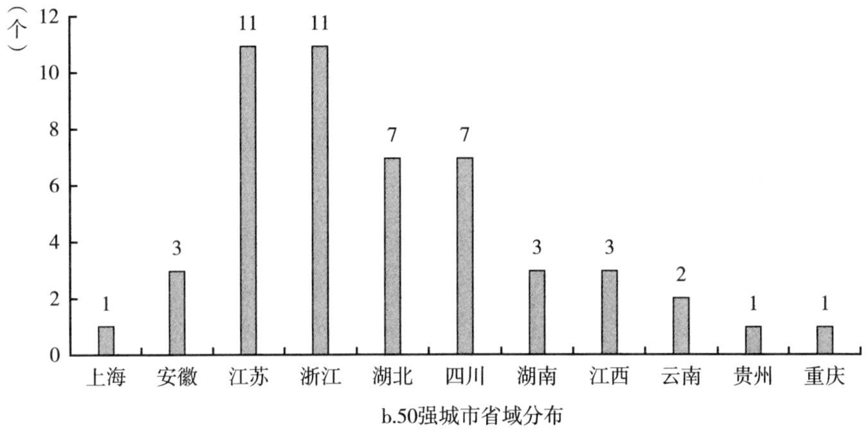

图 3　长江经济带社会发展领域排名前 50 位城市空间分布

三　长江经济带126个城市社会发展四大领域分析

（一）社会事业领域

从绝对值看，长江经济带 126 个城市人均教育投入为 1914. 72 元，较上一年（未包含自治州数据，下同）平均水平提升 10. 67%；126 个城市万人教育行业从业人员数和万人在校大学生数分别为 120. 72 人和 166. 5 人，较上一年平均水平分别提升 5. 32% 和 –8. 99%（见图 4）。

表 6 为长江经济带 126 个城市社会事业领域十大优势/标杆城市，分别为南京、上海、杭州、阿坝藏族羌族自治州、甘孜藏族自治州、成都、苏州、长沙、昆明和舟山，其中包含 4 个一级城市、3 个二级城市和 3 个三级城市。由表 6 可知，在社会事业发展十大优势城市中，阿坝藏族羌族自治州的社会均衡领域和社会活力领域发展相对不足；甘孜藏族自治州的社会均衡领域和社会活力领域发展相对不足；长沙社会保障领域发展相对不足；昆明社会保障领域和社会均衡领域发展相对不足，是未来提升社会发展水平的主要着力点。

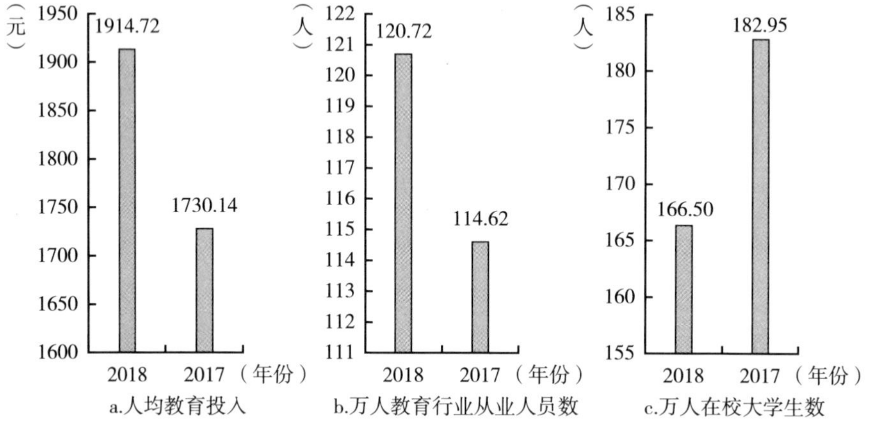

图 4　长江经济带 126 个城市社会事业发展相关数据

表 6　长江经济带社会事业领域优势城市

城市	社会事业指数得分	综合排名	城市类别	二级指数排名			
				社会事业	社会保障	社会均衡	社会活力
南京	15. 95	3	一级	1	7	11	4
上海	15. 40	1	一级	2	1	1	1
杭州	15. 27	2	一级	3	5	2	9
阿坝藏族羌族自治州	15. 06	23	三级	4	24	72	117
甘孜藏族自治州	13. 25	41	三级	5	31	125	63
成都	13. 12	9	二级	6	9	19	13
苏州	12. 78	4	一级	7	6	5	3
长沙	12. 42	13	二级	8	35	3	10
昆明	12. 36	27	三级	9	46	59	27
舟山	12. 25	7	二级	10	12	7	11

（二）社会保障领域

长江经济带 126 个城市人均社会保障和就业投入为 1430. 72 元，较上一年（未包含自治州数据，下同）1274. 56 元的水平提高 12. 25%。城镇职工养老保险参保率均值为 43. 38%，较 2017 年 37. 11% 的平均水平提高 6. 27

个百分点；城镇职工医疗保险参保率均值为 33.68%，较上一年提高 3.17 个百分点；城镇职工失业保险参保率为 19.24%，较上一年下降 1.03 个百分点（见图 5）。

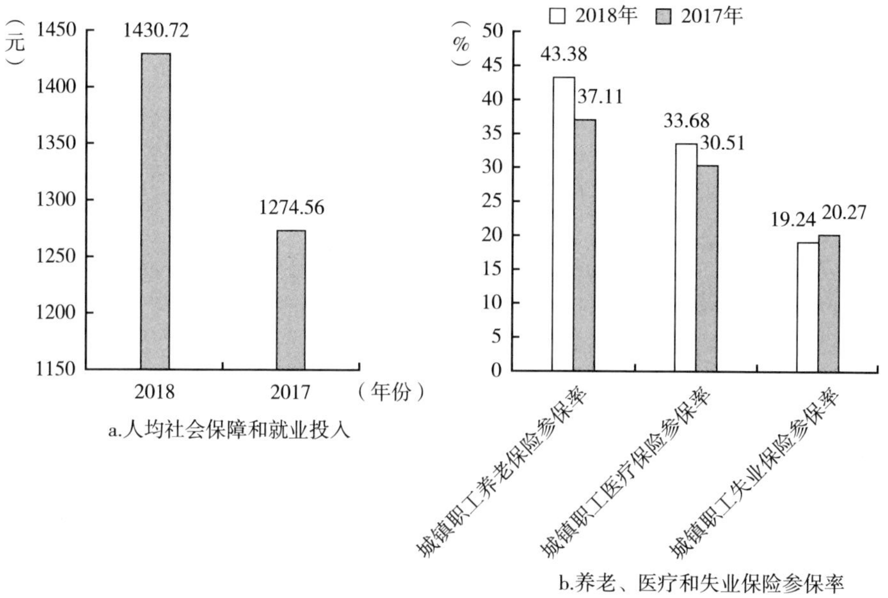

图 5　长江经济带 126 个城市社会保障发展相关数据

表 7 为长江经济带 126 个城市社会保障领域十大优势/标杆城市，分别为上海、荆州、贵阳、随州、杭州、苏州、南京、宁波、成都和恩施土家族苗族自治州。从社会保障指数得分看，长江经济带各城市社会保障领域发展水平差别较大，上海得分最高为 18.79，得分高于第 10 位城市恩施土家族苗族自治州近 10 分。在社会保障领域十大优势城市中，共包含 4 个一级城市、4 个二级城市，1 个三级城市和 1 个四级城市。由表 7 可知，荆州、随州和恩施土家族苗族自治州的社会事业领域、社会均衡领域和社会活力领域发展均较为不足，是以上 3 个城市社会领域发展的明显短板。

表7　长江经济带社会保障领域优势城市

城市	社会保障指数得分	综合排名	城市类别	二级指数排名			
				社会事业	社会保障	社会均衡	社会活力
上　海	18.79	1	一级	2	1	1	1
荆　州	16.12	17	二级	108	2	61	121
贵　阳	12.93	11	二级	12	3	33	35
随　州	11.81	34	三级	114	4	46	120
杭　州	11.01	2	一级	3	5	2	9
苏　州	10.82	4	一级	7	6	5	3
南　京	10.77	3	一级	1	7	11	4
宁　波	9.27	6	二级	19	8	6	7
成　都	8.85	9	二级	6	9	19	13
恩施土家族苗族自治州	8.80	73	四级	71	10	122	125

（三）社会均衡领域

长江经济带126个城市城乡居民人均可支配收入均值为26859.20元，较上一年（未包含自治州数据，下同）26522.68元的平均水平增长1.27%；城乡居民人均消费支出均值为18040.65元，较上一年17236.01元增长4.67%。从城乡差距看，长江经济带126个城市城乡居民人均可支配收入比为2.33，较上一年比值增长0.03个点；城乡居民人均消费支出比为1.90，较上一年比值增长0.06个点（见图6）。

表8为长江经济带126个城市社会均衡领域十大优势/标杆城市，分别为上海、杭州、长沙、无锡、苏州、宁波、舟山、嘉兴、湖州和绍兴，其中包含4个一级城市和6个二级城市。在社会均衡领域十大优势城市中，长沙的社会保障领域发展相对不足，是未来其进一步推动社会领域发展的主要方向；其余城市社会发展的四大领域相对平衡。

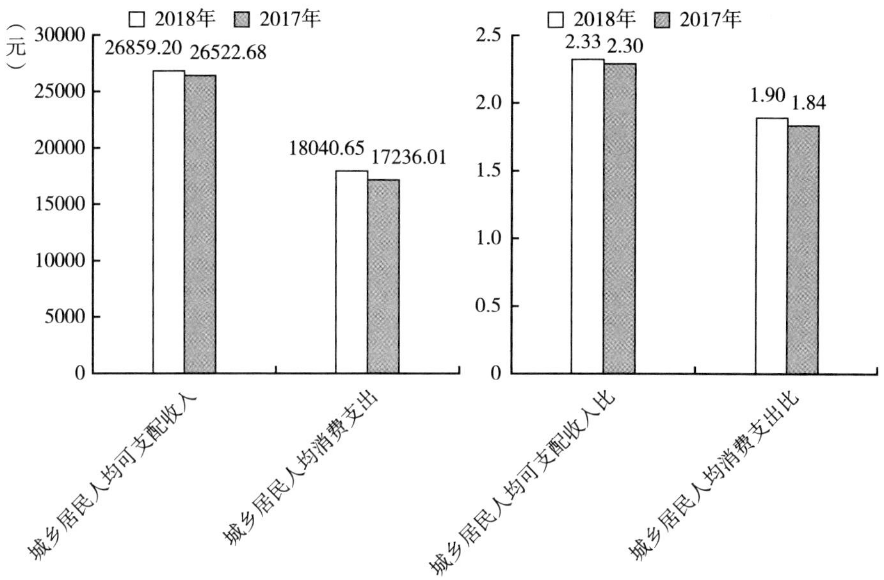

图 6　长江经济带 126 个城市社会均衡发展相关数据

表 8　长江经济带社会均衡领域优势城市

城市	社会均衡指数得分	综合排名	城市类别	二级指数排名			
				社会事业	社会保障	社会均衡	社会活力
上海	18.56	1	一级	2	1	1	1
杭州	18.12	2	一级	3	5	2	9
长沙	17.12	13	二级	8	35	3	10
无锡	17.09	5	一级	14	11	4	2
苏州	17.06	4	一级	7	6	5	3
宁波	16.96	6	二级	19	8	6	7
舟山	16.86	7	二级	10	12	7	11
嘉兴	16.50	12	二级	18	19	8	8
湖州	15.99	14	二级	16	17	9	17
绍兴	15.94	15	二级	22	20	10	12

（四）社会活力领域

长江经济带126个城市常住人口密度为444.37人/平方公里，较上一年（未包含自治州数据，下同）下降9.77%；外来人口比重为-5.24%，较上一年-5.55%的平均水平有所提升；人均GDP均值为59228.66元，与上一年59265.93元的水平基本持平；地均GDP为3570.49万元/平方公里，较上一年下降5.22%（见图7）。

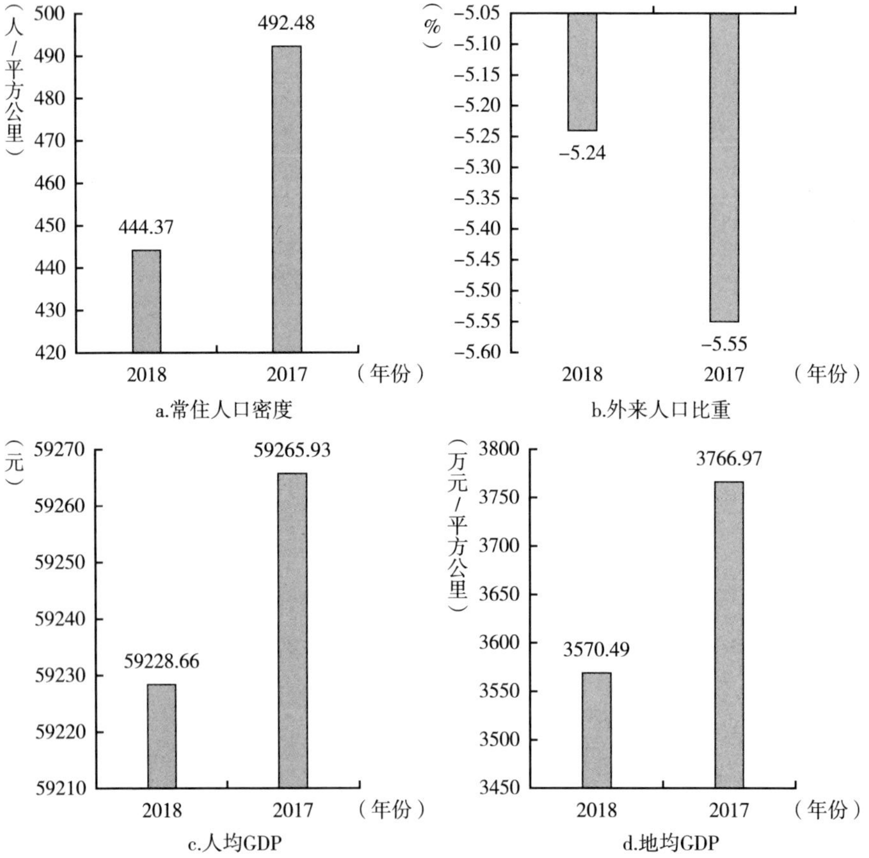

图7　长江经济带126个城市社会活力发展相关数据

表 9 为长江经济带社会活力领域十大优势/标杆城市，分别为上海、无锡、苏州、南京、武汉、常州、宁波、嘉兴、杭州和长沙，其中包含 5 个一级城市、5 个二级城市。从社会活力指数得分绝对值看，长江经济带社会活力领域十大优势城市发展水平差距较大，上海得分最高为 20.52，为排第 10 位的长沙得分的 1.86 倍。在长江经济带社会活力领域十大优势城市中，除长沙社会保障领域发展相对滞后外，其余城市四大社会领域的发展相对平衡。

表 9　长江经济带社会活力领域优势城市

城市	社会活力指数得分	综合排名	城市类别	二级指数排名			
				社会事业	社会保障	社会均衡	社会活力
上海	20.52	1	一级	2	1	1	1
无锡	14.49	5	一级	14	11	4	2
苏州	14.36	4	一级	7	6	5	3
南京	13.25	3	一级	1	7	11	4
武汉	13.11	8	二级	15	16	14	5
常州	12.54	10	二级	27	14	12	6
宁波	12.10	6	二级	19	8	6	7
嘉兴	12.06	12	二级	18	19	8	8
杭州	11.68	2	一级	3	5	2	9
长沙	11.05	13	二级	8	35	3	10

四　长江经济带14个重要节点城市的社会发展情况

根据经济体量和经济辐射能力，长江经济带共包含 14 个重要节点城市，其中上海辐射能力最强，苏州、南京、无锡、重庆、武汉、宁波、杭州、合肥、长沙、成都和南昌次之，以上 12 个中心城市再加上云南和贵州的省会昆明和贵阳，构成长江经济带 14 个重要节点城市。14 个重要节点城市中，成都、贵阳、重庆和昆明 4 个城市位于上游，武汉、长沙和南昌 3 个城市位于中游，上海、杭州、南京、苏州、无锡、宁波以及合肥 7 个城市位于下游。

（一）综合排名

图 8 为长江经济带 14 个重要节点城市社会发展综合指数得分情况。上海社会发展指数得分最高为 73.27 分，高出排第 2 位的杭州 17.20 分。由图 8 可知，长江经济带 14 个重要节点城市社会领域的发展水平呈现较为明显的三个层次，上海最优，其次为杭州、南京、苏州、无锡、宁波、武汉、成都、贵阳和长沙，再次为南昌、昆明、合肥和重庆。

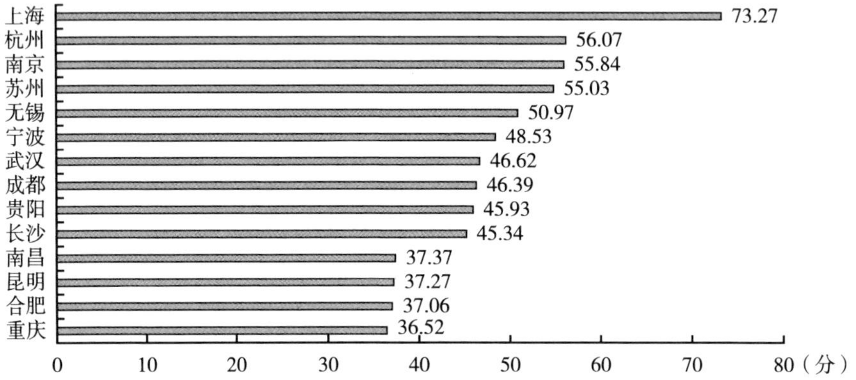

图 8　长江经济带 14 个重要节点城市社会发展指数得分

表 10 为长江经济带 14 个重要节点城市社会发展指数的排名情况。从综合排名情况看，与上一年相比，上海、杭州、南京蝉联 126 个城市前 3 名，苏州排名由第 5 位上升为第 4 位，无锡由第 7 位上升为第 5 位，宁波由第 8 位上升为第 6 位。武汉排名下降，由第 4 位降至第 8 位。成都由排名第 14，上升为排名第 9。贵阳名次上升明显，由第 22 位上升至第 11 位。长沙维持第 13 位不变。南昌名次下降 3 位，排名第 26 位。昆明排名由第 19 位下降至第 27 位，合肥由第 26 位下降至 28 位。重庆排名由第 33 位上升至第 30 位。

从 4 个一级指标得分排名看，上海、杭州和苏州是长江经济带社会发展最为均衡的城市，宁波、南昌、合肥和重庆等社会事业领域的发展相对欠缺，武汉、长沙、南昌、昆明和合肥等需要增强社会保障，成都、贵阳、南昌、昆明、合肥和重庆等仍需进一步促进社会均衡，贵阳、南昌、昆明和重庆等则需要采取有效举措激发社会活力。

表 10　长江经济带 14 个重要节点城市社会领域发展排名

城市	综合指数排名	一级指数排名				城市类别
		社会事业	社会保障	社会均衡	社会活力	
上海	1	2	1	1	1	一级
杭州	2	3	5	2	9	一级
南京	3	1	7	11	4	一级
苏州	4	7	6	5	3	一级
无锡	5	14	11	4	2	一级
宁波	6	19	8	6	7	二级
武汉	8	15	16	14	5	二级
成都	9	6	9	19	13	二级
贵阳	11	12	3	33	35	二级
长沙	13	8	35	3	10	二级
南昌	26	21	33	38	19	三级
昆明	27	9	46	59	27	三级
合肥	28	30	55	23	14	三级
重庆	30	26	13	62	73	三级

（二）对比分析

分别对比分析长江经济带 14 个重要节点城市在教育、卫生、社保、城乡差距、人力资源等方面的发展成效。

教育方面，从人均教育经费投入情况看，上海最高为 3787. 43 元，其次为杭州和南京，人均教育经费投入分别为 3216. 76 元和 2999. 69 元。成都人均教育经费投入较低，为 1627. 80 元，是上海人均经费的 42. 98%。从在校大学生数和万人在校大学生数看，重庆、武汉和南京等在校大学生数绝对值最高，分别为 111. 19 万人、96. 90 万人和 85. 68 万人；南昌、南京和贵阳万人在校大学生数最高，分别为 1101.06 人、1015.62 人和 944.32 人（见图 9）。

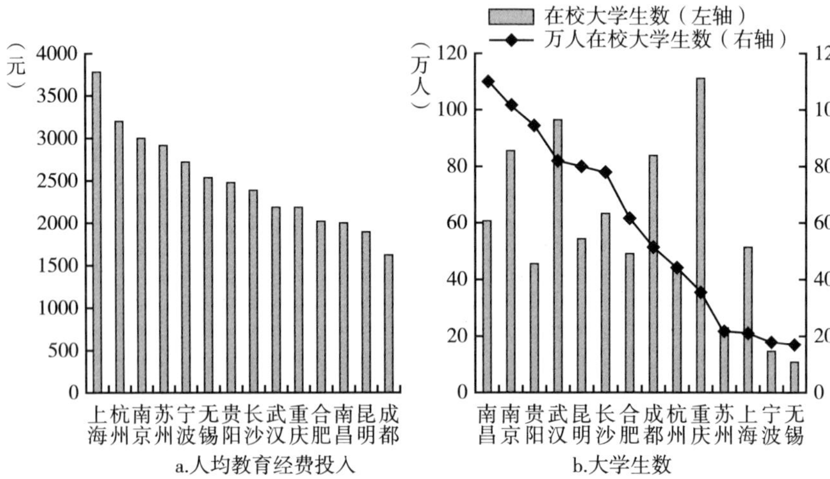

图 9 长江经济带 14 个重要节点城市教育方面相关指标

卫生方面，从相对数量看，长沙、昆明和成都人均医疗资源相对丰富，万人卫生机构床位数较多，分别为 94.79 张、92.86 张和 87.72 张，相较之下，上海、南昌和宁波人均医疗资源相对紧缺，万人卫生机构床位数分别为 60.73 张、60.44 张和 46.33 张。从万人卫生技术人员数量看，杭州、昆明和成都排名前三，万人卫生技术人员数分别为 119.75 人、115.63 人和 103.30 人；合肥、南昌和重庆万人卫生技术人员数相对较少，分别为 75.43 人、74.89 人和 67.46 人（见图 10）。

社保方面，从人均社会保障和就业投入看，长江经济带 14 个重要节点城市相差较大，其中上海最高为人均 3850.97 元，是排名第 2 位城市重庆人均水平的 1.55 倍。合肥、贵阳、成都人均社会保障和就业投入较低，分别为 1132.15 元、1095.48 元和 1081.33 元。从最低工资标准[①]看，上海最高为 2420 元/月，无锡、杭州、宁波最低工资标准均高于 2000 元/月。贵阳、

① 此处数据为当地城市可查最低工资标准的第一档水平。

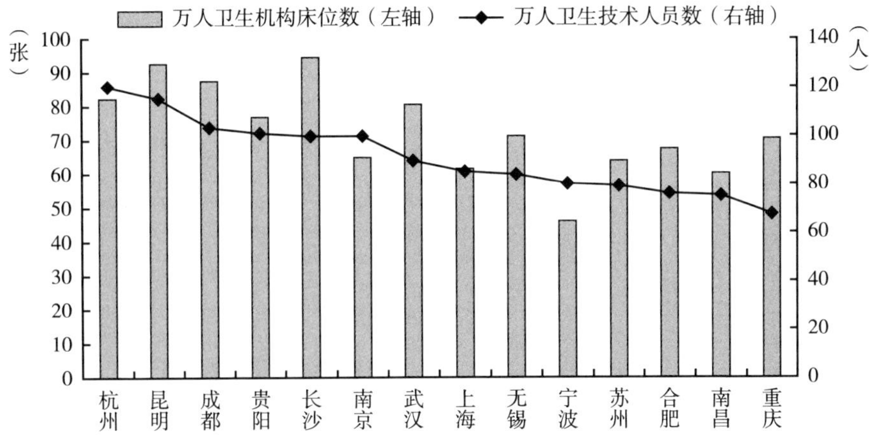

图 10　长江经济带 14 个重要节点城市医疗卫生相关指标

合肥和成都最低工资标准较低，分别为 1600 元、1550 元和 1550 元（见图 11）。

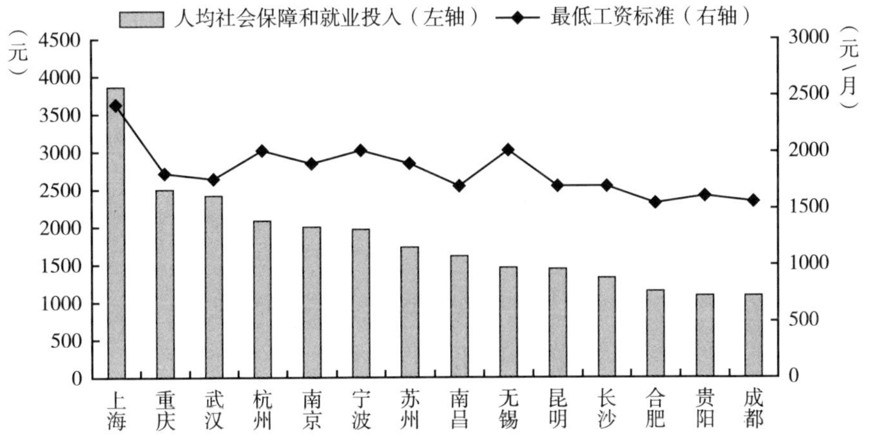

图 11　长江经济带 14 个重要节点城市社会保障相关指标

城乡差距方面，从收入绝对值情况看，长江经济带 14 个重要节点城市城乡居民人均可支配收入差距较大，上海城乡居民人均可支配收入最高为 64183 元，重庆城乡居民人均可支配收入最低为 26386 元。从城乡收入差距看，昆明、重庆、南京的城乡居民人均可支配收入比最大，分别为2.89、2.53和2.35。从人均消费绝对值看，上海和杭州城乡居民人均消费支出水平最高，分别为43351元和37369元，合肥和重庆城乡居民人均消费支出水平最低，分别为21547元和19248元。从城乡消费差距看，昆明、上海和南昌城乡居民人均消费支出比最大，分别为2.53、2.30和2.30，杭州、成都和无锡城乡居民人均消费支出比较小，分别为1.72、1.71和1.63（见图12）。

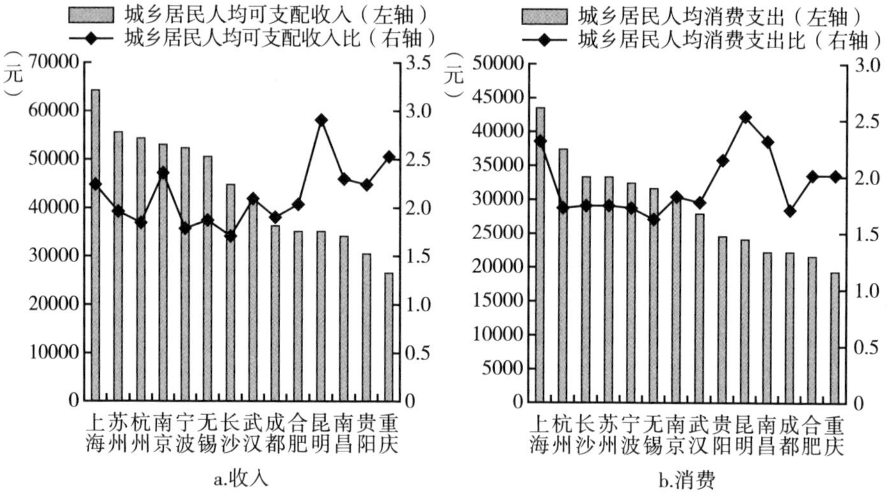

图12　长江经济带14个重要节点城市城乡差距相关指标

人力资源方面，外来人口比重可侧面反映城市对人口和人才的吸引力，上海和苏州外来人口比重最高，分别为39.67%和34.38%，合肥、南昌外来人口比重较低，分别为6.27%和4.09%。重庆常住人口比户籍人口少301.85万人，为人口净流出城市。常住人口中大专及以上教育人口比重可侧面反映城市人力资源储备状态，上海最高为31.70%，高于排名第二城市宁波15.81个百分点，南昌和贵阳常住人口中大专及以上教育人口比重最低，分别为9.91%和9.30%（见图13）。

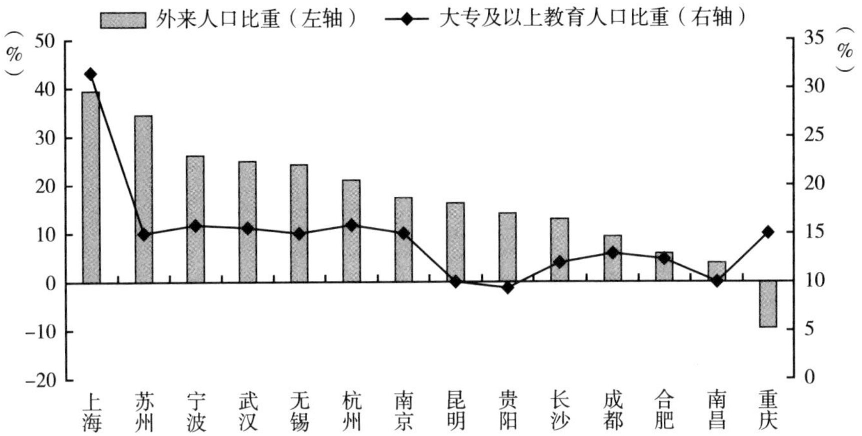

图 13　长江经济带 14 个重要节点人力资源相关指标

注：①外来人口比重 = ［（常住人口 - 户籍人口）/常住人口］×100%；②由于数据缺失，此处大专及以上教育人口比重为城市所在省份数据。

五　长江经济带上、中、下游城市社会发展水平的差异

在长江经济带 126 个城市中，共包含 47 个上游城市、38 个中游城市和 41 个下游城市。整体来看，长江经济带上、中、下游城市社会发展水平差别较为显著。

综合得分方面。长江经济带上游城市社会发展指数综合得分均值为 29.28，低于全样本均值 2.75；中游城市社会发展指数综合得分均值为 30.47，低于全样本均值 1.56；下游城市社会发展指数综合得分均值为 36.63，高于全样本均值 4.6。

分项得分方面，从社会发展的四大领域看，长江经济带上游城市社会事业领域发展相对较好，得分高于全样本均值 0.24，且高于中游城市社会事业指数得分的平均值，与下游城市社会事业指数得分均值基本持平。长江经济带下游城市在社会均衡和社会活力领域的优势较为明显，得分分别高于全样本均值 1.86 和 1.49，分别高于中游城市平均水平 2.09 和 2.02，分别高于上游城市平均水平 3.30 和 2.38。

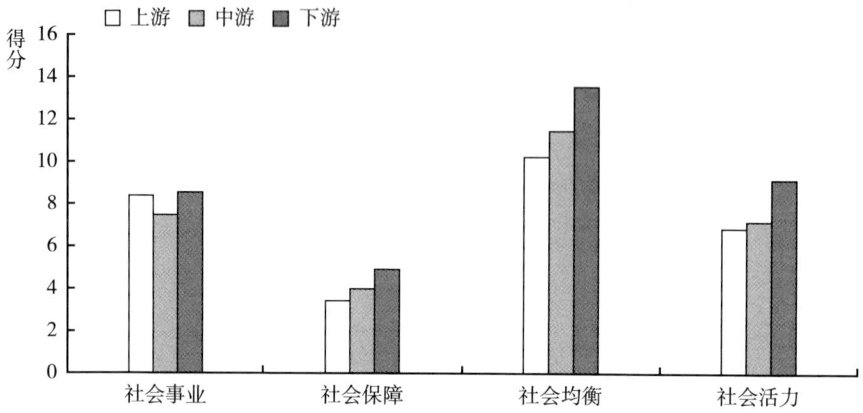

图14　长江经济带上、中、下游城市社会发展指标得分情况

城市类别方面，上游地区共包含0个一级城市、2个二级城市、17个三级城市和28个四级城市。中游地区共包含0个一级城市、3个二级城市、16个三级城市和19个四级城市。下游地区共包含5个一级城市、8个二级城市、16个三级城市和12个四级城市（见图15）。

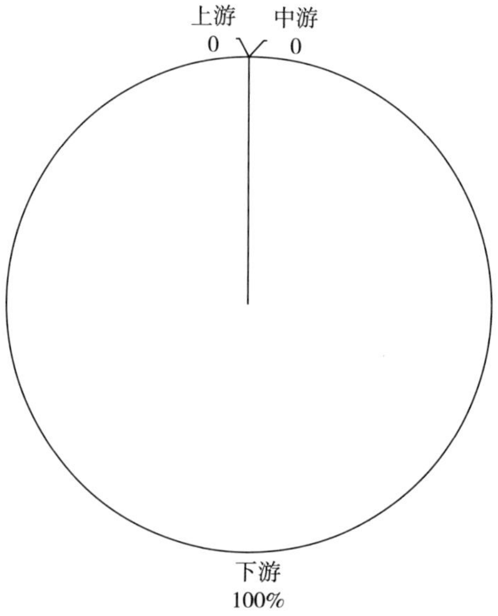

a.一级城市

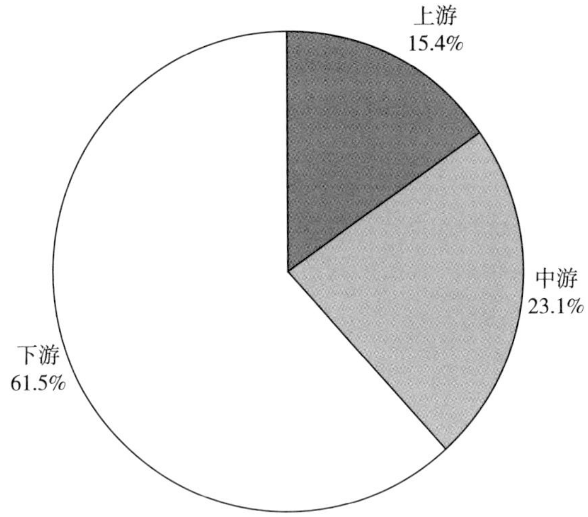

b.二级城市

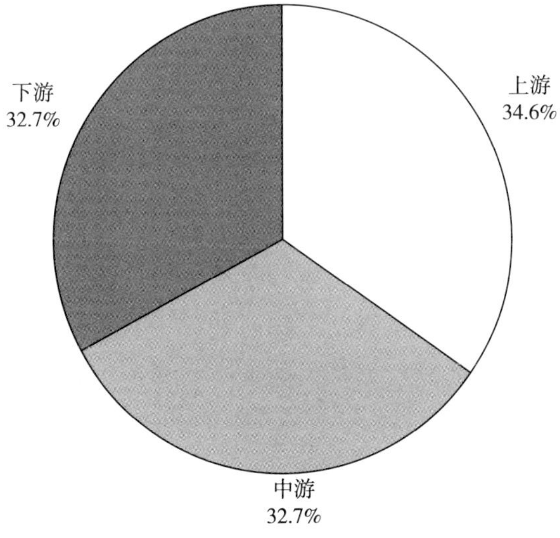

c.三级城市

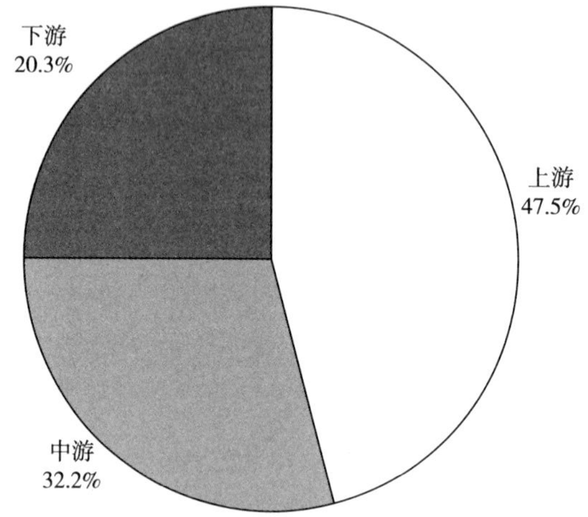

d.四级城市

图 15　长江经济带各类别城市的空间分布

六　小结

本报告通过建立长江经济带社会发展指数，综合评价了长江经济带126个城市社会事业、社会保障、社会均衡和社会活力领域的发展状况。整体来看，长江经济带各城市社会领域的发展较上一年整体有所提升，但仍处于相对较低的水平。从细分领域看，长江经济带126个城市城乡发展相对均衡，卫生事业和教育事业发展相对较好。从空间特征看，长江经济带社会发展呈现明显的空间差异，下游地区整体优于上游和中游地区。从重点城市看，14个重要节点城市中，上海、杭州、苏州社会发展各领域最为均衡，南昌、昆明、合肥和重庆社会发展水平相对较低，部分城市在社会发展的某一细分领域存在明显滞后，需进一步采取具有针对性的举措促进社会领域全面健康发展。

参考文献

王振主编《长江经济带蓝皮书：长江经济带发展报告（2018～2019）》，社会科学文献出版社，2020。

康珈瑜、梁留科、张忠良、索志辉：《长江经济带城乡收入差距时空演变及影响因素（2000～2015年）》，《华东经济管理》2017年第12期。

王维：《长江经济带城乡协调发展评价及其时空格局》，《经济地理》2017年第8期。

熊兴、余兴厚、蒲坤明：《长江经济带基本公共服务综合评价及其空间分析》，《华东经济管理》2019年第1期。

庄汝龙、宓科娜、陈阳、赵彪：《长三角地区社会福利与经济增长耦合协调时空分异》，《长江流域资源与环境》2017年第2期。

姜磊、周海峰、柏玲：《长江中游城市群经济—城市—社会—环境耦合度空间差异分析》，《长江流域资源与环境》2017年第5期。

李旭辉、朱启贵、胡加媛：《基于“五位一体”总布局的长江经济带城市经济社会发展动态评价研究》，《统计与信息论坛》2018年第7期。

B.9
长江经济带收入分配指数报告（2020）

乐　菡*

摘　要： 为了平衡初次分配和再分配所选取的指标数量，在现有公开数据的条件下，本报告对2018年的收入分配指标体系做了进一步完善，仅评价了初次分配的效率性和公平性，选取了要素生产效率、要素配置效率、初次分配过程公平、初次分配结果公平四大指标，共筛选了11个测度指标，对长江经济带110个城市收入分配指数进行了分析评价。2017～2018年，长江经济带110个城市初次分配的指数结果显示，长江经济带在健全收入分配制度、改善收入分配状况方面取得了不少成绩，但依然有不合理、不规范的地方需要进一步改善。

关键词： 长江经济带　收入分配　公平与效率

一　引言

按照"两个一百年"计划的时间表和路线图，2020年我国将全面建成小康社会，这意味着探索建立公正合理的收入分配格局、实现推进共同富裕等现代化目标都要在这一年交上答卷。中共十九届四中全会在按劳分配为主体、多种分配方式并存与公有制为主体、多种所有制经济共同发展的社会主义市场经济体制等社会主义基本经济制度中，将分配制度纳入社会主义基本

* 乐菡，上海社会科学院信息研究所助理研究员，研究方向为人口经济学。

经济制度范畴，从而构建收入分配指标体系有助于深化对社会主义制度体系的认识。

本报告围绕长江经济带110个城市的收入分配效率和公平进行了双维度的评价，构建了一套包含初次分配效率性和公平性的指标体系，对长江经济带110个城市收入分配进行了评价。并在此基础上进一步完善了指标体系，更新了110个城市的最新收入分配相关数据，重新评估了长江经济带收入分配的格局。本报告的安排如下：第二部分对长江经济带110个城市的收入分配现状及发展趋势进行分析，第三部分进一步完善收入分配的评价指标体系，第四部分是收入分配指标体系的评价结果，第五部分是对策建议。

二　长江经济带收入分配现状及发展趋势

（一）长江经济带中上游城市劳动生产率增速放缓

全员劳动生产率能够反映收入分配的效率，从2018年110个城市的全员劳动生产率的分布状况来看（见表1），长江经济带下游城市的全员劳动生产率排名较为靠前，其中江苏省整体的全员劳动生产率较高，排前20的城市中有8个城市属于江苏省。长江经济带上、中游的收入分配效率较低，在排最后20名的城市中，大部分城市分布在云南省、四川省、安徽省。与2017年全员劳动生产率的分布状况比较，2018年长江经济带的全员劳动生产率的分布变化不大，全员劳动生产率最高的三个城市依然是江苏省无锡市、南京市、苏州市，全员劳动生产率最低的三个城市依然是六安市、昭通市、阜阳市。

从2017～2018年全员劳动生产率的变化趋势来看，110个城市中有83个城市2018年的全员劳动生产率提高了，尤其是分布在长江经济带中游和上游地区的城市，2017～2018年全员劳动生产率的增速较快，德阳市、绵阳市、武汉市、荆门市、咸宁市、鄂州市、成都市等的劳动生产率增长都超过10%。长江中游、上游的一些城市在初次分配中的效率不断提高，该趋势与2020年逐步形成合理有序的收入分配目标相一致。此外，长江经济带110个城市中有27个城市在2018年全员劳动生产率较2017年出现了一定幅度的下降，其中安徽省的部分城市下降幅度最大。淮北市、淮南市、蚌埠市、亳州市、六安市、阜阳市等的下降幅度都超过了50%，其原因主要是这些城市的地区生产总值增速放缓，甚至出现了负增长（见图1）。

表1　长江经济带部分城市全员劳动生产率情况

单位：元/人

排序	省份	城市	全员劳动生产率	排序	省份	城市	全员劳动生产率
1	江苏省	无锡市	294657.9	91	四川省	资阳市	56748.6
2	江苏省	南京市	277137.9	92	湖北省	黄冈市	56221.0
3	江苏省	苏州市	268633.1	93	贵州省	毕节市	54827.4
4	湖北省	武汉市	263212.5	94	安徽省	淮南市	51631.4
5	江西省	新余市	250388.6	95	四川省	达州市	51019.5
6	江苏省	常州市	249832.4	96	湖北省	荆州市	50623.1
7	上海市	上海市	237557.8	97	云南省	曲靖市	50433.5
8	江西省	南昌市	235130.0	98	湖南省	怀化市	49076.3
9	湖南省	长沙市	231841.1	99	四川省	广元市	48588.1
10	湖北省	孝感市	227869.7	100	云南省	保山市	43695.3
11	江西省	鹰潭市	223033.4	101	安徽省	宿州市	41886.4
12	江苏省	镇江市	207905.5	102	云南省	丽江市	41648.4
13	江苏省	扬州市	204648.8	103	云南省	普洱市	40635.3
14	浙江省	宁波市	198761.9	104	云南省	临沧市	40633.3
15	湖北省	宜昌市	195581.3	105	四川省	巴中市	37610.4
16	江西省	九江市	195538.1	106	安徽省	亳州市	34744.0
17	浙江省	杭州市	194069.1	107	浙江省	丽水市	34200.6
18	四川省	攀枝花市	186777.6	108	安徽省	六安市	31585.3
19	江苏省	泰州市	185394.9	109	云南省	昭通市	27881.8
20	江苏省	南通市	185208.8	110	安徽省	阜阳市	25419.2

资料来源：根据各省市统计年鉴、统计公报计算得出，其中湖南省部分城市由于缺乏社会从业人员规模数据，用全省平均数据替代。

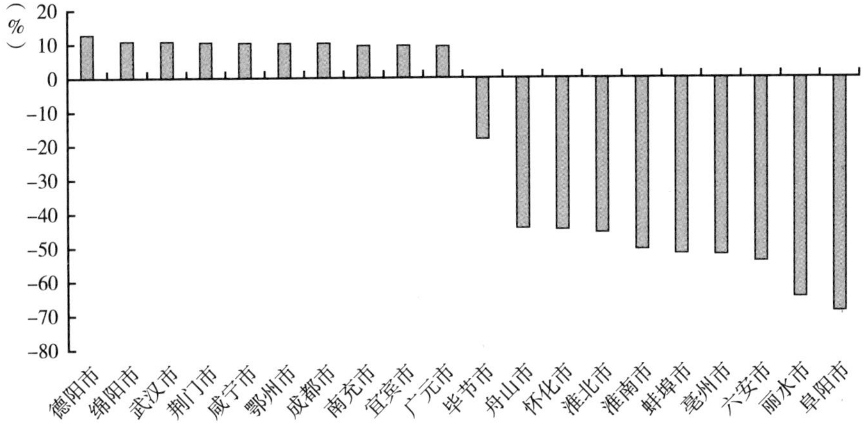

图1　长江经济带部分城市全员劳动生产率增速变化

（二）长江经济带各城市的经济发展水平呈现出强者恒强的特征

人均地区生产总值是地区经济发展水平重要指标，2017 年人均地区生产总值排名前 20 的城市包含了长江经济带 11 个省市的省会城市及部分长江经济带下游城市。从 2018 年 110 个城市人均地区生产总值的排名来看，前 20 名的城市几乎没有变化，仅排名发生了些许变化。人均地区生产总值前三名，2017 年分别是苏州市、无锡市、南京市，2018 年分别是无锡市、苏州市、南京市，苏州市 2017 年的人均生产总值为 162388 元/人，2018 年增长至 173765 元/人，无锡市 2017 年的人均生产总值为 160706 元/人，2018 年增长至 174270 元/人。2018 年长江经济带人均地区生产总值排最后 20 名的城市也没有发生太大变化，但部分城市的人均生产总值呈现显著提升趋势，具体来看，2017 年阜阳市、巴中市、昭通市的人均地区生产总值排在 110 个城市的最后三名，2018 年昭通市的人均地区生产总值由 15119 元/人增长至 32143 元/人，排名也由第 110 名上升至第 97 名（见表 2）。

长江经济带省份城市和下游城市由于自然禀赋和经济基础，人均地区生产总值一直保持着较高的水平，但从 2017 年、2018 年人均地区生产总值的排名情况可以看出，部分长江经济带上游城市的经济发展水平得到了显著提升，区域间的发展差距也有所缩小。

表 2　长江经济带部分城市人均地区生产总值情况

单位：元

序号	省份	城市	2018 年人均地区生产总值	序号	省份	城市	2018 年人均地区生产总值
1	江苏省	无锡市	174270	91	云南省	临沧市	34102
2	江苏省	苏州市	173765	92	贵州省	铜仁市	33720
3	江苏省	南京市	152886	93	湖南省	永州市	33035
4	江苏省	常州市	149277	94	江西省	上饶市	32555
5	浙江省	杭州市	140180	95	安徽省	淮南市	32487
6	湖南省	长沙市	136920	96	江西省	赣州市	32429
7	湖北省	武汉市	135136	97	云南省	昭通市	32143
8	上海市	上海市	134982	98	湖北省	黄冈市	32124
9	浙江省	宁波市	132603	99	四川省	南充市	31203
10	江苏省	镇江市	126906	100	湖南省	怀化市	30449
11	江苏省	扬州市	120944	101	四川省	广元市	30105
12	江苏省	南通市	115320	102	四川省	达州市	29627
13	浙江省	舟山市	112490	103	云南省	保山市	29166
14	江苏省	泰州市	109988	104	贵州省	毕节市	28794
15	浙江省	绍兴市	107853	105	安徽省	宿州市	28757
16	浙江省	嘉兴市	103858	106	安徽省	六安市	26731
17	湖北省	宜昌市	98269	107	安徽省	亳州市	24547
18	安徽省	合肥市	97470	108	湖南省	邵阳市	24178
19	江西省	南昌市	95825	109	安徽省	阜阳市	21589
20	四川省	攀枝花市	94941	110	四川省	巴中市	19458

（三）大部分城市已实现居民收入与经济发展同步增长

十九大报告提出，要“坚持在经济增长的同时实现居民收入同步增长”，居民人均可支配收入增速和人均 GDP 增速能够反映出居民收入是否与经济增长同步。图 2 对人均地区生产总值的增速和居民人均可支配收入增速进行了同步分析，斜线左边表示居民人均可支配收入的增速要高于人均地区生产总值增速，斜线右边表示居民人均可支配收入增速低于人均地区生产总值增速。从图 2 可以看出，2018 年绝大多数城市的居民能够及时分享经济发展成果，有 70 个城市的居民人均可支配收入增速要明显高于人均地区生产总值增速，仅 40 个城市的居民收入增速低于经济增速。

由图 2 可以发现，长江经济带中、下游城市的居民收入增速高于经济增速，不断增长的收入使得居民能够及时分享经济发展的成果，为居民过上富足生活打下坚实的基础。合肥市、鄂州市、台州市、嘉兴市、铜仁市、黄山市、宜宾市等城市都分布在斜线右下方，在一定程度上反映了居民收入增长水平与经济增长水平不同步。

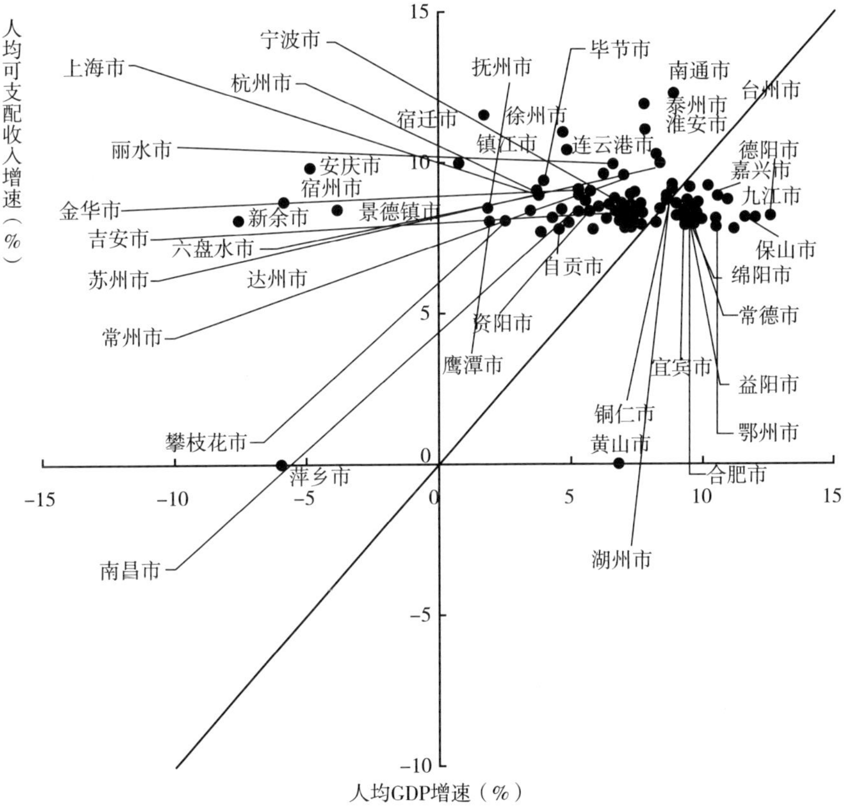

图 2　居民收入增速和经济发展增速分布

（四）长江经济带下游城市工资性收入水平较高

就业是民生之本，工资性收入是可支配收入的重要组成部分，也是老百姓日常生活的主要物质基础来源。图 3 显示了 2018 年长江经济带各城市工资性收入分布以及 2017 ~2018 年工资性收入的增速。排名在前 20 名的城市除了湖南省长沙市、安徽省合肥市两个省会城市外，其余的 18 个城市均位于长江经济带下游城市。从工资性收入水平来看，前 20 名的城市收入为 25857 ~40412 元/人。

从增速来看，长江经济带下游城市除了已经具备了较高的工资性收入水平外，2017 ~2018 年的工资性收入增速也处于较高的水平，绝大多数城市的增速都超过 5%。在经济新常态的大背景下，长江经济带下游城市的工资性收入依然能保持一定的增速，给未来长江经济带下游城市的人民生活带来了强有力的支撑。

表 3　2018 年长江经济带工资性收入排前 20 的城市

单位：元/人

排名	省份	城市	工资性收入水平
1	江苏省	苏州市	40412
2	江苏省	无锡市	38468
3	浙江省	舟山市	37387
4	上海市	上海市	37137
5	江苏省	南京市	36749
6	浙江省	嘉兴市	36243
7	浙江省	宁波市	35322
8	浙江省	杭州市	35084
9	江苏省	常州市	33842
10	浙江省	绍兴市	32703
11	浙江省	台州市	32684
12	江苏省	镇江市	31569
13	浙江省	金华市	30396
14	浙江省	湖州市	30063
15	浙江省	温州市	28746
16	湖南省	长沙市	27664
17	江苏省	泰州市	27384
18	江苏省	南通市	26720
19	安徽省	合肥市	26078
20	浙江省	衢州市	25857

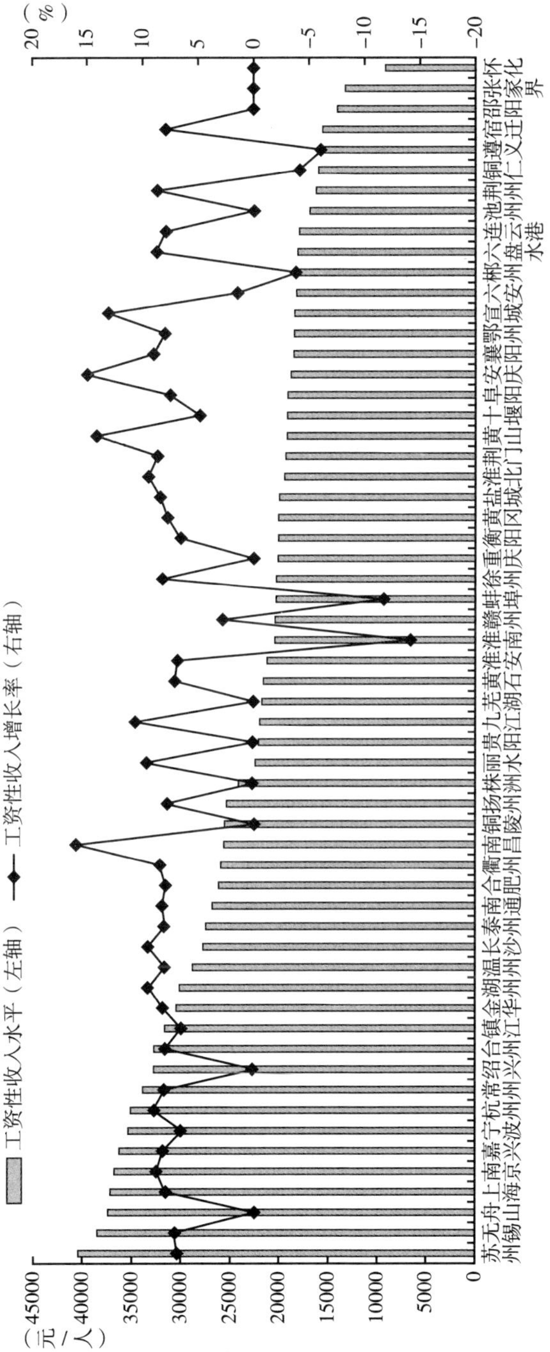

图3 长江经济带各城市的工资性收入及增速情况

（五）区域内部贫富差距依然明显

初次分配既要提高效率也要注重公平，恩格尔系数是反映收入分配公平性的重要指标。从图 4 可以看出，2018 年长江经济带下游城市的恩格尔系数在 25% ~35%，中上游城市的恩格尔系数则在 25% ~42% 波动，由此可以看出长江经济带 110 个城市之间的贫富差距依然存在，且中上游城市的贫富差距要明显高于下游城市。

与 2017 年相比，长江经济带上、中、下游三个地区没有发生太大变化，但上游部分城市的恩格尔系数显著下降了，尤其是贵州省的部分城市，恩格尔系数从 2017 年的 30% 左右下降至 2018 年的 25% 左右，这侧面反映了脱贫攻坚战取得了显著成就。

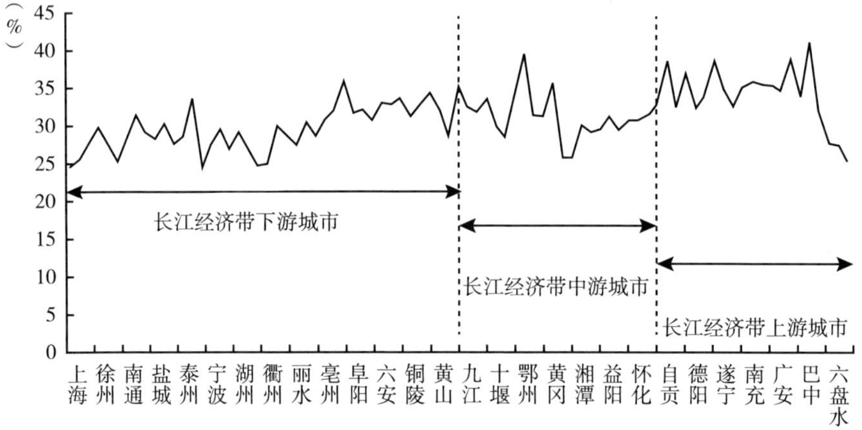

图 4　长江经济带各城市恩格尔系数分布

三　评价指标体系的完善

2017 年在构建长江经济带收入分配指标评价体系时，考虑了初次分配和再次分配两个维度，但受数据指标的限制，再次分配仅选取了一个三级指标，即养老金替代率，较难准确反映长江经济带再次分配的公平性和效率性。基于此，为了平衡初次分配和再次分配所选取的指标数量，本报告对收入分配指标评价体系做了进一步的完善，不再考虑再次分配的公平性，仅评价了初次分配的效率性和公平性，二级指标和三级指标与2017年一样保持不变，具体如表4所示。

表4　2018年长江经济带收入分配指标评价体系

一级指标	二级指标	三级指标	单位
效率	要素生产效率	劳动生产率	%
		固定资产总额增长率	%
		税收总额增长率	%
		人均地区生产总值增长率	%
	要素配置效率	城镇登记失业率	%
公平	初次分配过程公平	劳动报酬增长率	%
		居民收入增长率	%
		居民人均财产性收入占生产总值比重	%
		劳动报酬占地区生产总值的比重	%
	初次分配结果公平	恩格尔系数	%
		城乡居民人均可支配收入比	—

本报告对2017年的收入分配评价指标体系做了进一步完善，剔除了养老金替代率指标，因此对二级指标的权重进行重新调整。原来的公平维度下的二级指标包含初次分配过程公平、初次分配结果公平、再次分配公平三项指标，现在调整为初次分配过程公平、初次分配结果公平，权重分别调整为0.55和0.45，具体如表5所示，最终形成了衡量长江经济带各地区收入分配的指数值。

表5　长江经济带收入分配指标评价体系权重分配

一级指标	权重	二级指标	权重	三级指标	权重
效率	0.5	要素生产效率	0.8	劳动生产率	0.25
				固定资产总额增长率	0.25
				税收总额增长率	0.25
				人均地区生产总值增长率	0.25
		要素配置效率	0.2	城镇登记失业率	1

续表

一级指标	权重	二级指标	权重	三级指标	权重
公平	0.5	初次分配过程公平	0.55	劳动报酬增长率	0.25
				居民收入增长率	0.25
				居民人均财产性收入占生产总值比重	0.25
				劳动报酬占地区生产总值的比重	0.25
		初次分配结果公平	0.45	恩格尔系数	0.4
				城乡居民人均可支配收入比	0.6

四　长江经济带收入分配指标体系的评价结果

（一）各指标现状

根据完善后的长江经济带收入分配指标评价体系，本报告利用2017～2018年的数据对长江经济带110个城市11项指标数据进行了描述性分析。具体来看，2018年劳动生产率最高的城市是无锡市，为294658元/人，最低的是阜阳市，为25419元/人，劳动生产率最高和最低的城市与2017年一致；2017～2018年长江经济带固定资产总额增长率最高的是云南省临沧市，增速达到24.5%，最低的是江苏省镇江市，固定资产投资下降了26.5%；税收总额增长率最高的为江苏省盐城市，为53.26%，最低的为湖北省宜昌市，增长率为2.1%；人均地区生产总值增长率最高的是云南省丽江市，达到了123.87%，江西省新余市增长率最低，出现了负增长，下降了7.56%；城镇登记失业率最小值依然是杭州市，为1.6%，比2017年下降了0.1个百分点，城镇登记失业率最高值为湖南省怀化市，达到了3.77%；工资性收入增长率最低的城市是安徽省六安市，为1.49%，增长率最高的城市是安徽省铜陵市，达到了51.47%；人均可支配收入增长率最低的城市是安徽省黄山市，为0.01%，增长率最高的城市是安徽省马鞍山市，为57.65%；居民人均财产性收入占生产总值比重最低的是湖北省鄂州市，仅为2.02%，最高为贵州省铜仁市，为18.05%；劳动报酬占地区生产总值的比重最低的城市为四川省，仅为9.32%，占比最高的城市为安徽省阜阳市，高达88.19%；恩格尔系数最低的城市为浙江省杭州市，为24.41%，最高值为四川省巴中市，为41.33%，该项指标的最低值和最高值城市与2017年没有发生变化；城乡居民可支配收入比最低的是浙江省舟山市，为1.67，收入比最高的城市为贵州省毕节市，为3.2（见表6）。

表6 长江经济带收入分配指标评价体系具体指标的描述性统计分析

指标	N	极小值	极大值	均值
劳动生产率(%)	110	25419.24	294657.91	118057.17
固定资产总额增长率(%)	110	-26.50	24.50	10.19
税收总额增长率(%)	110	2.10	53.26	14.98
人均地区生产总值增长率(%)	110	-7.56	123.87	12.47
城镇登记失业率(%)	110	1.60	3.77	2.87
工资性收入增长率(%)	110	1.49	51.47	10.07
人均可支配收入增长率(%)	110	0.01	57.65	9.89
居民人均财产性收入占生产总值比重(%)	110	2.02	18.05	6.01
劳动报酬占地区生产总值的比重(%)	110	9.32	88.19	31.99
恩格尔系数(%)	110	24.41	41.33	30.80
城乡居民可支配收入比	110	1.67	3.20	2.24

资料来源：根据各省、各城市2018年统计年鉴、统计公报等公开数据整理和计算得出。

（二）标准化处理及测算公式

评价指标的无量纲处理方法依然延续2017年的处理方法，采取min－max标准化方法来消除数据量纲的影响，具体的处理公式为：

$$y_i = \frac{x_i - \min\{x_j\}}{\max\{x_j\} - \min\{x_j\}}$$

其中，$\max\{x_j\}$为样本数据的最大值，$\min\{x_j\}$为样本数据的最小值。

（三）结果分析

从最终的体现效率、促进公平的收入分配指数来看，排名靠前的主要是长江经济带中、下游城市，排名靠后的则主要是长江经济带上游城市。具体来看，110 个城市的收入分配指数在 0.222 ~0.551，其中收入分配指数较高的是盐城市、杭州市、衢州市、苏州市、无锡市、南京市、绍兴市，收入分配指数都超过了 0.5，说明了江苏省和浙江省在收入分配的效率性和公平性方面都处于较高的水平。而遂宁市、南充市、怀化市、重庆市、六盘水市、广安市、内江市、雅安市、安顺市、十堰市、泸州市、达州市、自贡市、毕节市、广元市、巴中市等城市收入分配指数都低于 0.3。

从一级指标的分值来看，长江经济带 110 个城市中，收入分配的效率最高的前 5 个城市分别是盐城市、南京市、无锡市、苏州市、常州市，效率的分值分别为 0.622、0.599、0.582、0.545、0.541，效率最低的 5 个城市分别是自贡市、重庆市、淮南市、株洲市、内江市，分值在 0.244 ~0.262，远远低于效率最高的 5 个城市。收入分配公平性最高的 5 个城市主要分布在浙江省，分别是舟山市、绍兴市、金华市、温州市以及安徽省马鞍山市，公平性最低的 5 个城市分别为达州市、十堰市、毕节市、广元市、巴中市。

从二级指标的分值来看，长江经济带 110 个城市的要素生产效率在 0.187 ~0.448，与 2017 年相比，要素生产效率的分值有所下降，主要原因在于经济处于新旧动能转换时期，部分地区的固定资产投资增长率和税收总额增长率都在一定程度上出现了下滑，拉低了整体的分值。要素配置效率衡量的是城镇就业情况，该指标为负向指标，杭州市连续两年该指标在 110 个城市中表现最好。初次分配过程公平分值范围在 0.048 ~0.271，整体处于较低的水平，反映了初次分配过程中，居民收入与经济同步增长还有待进一步提升，未来在劳动生产率提高的同时，要进一步实现劳动报酬的同步增长。初次分配结果公平分值范围在 0.095 ~0.428，初次分配结果公平主要包含了恩格尔系数和城乡居民收入差距，这两个指标都属于反向指标，即现值越高，处理后的无量纲标准值越低。具体计算结果如表7所示。

表7　长江经济带部分城市收入分配指数计算结果

城市	要素生产效率	要素配置效率	初次分配过程公平	初次分配结果公平	效率	公平	收入分配指数
盐城市	0.440	0.182	0.087	0.393	0.622	0.481	0.551
杭州市	0.331	0.200	0.108	0.420	0.531	0.528	0.529
衢州市	0.378	0.143	0.128	0.395	0.520	0.523	0.521
苏州市	0.363	0.182	0.099	0.392	0.545	0.491	0.518
无锡市	0.399	0.183	0.066	0.385	0.582	0.451	0.517
南京市	0.418	0.182	0.089	0.316	0.599	0.405	0.502
绍兴市	0.286	0.140	0.175	0.401	0.426	0.577	0.501
宁波市	0.320	0.182	0.094	0.397	0.502	0.491	0.497
常州市	0.360	0.182	0.074	0.375	0.541	0.448	0.495
温州市	0.254	0.182	0.218	0.327	0.435	0.546	0.490
长沙市	0.345	0.121	0.087	0.428	0.466	0.515	0.490
徐州市	0.336	0.183	0.086	0.361	0.519	0.446	0.483
金华市	0.255	0.154	0.183	0.371	0.408	0.553	0.481
泰州市	0.347	0.182	0.092	0.340	0.529	0.432	0.480
湖州市	0.309	0.134	0.121	0.390	0.443	0.510	0.477
台州市	0.275	0.175	0.155	0.344	0.450	0.499	0.474
新余市	0.448	0.052	0.137	0.312	0.500	0.449	0.474
舟山市	0.226	0.120	0.213	0.390	0.346	0.603	0.474
马鞍山市	0.295	0.107	0.242	0.301	0.402	0.543	0.472
嘉兴市	0.285	0.095	0.110	0.423	0.380	0.533	0.457
芜湖市	0.306	0.089	0.189	0.328	0.395	0.517	0.456
扬州市	0.342	0.163	0.071	0.335	0.505	0.405	0.455
南通市	0.309	0.163	0.088	0.340	0.472	0.427	0.450
张家界市	0.301	0.159	0.183	0.255	0.460	0.438	0.449
孝感市	0.371	0.112	0.111	0.292	0.483	0.403	0.443
淮安市	0.276	0.182	0.098	0.324	0.458	0.421	0.440
鹰潭市	0.359	0.073	0.137	0.306	0.432	0.443	0.438
武汉市	0.378	0.112	0.100	0.284	0.490	0.384	0.437
宜春市	0.368	0.068	0.136	0.301	0.436	0.437	0.437
铜陵市	0.274	0.092	0.271	0.230	0.366	0.500	0.433
萍乡市	0.406	0.039	0.138	0.280	0.445	0.418	0.431
普洱市	0.423	0.044	0.169	0.221	0.467	0.391	0.429
丽水市	0.197	0.171	0.154	0.335	0.368	0.489	0.429
连云港市	0.251	0.182	0.102	0.321	0.432	0.424	0.428
宜昌市	0.294	0.131	0.100	0.328	0.425	0.429	0.427

续表

城市	要素生产效率	要素配置效率	初次分配过程公平	初次分配结果公平	效率	公平	收入分配指数
曲靖市	0.346	0.128	0.149	0.226	0.474	0.375	0.425
宿迁市	0.243	0.182	0.080	0.345	0.424	0.425	0.424
上海市	0.323	0.018	0.152	0.346	0.341	0.498	0.420
阜阳市	0.215	0.150	0.255	0.216	0.365	0.471	0.418
贵阳市	0.286	0.061	0.167	0.313	0.347	0.481	0.414
池州市	0.241	0.100	0.199	0.283	0.341	0.482	0.412
丽江市	0.436	0.062	0.169	0.156	0.498	0.325	0.412
益阳市	0.274	0.075	0.126	0.348	0.349	0.474	0.411
玉溪市	0.348	0.053	0.168	0.250	0.400	0.418	0.409
荆州市	0.226	0.112	0.140	0.339	0.339	0.478	0.409
昭通市	0.410	0.034	0.169	0.201	0.444	0.370	0.407
镇江市	0.187	0.182	0.080	0.362	0.368	0.442	0.405
衡阳市	0.270	0.025	0.146	0.368	0.295	0.513	0.404
临沧市	0.339	0.028	0.169	0.270	0.367	0.439	0.403
邵阳市	0.283	0.018	0.211	0.287	0.301	0.498	0.399
南昌市	0.357	0.027	0.115	0.298	0.383	0.414	0.399
上饶市	0.367	0.053	0.154	0.222	0.419	0.376	0.398
随州市	0.240	0.112	0.101	0.342	0.352	0.442	0.397
抚州市	0.322	0.030	0.138	0.299	0.352	0.436	0.394
咸宁市	0.267	0.112	0.100	0.299	0.379	0.399	0.389
岳阳市	0.286	0.020	0.126	0.345	0.306	0.471	0.389
株洲市	0.237	0.018	0.174	0.349	0.254	0.523	0.389
合肥市	0.292	0.076	0.086	0.319	0.368	0.405	0.387
吉安市	0.326	0.071	0.138	0.237	0.397	0.375	0.386
成都市	0.376	0.028	0.049	0.318	0.404	0.367	0.385
九江市	0.382	0.033	0.126	0.229	0.415	0.355	0.385
黄冈市	0.220	0.165	0.150	0.235	0.385	0.385	0.385
郴州市	0.282	0.047	0.128	0.311	0.329	0.439	0.384
湘潭市	0.276	0.018	0.126	0.347	0.294	0.473	0.383
常德市	0.272	0.018	0.127	0.350	0.290	0.477	0.383
鄂州市	0.308	0.135	0.055	0.263	0.443	0.318	0.381
淮北市	0.256	0.111	0.133	0.257	0.367	0.390	0.378
景德镇市	0.296	0.030	0.138	0.283	0.327	0.421	0.374
滁州市	0.268	0.093	0.126	0.256	0.361	0.382	0.371
昆明市	0.303	0.063	0.168	0.206	0.366	0.375	0.370
荆门市	0.269	0.025	0.090	0.353	0.294	0.443	0.368
宣城市	0.244	0.064	0.185	0.242	0.308	0.427	0.368
黄山市	0.242	0.100	0.110	0.277	0.343	0.387	0.365
永州市	0.268	0.018	0.128	0.316	0.285	0.444	0.365

续表

城市	要素生产效率	要素配置效率	初次分配过程公平	初次分配结果公平	效率	公平	收入分配指数
安庆市	0.239	0.117	0.154	0.213	0.356	0.368	0.362
六安市	0.220	0.097	0.180	0.222	0.316	0.402	0.359
襄阳市	0.270	0.065	0.080	0.302	0.334	0.382	0.358
娄底市	0.273	0.018	0.128	0.291	0.291	0.419	0.355
亳州市	0.222	0.094	0.126	0.265	0.316	0.391	0.353
遵义市	0.261	0.074	0.103	0.267	0.335	0.370	0.352
保山市	0.291	0.034	0.169	0.205	0.325	0.374	0.350
宿州市	0.242	0.108	0.125	0.217	0.350	0.342	0.346
赣州市	0.315	0.056	0.176	0.138	0.371	0.314	0.343
德阳市	0.301	0.028	0.049	0.296	0.329	0.345	0.337
黄石市	0.279	0.053	0.092	0.234	0.332	0.326	0.329
乐山市	0.331	0.028	0.049	0.239	0.359	0.288	0.324
绵阳市	0.297	0.028	0.048	0.268	0.324	0.317	0.321
铜仁市	0.248	0.050	0.243	0.099	0.297	0.341	0.319
资阳市	0.262	0.028	0.048	0.298	0.290	0.346	0.318
攀枝花市	0.302	0.028	0.048	0.253	0.330	0.301	0.315
淮南市	0.198	0.059	0.155	0.213	0.257	0.368	0.312
蚌埠市	0.245	0.054	0.091	0.226	0.299	0.318	0.308
宜宾市	0.290	0.028	0.049	0.245	0.318	0.294	0.306
眉山市	0.267	0.028	0.049	0.268	0.294	0.317	0.306
遂宁市	0.257	0.028	0.050	0.256	0.284	0.305	0.295
南充市	0.281	0.028	0.050	0.222	0.308	0.272	0.290
怀化市	0.307	0.000	0.077	0.195	0.307	0.273	0.290
重庆市	0.215	0.043	0.097	0.223	0.259	0.320	0.289
六盘水市	0.259	0.027	0.117	0.173	0.285	0.290	0.288
广安市	0.249	0.028	0.048	0.245	0.277	0.293	0.285
内江市	0.216	0.028	0.049	0.267	0.244	0.317	0.280
雅安市	0.262	0.028	0.049	0.216	0.290	0.265	0.277
安顺市	0.225	0.053	0.143	0.128	0.279	0.271	0.275
十堰市	0.239	0.068	0.084	0.157	0.307	0.240	0.274
泸州市	0.256	0.028	0.049	0.208	0.284	0.258	0.271
达州市	0.254	0.028	0.050	0.202	0.282	0.252	0.267
自贡市	0.235	0.028	0.049	0.214	0.262	0.262	0.262
毕节市	0.211	0.056	0.144	0.095	0.267	0.239	0.253
广元市	0.272	0.028	0.050	0.137	0.300	0.187	0.243
巴中市	0.254	0.028	0.050	0.111	0.281	0.162	0.222

资料来源：根据各省、各城市 2019 年统计年鉴、统计公报等公开数据整理和计算得出。

五 对策建议

从2017~2018年长江经济带110个城市初次分配的指数结果可以看出，长江经济带在健全收入分配制度、改善收入分配制度方面取得了不少成绩，但依然有不合理、不规范的地方需要进一步改善。

（一）继续提高统计数据的透明度

完整的收入分配体系应包含初次分配和再次分配两个维度，受疫情影响，部分省份2019年的统计年鉴暂未发布，再次分配相关指标一般包含了社会保险覆盖率、财政社会保障和就业支出占国内生产总值的比重、财政教育支出占国内生产总值的比重、财政医疗卫生支出占国内生产总值的比重等指标。但由于缺乏基础数据的支撑，只能将再次分配的指标从收入分配指标体系中剔除以平衡初次分配和再次分配的指标权重。在数据收集的基础工作中，部分城市统计局没有建立网站，相关统计年鉴也没有公开，缺乏真实、可靠的数据支撑。下一步，长江经济带各城市应继续提高统计数据的透明度，为科学决策打下坚实的数据基础。

（二）巩固脱贫攻坚战的成果

长江经济带上游部分城市地处贫困地区，农村居民的收入来源单一，工资性收入作为重要收入来源一直以来都处于较低的水平。党的十八大以来，党中央实施精准扶贫、精准脱贫，创新了多种扶贫方式，取得了举世瞩目的成就。然而从2017~2018年长江经济带的要素生产效率结果来看，上游部分城市的要素生产效率有所下降，保山市、遵义市的要素生产效率分别从2017年的第10名、第17名下降至2018年的第49名和第76名。下一步，长江经济带上游地区，尤其是贫困地区要加强巩固脱贫攻坚战成果，有效防止返贫现象发生。

参考文献

陈斌开、张鹏飞、杨汝岱：《政府教育投入、人力资本投资与中国城乡收入差距》，《管理世界》2010 年第 1 期。

陈忠暖、高权、王帅、杨嘉聪：《中国重工业化与城乡收入差距的实证分析》，《经济地理》2016 年第 7 期。

雷根强、蔡翔：《初次分配扭曲、财政支出城市偏向与城乡收入差距——来自中国省级面板数据的经验证据》，《数量经济技术经济研究》2012 年第 3 期。

程开明、李金昌：《城市偏向、城市化与城乡收入差距的作用机制及动态分析》，《数量经济技术经济研究》2007 年第 7 期。

陆铭、陈钊、万广华：《因患寡，而患不均：中国的收入差距、投资、教育和增长的相互影响》，《经济研究》2005 年第 12 期。

陆铭、陈钊：《城市化、城市倾向的经济政策与城乡收入差距》，《经济研究》2004 年第 6 期。

张车伟：《人力资本回报率变化与收入差距："马太效应"及其政策含义》，《经济研究》2006 年第 12 期。

习明明、张进铭：《教育对我国城乡收入不平等的影响——基于分位数回归分析方法》，《中国地质大学学报》（社会科学版）2012 年第 5 期。

余菊、刘新：《城市化、社会保障支出与城乡收入差距——来自中国省级面板数据的经验证据》，《经济地理》2014 年第 3 期。

向书坚、许芳：《中国的城镇化和城乡收入差距》，《统计研究》2016 年第 4 期。

姚洋、杨雷：《制度供给失衡和中国财政分权的后果》，《战略与管理》2003 年第 3 期。

万海远、李实：《户籍歧视对城乡收入差距的影响》，《经济研究》2013 年第 9 期。

叶志强、陈习定、张顺明：《金融发展能减少城乡收入差距吗？——来自中国的证据》，《金融研究》2011 年第 2 期。

钞小静、沈坤荣：《城乡收入差距、劳动力质量与中国经济增长》，《经济研究》2014 年第 6 期。

朱青、罗志红、吴武兰：《中国收入差距对经济增长的影响：基于变系数模型的估计》，《企业经济》2017 年第 2 期。

颜明杰、彭迪云：《农村金融精准扶贫成效的评价——基于江西农户的调查》，《江西社会科学》2018 年第 5 期。

产 业 篇

Industry Reports

B.10 长江经济带地区农业发展报告（2019～2020）

戴伟娟*

摘　要： 2019年，长江经济带地区的农业增加值占全国的比重稳定在43%左右。从产业结构来看，林业和渔业对全国农业经济的贡献度相对较高；从土地单产来看，长江经济带地区的谷物和油菜籽的土地产出率明显高于全国平均水平；从农业现代化水平来看，中下游地区的农业劳动生产率、土地产出率、机械化和设施化程度相对较高；从发展趋势来看，近年来耕地面积呈下降趋势，粮食产量有所下降，第一产业就业比重继续下降，农业就业人口占全国的比重相对稳定。2020年，长江经济带各省市将继续落实乡村振兴战略，保障供给，坚

* 戴伟娟，经济学博士，上海社会科学院城市与人口发展研究所助理研究员，研究领域农业经济。

持绿色生态和特色发展导向，推动产业融合发展，促进农业现代化。

关键词： 长江经济带　农业　现代农业

长江经济带11省市中包含了我国多个农业强省和农业大省，是我国农业生产及农业经济发展的重要功能区，在我国农业发展总格局中具有重要战略地位。

一　长江经济带地区农业发展总体概况

（一）农业投入

长江经济带横贯我国东、中、西三大自然和经济区域，跨越我国南北方分界线，覆盖温带、亚热带、热带、高原等多个温度带，地形地貌、土壤水文、气象气候、动植物资源等存在明显的地域差异，农业资源条件丰富而多样。仅从农业最基础的两大资源要素——土地和从业人口来看，长江经济带具有总量规模较大、占全国比重较高等特征。

1. 农地面积仍呈下降趋势

2017年，长江经济带11省市农用地总面积约168721千公顷，约占全国农用地总面积的26.2%（见表1）。与上年相比，长江经济带区域的农业用地资源减少，减少了3062千公顷，占全国总面积比重下降了0.4个百分点。

从农用地结构来看，2017年，长江经济带地区耕地面积、园地面积和牧草地面积分别约为44909千公顷、5477千公顷和11239千公顷，占全国总面积的比重分别为33.3%、38.5%和5.1%（见图1），与第二次土地调查时期（2009年）相比，耕地和园地面积的比重变化不大，牧草地面积占

表 1　长江经济带地区农业用地面积变化与全国比较

单位：千公顷，%

项目	2007 年	2013 年	2015 年	2016 年	2017 年
长江经济带	170101	172311	171940	171783	168721
全国	950693	646168	645457	645127	644864
占全国比重	17.9	26.7	26.6	26.6	26.2

注：2019 年统计年鉴中的农业用地相关数据无更新，仍沿用 2017 年的数据。

资料来源：《中国统计年鉴》相应年份。下文关于农业用地的数据，若无特殊注明，来源相同。

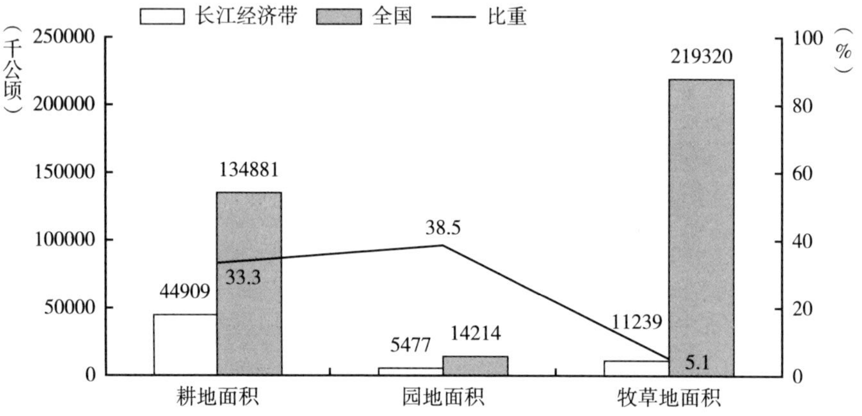

图 1　2017 年长江经济带地区各类农地面积与全国比较

注：2019 年统计年鉴中的农业用地相关数据无更新，仍沿用 2017 年的数据。

资料来源：《中国统计年鉴 2019》。下文关于农业用地的分类数据，若无特殊注明，来源相同。

全国的比重有所下降。① 关于林地，根据第八次全国森林资源清查数据，2009~2013 年，长江经济带地区的林地有 105594 千公顷，占全国的 39%。相比 2015 年，长江经济带地区耕地、园地、牧草地三类农业用地均有所减少，减少幅度分别为 0.17%、0.48% 和 0.02%。

---

① 根据第二次土地调查结果，至 2009 年底，长江经济带 11 省市共有园地约 569.9 万公顷，占全国园地面积的 38.5%；林地约 9923.8 万公顷，占全国的 39.1%；草地约 1854.4 万公顷，占全国的 6.5%。

此外，至2017年底，长江经济带的耕地总面积约为44909千公顷，约占全国的33%；第一产业就业人员人均耕地面积约6.1亩，比全国平均水平低约3.6亩。与上年相比，2017年长江经济带地区的耕地面积有所减少。

2. 承载的农业从业人口比例相对稳定

2018年，长江经济带地区的农业从业人口仍占全国一半以上，五年来基本保持在53%左右，是我国农业从业人口的主要承载区（见表2）。从绝对数量来看，近年来，长江经济带地区的农业从业人口逐年减少，但就业人员的总规模仍然较大。2018年末，长江经济带地区共有第一产业从业人员约1.08亿人，五年来减少了1282万人。与上年相比，2018年长江经济带地区承载的农业从业人口数量减少了345万人。

表2　长江经济带地区第一产业从业人口及占全国比重变化

单位：万人，%

项目	2014年	2015年	2016年	2017年	2018年
长江经济带	12047	11756	11484	11110	10765
全国	22790	21919	21496	20944	20258
占全国比重	53	54	53	53	53

资料来源：全国及长江经济带各省市2014～2019年统计年鉴。下文关于农业从业人口的数据，若无特殊注明，来源相同。

从就业结构来看，近年来，虽然长江经济带地区第一产业从业人口占全部从业人口的比重逐年下降，但目前该比重仍然较高。2018年底，11省市第一产业从业人口比重为30.0%，较全国平均水平高出3.9个百分点（见图2）。与上年相比，长江经济带地区第一产业从业人口比重继续下降，第一产业从业人口比重与全国平均水平的差距不变。与全国平均水平相比，2018年，长江经济带第一产业从业人口比重仍然较高。

3. 对农业的投资显著加强

近年来，长江经济带区域各地对农业的投入逐年增加。2017年，长江经济带地区的农林牧渔业固定资产投资额为9374亿元，占全国农林牧渔业

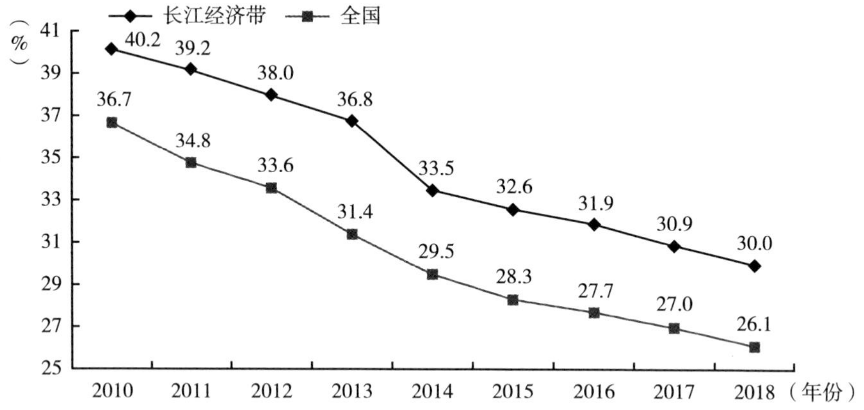

图2 2010~2018年长江经济带地区第一产业从业人口比重与全国比较

固定资产投资总额的41%，与上年相比，提高了9个百分点。从2013年到2017年的5年间，长江经济带地区的年平均农林牧渔业固定资产投资额为6492亿元，占全国农业投资总额的比重平均为33%（见图3）。

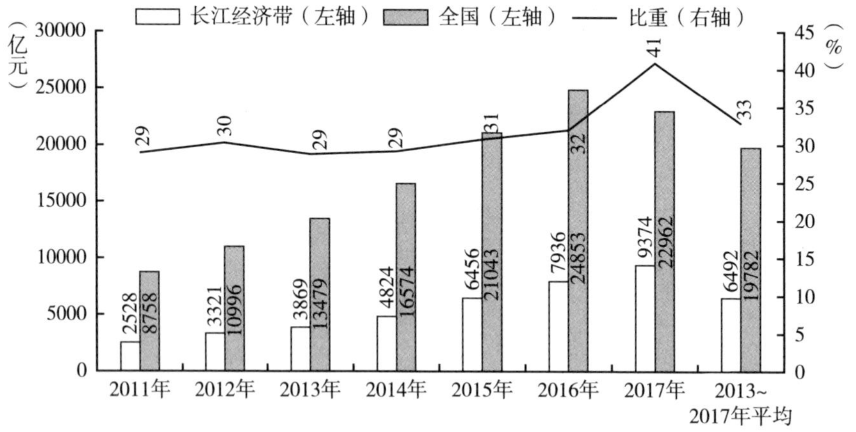

图3 长江经济带地区农林牧渔业固定资产投资额

注：2019年统计年鉴中的农业固定资产投资相关数据无更新，仍沿用2017年的数据。

资料来源：各省市数据来自国家统计局网站的“地区数据/分省年度数据”，全国数据来自国家统计局网站的“年度数据”。下文关于农林牧渔业固定资产投资的数据，若无特殊注明，来源相同。

从农业在总投资中的地位来看，2017年，长江经济带地区对农林牧渔业的固定资产投资占总投资额的比重为3.2%，比全国平均水平低0.4个百分点。与2016年相比，该地区对农业投资的比重增加显著，与全国平均水平的差距明显缩小。从2013～2017年的情况来看，长江经济带地区对农林牧渔业的投入比重逐年增加，5年间的平均投入比重为2.7%，比全国平均水平低0.9个百分点（见图4）。

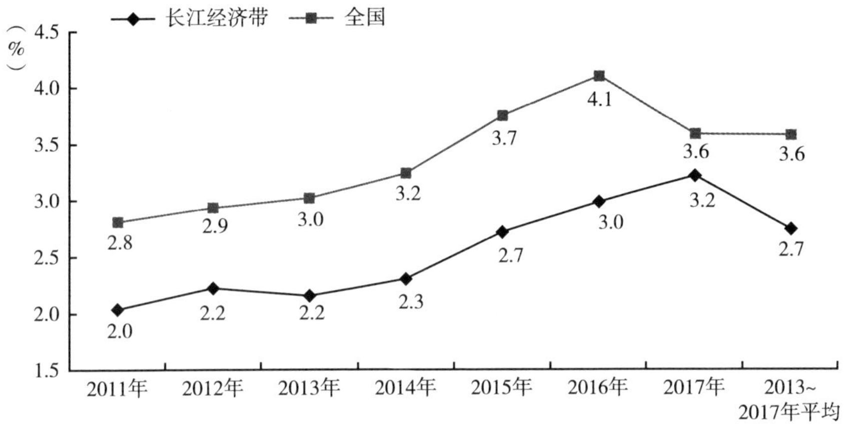

图4　长江经济带地区农林牧渔业固定资产投资额占总投资比重

（二）农业规模

作为我国重要的农业产区，长江经济带地区是我国粮、棉、油等大宗农产品的主要生产区，也是我国茶叶、水产品、蚕桑、水果、中药材等特色农产品主产区，为我国农产品供给提供了重要保障。

1. 对全国农业经济的贡献稳定在四成

近年来，长江经济带地区的农业经济总量持续增长。2019年，11省市共实现农业增加值约30604亿元，在全国农业经济总量中的比重为43.4%，是我国农业经济发展的重要支撑。

近年来，长江经济带地区的第一产业增加值占GDP的比重持续下降，2019年该比重为6.7%，较上年同期低0.2个百分点。2019年，长江经济带地区第一产业增加值占比比全国一产增加值占比低 0.4 个百分点（见表3）。

表 3　2017～2019 年长江经济带地区第一产业增加值

单位：亿元，%

年份	长江经济带 一产增加值	占全国比重	长江经济带 一产增加值占比	全国 一产增加值占比
2017	26944	43.4	7.3	7.6
2018	27828	43.0	6.9	7.2
2019	30604	43.4	6.7	7.1

资料来源：各省市数据来自国家统计局网站地区数据中的年度数，全国数据来自国家统计局网站中的年度数据，其中，2017 年的数据根据第三次农业普查数据进行了调整。下文有关第一产业增加值的数据，若无特殊注明，来源相同。

2. 占全国农业经济的比重有所提高

2019 年，无论从第一产业增加值的角度，还是从农业总产值来看，长江经济带地区农业经济占全国的比重均有所提高。2019 年长江经济带地区农业总产值继续保持增长，实现农业总产值约 51925 亿元，占全国农业总产值的 41.9%，比上年提高 0.5 个百分点（见表 4）。

表 4　2017～2019 年长江经济带地区农业总产值及占全国比重变化

单位：亿元，%

项目	2017 年	2018 年	2019 年
长江经济带	45702	47006	51925
全国	109332	113580	123968
占全国比重	41.8	41.4	41.9

资料来源：各省市数据来自国家统计局网站地区数据中的年度数，全国数据来自国家统计局网站中的年度数据。下文有关农业总产值的数据，若无特殊注明，来源相同。

3. 粮食产量小幅下降

2019 年，长江经济带地区的粮食总产量约 23800 万吨，比上年少 117 万吨。

近年来，长江经济带地区粮食总产量处于高位。2015 年，该地区和全国一样实现了粮食产量十二年连续增长，2016 年粮食产量有所下降，2017 年显著回调，并明显高于 2015 年的产量，2018 年和 2019 年的产量虽然持续下降，但仍处于高位，高于 2015 年的总产量。

从全国粮食产量情况来看，2019 年中国粮食生产再创历史新高，产量达 13277 亿斤，已连续 5 年站稳 1.3 万亿斤台阶，与其相比，长江经济带地区粮食产量下降明显。

从占全国总产量的比重来看，近年来长江经济带地区粮食产量占全国总产量的比重一直在 35%～37%。2019 年，长江经济带地区粮食产量占全国总产量的比重为 35.9%，比上年下降 0.5 个百分点（见图 5）。

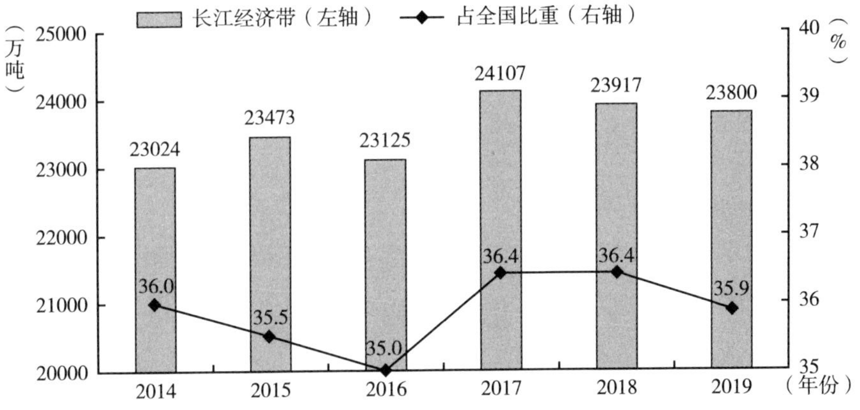

图 5　2014～2019 年长江经济带地区粮食总产量及占全国比重变化

资料来源：各省市数据来自国家统计局网站地区数据中的年度数，全国数据来自国家统计局网站中的年度数据。下文有关粮食产量的数据，若无特殊注明，来源相同。

除粮食外，长江经济带地区也是我国棉花、油菜等其他大宗农作物，以及麻、茶叶、烟叶、柑橘等特色农产品的重要产区。

（三）农业结构

1. 长江经济带地区的农业以种植业为主，畜牧业比重明显增加

2019 年，长江经济带农业总产值构成中，种植业占 51.8%，比上年下

降1.1个百分点；畜牧业占25.9%，比上年上升2.2个百分点；渔业占11.6%，比上年下降0.8个百分点；林业占5.6%，比上年下降0.2个百分点；农林牧渔服务业占5.2%，与上年持平（见表5）。近年来，林业、渔业和农林牧渔服务业的比重呈上升态势。

表5　2019年长江经济带地区农业内各行业总产值及全国比较

单位：亿元，%

项目	种植业	林业	畜牧业	渔业	农林牧渔服务业
长江经济带	26877	2905	13457	6001	2685
内部构成	51.8	5.6	25.9	11.6	5.2
全国	66066	5776	33064	12572	6489
内部构成	53.3	4.7	26.7	10.1	5.2
占全国比重	40.7	50.3	40.7	47.7	41.4

资料来源：各省市数据来自国家统计局网站地区数据中的年度数，全国数据来自国家统计局网站中的年度数据，长江经济带数据根据11省市的数据计算得到。若无特殊注明，下文有关农业总产值的资料来源与此相同。

2. 农业内部结构与全国相近

从全国平均水平来看，长江经济带地区的农业结构与全国相近，种植业比重均为一半以上，其次是畜牧业，超过1/4，渔业占一成以上，林业及农林牧渔服务业比重均在5%左右。

3. 林业和渔业比重相对较高

与全国的平均水平相比，2019年，长江经济带地区种植业和畜牧业比重低于全国，渔业和林业比重高于全国，农林牧渔服务业比重与全国平均水平持平。在长江经济带农业总产值构成中，种植业和畜牧业比重较全国分别低1.5个百分点和0.8个百分点，渔业和林业比重较全国分别高1.5个百分点和0.9个百分点。

4. 林业和渔业对全国的贡献度更高

虽然长江经济带地区的农业总产值主要来自种植业和畜牧业，但从对全国的贡献度来看，林业和渔业的贡献度更高一些。2019年，长江经济带地区的林业和渔业占全国两个行业总规模的比重较高，分别占全国的50.3%

和47.7%，种植业、畜牧业和农林牧渔服务业产值占全国的比重均为41%左右。

二　长江经济带农业发展的地区比较

本报告对长江经济带各地区的比较主要基于各地农业相对规模、增速和现代化水平。从对农业现代化的衡量指标来看，目前在我国最常应用的是2013年《国家现代农业示范区建设水平监测评价办法（试行）》提出的“国家现代农业示范区建设水平监测评价指标体系”。考虑到可比性和数据可获得性等，本报告仅选择农业物资装备水平、基础设施投入、农业生产效率等方面的几个指标对各地区的农业现代化水平进行简要分析比较。

（一）上游农业增加值比重较高，下游增速较慢

与农地资源分布不同，长江经济带地区上、中、下游的农业增加值比较接近。2019年，上、中、下游地区农业增加值占长江经济带的比重分别为38.2%、31.1%和30.8%。从11省市的情况来看，江苏、四川和两湖地区是长江经济带地区的农业大区。

2019年，长江经济带上游和中游的第一产业增加值增长较快，增长率分别为11.6%和11.8%，下游增长相对较慢，增长率为6.2%，与上年相比，增速均明显提升。从各省市来看，增长率较高的省市在上游和中游地区，增长较快的为云南和湖南，分别达到21.6%和18.3%，其次为重庆和安徽，增长率分别为12.6%和10.5%，下游地区只有安徽省的增长率较高（见表6）。

（二）中上游地区农业劳动生产率低于全国平均水平

农业劳动生产率[1]是衡量农业生产效率的重要指标之一。如果按照每个

① 根据国家核算方案，2012～2015年全员劳动生产率为地区生产总值（以2010年价格计算）与全部就业人员的比值，依此口径，农业劳动生产率为第一产业增加值与第一产业就业人员的比值。

表6　长江经济带第一产业增加值比较

单位：亿元，%

地区	2017 年	2018 年	2019 年	增长率
上海	111	104	104	-0.5
江苏	4045	4142	4296	3.7
浙江	1934	1967	2097	6.1
安徽	2582	2638	2916	10.5
江西	1835	1877	2058	9.6
湖北	3529	3548	3809	7.4
湖南	2998	3084	3647	18.3
重庆	1276	1378	1551	12.6
四川	4262	4427	4807	8.6
贵州	2032	2160	2281	5.8
云南	2338	2499	3038	21.6
上游	9909	10463	11677	11.6
中游	8363	8508	9514	11.8
下游	8672	8851	9413	6.2
长江经济带	26944	27823	30604	10.0

注：上游包括重庆、四川、贵州和云南四省，中游包括江西、湖北、湖南3省，下游包括上海、江苏、浙江、安徽4个省市。如无特殊说明，下文同。

农业从业人口创造的农业增加值来衡量，长江经济带地区的农业劳动生产率低于全国平均水平。其中，下游地区高于全国平均水平，中、上游地区均低于全国平均水平。总体上，下游地区农业劳动生产率较高，中游地区农业劳动生产率居中，上游地区农业劳动生产率较低。

2018年，上、中、下游地区农业劳动生产率分别为2.2万元/人、2.5万元/人和3.41万元/人，中、上游地区低于全国平均水平（3.14万元/人）。与上年相比，上游、中游和下游地区的农业劳动生产率均有所提高。

从11省市来看，江苏省和浙江省农业劳动生产率较高，分别为5.41万元/人和4.51万元/人。重庆市和湖北省农业劳动生产率分别为2.97万元/人和2.92万元/人。云南、安徽和贵州三省的劳动生产率较低，均不到2万元/人。与全国平均水平相比，长江经济带地区仍只有江苏和浙江省高于全国平均水平，上海等其他9省市的农业劳动生产率均低于全国平均水平（见表7）。

表7　2018年长江经济带各省市农业劳动生产率比较

地区	农业增加值(亿元)	农业从业人口(万人)	农业劳动生产率(万元/人)
上海	104	41	2.56
江苏	4142	765	5.41
浙江	1976	438	4.51
安徽	2638	1354	1.95
江西	1877	725	2.59
湖北	3548	1216	2.92
湖南	3084	1462	2.11
重庆	1378	465	2.97
四川	4427	1752	2.53
贵州	2156	1097	1.96
云南	2499	1450	1.72
上游	10460	4764	2.20
中游	8508	3404	2.50
下游	8860	2597	3.41
长江经济带	27828	10765	2.59
全国	63671	20258	3.14

注：此处农业增加值为第一产业增加值，农业从业人口为第一产业从业人口数，农业劳动生产率为每个农业从业人口实现的增加值。

（三）中、下游地区的土地效益相对较高

农业土地生产率也是衡量农业生产效率的重要指标之一，受自然条件及设施投入水平等差异的影响。总体来看，长江经济带地区的谷物和油菜籽的单产普遍较高，棉花和花生的单产普遍较低，但也有部分省份的花生单产较高（如安徽省和江苏省）。

从谷物单产来看，长江经济带地区的单产普遍较高。2018年，该地区11省市中仍有7省市的单产高于全国平均水平（6120公斤/公顷）。其中，贵州和云南两省的土地产出率较低，较全国平均水平低1100公斤/公顷左右，安徽和江西的单产均稍低于全国平均水平。下游地区谷物的单产较高，如单产最高的上海为8023公斤/公顷，在全国名列前茅，其次是江苏、浙江、重庆和湖南，每公顷产出均超过6500公斤，在各省市中排名靠前（见表8）。

表 8　2018 年长江经济带地区主要农产品单位产量

单位：公斤/公顷

项目	谷物	棉花	花生	油菜籽
全国平均	6120	1819	3752	2027
上海	8023	1177	2786	2563
江苏	6892	1241	3998	2873
浙江	6782	1422	2992	2225
安徽	5921	1026	4929	2361
江西	6049	1545	2873	1430
湖北	6300	938	3468	2201
湖南	6555	1341	2609	1671
重庆	6588	—	2163	1943
四川	6320	991	2568	2398
贵州	4885	990	2207	1732
云南	4984	378	1696	2050

资料来源：国家统计局网站地方年度数据。

从棉花单产来看，2018 年长江经济带地区各地的单产水平均低于全国平均水平（1819 公斤/公顷），单位土地产出率相对较高的是中游地区的江西和下游地区的浙江两省。

从花生单产来看，长江经济带地区的土地效率普遍低于全国平均水平。2018 年，只有下游地区的安徽和江苏 2 个省高于全国平均水平（3752 公斤/公顷），其中，安徽省的花生单产较高，为 4929 公斤/公顷，在全国也属高产地区。总体来看，长江经济带中、下游地区的单位产出相对较高，上游地区的单位产出相对较低。

从油菜籽单产来看，长江经济带地区的土地效率相对较高。2018 年，长江经济带地区 11 省市中仍有 7 省市单产高于全国平均水平（2027 公斤/公顷），其中，江苏省单位土地产量在全国名列前茅，为 2873 公斤/公顷。总体来看，长江经济带中游地区的单位产出相对较低，上、下游地区的单位产出相对较高。

（四）下游和中游地区农业机械化程度较高

本报告以农业机械总动力作为各地农业机械化程度的衡量指标。从农业机械总动力占全国的比重来看，2018 年，长江经济带上、中、下游地区的该比重分别为 10.81%、12.80% 和 13.30%，依次递增。与依次递减的三个区域的农用地资源占全国比重正好相反，说明上游区域的农业机械化程度较低，下游较高，中游居中。与 2017 年相比，长江经济带上、中游的农业机械总动力占全国的比重均有所下降。

从长江经济带 11 省市的机械规模来看，农业机械总动力较高的是安徽省和湖南省，分别占我国农业机械总动力的 6.37% 和 6.17%，均超过 6000 万千瓦，江苏、湖北和四川的农业机械总动力也相对较高，超过 4000 万千瓦。

从长江经济带 11 省市的单位农地面积的机械投入率来看，部分省份农业机械投入力度更大。从 2017 年的数据来看，每亩农地投入较高的为江苏省，为 0.51 千瓦，其次为安徽、上海和湖南，分别为 0.38 千瓦、0.26 千瓦和 0.23 千瓦。[①]

总体来看，中游和下游地区单位农地的农业机械投入力度较大，上游地区农业机械投入力度相对较小（见表 9）。

表 9　长江经济带各省市农业机械总动力比较

单位：万千瓦，%

地区	总动力（万千瓦）					2018 年总动力比重（%）	2017 年每亩农地总动力（千瓦）
	2013 年	2015 年	2016 年	2017 年	2018 年		
上海	113	119	122	122	94	0.09	0.26
江苏	4406	4826	4907	4991	5018	4.89	0.51
浙江	2462	2361	2137	2072	2009	1.96	0.16
安徽	6140	6581	6868	6313	6544	6.37	0.38
江西	2014	2261	2202	2310	2382	2.32	0.11
湖北	4081	4468	4188	4335	4425	4.31	0.18
湖南	5434	5894	6098	6255	6339	6.17	0.23
重庆	1199	1300	1319	1353	1428	1.39	0.13

① 各地 2018 年农业用地数据未公布，此处用 2017 年的数据。

续表

地区	总动力(万千瓦)					2018年总动力比重(%)	2017年每亩农地总动力(千瓦)
	2013年	2015年	2016年	2017年	2018年		
四川	3953	4405	4267	4420	4604	4.48	0.07
贵州	2241	2575	2041	2181	2377	2.31	0.10
云南	3070	3333	3441	3535	2694	2.62	0.07
上游	10463	11613	11068	11489	11102	10.81	0.08
中游	11529	12623	12487	12900	13145	12.80	0.18
下游	13121	13887	14033	13498	13665	13.30	0.34
长江经济带	35113	38123	37588	37887	37912	36.91	0.15

资料来源：国家统计局网站地方年度数据。

与2017年相比，2018年长江经济带地区及其下游和中游地区的农业机械总动力均有所增加，而上游地区在下降。整个长江经济带地区、下游地区和中游地区的增幅分别为0.1%、1.2%和1.9%，与上年相比，增幅均有明显下降；上游地区的降幅为3.4%。

从主要农作物综合机械化水平来看，2019年全国农作物耕种收综合机械化率超过70%，小麦、水稻、玉米三大粮食作物生产基本实现机械化。①

长江经济带下游的机械化水平较高，已经超过70%。如2017年上海市主要农作物机械化综合水平达89.3%，② 2018年江苏省农业综合机械化水平达到84%；③ 2017年浙江省粮食生产耕种收综合机械化水平74.9%，④ 安徽省2019年印发《安徽省人民政府关于加快推进农业机械化和农机装备产业转型升级的实施意见》，要求2020年农作物耕种收综合机械化水平达到

① 许肖茜、于文静：《全国农作物耕种收综合机械化率超70%》，http://www.gov.cn/shuju/2020-01/08/content_5467487.htm，2020年1月8日。

② 上海市农业机械化管理办公室：《上海市三个区被评为全国主要农作物生产全程机械化示范县（市、区）》，http://www.shac.gov.cn/zwdt/sndt/zwxw/201801/t20180108_1637281.html，2018年1月5日。

③ 参见2019年江苏省政府工作报告。

④ 张超等：《我省水稻耕种收综合机械化水平达74.9%》，http://zjnews.zjol.com.cn/zjnews/zjxw/201804/t20180411_6997952.shtml，2018年4月11日。

80%以上。[1] 中游的机械化水平也相对较高，如 2017 年江西省主要农作物综合机械化率 71.15%；[2] 2019 年湖北省主要农作物综合机械化率接近 70%，基本实现机械化。[3] 湖南省 2019 年主要农作物综合机械化水平将首度迈上 50% 的台阶，其中水稻、油菜耕种收综合机械化率分别达 76%、60%。[4] 而上游地区较低，如四川省、重庆市、云南省目前主要农作物耕种收综合机械化水平均不到 60%，低于全国平均水平。其中，重庆市 2016 年主要农作物耕种收综合机械化率达到 45%，[5] 云南省 2019 年农作物耕种收综合机械化率达到 49.3%。[6]

（五）中、下游地区设施化水平较高，上游地区发展较快

从耕地灌溉面积比重来看，长江经济带地区超过一半的耕地为可灌溉耕地。其中，上、中、下游地区耕地的可灌溉比重分别为 32.9%、65.0% 和 81.5%（2017 年数据）。与全国平均水平相比，中游地区和下游地区的有效灌溉面积比重较高，上游地区较低。

2018 年，长江经济带地区有效灌溉面积约为 2513.7 万公顷，与 2015 年相比，增加了 3.62%，其中，上、中、下游地区增长率分别为 6.63%、1.09% 和 3.77%。上游地区的增幅明显。

从 11 省市来看，2017 年，中、下游 7 省市的有效灌溉面积比重超过全国平均水平。其中，耕地灌溉面积比重较高的是上海市，所有耕地基本均为

---

① 彭旖旎：《机械化水平 8 成以上 安徽加快农机装备产业转型升级》，http：//ah.anhuinews.com/system/2019/04/17/008121557.shtml，2019 年 4 月 17 日。

② 江西省农机局：《江西省 2017 年全省农机化工作总结》，http：//www.amic.agri.gov.cn/nxtwebfreamwork/detail.jsp？articleId = ff808081607d4ae00160b5f1c6477779，2018 年 1 月 22 日。

③ 胡琼瑶、郑先荣、陈鹏宇：《湖北基本实现农业机械化 综合机械化水平接近 70%》，《湖北日报》2018 年 12 月 7 日。

④ 刘勇、谢国政：《湖南省农作物机械化水平将首破 50%》，《湖南日报》2019 年 12 月 11 日。

⑤ 王亚同：《重庆主要农作物耕种收综合机械化率达 45%》，《重庆日报》2016 年 12 月 16 日。

⑥ 张玉杰：《云南明确 2020 年农机化工作重点》，https：//nync.yn.gov.cn/news14/20200324/7053211.shtml，2020 年 3 月 24 日。

可灌溉地；其次为江苏省，高于90%；再次为安徽、湖南、浙江三省。下游地区4省市耕地的灌溉面积比重均低于全国平均水平。与2015年相比，2018年长江经济带11省市的有效灌溉面积均有所增加，其中增幅较大的是上游地区云南、四川和贵州三个省，增幅分别为7.99%、7.22%和6.27%，其次为下游地区的江苏省，增幅为5.75%（见表10）。

表10　长江经济带各省市有效灌溉面积比较

单位：千公顷，%

地区	2015年	2016年	2017年	2018年	2018年比2015年增长
上海	188	190	191	191	1.35
江苏	3953	4054	4132	4180	5.75
浙江	1432	1446	1445	1441	0.60
安徽	4400	4437	4504	4538	3.13
江西	2028	2037	2039	2032	0.21
湖北	2899	2906	2919	2932	1.13
湖南	3113	3132	3146	3164	1.63
重庆	687	691	694	697	1.42
四川	2735	2814	2873	2933	7.22
贵州	1065	1088	1114	1132	6.27
云南	1758	1809	1851	1898	7.99
上游	6245	6402	6533	6660	6.63
中游	8040	8075	8105	8128	1.09
下游	9973	10128	10272	10350	3.77
长江经济带	24259	24604	24909	25137	3.62
全国	65873	67141	67816	68272	3.64

资料来源：根据国家统计局地区年度数据中的耕地面积和耕地灌溉面积计算。

总体来看，长江经济带下游和中游地区农田灌溉设施建设配套情况较好，抗自然风险能力较强。虽然上游地区的配套水平较低，但耕地的可灌溉比例提高较快。

三 长江经济带地区农业发展：2020年展望

2020年是中国全面建成小康社会收官之年，也是实施乡村振兴的关键之年。长江经济带地区各省市为促进农业发展，贯彻落实2020年中央一号文件和《国务院关于促进乡村产业振兴的指导意见》精神，继续以实施乡村振兴战略为总抓手，加快农村一二三产业融合，促进农业高质量发展。重点聚焦重要农产品有效供给和粮食安全，继续致力于农业的绿色发展和高效发展，以及农业现代化水平的提升。

（一）继续保障重要农产品有效供给

2020年，长江经济带地区各省市将继续稳定粮食生产，恢复生猪生产供应。推动“藏粮于地、藏粮于技”落实落地，确保粮食播种面积基本稳定。如上海提出稳定市内外生猪生产规模。江苏、浙江、安徽等省提出将进一步压实“米袋子”“菜篮子”负责制，稳定粮食生产，恢复生猪生产。浙江省还提出将新建50万亩高标准农田，提标改造50万亩粮食生产功能区。安徽省和江西省还提出将加强生猪疫病防控，取消不合理的禁养限养规定。湖北省将建设高标准农田340万亩，加大产粮大县奖励力度，确保粮食产量稳定在500亿斤以上。安徽省提出将加强现代农业基础设施建设，新建高标准农田380万亩。

（二）继续聚焦特色发展和绿色发展

2020年，长江经济带地区各省市农业发展将继续聚焦绿色生产，注重培育品牌和特色，实现农业高效发展。一是鼓励绿色生产。如上海市2020年将继续实施“绿色田园”工程，发展都市现代绿色农业。计划创建17个绿色田园示范基地，建设10万亩水稻绿色生产基地，新建9个绿叶菜机械化生产示范基地，健全绿色农业科技支撑体系。江西省2020年将推进农业结构调整“1+9”行动计划，加快绿色有机农产品示范基地试点省建设，全面提升“生态鄱阳湖、绿色农产品”品牌影响力。浙江省提出将增加优质绿色农产品供给。二是鼓励特色培育。如江苏2020年将着力培育地理标志产品和农产品品牌，重点打造8个千亿元级优势特色产业。浙江省将建设一批省级现代农业园区、省级特色农业强镇、省级特色农产品优势区。实施地理标志农产品保护工程。浙江省2020年将实施地理标志农产品保护工程，将建设一批省级现代农业园区、省级特色农业强镇、省级特色农产品优势区。安徽省2020年将建设一批现代农业特色种养项目，新培育“三品一标”农产品1000个以上，新增产值超50亿元农产品加工园区3个、产值超10亿元龙头企业10家。湖北省将坚持“产出来”“管出来”两手抓，提升农产品质量安全水平。湖南省坚持走精细化路子，加快建设以精细农业为特色的优质农副产品供应基地。实施三个“百千万”工程、“六大强农行动”、优质粮油工程，发展“一县一特”“一村一品”，做强农业优势特色产业。加快农林产品生产标准化、特征标识化、营销数字化，大力推行“身份证”管理，提升“湘味”农产品品牌影响力和市场竞争力。重庆市将新改建柑橘、榨菜、柠檬、中药材、调味品等特色产业基地100万亩。继续推进现代农业产业园建设，强化农产品质量安全追溯管理，深化“巴味渝珍”品牌创建。云南省将高质量建设“一县一业”示范县、特色县以及农业产业强镇、“一村一品”专业村，建设一批国家级、省级农业示范园区。四川省将因地制宜发展多品种、小规模、高品质、好价钱的现代山地特色高效农业，提高农业综合效益和竞争力。

（三）不断提升农业现代化水平

一是加强现代化农业基础设施建设。如湖南省2020年将全面完成“十三五”高标准农田建设任务，统筹推进水库除险加固、农村水系综合整治、灌区节水配套改造等农村水利建设、运营和管护。重庆市将继续抓好高标准农田建设和农田宜机化改造，抓好标准化、规模化畜禽养殖。贵州省将加强冷库冷链、分拣分级等设施建设，新增冷库库容50万立方米。二是将继续培育职业农民队伍，提高农业组织化程度。如上海将加快培育农业经理人、青年农场主等新型职业农民。江苏将深化供销合作社综合改革，大力发展家庭农场和农民合作社等新型经营主体，实施高素质职业农民培育工程，壮大引领农村发展的实用人才队伍。江西省将大力培育新型职业农民，深入实施科技特派员制度。湖北省将培育“六有”家庭农场和农民合作社。建立城市人才入乡激励机制，吸引各类人才到农村创业。湖南省将完善科技等农业社会化服务体系，鼓励村级组织牵头成立专业技术协会、专业合作社。江西省将开展农民合作社规范提升行动，健全面向小农户的社会化服务体系，促进小农户和现代农业发展有机衔接。贵州省将新增省级以上龙头企业100家、农民合作社省级示范社2000家。三是继续提高机械化水平和科技贡献度。江苏省提出2020年将继续提升农业机械化水平，加大科技兴农力度，完善社会化服务体系，增强农业综合生产能力。江西省将推进农业机械化升级和农机装备产业振兴，农业科技进步贡献率达60%。湖北省将支持武汉建设国家现代农业产业科技创新中心，加快建设湖北农业农村大数据中心，持续开展农业科技“五个一”行动，打通科技成果下乡“最后一公里”。湖南省将发展设施农业，加快推进农业机械化、智能化和农业装备产业升级。重庆市将完善科技特派员制度，健全农业科技服务体系。四川省印发《四川省“全程机械化＋综合农事”服务中心发展指引（试行）》（川农函〔2020〕237号），对水稻机械化插秧、油菜机械化联合收获、农用高效植保、秸秆机械化还田离田四个作业环节给予补贴。贵州省印发《贵州省人民政府关于加快推进农业机械化和农机装备产业发展的实施意见》，计划到2025年主要农作物耕种收综合机械化率达到55%。四是继续关注农业生产中的环境保护，大力发展循环经济。如安徽省2020年将加快大规模畜禽养殖场粪污处理设施建设，秸秆和畜禽粪污综合利用率分别超过90%和80%。湖北省将稳步发展“虾稻共作、稻渔种养”模式。

（四）继续推进一二三产融合发展

2020年，长江经济带地区各省市积极推进一二三产业融合发展，大力推动农产品加工业、农村电商和农村旅游业发展。如安徽省2020年要发展富民乡村产业，深入实施农产品加工业“五个一批”工程，将启动农产品仓储保鲜冷链物流设施建设工程，推进光纤网络和4G网络向自然村延伸，推进农村电商提质增效，拓展快递服务网络，提出将培育农村产品上行超千万元的电商经营主体100家以上。江西省2020年将实施农产品加工业发展七大行动、林下经济发展行动计划和农村产业融合“百县千乡万村”试点示范，深化特色农产品保险试点，发挥南昌大学国际食品创新研究院作用。湖北省将实施农产品加工业提升行动和品牌培育行动，积极创建现代农业产业园。重庆将实施农产品加工业提升行动，完善农村流通体系和农业社会化服务体系，壮大乡村旅游、农村电商，扩大优质特色农产品出口。贵州省将继续发展智慧农业，加快大数据在农产品生产、加工、销售各环节的应用。大力发展农产品精深加工，打造全国绿色食品工业基地。大力推动农产品进学校、进机关、进军营、进医院、进企业、进社区、进超市，积极发展农村电商、拓展线上销售，建好直供上海等东部对口帮扶城市和粤港澳大湾区“菜篮子”基地，推进更大规模“黔货出山”。云南省将突出关键环节，培育新型农业经营主体，引导和支持发展有机茶叶、花卉无土栽培、蔬菜水果小包装、坚果咖啡深加工、肉牛生猪规模化养殖和集中屠宰深加工。上海将推动休闲农业和乡村旅游转型升级。

参考文献

戴伟娟：《长江经济带地区农业发展报告（2018～2019）》，载王振主编《长江经济带蓝皮书：长江经济带发展报告（2018～2019）》，社会科学文献出版社，2020。

许肖茜、于文静：《全国农作物耕种收综合机械化率超70%》，http：//www.gov.cn/shuju/2020－01/08/content_ 5467487.htm，2020年1月8日。

上海市农业机械化管理办公室：《上海市三个区被评为全国主要农作物生产全程机械化示范县（市、区）》，http：//www.shac.gov.cn/zwdt/sndt/zwxw/201801/t20180108_ 1637281.html，2018年1月5日。

张超等：《我省水稻耕种收综合机械化水平达74.9%》，http：//zjnews.zjol.com.cn/zjnews/zjxw/201804/t20180411_ 6997952.shtml，2018年4月11日。

彭旖旎：《机械化水平 8 成以上　安徽加快农机装备产业转型升级》，http：//ah. anhuinews. com/system/2019/04/17/008121557. shtml，2019 年 4 月 17 日。

江西省农机局：《江西省 2017 年全省农机化工作总结》，http：//www. amic. agri. gov. cn /nxtwebfreamwork/detail. jsp? articleId = ff808081607d4ae00 160b5f1c6477779，2018 年 1 月 22 日。

胡琼瑶、郑先荣、陈鹏宇：《湖北基本实现农业机械化 综合机械化水平接近 70%》，《湖北日报》2018 年 12 月 7 日。

刘勇、谢国政：《湖南省农作物机械化水平将首破 50%》，《湖南日报》2019 年 12 月 11 日。

王亚同：《重庆主要农作物耕种收综合机械化率达 45%》，《重庆日报》2016 年 12 月 16 日。

张玉杰：《云南明确 2020 年农机化工作重点》，https：//nync. yn. gov. cn/news14/20200324/7053211. shtml，2020 年 3 月 24 日。

B.11
长江经济带工业发展报告（2019~2020）

樊福卓*

摘　要： 2019年，长江经济带工业经济运行总体平稳、稳中有进，工业生产稳步发展，工业投资增速回落，经济效益持续下滑，工业资产平稳增长。分行业看，长江经济带计算机、通信和其他电子设备制造业稳中有进，化学原料和化学制品制造业差异化发展，电气机械和器材制造业良性发展，汽车制造业平稳发展。2020年是全面建成小康社会和“十三五”规划收官之年，面对错综复杂的国际国内形势，长江经济带要在传统产业优化升级、先进制造业集群打造、先进制造业和现代服务业融合发展等方面精准施策，努力推动工业经济平稳健康发展。

关键词： 长江经济带　工业　先进制造业

2019年是实施“十三五”规划重要之年，在全球经济增长放缓、贸易保护主义升温的背景下，长江经济带扎实推进供给侧结构性改革，推动工业高质量发展，工业经济运行总体平稳、稳中有进。2020年是全面建成小康社会和“十三五”规划收官之年，是具有里程碑意义的一年，长江经济带要保持战略定力，推动区域工业经济实现量的合理增长和质的稳步提升。

---

* 樊福卓，经济学博士，上海社会科学院应用经济研究所副研究员，研究方向为区域经济理论与政策。

一　2019年长江经济带工业经济运行概况

（一）工业生产稳步发展

长江经济带经济运行保持平稳。2019年，长江经济带实现区域生产总值457805亿元，比上年增长7.0%，增速比上年减少0.4个百分点，比全国平均水平高出0.9个百分点；从全国范围看，长江经济带区域生产总值占全国的份额为46.2%，比上年增加1.4个百分点。分三大区域看，中游地区增速领先。下游地区实现地区生产总值237253亿元，比上年增长6.5%，较上年减少0.5个百分点，比长江经济带平均水平低了0.5个百分点；中游地区实现地区生产总值110338亿元，比上年增长7.6%，较上年下降0.4个百分点，比长江经济带平均水平高出0.6个百分点；上游地区实现地区生产总值110215亿元，比上年增长7.5%，较上年减少0.4个百分点，比长江经济带平均水平高出0.5个百分点。在长江经济带成员地区中，不同地区之间存在较为明显的区别。贵州、云南和江西增长较快。贵州实现地区生产总值16769亿元，比上年增长8.3%；云南实现地区生产总值23224亿元，比上年增长8.1%；江西实现地区生产总值24758亿元，比上年增长8.0%。上海、江苏和重庆增长较慢。上海实现地区生产总值38155亿元，比上年增长6.0%；江苏实现地区生产总值99632亿元，比上年增长6.1%；重庆实现地区生产总值23606亿元，比上年增长6.3%。无一例外地，长江经济带各成员的地区生产总值均发生了或多或少的增速下降，其中，云南、贵州和江西增速下降幅度较大，分别减少了0.8个、0.8个和0.7个百分点(见图1)。

长江经济带工业生产稳步发展。2019年，长江经济带实现工业增加值142913亿元，比上年增长6.7%，增速较上年略增0.1个百分点，比全国平均水平高出1.0个百分点。分三大区域看，中游地区增速领先。下游地区实现工业增加值76472亿元，比上年增长5.6%，增速较上年减少0.3个百分点，比长江经济带平均水平低了1.1个百分点；中游地区实现工业增加值

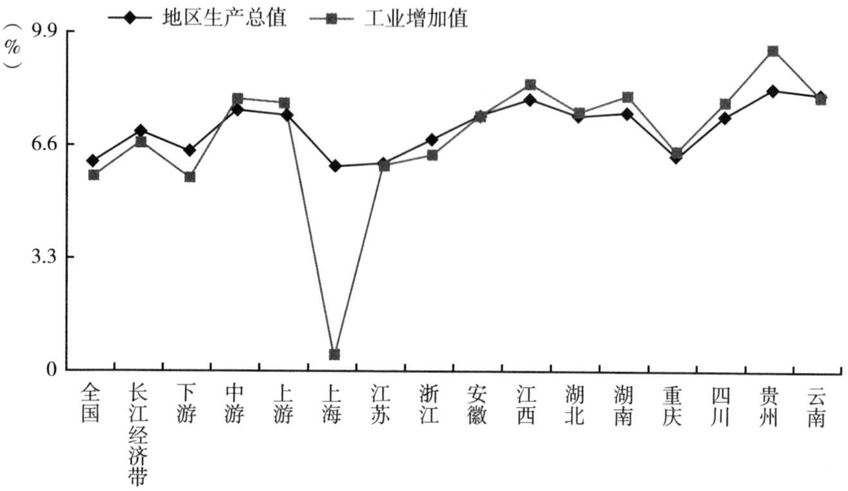

图1　2019 年长江经济带地区生产总值与工业增加值增速

资料来源：相关年份中国及长江经济带成员地区统计公报。

36571 亿元，比上年增长 8.0%，增速比上年增加 0.5 个百分点，比长江经济带平均水平高出 1.3 个百分点；上游地区实现工业增加值 29870 亿元，比上年增长 7.9 %，增速较上年增加 0.9 个百分点，比长江经济带平均水平高出 1.2 个百分点。长江经济带成员地区工业增速存在较大的不同。贵州、江西、湖南和云南增长较快。贵州实现工业增加值 4546 亿元，比上年增长 9.5%；江西实现工业增加值 8966 亿元，比上年增长 8.4%；湖南实现工业增加值 11647 亿元，比上年增长 8.1%；云南实现工业增加值 5302 亿元，比上年增长 8.1%。上海、江苏和浙江增长较慢。上海实现工业增加值 9671 亿元，比上年增长 0.4%；江苏实现工业增加值 32588 亿元，比上年增长 6.0 %；浙江实现工业增加值 22758 亿元，比上年增长 6.3%（见表 1）。

长江经济带规模以上工业企业营业收入稳定增长。2019 年，我国规模以上工业企业完成营业收入 1057825 亿元，比上年增长 3.8%。2019 年，长江经济带规模以上工业企业完成营业收入 475499 亿元，比上年增长 3.9%，比全国平均水平略高 0.1 个百分点；占全国的份额为 45.0%，比上年略增 0.1 个百分点。分三大区域看，上游地区增速领先。下游地区完成营业收

表1　2017～2019年长江经济带地区生产总值及工业增加值

单位：亿元，%

地　区	地区生产总值				工业增加值			
	规模	增速			规模	增速		
	2019年	2017年	2018年	2019年	2019年	2017年	2018年	2019年
全　国	990865	6.9	6.6	6.1	317109	6.4	6.1	5.7
长江经济带	457805	8.0	7.4	7.0	142913	7.9	6.6	6.7
下　游	237253	7.5	7.0	6.5	76472	7.7	5.9	5.6
中　游	110338	8.1	8.0	7.6	36571	7.5	7.5	8.0
上　游	110215	9.0	7.9	7.5	29870	9.0	7.0	7.9
上　海	38155	6.9	6.6	6.0	9671	6.4	1.9	0.4
江　苏	99632	7.2	6.7	6.1	32588	7.3	4.9	6.0
浙　江	62352	7.8	7.1	6.8	22758	8.3	7.3	6.3
安　徽	37114	8.5	8.0	7.5	11455	8.9	9.2	7.5
江　西	24758	8.9	8.7	8.0	8966	8.8	8.7	8.4
湖　北	45828	7.8	7.8	7.5	15958	7.2	6.9	7.6
湖　南	39752	8.0	7.8	7.6	11647	7.0	7.4	8.1
重　庆	23606	9.3	6.0	6.3	6657	9.4	1.1	6.4
四　川	46616	8.1	8.0	7.5	13366	8.3	8.1	7.9
贵　州	16769	10.2	9.1	8.3	4546	9.4	9.0	9.5
云　南	23224	9.5	8.9	8.1	5302	10.3	11.6	8.1

资料来源：相关年份中国及长江经济带成员地区统计公报。

入269614亿元，比上年增长2.4%，低于长江经济带平均水平1.5个百分点；占长江经济带的份额为56.7%，比上年减少0.9个百分点。中游地区完成营业收入117375亿元，比上年增长5.7%，高于长江经济带平均水平1.8个百分点；占长江经济带的份额为24.7%，比上年增加0.4个百分点。上游地区完成营业收入88510亿元，比上年增长6.5%，高于长江经济带平均水平2.6个百分点；占长江经济带的份额为18.6%，比上年增加0.4个百分点。长江经济带不同成员地区之间差异较为明显。从营业收入规模看，江苏、浙江和湖北规模较大，分别完成营业收入118768亿元、74963亿元和45213亿元；贵州、云南和重庆规模较小，分别完成营业收入9292亿元、14613亿元和20794亿元。从营业收入增速看，四川、江西和重庆增速领先，分别为9.2%、6.6%和6.6%；上海、贵州和安徽增速较慢，分别为-2.6%、-1.5%和2.2%（见表2）。

表2　2016～2019年长江经济带规模以上工业企业营业收入

单位：亿元，%

地　区	规模	增速			
	2019年	2016年	2017年	2018年	2019年
全　国	1057825	4.9	11.1	8.5	3.8
长江经济带	475499	6.9	12.2	8.5	3.9
下　游	269614	6.0	11.6	7.6	2.4
中　游	117375	7.6	11.8	9.3	5.7
上　游	88510	9.2	15.1	10.4	6.5
上　海	38841	0.5	10.5	2.6	-2.6
江　苏	118768	7.5	10.9	7.3	3.5
浙　江	74963	4.1	13.6	10.2	3.4
安　徽	37042	8.3	12.4	9.6	2.2
江　西	34852	8.6	11.1	12.0	6.6
湖　北	45213	6.8	11.7	8.2	4.8
湖　南	37311	7.6	12.4	8.1	6.1
重　庆	20794	11.3	13.6	3.2	6.6
四　川	43811	8.4	14.2	13.8	9.2
贵　州	9292	12.8	18.7	6.3	-1.5
云　南	14613	4.7	18.1	14.6	4.1

注：2016～2018年为主营业务收入增速，与2019年不具有可比性。

资料来源：中华人民共和国国家统计局（http：//www.stats.gov.cn/）。

（二）工业投资增速回落

长江经济带固定资产投资增速继续降低。2019年，我国完成全社会固定资产投资560874亿元，较上年增长5.1%；[①] 其中，完成固定资产投资（不含农户）551478亿元，比上年增长5.4%。从不同区域之间的比较看，中部地区增速领先。中部地区、西部地区、东部地区和东北地区固定资产投

① 根据第四次全国经济普查、统计执法检查和统计调查制度规定，对2018年固定资产投资数据进行修订，2019年增速按可比口径计算。

资增速依次减少，分别为9.5%、5.6%、4.1%和-3.0%。① 2019年，长江经济带固定资产投资增速为8.6%，比上年减少0.8个百分点，比全国平均水平高出3.2个百分点。从长江经济带三大区域的比较看，中游地区增速领先。下游地区固定资产投资增速为7.4%，与上年持平；中游地区增速为10.1%，比上年减少0.6个百分点；上游地区增速为8.7%，比上年减少2.2个百分点。从长江经济带成员地区的比较看，云南增速最高，贵州增速最低。云南、湖北、浙江和湖南固定资产投资增速较快，分别为18.0%、10.6%、10.1%和10.1%；贵州、上海和江苏增速较慢，分别为1.0%、5.1%和5.1%。与上年相比，在长江经济带11个成员地区中，有多达8个成员地区的固定资产投资增速出现了下降，其中，贵州、安徽和江西增速下降幅度较大，分别减少了14.8个、2.6个和1.9个百分点（见图2）。

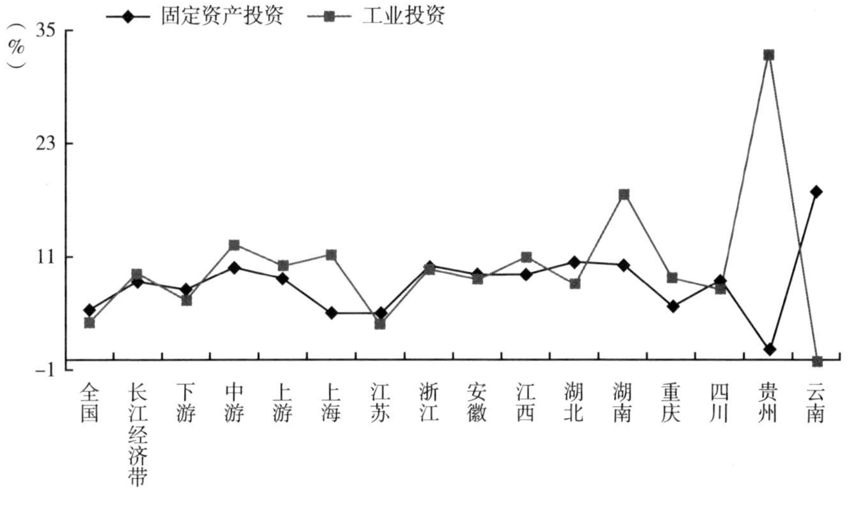

图2　2019年长江经济带固定资产投资和工业投资增速

长江经济带工业投资增速有所回落。2019年，我国工业固定资产投资比上年增长4.1%，比上年减少了3.1个百分点；其中，采矿业投资增长最

① 国家统计局：《中华人民共和国2019年国民经济和社会发展统计公报》，2020年2月28日，http://www.stats.gov.cn/tjsj/zxfb/202002/t20200228_1728913.html。

快，为24.1%，制造业为3.1%，电力、热力、燃气及水生产和供应业为4.5%。2019年，长江经济带工业投资增速为9.2%，比上年大幅回落了5.0个百分点。从长江经济带三大区域的比较看，中游地区增速最快。下游地区工业投资比上年增长6.5%，增速比上年减少5.5个百分点，低于长江经济带平均水平2.7个百分点；中游地区工业投资比上年增长12.3%，增速比上年大幅下滑7.9个百分点，高于长江经济带平均水平3.1个百分点；上游地区工业投资比上年增长10.1%，增速比上年增加1.2个百分点，高于长江经济带平均水平0.9个百分点。分成员地区看，不同地区之间工业投资增速差异较大。贵州、湖南和上海工业投资增速领先，分别为32.6%、17.8%和11.3%；云南、江苏和四川工业投资增速较慢，分别为-0.1%、3.9%和7.6%。

比较工业投资增速与固定资产投资增速，可以发现，在长江经济带11个成员地区中，有5个成员地区工业投资增速较快，其中贵州、湖南和上海工业投资增速分别高出固定资产投资31.6个、7.7个和6.2个百分点；有6个成员地区工业投资增速较慢，其中云南、湖北和江苏工业投资增速分别低于固定资产投资18.1个、2.5个和1.2个百分点（见表3）。

表3　2016～2019年长江经济带固定资产投资及工业投资增速

单位：%

地区	固定资产投资				工业投资			
	2016年	2017年	2018年	2019年	2016年	2017年	2018年	2019年
全国	8.1	7.2	5.9	5.4	3.6	3.6	7.2	4.1
长江经济带	12.3	11.0	9.4	8.6	8.4	9.2	14.2	9.2
下游	9.3	8.6	7.4	7.4	7.4	8.1	12.0	6.5
中游	13.6	12.1	10.7	10.1	9.7	11.3	20.2	12.3
上游	15.6	13.6	10.9	8.7	8.3	8.5	8.9	10.1
上海	6.3	7.3	5.2	5.1	2.3	5.3	17.7	11.3
江苏	7.5	7.5	5.5	5.1	7.9	6.7	8.0	3.9
浙江	10.9	8.6	7.1	10.1	4.0	6.1	5.0	9.7
安徽	11.7	11.0	11.8	9.2	9.6	12.7	24.8	8.7

续表

地　区	固定资产投资				工业投资			
	2016 年	2017 年	2018 年	2019 年	2016 年	2017 年	2018 年	2019 年
江　西	14.0	12.3	11.1	9.2	15.3	14.6	13.1	10.9
湖　北	13.1	11.0	11.0	10.6	7.4	11.9	15.8	8.1
湖　南	13.8	13.1	10.0	10.1	7.6	7.4	32.7	17.8
重　庆	12.1	9.5	7.0	5.7	13.5	8.9	7.3	8.8
四　川	13.1	10.6	10.2	8.6	10.9	12.5	8.1	7.6
贵　州	21.1	20.1	15.8	1.0	12.0	5.2	13.1	32.6
云　南	19.8	18.0	11.6	18.0	-9.4	-0.1	11.3	-0.1

资料来源：相关年份中国及长江经济带成员地区统计公报。

（三）经济效益持续下滑

我国规模以上工业企业经济效益持续下滑，利润总额有所下降，亏损企业亏损总额大幅增长。2019 年，我国规模以上工业实现利润总额 61996 亿元，较上年下降 3.3%，增速比上年大幅减少 13.6 个百分点。从不同经济类型工业企业看，股份制企业实现利润总额 45284 亿元，比上年下降 2.9%；国有控股企业实现利润总额 16356 亿元，比上年下降 12.0%；私营企业实现利润总额 18182 亿元，比上年增长 2.2；外商及港澳台商投资企业实现利润总额 15580 亿元，比上年下降 3.6%。从不同门类工业看，采矿业实现利润总额 5275 亿元，比上年增长 1.7%；制造业实现利润总额 51904 亿元，比上年下降 5.2%；电力、热力、燃气及水生产和供应业实现利润总额 4816 亿元，比上年增长 15.4%。① 2019 年，中国规模以上工业亏损企业亏损总额大幅提高，为 9415 亿元，比上年增长 16.0%，增速较上年增加 7.5 个百分点。

长江经济带规模以上工业企业经济效益持续下滑，利润总额增速由正转负，亏损企业亏损总额大幅提高。2019 年，长江经济带规模以上工业企业

① 国家统计局：《中华人民共和国 2019 年国民经济和社会发展统计公报》，2020 年 2 月 28 日，http：//www.stats.gov.cn/tjsj/zxfb/202002/t20200228_ 1728913.html。

实现利润总额29175亿元，比上年下降1.1%，增速较上年大幅减少12.5个百分点，比全国平均水平高出2.2个百分点。分三大区域看，中游地区增速领先。下游地区规模以上工业企业实现利润总额16527亿元，同比增长-4.1%，较上年减少13.5个百分点，比长江经济带平均水平低了3.0个百分点；中游地区规模以上工业企业实现利润总额6897亿元，同比增长3.3%，较上年大幅减少12.2个百分点，比长江经济带平均水平高出4.4个百分点；上游地区规模以上工业企业实现利润总额5750亿元，同比增长2.9%，较上年大幅减少10.9个百分点，比长江经济带平均水平高出4.0个百分点。分成员地区看，不同地区之间存在较大的差别。从实现利润总额的规模看，江苏、浙江和四川居前，分别实现利润总额6734亿元、4760亿元和2900亿元；贵州、云南和重庆居后，分别实现利润总额867亿元、880亿元和1103亿元。从利润总额增速看，四川、湖南和浙江居前，增速分别为10.4%、6.6%和5.4%；上海、云南和江苏增速居后，分别为-14.2%、-6.8%和-5.4%。

2019年，长江经济带规模以上工业亏损企业亏损总额大幅提高，为3377亿元，比上年增长18.1%，增速较上年增加2.9个百分点；占全国的份额为35.9%，比上年增加0.8个百分点。分三大区域看，下游地区增速领先。下游地区规模以上工业亏损企业亏损总额为1978亿元，比上年增长21.4%，高于长江经济带平均水平3.3个百分点，增速比上年增加7.4个百分点；占长江经济带的份额为58.6%，比上年增加2.2个百分点。中游地区规模以上工业亏损企业亏损总额为560亿元，比上年增长15.7%，低于长江经济带平均水平2.4个百分点，增速比上年减少1.7个百分点；占长江经济带的份额为16.6%，比上年减少0.3个百分点。上游地区规模以上工业亏损企业亏损总额为839亿元，比上年增长12.6%，低于长江经济带平均水平5.5个百分点，增速比上年减少3.8个百分点；占长江经济带的份额为24.9%，比上年减少1.8个百分点。分成员地区看，不同地区之间存在明显的差异。从规模以上工业亏损企业亏损总额规模看，江苏、浙江和上海规模较大，分别为998亿元、480亿元和264亿元；江西、云南和贵州规模较小，分别为106亿元、174亿元和181亿元。从规模以上工业亏损企业亏损总额增速看，重庆、江苏和湖北增速领先，分别为66.9%、30.2%和25.1%；四川、江西和云南增速较小，分别为-17.8%、7.4%和9.1%（见表4）。

表4 2017～2019年长江经济带规模以上工业企业利润总额和亏损企业亏损总额

单位：亿元，%

地区	利润总额				亏损企业亏损总额			
	规模	增速			规模	增速		
	2019年	2017年	2018年	2019年	2019年	2017年	2018年	2019年
全国	61996	21.0	10.3	-3.3	9415	-18.1	8.5	16.0
长江经济带	29175	17.9	11.4	-1.1	3377	-23.2	15.2	18.1
下游	16527	13.8	9.4	-4.1	1978	-2.1	14.0	21.4
中游	6897	16.6	15.5	3.3	560	-25.1	17.4	15.7
上游	5750	37.2	13.8	2.9	839	-47.1	16.4	12.6
上海	2875	10.6	3.7	-14.2	264	7.4	-17.6	10.6
江苏	6734	12.4	9.4	-5.4	998	-9.0	20.3	30.2
浙江	4760	16.6	5.3	5.4	480	-2.1	26.7	12.2
安徽	2160	19.7	27.8	-3.7	236	10.1	20.4	20.2
江西	2159	18.0	16.5	-0.3	106	-27.6	-20.6	7.4
湖北	2868	10.0	19.0	4.0	256	-3.1	4.9	25.1
湖南	1871	24.3	9.3	6.6	198	-50.3	89.8	9.7
重庆	1103	18.8	-7.9	-4.3	240	-45.0	31.9	66.9
四川	2900	29.0	22.1	10.4	244	-51.0	32.3	-17.8
贵州	867	46.8	20.5	0.1	181	1.5	-3.4	24.9
云南	880	145.9	21.1	-6.8	174	-59.2	2.3	9.1

资料来源：中华人民共和国国家统计局（http：//www.stats.gov.cn/）。

（四）工业资产平稳增长

长江经济带规模以上工业企业资产总体平稳增长。2019年，中国规模以上工业企业资产总计为1191375亿元，比上年增长5.8%，增速比上年减少0.3个百分点。2019，长江经济带规模以上工业企业资产总计为488320亿元，比上年增长6.1%，高于全国平均水平0.3个百分点，增速比上年减少1.2个百分点；占中国的份额为41.0%，比上年减少0.2个百分点。分三大区域看，中游地区增速领先。下游地区规模以上工业企业资产总计为287394亿元，比上年增长6.2%，高于长江经济带平均水平0.1个百分点，增速比上年减少1.0个百分点；占长江经济带的份额为58.9%，比上年减少0.5个百分点。中游地区规模以上工业企业资产总计为97130亿元，比上年增长7.0%，高于长江经济带平均水平0.9个百分点，增速比上年减少2.7个百分点；占长江经济带的份额为19.9%，比上年增加0.4个百分点。上游地区规模以上工业企业资产总计为103795亿元，比上年增长4.9%，低于长江经济带平均水平1.2个百分点，增速比上年减少0.5个百分点；占长江经济带的份额为21.3%，比上年增加0.2个百分点。长江经济带不同差异地区之间有着较为明显的差别。从规模以上工业企业资产总计规模看，江苏、浙江和四川规模较大，分别为120515亿元、84744亿元和47022亿元；贵州、重庆和云南规模较小，分别为15522亿元、20188亿元和21063亿元。从规模以上工业企业资产总计增速看，江西、浙江和湖南增速领先，分别为8.7%、8.5%和7.4%；云南、上海和贵州增速较慢，分别为1.0%、3.5%和4.2%（见表5）。

表5　2016～2019年长江经济带规模以上工业企业资产总计

单位：亿元，%

地　区	规模	增速			
	2019年	2016年	2017年	2018年	2019年
全　国	1191375	7.1	6.9	6.1	5.8
长江经济带	488320	7.9	7.7	7.3	6.1
下　游	287394	7.4	7.4	7.2	6.2
中　游	97130	10.1	9.5	9.7	7.0
上　游	103795	7.6	6.7	5.4	4.9
上　海	44032	8.4	6.6	3.4	3.5
江　苏	120515	7.5	7.4	6.6	5.4
浙　江	84744	6.6	7.7	8.5	8.5
安　徽	38104	7.4	7.9	10.9	6.8
江　西	26201	12.3	9.2	14.5	8.7

续表

地　区	规模	增速			
	2019 年	2016 年	2017 年	2018 年	2019 年
湖　北	42224	9.5	8.3	9.3	5.8
湖　南	28705	9.0	11.6	6.3	7.4
重　庆	20188	12.3	5.9	2.7	6.3
四　川	47022	4.6	6.4	8.4	6.4
贵　州	15522	8.3	10.8	4.5	4.2
云　南	21063	8.8	5.3	2.7	1.0

资料来源：中华人民共和国国家统计局（http：//www.stats.gov.cn/）。

二　2019年长江经济带重要行业发展态势

（一）计算机、通信和其他电子设备制造业

在长江经济带工业发展中，计算机、通信和其他电子设备制造业的地位十分重要。2018 年，长江经济带计算机、通信和其他电子设备制造业完成主营业务收入 49411.7 亿元，占规模以上工业的比重为 10.5%，比上年增加 1.2 个百分点；实现利润总额 2161.7 亿元，占规模以上工业的比重为 6.5%，较上年减少 0.9 个百分点。分三大区域看，下游地区计算机、通信和其他电子设备制造业比较优势突出。下游地区完成主营业务收入 30109.4 亿元，占长江经济带该行业的份额为 60.9%，高出规模以上工业平均水平 3.0 个百分点；实现利润总额 1437.5 亿元，占长江经济带该行业的份额为 66.5%，高出规模以上工业平均水平 8.5 个百分点。分成员地区看，重庆、上海和四川比较优势较大，分别完成主营业务收入 4501.0 亿元、5675.3 亿元和 6475.8 亿元，占规模以上工业的份额为 22.2%、14.6% 和 14.6%；分别实现利润 168.3 亿元、152.4 亿元和 170.0 亿元，占规模以上工业的份额为 12.6%、4.5% 和 5.6%。

表 6　2016 ~ 2018 年长江经济带计算机、通信和其他电子设备制造业发展指标

单位：亿元

地　区	主营业务收入			利润总额		
	2016 年	2017 年	2018 年	2016 年	2017 年	2018 年
长江经济带	45008. 1	46519. 6	49411. 7	2193. 6	2485. 9	2161. 7
下　游	29959. 8	30737. 9	30109. 4	1522. 8	1614. 9	1437. 5
中　游	6332. 2	6298. 0	7416. 1	309. 1	310. 2	330. 2
上　游	8716. 0	9483. 7	11886. 2	361. 7	560. 8	393. 9
上　海	5082. 0	5945. 8	5675. 3	132. 5	189. 7	152. 4
江　苏	19199. 8	18530. 6	17448. 3	964. 6	922. 9	766. 9
浙　江	3291. 9	3687. 4	4372. 6	301. 2	335. 8	372. 8
安　徽	2386. 2	2574. 1	2613. 2	124. 6	166. 6	145. 5
江　西	1925. 1	2106. 7	2695. 8	108. 7	127. 9	155. 1
湖　北	2333. 6	2136. 0	2304. 7	105. 1	69. 9	94. 5
湖　南	2073. 5	2055. 3	2415. 6	95. 3	112. 5	80. 6
重　庆	4023. 9	4033. 8	4501. 0	127. 9	155. 9	168. 3
四　川	4079. 8	4613. 3	6475. 8	214. 1	347. 7	170. 0
云　南	101. 9	179. 9	285. 0	11. 5	33. 5	41. 9
贵　州	510. 5	656. 7	624. 6	8. 1	23. 7	13. 8

注：2016 年为总产值数据，2017 年和 2018 年为主营业务收入数据。

资料来源：2017 ~2019 年长江经济带成员地区统计年鉴。

2019 年，中国计算机、通信和其他电子设备制造行业完成营业收入 113718 亿元，比上年增长 4. 5%，高于规模以上工业平均水平 0. 7 个百分点；增加值增长 9. 3%，高于规模以上工业平均水平 3. 6 个百分点；实现利润总额共计 5013 亿元，比上年增长 3. 1%，高于规模以上工业平均水平 6. 4 个百分点；亏损总额共计 1010 亿元，比上年增长 30. 5%，高于规模以上工业平均水平 14. 5 个百分点。从产品看，完成集成电路 2018 亿块，比上年增长 7. 2%；完成程控交换机 791 万线，比上年下降 20. 5%；完成移动通信手持机 170101 万台，比上年减少 6. 0%；完成微型计算机设备 34163 万台，比上年略增 7. 7 个百分点。

2019 年，长江经济带计算机、通信和其他电子设备制造业稳中有进。

在下游地区，上海计算机、通信和其他电子设备制造业完成总产值

5135.3亿元，比上年下降2.0%，低于规模以上工业平均水平1.7个百分点；完成营业收入5320.5亿元，比上年下降1.2%，高于规模以上工业平均水平1.1个百分点；实现利润总额171.8亿元，比上年增长17.8%，高于规模以上工业平均水平31.5个百分点；完成集成电路207.6亿块，比上年下降11.0%；完成智能手机产量4173万台，比上年下降11.4%；完成3D打印设备780台，比上年增长34.9%。江苏完成集成电路516.3亿块，比上年增长0.6%；完成微型电子计算机6042.4万台，比上年下降3.1%。浙江完成集成电路143.5亿块，比上年增长21.3%；完成电子元件978.7亿只，比上年增长2.8%；完成微型计算机设备277.7万台，比上年增长35.2%；完成智能手机4359.2万台，比上年下降12.0%。安徽计算机、通信和其他电子设备制造业发展较快，增加值比上年增长21.1%，高于规模以上工业平均水平13.8个百分点；完成集成电路59.7亿块，比上年增长14.6%；完成微型计算机设备2253.8万台，比上年增长11.5%；完成移动通信手持机81.7万台，比上年增长16.7%。

在中游地区，江西计算机、通信和其他电子设备制造业实现营业收入3393.8亿元，增长19.1%，高于规模以上工业平均水平12.5个百分点。湖北计算机、通信和其他电子设备制造业增加值增长19.0%，高于规模以上工业11.2个百分点，占规模以上工业的份额为4.3%；1～11月实现利润总额49.9亿元，比上年下降5.5%；完成微型计算机设备1270.2万台，比上年增长14.3%；完成显示器1519.4万台，比上年增长29.7%；完成移动通信手持机3920.0万台，比上年下降10.2%。湖南计算机、通信和其他电子设备制造业实现利润总额126.6亿元，比上年增长3.9%，低于规模以上工业平均水平2.7个百分点。

在上游地区，重庆计算机、通信和其他电子设备制造业增加值增长14.1%，高于规模以上工业平均水平7.1个百分点；完成笔记本计算机6422.3万台，比上年增长12.1%；完成打印机1365.9万台，比上年下降14.1%；完成集成电路33.7亿块，比上年大幅增长523.6%；完成液晶显示屏2.18亿片，比上年大幅增长36.4%。四川计算机、通信和其他电子设备制造业增加值增长12.1%，高于规模以上工业平均水平4.2个百分点；完成电子计算机整机6727.2万台，比上年增长6.3%；完成移动通信手持机（手机）14811.4万台，比上年大幅增长46.9%。贵州计算机、通信和其他电子设备制造业增加值增长12.9%，高于规模以上工业平均水平3.2个百分点；集成电路5843.2万块，比上年增长53.1%；完成电子元件71.4亿只，比上年增长36.1%。

（二）化学原料和化学制品制造业

2018年，长江经济带化学原料和化学制品制造业完成主营业务收入36689.0亿元，占规模以上工业的比重为7.8%，比上年减少0.1个百分点；实现利润总额3024.0亿元，占规模以上工业的比重为9.2%，较上年增加0.2个百分点。分三大区域看，下游地区化学原料和化学制品制造业比较优势明显。下游地区完成主营业务收入24366.7亿元，占长江经济带该行业的份额为66.4%，高出规模以上工业平均水平8.5个百分点；实现利润总额2069.1亿元，占长江经济带该行业的份额为68.4%，高出规模以上工业平均水平6.4个百分点。分成员地区看，江苏、浙江、上海和贵州化学原料和化学制品制造业在工业中地位相对突出，分别完成主营业务收入12318.1亿元、6595.8亿元、3360.8亿元和827.8亿元，占规模以上工业的份额为9.6%、9.5%、8.6%和8.5%；分别实现利润919.8亿元、540.1亿元、420.6亿元和14.3亿元，占规模以上工业的份额为10.8%、11.6%、12.6%和1.6%（见表7）。

2019年，中国化学原料和化学制品制造业完成营业收入65776亿元，比上年下降1.0%，低于规模以上工业平均水平4.8个百分点；增加值增长4.7%，低于规模以上工业平均水平1.0个百分点；实现利润总额共计3481亿元，比上年下降25.6%，低于规模以上工业平均水平22.3个百分点；亏损总额共计1368亿元，比上年大幅增长134.1%，高于规模以上工业平均水平118.1个百分点。从化学原料和化学制品制造业产品看，完成硫酸（折100%）8936万吨，比上年增长1.2%；完成烧碱（折100%）3464万吨，

表7　2016～2018年长江经济带化学原料和化学制品制造业发展指标

单位：亿元

地　区	主营业务收入			利润总额		
	2016年	2017年	2018年	2016年	2017年	2018年
长江经济带	43936.3	39373.5	36689.0	2617.9	3010.9	3024.0
下　游	28186.5	27106.0	24366.7	2032.6	2221.0	2069.1
中　游	10203.7	7168.8	7487.0	528.7	466.9	603.4
上　游	5546.1	5098.7	4835.3	56.5	323.0	351.5
上　海	2463.5	3188.7	3360.8	223.9	407.9	420.6
江　苏	17850.1	15640.6	12318.1	1303.2	1183.2	919.8
浙　江	5381.7	5927.7	6595.8	358.2	478.3	540.1
安　徽	2491.2	2349.0	2091.9	147.4	151.6	188.6
江　西	2705.8	1312.2	1668.9	210.1	130.2	166.8
湖　北	4404.7	3076.3	3179.6	175.4	176.0	284.6
湖　南	3093.2	2780.3	2638.5	143.2	160.7	152.0
重　庆	955.2	779.3	778.9	23.3	51.5	80.4
四　川	2909.8	2442.3	2305.0	169.5	158.0	226.4
云　南	849.6	906.6	923.6	－180.4	97.3	30.5
贵　州	831.5	970.4	827.8	44.0	16.3	14.3

注：2016年为总产值数据，2017年和2018年为主营业务收入数据。

资料来源：2017～2019年长江经济带成员地区统计年鉴。

比上年增长0.5%；完成纯碱（碳酸钠）2888万吨，比上年增长7.6%；完成乙烯2052万吨，比上年增长9.4%；完成农用氮、磷、钾化学肥料（折纯）5625万吨，比上年增长3.6%；完成化学农药原药（折有效成分100%）225万吨，比上年增长1.4%。

2019年，长江经济带化学原料和化学制品制造业差异化发展。

在下游地区，上海化学原料和化学制品制造业完成总产值2929.1亿元，比上年增长11.2%，高于规模以上工业平均水平11.5个百分点；完成主营业务收入3306.9亿元，比上年下降1.2%，高于规模以上工业平均水平1.1个百分点；实现利润总额336.1亿元，比上年下降18.9%，低于规模以上工业平均水平5.2个百分点。江苏完成硫酸318.2万吨，比上年下降3.1%；完成盐酸65.6万吨，比上年下降0.3%；完成烧碱275.1万吨，比上年减少14.2%；完成纯碱513.0万吨，比上年增长5.5%；完成合成氨311.3万吨，比上年增长 1.4%；完成化肥 199.1 万吨，比上年增长 7.9%；完成化学农药 74.3 万吨，比上年减少 3.3%。浙江完成硫酸（折 100%）304.0 万吨，比上年下降 0.8%；完成烧碱（折 100%）200.8 万吨，比上年增长 6.4%；完成纯碱 31.7 万吨，比上年下降 5.6%；完成纯苯 36.1 万吨，比上年增长 4.8%；完成浓硝酸 19.7 万吨，比上年下降 0.9%；完成合成氨（无水氨）61.2 万吨，比上年增长 8.8%；完成化学农药原药（折有效成分 100%）20.8 万吨，比上年下降 4.5%。安徽化学原料和化学制品制造业增加值增长 10.4%，高于规模以上工业平均水平 3.1 个百分点；完成硫酸 576.6 万吨，比上年下降 2.7%；完成烧碱 77.0 万吨，比上年下降 4.6%；完成纯碱 79.0 万吨，比上年大幅增长 111.4%；完成合成氨 266.3 万吨，比上年增长 17.6%；完成化肥 269.4 万吨，比上年增长 15.2%；完成化学农药 9.8 万吨，比上年下降 2.2%；完成合成洗涤剂 93.9 万吨，比上年增长 10.8%。

在中游地区，江西完成硫酸（折 100%）288.7 万吨，比上年下降 8.1%；完成农用氮、磷、钾化学肥料 29.2 万吨，比上年下降 56.2%。湖北化学原料和化学制品制造业增加值比上年增长 9.3%，高于规模以上工业平均水平 1.5 个百分点，占规模以上工业的份额为 6.9%；1～11 月实现利润总额 169.1 亿元，比上年下降 13.2%；完成硫酸（折 100%）848.9 万吨，比上年下降 1.4%；完成农用氮、磷、钾化学肥料（折纯）558.3 万吨，比上年增长 14.6%。湖南完成硫酸（折 100%）171.6 万吨，比上年下降 0.7%；完成烧碱（折 100%）58.4 万吨，比上年增长 30.4%；完成合成氨 63.3 万吨，比上年增长 15.7%；完成化肥（折纯）52.6 万吨，比上年下降 2.0%。

在上游地区，重庆化学原料和化学制品制造业增加值比上年增长 4.2%，低于规模以上工业平均水平 2.2 个百分点。四川化学原料和化学制品制造业增加值比上年增长 10.3%，高于规模以上工业平均水平 2.4 个百分点；完成农用氮、磷、钾化学肥料（折纯）441.7 万吨，比上年增长 12.2%。云南化学原料和化学制品制造业增加值比上年增长 0.7%，低于规模以上工业平均水平 7.4 个百分点；完成硫酸（折 100%）1460.2 万吨，比上年增长1.2%；完成烧碱（折100%）26.1万吨，比上年下降5.4%；完成化肥（折100%）279.3万吨，比上年增长1.1%。贵州化学原料和化学制品制造业增加值比上年下降3.5%，低于规模以上工业平均水平13.1个百分点，占规模以上工业的份额为3.0%；完成农用氮、磷、钾化学肥料（折纯）371.4万吨，比上年下降24.0%。

（三）电气机械和器材制造业

2018年，长江经济带电气机械和器材制造业完成主营业务收入34958.4亿元，占规模以上工业的比重为7.4%，较上年减少0.6个百分点；实现利润总额2171.9亿元，占规模以上工业的比重为6.6%，较上年减少0.9个百分点。分三大区域看，下游地区电气机械和器材制造业比较优势显著。下游地区完成主营业务收入26296.9亿元，占长江经济带该行业的份额为75.2%，高出规模以上工业平均水平17.3个百分点；实现利润总额1651.7亿元，占长江经济带该行业的份额为76.0%，高出规模以上工业平均水平18.0个百分点。分成员地区看，江苏、安徽和浙江电气机械和器材制造业在工业中地位相对突出，分别完成主营业务收入13620.9亿元、3689.8亿元和6591.3亿元，占规模以上工业的份额为10.6%、9.9%和9.5%；分别实现利润812.4亿元、276.9亿元和379.0亿元，占规模以上工业的份额为9.6%、10.4%和8.2%（见表8）。

表8　2016～2018年长江经济带电气机械和器材制造业发展指标

单位：亿元

地　区	主营业务收入			利润总额		
	2016年	2017年	2018年	2016年	2017年	2018年
长江经济带	41151.8	39868.6	34958.4	2730.1	2523.6	2171.9
下　游	31491.3	30076.8	26296.9	2135.4	1933.5	1651.7
中　游	6566.1	6891.2	5867.6	413.5	409.7	356.4
上　游	3094.4	2900.6	2793.9	181.3	180.4	163.8
上　海	2032.1	2269.2	2394.8	169.1	165.6	183.3
江　苏	17420.2	16301.9	13620.9	1223.7	1032.3	812.4

续表

地　区	主营业务收入			利润总额		
	2016 年	2017 年	2018 年	2016 年	2017 年	2018 年
浙　江	6725.9	6418.7	6591.3	421.6	415.4	379.0
安　徽	5313.2	5086.9	3689.8	321.1	320.3	276.9
江　西	2566.7	3108.4	2493.3	226.5	218.5	136.7
湖　北	2078.9	1974.6	2122.4	96.3	103.6	171.4
湖　南	1920.5	1808.3	1251.8	90.6	87.6	48.3
重　庆	1191.3	1030.1	974.7	96.4	80.0	69.9
四　川	1491.8	1475.9	1476.9	65.4	82.4	84.1
云　南	129.2	147.7	133.6	5.2	6.4	3.9
贵　州	282.1	246.9	208.8	14.3	11.6	6.0

注：2016 年为总产值数据，2017 年和 2018 年为主营业务收入数据。

资料来源：2017～2019 年长江经济带成员地区统计年鉴。

2019 年，中国电气机械和器材制造业完成营业收入 65438 亿元，比上年增长 5.9%，高于规模以上工业平均水平 2.1 个百分点；增加值增长 10.7%，高于规模以上工业 4.0 个百分点；实现利润总额共计 3843 亿元，比上年增长 10.8%，高于规模以上工业平均水平 14.1 个百分点；亏损总额共计 489 亿元，比上年下降 8.0%，低于规模以上工业平均水平 24.0 个百分点。从电气机械和器材制造业产品看，完成家用电冰箱（家用冷冻冷藏箱）7904 万台，比上年增长 8.1%；完成家用冷柜（家用冷冻箱）2172 万台，比上年增长 4.1%；完成房间空气调节器 21866 万台，比上年增长 6.5%；完成家用洗衣机 7433 万台，比上年增长 9.8%。

2019 年，长江经济带电气机械和器材制造业良性发展。

在下游地区，上海电气机械和器材制造业完成工业总产值 2230.6 亿元，比上年增长 0.3 %，高于规模以上工业平均水平 0.6 个百分点；完成营业收入 2527.1 亿元，比上年增长 1.2%，高于规模以上工业平均水平 3.5 个百分点；实现利润总额 174.6 亿元，比上年下降 6.6%，高于规模以上工业平均水平 7.1 个百分点。江苏电气机械和器材制造业增加值比上年增长 16.9%，高于规模以上工业平均水平 10.7 个百分点；完成智能电视 1034.6 万台，比上年下降 1.1%；完成家用电冰箱 1068.1 万台，比上年增长 13.1%；完成房间空调器 495.0 万台，比上年下降 9.2%；完成家用洗衣机 2239.4 万台，比上年增长 18.1%；完成家用吸尘器 5799.0 万台，比上年增长 1.9%；完成家用电风扇 569.4 万台，比上年增长 7.6%。浙江完成房间空调器 1939.2 万台，比上年增长 18.1%。安徽电气机械和器材制造业增加值比上年增长 11.4%，高于规模以上工业平均水平 4.1 个百分点；完成彩色电视机 1941.9 万台，比上年下降 14.7%；完成家用洗衣机 2328.3 万台，比上年增长 11.0%；完成家用电冰箱 2505.9 万台，比上年增长 6.9%；完成房间空调器 3366.5 万台，比上年增长 9.1%。

在中游地区，江西电气机械和器材制造业实现营业收入 2790.5 亿元，增长 9.0%，高于规模以上工业平均水平 2.4 个百分点；完成家用电冰箱 93.3 万台，比上年增长 3.2%；完成房间空气调节器 631.7 万台，比上年增长 8.4%。湖北电气机械和器材制造业增加值增长 11.0%，高于规模以上工业平均水平 3.2 个百分点，占规模以上工业的份额为 4.0%；1～11 月实现利润总额 111.1 亿元，比上年增长 13.7%；完成房间空气调节器 2110.9 万台，比上年增长 14.1%。

在上游地区，重庆电气机械和器材制造业增加值比上年增长 8.1%，高于规模以上工业平均水平 1.7 个百分点。四川完成房间空调器 251.7 万台，比上年下降 4.4%；完成家用电冰箱 99.5 万台，比上年增长 8.7%；完成彩色电视机 964.8 万台，比上年下降 3.8%。贵州电气机械和器材制造业增加值比上年下降 5.4%，低于规模以上工业平均水平 15.0 个百分点；完成家用电冰箱 157.6 万台，比上年增长 13.6%。

（四）汽车制造业

长江经济带汽车制造业在全国占有十分重要的地位。2018 年，长江经济带汽车制造业完成主营业务收入 40599.8 亿元，占规模以上工业的比重为 8.6%，比上年增加 0.4 个百分点；实现利润总额 3393.2 亿元，占规模以上工业的比重为 10.3%，较上年减少 1.0 个百分点。分三大区域看，下游地区完成主营业务收入22933.3亿元，占长江经济带该行业的份额为56.5%，低于规模以上工业平均水平1.4个百分点；实现利润总额2166.7亿元，占长江经济带该行业的份额为63.9%，高于规模以上工业平均水平5.9个百分点。中游地区完成主营业务收入10256.2亿元，占长江经济带该行业的份额为25.3%，高于规模以上工业平均水平1.8个百分点；实现利润总额844.4亿元，占长江经济带该行业的份额为24.9%，高于规模以上工业平均水平1.8个百分点。上游地区完成主营业务收入7410.4亿元，占长江经济带该行业的份额为18.3%，低于规模以上工业平均水平0.2个百分点；实现利润总额382.1亿元，占长江经济带该行业的份额为11.3%，低于规模以上工业平均水平7.8个百分点（见表9）。

表9　2016～2018年长江经济带汽车制造业发展指标

单位：亿元

地　区	主营业务收入			利润总额		
	2016年	2017年	2018年	2016年	2017年	2018年
长江经济带	40133.3	40766.2	40599.8	3809.0	3763.6	3393.2
下　游	21458.8	23576.6	22933.3	2219.5	2360.4	2166.7
中　游	9968.8	8984.0	10256.2	755.5	720.7	844.4
上　游	8705.7	8205.5	7410.4	834.1	682.5	382.1
上　海	5849.9	8246.7	8334.2	1082.0	1106.0	1077.7
江　苏	7910.6	7504.7	7023.0	589.9	611.8	502.8
浙　江	4588.3	4951.6	5166.8	421.7	530.9	509.7
安　徽	3109.9	2873.7	2409.2	125.9	111.6	76.6
江　西	1363.9	119.1	1657.6	83.7	5.9	69.4
湖　北	6760.1	6918.6	6785.2	592.0	613.8	733.5
湖　南	1844.8	1946.3	1813.4	79.8	101.1	41.5
重　庆	5340.1	4762.1	3799.6	567.8	432.9	153.4
四　川	2840.6	2887.8	3131.1	242.7	231.1	201.7
云　南	266.2	299.6	323.9	12.6	11.1	23.8
贵　州	258.8	256.0	155.8	10.9	7.5	3.3

注：2016年为总产值数据，2017年和2018年为主营业务收入数据。

资料来源：2017～2019年长江经济带成员地区统计年鉴。

2019 年，中国汽车制造业完成营业收入 80847 亿元，比上年下降 1.8%，低于规模以上工业平均水平 5.6 个百分点；增加值增长 1.8%，低于规模以上工业平均水平 3.9 个百分点；实现利润总额共计 5087 亿元，比上年下降 15.9%，低于规模以上工业平均水平 12.6 个百分点；亏损总额共计 1025 亿元，比上年增长 56.9%，高于规模以上工业平均水平 40.9 个百分点。从汽车制造业产品看，完成汽车 2553 万辆，比上年下降 8.0%；完成基本型乘用车（轿车）1018 万辆，比上年下降 12.7%；完成运动型多用途乘用车（SUV）876 万辆，比上年下降 5.6%；完成载货汽车 374 万辆，比上年增长 1.1%。

2019 年，长江经济带汽车制造业保持平稳发展。

在下游地区，上海汽车制造业完成产值 6409.6 亿元，比上年下降 4.4%，低于规模以上工业平均水平 4.1 个百分点；完成营业收入 7923.4 亿元，比上年下降 11.4%，低于规模以上工业平均水平 9.1 个百分点；实现利润 795.0 亿元，比上年下降 26.9%，低于规模以上工业平均水平 13.2 个百分点；完成汽车产量 274.9 万辆，比上年下降 7.7%；完成新能源汽车产量 8.3 万辆，比上年增长 29.6%；完成运动型多用途乘用车（SUV）94.5 万辆，比上年增长 14.2%。江苏完成汽车产量 82.8 万辆，比上年下降 29.2%（其中，完成轿车产量 38.4 万辆，比上年下降 36.3%；完成新能源汽车产量 5.0 万辆，比上年下降 56.7%）。浙江完成汽车产量 99.2 万辆，比上年大幅下降 18.5%（其中完成新能源汽车产量 3.8 万辆，比上年大幅下降 17.2%）。安徽汽车制造业增加值增长 2.0%，低于规模以上工业平均水平 5.3 个百分点；完成汽车产量 92.1 万辆，比上年增长 8.7%（其中完成新能源汽车产量 11.6 万辆，比上年下降 0.9%）。

在中游地区，江西完成汽车产量 49.1 万辆，比上年下降 11.0%。湖北汽车制造业增加值比上年增长 4.5 %，低于规模以上工业平均水平 3.3 个百分点，占规模以上工业的份额为 13.1%；1～11 月实现利润总额 495.1 亿元，比上年同期下降 3.3%；完成汽车产量 224.0 万辆，比上年下降 7.4%（其中完成新能源汽车产量 6.1 万辆，比上年下降 8.9%）。湖南完成汽车产量 85.0 万辆，比上年下降 2.1% ［其中，完成轿车产量 33.6 万辆，比上年下降 21.4%；完成运动型多用途乘用车（SUV）产量 36.4 万辆，比上年增长 6.8%；完成新能源汽车产量 11.8 万辆，比上年增长 148.1%］。

在上游地区，重庆汽车产业增加值比上年下降 4.1%，低于规模以上工业平均水平 10.5 个百分点；完成汽车产量 138.3 万辆，比上年下降 19.9%（其中，完成新能源汽车产量 3.7 万辆，比上年下降 3.0%）。四川汽车制造业增加值比上年下降 5.5%，低于规模以上工业平均水平 13.4 个百分点；完成汽车产量 111.7 万辆，比上年下降 19.7%。贵州汽车制造业增加值比上年下降 16.5%，低于规模以上工业平均水平 26.1 个百分点，占规模以上工业的份额为 0.9%；完成汽车产量 5.7 万辆，比上年下降 15.2%。

三 2020年长江经济带工业发展展望

2020 年，在新冠肺炎疫情的冲击下，世界经济全面下行，国际环境更趋复杂。中国经济面临的不确定性增加，内部需求不足，外部需求萎缩。面对错综复杂的国际国内形势，长江经济带要保持战略定力，在传统产业优化升级、先进制造业集群打造、先进制造业和现代服务业融合发展等方面精准施策，推动区域工业经济实现量的合理增长和质的稳步提升。

在下游地区，[①] 上海要继续巩固提升实体经济能级，积极推动汽车、精品钢材、精细化工等产业提质升级；江苏要着力打造先进制造业集群，加快制造业高质量发展，推动产业向全球价值链中高端迈进；浙江要实施产业链协同创新工程，加快提升制造业竞争力；安徽要推进战略性新兴产业集聚发展，推动传统产业优化升级。在中游地区，江西要制定推动制造业高质量发展政策措施，完善工业高质量发展评价考核激励机制，实施重点产业集群提能升级计划，壮大优势产业集群；湖北要加快传统产业改造升级，加快培育壮大以“芯屏端网”为重点的世界级产业集群，加快提升产业基础能力和

① 主要参考长江经济带成员地区 2020 年政府工作报告。

产业链现代化水平，加快产业融合发展；湖南要加快建设制造强省，推动先进制造业发展，创新振兴实体经济的体制机制和政策措施，努力提高制造业占 GDP 的比重。在上游地区，重庆要推动支柱产业迭代升级，壮大“芯屏器核网”全产业链，建设“云联数算用”要素集群，推动先进制造业和现代服务业融合发展；四川要聚焦工业“5+1”壮大实体经济，加快制造强省建设，重点抓产业强链延链补链；云南要着力健全发展先进制造业、振兴实体经济的体制机制，开展制造业“补短板”“拉长板”行动；贵州要坚持高端化绿色化集约化，落实好十大千亿级工业产业发展年度行动计划，加快振兴十大千亿级工业产业。

B.12
长江经济带数字经济发展报告（2019～2020）

徐丽梅*

摘　要： 2019年，我国数字经济增加值规模达到35.8万亿元，占GDP比重达到36.2%。长江经济带地区的江苏省、浙江省、上海市、湖北省、四川省、安徽省、湖南省的数字经济增加值都超过1万亿元，上海市的数字经济占GDP的比重超过50%。同样在2019年，长江经济带各省市的数字产业化也有了进一步的发展，电子信息制造业占全国的50%左右。安徽省的计算机、通信和其他电子设备制造业增长21.1%，增长速度最为显著。长江经济带的软件业与信息技术服务业的企业数量和软件业务收入占全国的比重均超过40%。江苏省继续引领全国数字产业化发展，数字产业化增加值超过1.5万亿元。同时，2019年长江经济带地区的产业数字化也获得较快发展，江苏省、浙江省的产业数字化增加值规模均超过2万亿元。展望2020年，长江经济带地区的数字基础设施将进一步完善，数字经济总体发展速度将进一步提高，产业集聚特色化发展态势也将进一步显现。

关键词： 长江经济带　数字经济　产业融合

---

* 徐丽梅，上海社会科学院应用经济研究所副研究员，研究方向为区域经济、数字经济。

随着科学技术的进步，中国的数字经济快速发展。中国信息通信研究院发布的报告显示，2019 年，我国数字经济增加值规模达到 35.8 万亿元，占 GDP 比重达到 36.2%，同比提升 1.4 个百分点。按照可比口径计算，2019 年我国数字经济名义增长 15.6%，高于同期 GDP 名义增速约 7.8 个百分点，数字经济在国民经济中的地位进一步凸显。作为我国重要区域之一的长江经济带，在国家宏观战略的规划和支持下，近年来数字经济也得到显著发展。

一　长江经济带数字经济发展的总体概况

（一）数字经济的基本概念

这里的“数字经济”概念，延续我们上年的定义：① 以使用数字化的知识和信息作为关键生产要素、以现代信息网络作为重要载体、以信息通信技术的有效使用作为效率提升和经济结构优化的重要推动力的一系列经济活动。从产业发展的角度看，数字经济主要包括两个部分：一是数字产业化部分，也称为数字经济基础部分，即传统意义上的电子信息产业，包括电子信息制造业、软件和信息技术服务业等。二是产业数字化部分，即数字技术在各个产业得到广泛应用，因此而带来产出增加和效率提升的部分，也称为数字经济融合部分。② 本报告将从这两个方面来论述长江经济带数字经济发展的情况，所用数据主要以 2018～2020 年各省市政府网站公开数据以及国家统计局网站数据和《中国统计年鉴》（2019 年、2018 年）为基础，另外以部分社会研究机构的测算数据为补充，例如中国信息通信研究院、腾讯研究院等。

---

① 2016 年 G20 杭州峰会发布的《二十国集团数字经济发展与合作倡议》中对“数字经济”的定义。

② 中国信息通信研究院：《中国数字经济发展白皮书（2017）》，2017 年 7 月。

（二）数字经济的规模总量

近几年，我国的数字经济获得快速发展，数字经济增加值由 2011 年的 94896 亿元增长到 2019 年的 358402 亿元，数字经济占 GDP 的比重相应地由 23.0% 增长到 2019 年 36.2%（见图 1）。仅从 2019 年数字经济的总量来看，全国多个省市的数字经济增加值都超过了 1 万亿元，长江经济带地区有江苏、浙江、上海、湖北、四川、安徽、湖南等省市的数字经济增加值超过 1 万亿元；部分地区如重庆、江西两省市的数字经济紧紧追赶上海、浙江等发达地区，增加值虽然尚未超过 1 万亿元，但总规模都超过了 5000 亿元。从占比来看，上海市的数字经济占 GDP 的比重超过了 50%，浙江、江苏等省市的数字经济占 GDP 的比重均超过了 40%，重庆、湖北、四川等省市数字经济占 GDP 的比重均超过了 30%。从增速来看，贵州的数字经济增速仍领跑全国，2019 年的增速超过 20%，重庆、浙江等省市数字经济的增速均超过 15%，其余省市的数字经济增速在 10% ~15%。①

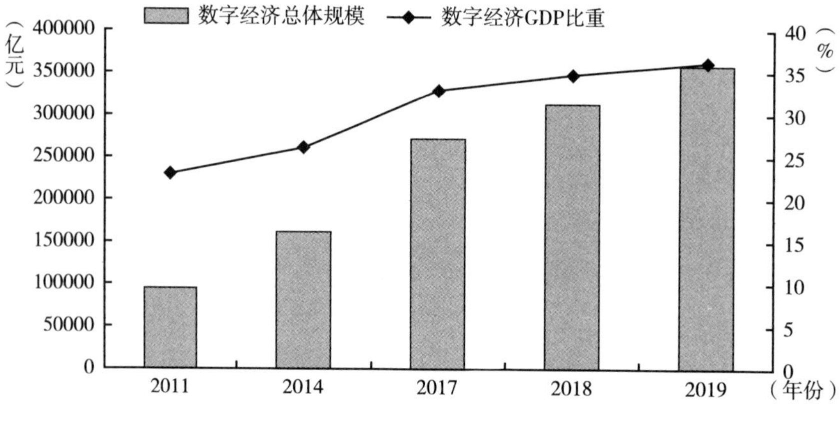

图 1　中国数字经济规模增长情况

资料来源：中国信息通信研究院《中国数字经济发展白皮书（2020 年）》，2020 年 7 月。

① 中国信息通信研究院：《中国数字经济发展白皮书（2020 年）》，2020 年 7 月。

2019 年长江经济带各省市的数字产业化有了进一步的发展。从总量来看，信息产业强省江苏继续引领全国数字产业化发展，数字产业化增加值超过 1.5 万亿元，其次是浙江、上海、四川、湖北、重庆、安徽等省市的数字产业化增加值均超过 1000 亿元。从占 GDP 的比重来看，信息产业作为推动地方经济发展、具备较强创新能力的主导产业之一，在江苏的地区经济中占比超过 15%，在上海的地区经济中占比超过 10%，其余省市该产业占比相对较低。

同样，长江经济带地区的产业数字化部分也获得进一步增长。产业数字化增加值规模超过 1 万亿元的省市有浙江省、江苏省、上海市、湖北省、四川省等，这些省市的信息技术设施较为完善，数字技术与产业融合越来越深入，同时各个省市的产业数字化规模占 GDP 的比重几乎都超过了 20%，预示着产业数字化对经济发展的贡献越来越大。①

二　数字经济的政策环境与基础设施

（一）政策环境

长江经济带地区的各个省市政府都非常重视数字经济的发展，提出各自的发展目标，并且制定了很多相关的政策。例如，上海提出要建“亚太数据之都”；浙江省强调数字经济是“一号工程”，提出“争创国家数字经济示范省”；四川省提出要“建设一批数字经济示范基地”；贵州提出“资源型、技术型、融合型、服务型‘四型’数字经济”等。此外，还有“智慧湖北”“智慧江苏”“云上贵州”等目标。在这些宏观战略目标之下，各地政府又出台了一系列政策和指导文件，有关于 5G 基础设施建设的，有关于人工智能的，有关于大数据开发利用的，有关于制造业融合发展的，等等，这些政策文件从不同方面对数字经济的发展进行了规划和引导，以支持本地数字经济更好更快发展（见表 1）。

① 中国信息通信研究院《中国数字经济发展白皮书（2020 年）》，2020 年 7 月。

表 1　长江经济带地区数字经济发展的政策文件

地区	政策文件
浙江	《浙江省人民政府关于加快推进 5G 产业发展的实施意见》
	《关于加快数字经济发展的若干政策措施》
	《浙江省促进新一代人工智能发展行动计划(2019～2022 年)》
	《浙江省数字经济发展综合评价办法(试行)》
上海	《上海加快发展数字经济推动实体经济高质量发展的实施意见》
	《上海市数字贸易发展行动方案(2019～2021 年)》
	《上海市经济和信息化委员会关于公布本市首批人工智能试点应用场景的通知》
	《关于本市推进电子商务与快递物流协同发展的实施意见》
江苏	《江苏省推进车联网(智能网联汽车)产业发展行动计划(2019～2021 年)》
	《省政府办公厅关于加快推进第五代移动通信网络建设发展若干政策措施的通知》
	《省政府办公厅关于印发江苏省"互联网＋监管"系统建设方案的通知》
江西	《江西省实施数字经济发展战略的意见》
四川	《四川省人民政府关于加快推进数字经济发展的指导意见》
贵州	《贵州省互联网新型数字设施建设专项行动方案》
云南	《关于成立建设"数字云南"领导小组的通知》
重庆	《重庆市发展智能制造实施方案(2019～2022 年)》
湖北	《湖北省 5G 产业发展行动计划(2019～2021 年)》
湖南	《湖南省人工智能产业发展三年行动计划(2019～2021 年)》

资料来源：根据政府网站相关资料整理。

数字技术的发展，支持各个地方通过电子政府的建设和完善，提升为民服务的水平。政务头条号是近年来各地政府应用广泛的信息传播有效平台。图 2 是 2019 年长江经济带各省市政务头条号数量，该数量合计达到 28494 个，占全国的比重为 34.4%。其中，四川省政府的政务头条号最多，达到 6054 个，其次是浙江省，政务头条号数量达 3126 个。当然，政务头条号数量并不是越多越好，但我们可以从中看到各地对数字技术的利用和对经济社会发展环境的完善。

微博也是一种应用很广泛的网络交流工具，各地政府开发了众多的政务机构微博，与政务头条号、政府网站等互为补充，为广大人民提供更方便的服务。截至 2019 年 12 月，全国经过新浪平台认证的政务机构微博有 13.9

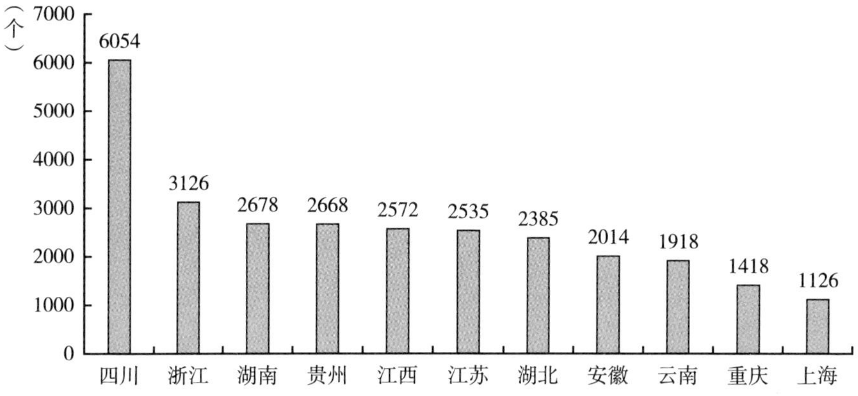

图 2　2019 年长江经济带各省市政务头条号数量

资料来源：中国互联网络信息中心《第 45 次中国互联网络发展状况统计报告》。

万个，长江经济带 11 省市共有 59820 个，占全国总数的 43%。图 3 是长江经济带各省市政务机构微博数量，其中江苏省最多，有 9159 个，其次是四川省，有 9118 个。

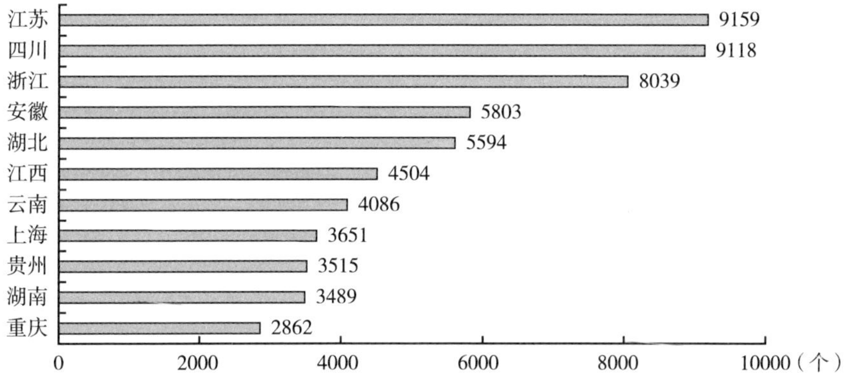

图 3　2019 年各省市政务机构微博数量

资料来源：中国互联网络信息中心《第 45 次中国互联网络发展状况统计报告》。

（二）基础设施

良好的网络基础设施是发展数字经济的重要基础和重要保障。表 2 是长江经济带11省市2018年[①]的互联网接入端口及用户情况。长江经济带地区的总人口数占全国的40%以上，从表2我们可以看到，长江经济带的互联网总接入和用户总规模都占到全国的40%以上，可见网络基础设施已经达到全国的平均水平。如果从长江经济带内部来看，江苏、浙江、四川等省市的互联网接入都非常充足；同样，这几个省份的互联网用户数量也较多，甚至都超过了上海，这与2017年的情况相似。

表2　2018年互联网用户情况（年底数）

项目	互联网宽带接入端口(万个)	移动互联网用户（万户）	互联网宽带接入用户(万户)
上海	1871.8	3032.0	772.9
江苏	7131.5	7979.5	3351.9
浙江	5971.0	6833.6	2653.8
安徽	3374.0	4596.3	1662.4
江西	2032.7	3340.8	1323.4
湖北	2961.3	4551.9	1480.7
湖南	2821.1	5226.6	1635.3
重庆	2245.7	2862.2	1070.1
四川	5400.5	7332.0	2624.5
贵州	1535.4	3323.1	732.0
云南	1962.6	3918.9	1019.4
长江经济带	37307.6	52997.1	18326.4
全国	86752.6	127481.5	40738.0
长江经济带占全国比重(%)	43.0	41.6	45.0

资料来源：国家统计局网站。

表3是2018年长江经济带各省市互联网的域名数量和网站数量情况，可以看出，长江经济带地区总的域名数量占全国的31.4%，网站总数量占全国的37.9%，低于全国的平均水平，这主要是因为贵州、云南等地的指标偏低。

① 目前国家统计局网站和《中国统计年鉴》都只有2018年的数据。

表3　2018年长江经济带互联网的域名数和网站数

单位：万个，%

项目	域名数	网站数
长江经济带	1158.7	178.4
全国	3688.8	470.9
占全国比重	31.4	37.9

资料来源：国家统计局网站。

从经济带内部来看，2018年，上海、江苏、浙江三省市的域名数和网站数都较高；而相比之下，贵州、云南等地则较低。从域名数来看，江苏省的域名数最多，达到188.4万个，其次是浙江省，有149.2万个，最低的是云南省和贵州省，分别只有46.6万个和39.8万个。从网站数来看，最高的是浙江省和上海市，分别有41.7万个和37.8万个，最低的仍然是云南省和贵州省，分别只有2.9万个和2.2万个（见图4）。综合来看，长江经济带地区的数字经济基础设施方面，下游地区更完善一些，而上游地区稍有欠缺，这与当地的经济发展和产业基础密切相关。

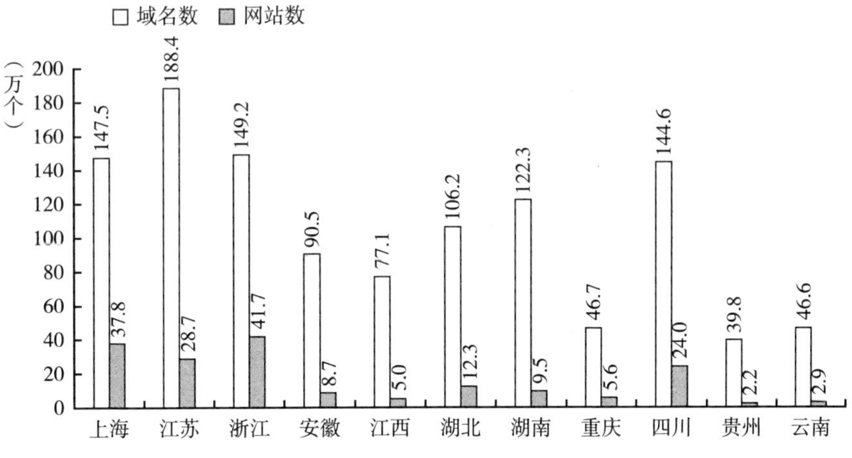

图4　2018年互联网的域名数量和网站数量

资料来源：国家统计局网站。

专栏1：长江经济带部分省市5G产业规划

上海市印发《关于加快推进本市5G网络建设和应用的实施意见》

2019年7月，上海市政府印发《关于加快推进本市5G网络建设和应用的实施意见》（以下简称《实施意见》），聚焦以5G为引领的新一代信息基础设施建设，加快推动5G规模部署，打造城市级精品网络；提升5G产业链协同创新与集聚发展能力，助力经济高质量发展；促进5G与城市建设管理、社会治理及各行各业融合应用，支撑城市高效率运行、市民高品质生活。

《实施意见》提出，到2019年建设5G基站10000个，实现中心城区和郊区重点区域全覆盖，启动建设若干应用示范区，形成10项左右重点示范应用；到2020年，累计建设5G基站20000个，实现全市域覆盖，累计总投资超过200亿元，在20个垂直行业推进典型应用100项。到2021年，5G应用产业规模超过1000亿元。

浙江出台《关于加快推进5G产业发展的实施意见》

2019年5月，浙江出台了《关于加快推进5G产业发展的实施意见》（以下简称《意见》），明确5G发展目标，同时聚焦网络建设、产业发展、融合应用三大方面。《意见》提出浙江省力争到2022年，5G网络覆盖面和建设水平领先全国，5G产业规模居全球第一方阵，5G在经济社会各领域得到广泛应用和深度融合、达到国际领先水平，构建优良的5G产业生态，成为全国5G网络先行区和具有国际重要影响力的5G产业发展聚集区、5G创新应用示范区。

主要任务：超前布局建设5G网络；统筹建设关键基础设施；强化5G技术创新；支持5G重点产品开发；培育5G骨干企业；打造5G产业发展平台；推动5G场景应用；加快5G行业应用。

重点工程：重点区域5G网络优质覆盖工程；国家新型互联网交换中心建设工程；5G创新平台打造工程；杭州亚运会5G应用综合工程；“5G＋智能制造”试点示范工程；“5G＋超高清视频”示范应用工程；“5G＋车联网”示范应用工程；“5G＋智慧安防”示范应用工程；“5G＋智慧物流”示范应用工程；“5G＋智慧医疗”示范应用工程。

安徽省印发《安徽省5G发展规划纲要（2019~2022年）》

《安徽省5G发展规划纲要（2019~2022年）》（以下简称《纲要》）分发展现状、总体思路、重点任务、保障措施等四个部分，系统规划了安徽5G发展的三年目标和“路线图”。《纲要》提出，安徽到2022年5G网络基础设施布局对标沪苏浙，建成5G基站超4.5万个，密度处于全国第一方阵。5G产业发展形成规模效应，实现5G营业收入超1000亿元。5G应用深入推进，打造100个典型应用场景，建成100个5G行业支撑平台，实现省级（含）以上产业园区的5G信号高质量覆盖，形成具有安徽特色的5G应用生态。

《纲要》从加快5G网络基础设施建设、促进5G产业发展、深化5G产业领域应用、拓展5G社会领域应用示范、强化5G安全体系建设等五个方面，明确了三年5G发展重点任务，细化了26项具体任务清单并明确了牵头部门及责任分工。

湖北省印发了《湖北省5G产业发展行动计划（2019~2021年）》

2019年8月，湖北省政府印发了《湖北省5G产业发展行动计划（2019~2021年）》（以下简称《计划》），提出用三年努力，建设全国5G产业发展先行区，计划到2021年，湖北5G核心产业产值超过2000亿元。

《计划》要求，湖北省要重点推进工业互联网、智能网联汽车、远程健康医疗、智慧教育、智慧旅游、智慧农业、智慧物流和北斗位置服务、数字政府、智慧园区等领域的5G应用；面向世界军运会、产业发展、社会管理、文化建设、环境保护等应用场景，开展100个业务示范应用；孵化培育1000家应用示范企业。力争工业互联网、智能网联汽车、智慧教育、远程健康医疗等领域应用走在全国前列。《计划》表示，2019年，湖北省要完成5000个基站建设任务，满足军运会试商用需求，优先覆盖武汉大型交通枢纽、军运会场馆等热点区域，到2021年，完成5万个5G基站建设任务，实现武汉市5G网络全覆盖，宜昌、襄阳等有条件的地方主城区全覆盖，逐步向县级以上重要区域延伸。

重庆发布《重庆市加快推动5G发展行动计划（2019~2022年）》

2019年12月，《重庆市加快推动5G发展行动计划（2019~2022年）》（以下简称《计划》）发布。该《计划》的目标是，争取到2022年，基本形成5G发展生态体系，5G网络覆盖能力处于全国第一梯队，产业创新能力强劲、核心竞争优势突出，5G应用成效显著，成为全国5G创新发展引领区和千亿级5G产业集聚带。

重点任务：一是加快5G网络建设，包括加强5G网络规划统筹、推动5G网络基础设施开放共享、推进5G网络设施建设。二是培育壮大5G优势产业，包括发展5G智能终端（设备）产业、做强5G芯片与元器件产业、强化天馈线产业发展、发展5G关键材料、加快5G软件培育升级、推进5G产业技术创新、打造“3+×”发展格局。三是实施5G融合应用优先行动。

江西省印发《加快推进5G发展的若干措施》

2019年8月，《江西省人民政府办公厅关于印发加快推进5G发展若干措施的通知》提出，为抢抓第五代移动通信（5G）发展机遇，促进全省5G产业高质量发展，加快推进5G商用和物联江西建设，结合江西实际，制定如下政策措施。

一是支持5G基础设施建设，包括统筹规划基础设施建设、推进社会公共资源共建共享、强化电力保障。二是支持5G技术和产品研发，包括支持5G技术研发、支持承担国家重大专项、支持创新平台建设、支持5G创新载体建设、构建5G公共服务平台。三是支持5G产业发展，包括支持5G企业做大做强、鼓励企业开拓市场、打造5G产业基地。四是支持5G融合应用，包括培育5G应用场景、推动5G融合应用。五是营造良好发展环境，包括完善协调推进机制、引进培育高端人才、加大金融支持力度、优化外部环境、强化安全保障。

三　数字产业部分：电子信息产业

（一）电子信息制造业

电子信息产业是长江经济带努力打造的五大产业之一。从总体上看，长江经济带的电子信息制造业占到全国的1/2左右，如电子信息制造业的企业数量、主营业务收入、固定资产投资等都占全国的50%左右。但是在长江经济带内部，上、中、下游地区之间以及各省市之间电子信息制造业的发展水平差异较大。例如，2019年湖北省计算机、通信和其他电子设备制造业增长19.0%，而湖南省计算机、通信和其他电子设备制造业仅增长3.9%。安徽、重庆、四川、贵州等省市依靠重大项目牵引和产业转型升级，计算机、通信和其他电子设备制造业增长显著，安徽省的计算机、通信和其他电子设备制造业增长21.1%，重庆市的计算机、通信和其他电子设备制造业增长14.1%，四川省的计算机、通信和其他电子设备制造业增长12.1%，贵州省的计算机、通信和其他电子设备制造业增长12.9%。①

具体到产品数量，各地的差异也较大。例如，生产移动通信手持机最多的是重庆，达18868.17万台，最少的是安徽省，只有70.04万台，两者相差约269倍；生产微型计算机设备最多的也是重庆市，达7074.08万台，最少的是贵州，只有1.97万台，两者相差约3591倍。从表4同样可以看出，重庆和四川集聚了手机和微型计算机的大规模生产。

表4　2018年长江经济带各省市产品产量

单位：万台

地区	移动通信手持机	微型计算机设备
上 海	4729.04	1448.81
江 苏	4924.60	6215.03
浙 江	5317.57	204.07
安 徽	70.04	2022.34
江 西	4648.55	96.55
湖 北	4373.56	1111.45
湖 南	1614.73	67.10
重 庆	18868.17	7074.08
四 川	9437.02	5903.64
贵 州	1956.02	1.97
云 南	1897.64	72.42

资料来源：《中国统计年鉴2019》。

① 资料来源：各地国民经济和社会发展统计公报。

集成电路（IC）产业是国民经济和社会发展的战略性、基础性和先导性产业。据中国半导体行业协会公布的数据，2019 年中国集成电路产业销售收入为 7562.3 亿元，同比增长 15.8%，增长速度颇为可观。作为信息产业的核心，各地政府也都非常重视该产业的健康发展。例如，上海制定相关政策，力争 2020 年集成电路产业规模突破 2000 亿元；江苏省要发展成为国内外知名的集成电路产业高地；等等。目前上海已成为国内集成电路产业集中度最高、产业链最完善、综合技术能力最强的地区之一。截至 2019 年底，上海市集成电路行业重点企业超过 600 家，产业规模约占全国的 20%。[①] 江苏省的集成电路产业规模在全国居首位，2019 年集成电路产业销售收入为 2089.35 亿元，同比增长 8.5%。在长江经济带 11 省市中，2018 年生产集成电路最多的是江苏省，达 564.24 亿块，其次是上海市，达到 233.48 亿块（见图 5）。

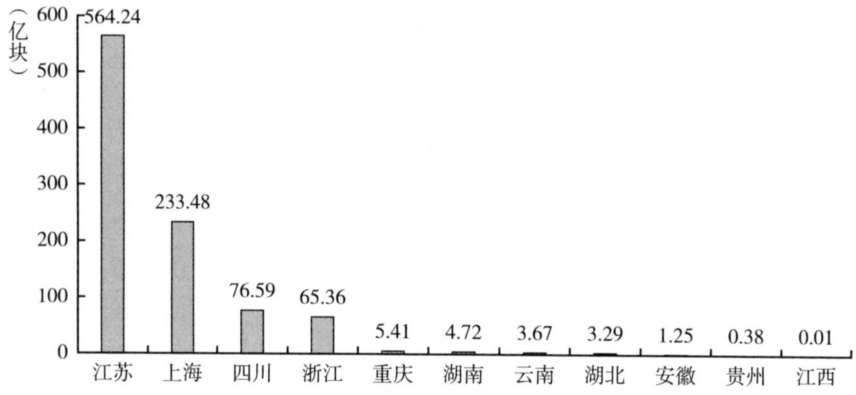

图 5　2018 年长江经济带各省市集成电路产量

资料来源：《中国统计年鉴 2019》。

（二）软件业与信息技术服务业

2019 年，我国软件和信息技术服务业呈现平稳向好发展态势，收入和

① 资料来源：上海市经济和信息化委员会。

利润均保持了较快增长；信息技术服务加快云化发展。同期，长江经济带地区的软件和信息技术服务业的增长也呈平稳向好的趋势，但由于经济水平和产业基础不同，各地软件和信息技术服务业的发展呈现不同的趋势。

首先，11 省市中有 5 省市进入全国软件业务收入增长前十强，分别是江苏、浙江、上海、四川和湖北，分列全国的第 3 位、第 4 位、第 5 位、第 7 位和第 10 位。如图 6 所示，除了江苏之外，其他省份与排第一名的广东和排第二名的北京都有着较大差距。

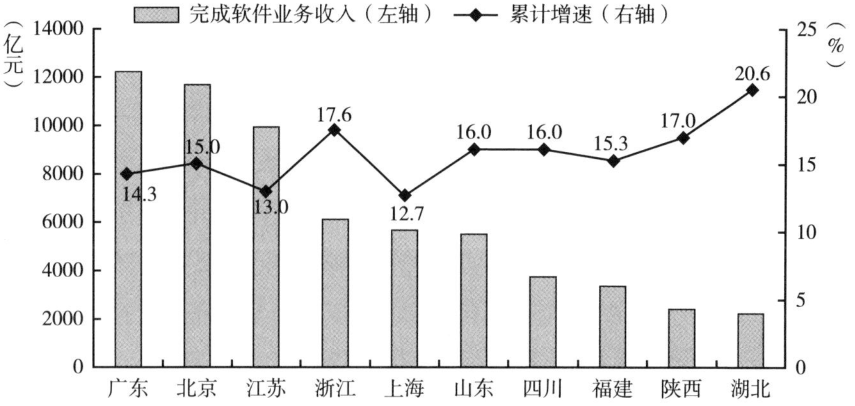

图 6　2019 年前十位省市软件业务收入增长情况

资料来源：中国工业和信息化部网站，http：//www. miit. gov. cn/。

其次，各个省市的信息传输、软件和信息技术服务业的投资增速有较大差距，高者增速超过 60%，低者增速下降 17%。例如，根据各地的国民经济和社会发展统计公报的数据，2019 年，湖南省信息传输、软件和信息技术服务业投资比上年增长 63. 2%，上海和江苏的信息传输、软件和信息技术服务业投资增长都超过了 10%；而云南省的信息传输、软件和信息技术服务业投资比上年下降 17. 0%，安徽的信息传输、软件和信息技术服务业投资也上年下降 8. 6%[①]，如表 5 所示。

① 资料来源：各地 2019 年国民经济和社会发展统计公报。

表5 部分省市的信息传输、软件和信息技术服务业投资增长情况

地区	增长速度(%)
上海	14.8
江苏	18.8
安徽	-8.6
湖南	63.2
贵州	5.3
云南	-17.0

资料来源：各地的国民经济和社会发展统计公报。

在软件和信息技术服务业的企业数量和业务收入方面也有类似的结论。2019年1~11月，长江经济带地区软件和信息技术服务业的企业数量为18755家，占全国的比重为46.5%，超过了2018年的43.3%。长江经济带地区的软件服务业总收入为27913亿元，占全国的比重为43.20%，低于2018年的44.0%，可见2019年长江经济带地区的总体企业效益相较于2018年有所下降。从各个省份来看，无论是企业数量还是软件业务收入，江苏省的各项指标规模仍然都是最大的，在长江经济带地区独占鳌头；而江西、贵州和云南的各项指标数据基本都是最低，可见这三个省份的软件和信息技术服务业规模较小，发展基础薄弱（见表6）。

表6 2019年1~11月长江经济带地区软件和信息技术服务业收入情况

项目	企业数量（家）	软件服务业收入		利润总额	
		本期累计（万元）	同比增长（%）	本期累计（万元）	同比增长（%）
上海	1700	55021298	13.0	7567620	16.8
江苏	7409	88527810	15.4	10213517	10.0
浙江	1892	54604163	16.8	14509014	6.5
安徽	760	4309467	30.6	595961	7.1
江西	152	1166394	17.5	101959	-13.6
湖北	2476	20253508	20.5	2034185	5.1
湖南	641	5789540	22.1	425104	9.5
重庆	1386	15130390	18.6	1498416	12.5

续表

项目	企业数量（家）	软件服务业收入		利润总额	
		本期累计（万元）	同比增减（%）	本期累计（万元）	同比增减（%）
四川	1831	31715658	13.0	4010375	13.0
贵州	318	1833567	20.4	72389	-49.5
云南	190	778974	19.0	62123	74.6
长江经济带	18755	279130769	—	41090663	—
全国	40338	646159188	15.5	82603621	11.0
占全国比重（%）	46.5	43.2	—	49.7	—

资料来源：中国工业和信息化部，http：//www.miit.gov.cn/n11293472/index.html。

专栏2：长江经济带电子信息产业的地区布局

根据《国务院关于依托黄金水道推动长江经济带发展的指导意见》《关于加强长江经济带工业绿色发展的指导意见》等政策文件，电子信息产业是长江经济带地区重点发展的五大产业之一，也是国家在长江经济带地区重点培育的五大世界级产业集群之一。2018年11月，工业和信息化部产业政策司颁布了《产业转移指导目录（2018年本）》（以下简称《目录》），对各地区的产业转移和承接布局做了具体规划。《目录》针对长江经济带各地区优先承接发展的电子信息产业列出了承接地，并且对产业的优先发展次序做了排序，如表7所示。

表7　长江经济带地区电子信息产业布局

地区	优先次序	承接区域
上海	1	浦东、松江、宝山、金山、徐汇、嘉定、静安、青浦
江苏	1	南京、苏州、无锡、南通、淮安、盐城
浙江	1	杭州、宁波、嘉兴、温州、绍兴
安徽	1	合肥市、芜湖市、蚌埠市、池州市、铜陵市、滁州市、阜阳市、淮南、马鞍山
湖北	1	武汉、宜昌、荆州、襄阳、十堰、黄石、黄冈
湖南	8	株洲市、长沙市、益阳市、永州市、主州市、衡阳市

续表

地区	优先次序	承接区域
江西	1	南昌市、赣州市、吉安市、新余市、上饶市
重庆	1	两江新区、沙坪坝区、南岸区、九龙坡区
四川	1	成都市、衡阳市、遂宁市、乐山市、自贡市、德阳市、泸州市、眉山市
贵州	1	贵阳市、贵安新区、遵义市、六盘水市、黔西南州
云南	10	昆明市、曲靖市、玉溪市

资料来源：《产业转移指导目录（2018 年本）》。

四　数字经济的产业融合部分

（一）总体发展情况

产业数字化是促进数字经济发展的重要驱动力。随着数字技术和产业融合的不断加深，2019 年，全国各省市产业数字化占数字经济的比重都超过 60%，产业数字化已成为地区数字经济发展的重要支撑。据中国信息通信研究院发布的《中国数字经济发展白皮书（2020 年）》，从总量来看，长江经济带地区江苏、浙江的产业数字化增加值规模均超过 2 万亿元，上海、湖北、四川等省市的产业数字化增加值规模均超过 1 万亿元。从占 GDP 比重来看，长江经济带地区上海的产业数字化占 GDP 的比重最高，超过 40%；其次是浙江、湖北的产业数字化占 GDP 的比重均超过 30%；江苏、江西、重庆、贵州的产业数字化占 GDP 的比重不断上升，都超过 25%；安徽、湖南、四川的产业数字化占 GDP 的比重都超过 20%。

从全国范围来看，江苏、浙江、四川、上海和湖南五个省市的数字技术与产业融合的发展态势不错，在全国 31 个省份中排名进入前十位，其中江苏省排第 2 位，是长江经济带地区产业融合发展最好的省份。江苏自 2016 年就发布《关于推进制造业与互联网融合发展的实施意见》，努力推进制造业与互联网融合，培育经济增长新动能，在互联网与产业融合发展方面取得了仅次于广东的好成绩。另外，浙江省在全国排第4位，四川省排第7位，上海市排第8位，湖南省排第9位（见图7），这些都是产业融合发展较好的省份。浙江省2017年发布了《关于深化制造业与互联网融合发展的实施意见》，提出六方面的重点任务，积极推进产业数字化的融合发展；同年，四川省出台《四川省深化制造业与互联网融合发展实施方案》，不断深化人工智能、5G、工业互联网等新一代信息技术与制造业融合发展；上海2016年出台《上海市推进“互联网＋”行动实施意见》；湖南2018年出台《深化制造业与互联网融合发展的若干政策措施》。各省份从不同方面向同一个目标推进，那就是数字技术与产业的融合发展，也在全国都取得了良好的成绩。

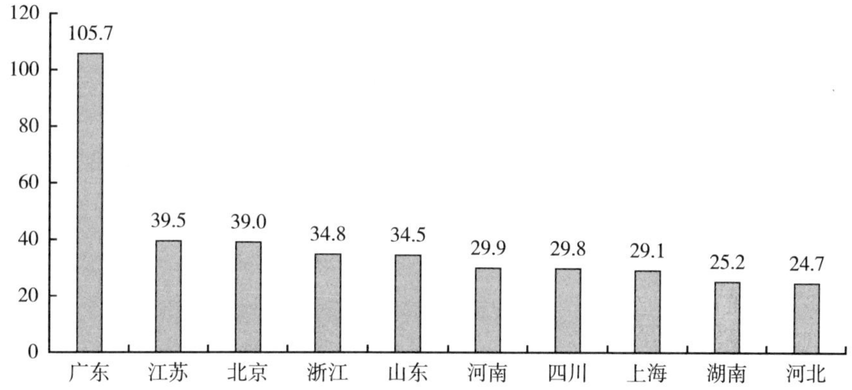

图7　2019年数字总指数前十位省份

资料来源：腾讯研究院，“数字中国”网站。

（二）电子商务

长江经济带地区的电子商务企业几乎占到全国的一半。其中，浙江省有着数量最多的电子商务企业，是11省市中企业数量唯一超过1万家的省份，同时浙江省也是有电子商务交易活动的企业比重最高的省份，该比重达到11.9%，可见以阿里巴巴为代表的电商企业的发展，极大地提高了浙江省的电子商务发展水平。江苏省、安徽省和四川省等都有着较多的电子商务企业，而云南省和贵州省的电子商务企业数量较少。但从有电子商务交易活动的企业比重来看，11 省市之间的差别不是很大，可见现代企业对电子商务的运用较为普遍（见表 8）。

表 8　长江经济带地区电子商务企业情况

单位：家，%

项目	有电子商务交易活动的企业数		有电子商务交易活动的企业比重	
	2018 年	2017 年	2018 年	2017 年
上海	3645	3556	10.7	10.8
江苏	8939	8468	8.6	8.4
浙江	10558	10775	11.9	12.7
安徽	4704	4510	11.8	11.5
江西	2234	1925	8.3	7.7
湖北	3666	3284	9.1	9.0
湖南	3988	3292	10.3	9.1
重庆	2545	2513	11.6	10.7
四川	4501	4459	11.5	11.7
贵州	1576	1657	9.7	10.4
云南	1713	1742	10.4	11.2
长江经济带	48069	46181		
全国	99035	92122		
占全国比重	48.5	50.1		

资料来源：国家统计局网站。

从电子商务的交易情况来看，虽然上海的电子商务企业数量不是很多，在 11 省市中仅排第 7 位，但是上海的电子商务销售额和采购额名列 11 省市的第 1 位。2018 年上海完成电子商务交易额比上年增长 19.3%，其中网络购物交易额（含服务类交易）增长 29.7%，成绩显著。2019 年 1 月，上海发布《关于本市推进电子商务与快递物流协同发展的实施意见》，支持快递物流对电子商务的发展，在高效的物流系统的支持下，上海的电子商务势必会迎来新的发展高峰。江苏省和浙江省等都有着较大规模的电子商务销售额和采购额，而江西省、云南省和贵州省等省份的电子商务销售额和采购额都较低（见表9）。

表9　2018年长江经济带各地电子商务交易情况

单位：亿元，%

项目	电子商务销售额	电子商务采购额
上海	17412.0	9664.4
江苏	8659.9	6534.8
浙江	8846.5	2648.9
安徽	4864.4	2103.2
江西	2817.9	1048.9
湖北	4051.4	1825.9
湖南	3127.5	2581.3
重庆	4186.8	1624.7
四川	4219.2	2463.9
贵州	1612.1	616.3
云南	1443.1	867.3
长江经济带	61240.8	31979.6
全国	152424.5	85597.8
占全国比重	40.2	37.4

资料来源：《中国统计年鉴2019》。

（三）云计算产业

自工信部发布《云计算发展三年行动计划（2017～2019年）》以来，各地政府都把推动企业上云作为发展云计算产业、促进企业转型升级的重要内容。用云量在一定程度上可以测定一个地区云计算发展的情况，图8是2019年全国用云量排前十名的省份，在长江经济带的11省市中，有上海市、浙江省、湖北省、江苏省、四川省和湖南省位列其中，可见长江经济带地区云计算产业的总体发展水平不错。上海市不仅在长江经济带地区排第一名，而且在全国排第一名。2018年12月，上海发布《上海市推进企业上云行动计划（2018～2020年）》，提出争取到2020年构建全面支撑企业研发、生产、流通、运营、管理各项业务的云计算技术服务能力，新增10万家上云企业，全面提升企业信息化水平，形成产业发展和企业应用相互促进的互动格局。在政策的推动下，2019 年上海市云计算发展表现出色，成为全国用云量排第一的省份。湖北省、江苏省、四川省和湖南省等省份的云计算在国内起步较早，云计算产业均取得了不俗的成绩。

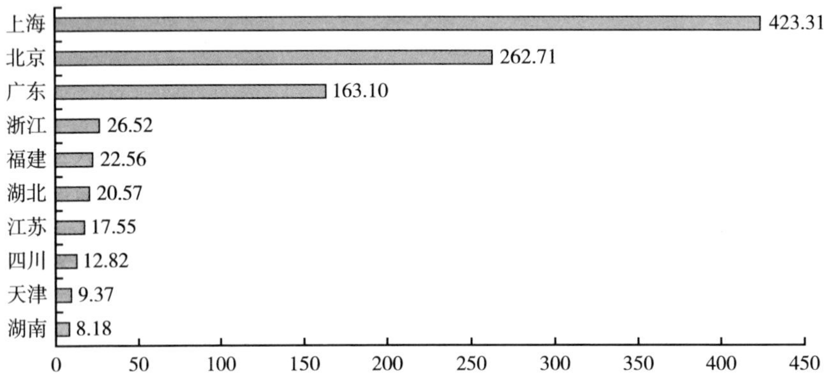

图 8　2019 年用云量省份十强

资料来源：腾讯研究院，“数字中国”网站。

具体到各个城市来看，从图 9 可以看出，上海、北京和深圳的用云量特别突出，指数值都超过了 100，尤其是上海市，2019 年用云量指数突破

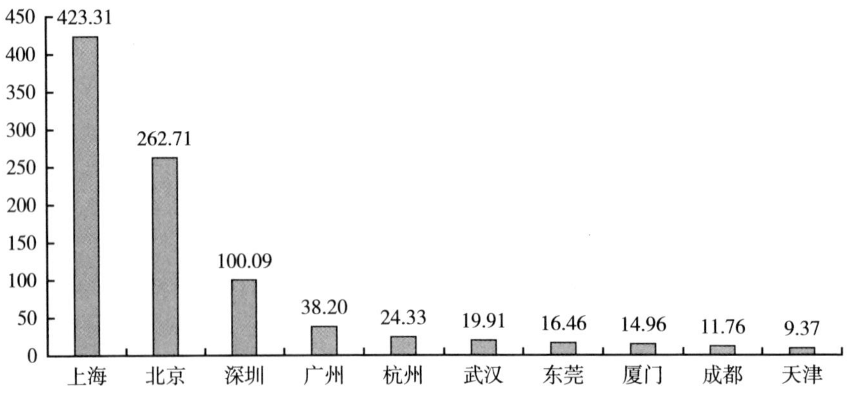

图 9　2019 年用云量城市十强

资料来源：腾讯研究院，“数字中国”网站。

423，远超过第二名北京市的262.71，上海的成绩特别突出；排第三的是深圳市，用云量指数也超过了100。除此之外，其他城市的用云量相较于这三个城市差距较大。长江经济带地区除了上海、杭州、武汉、成都四个城市之外，没有其他城市进入全国城市用云量前十强。

（四）大数据产业

大数据产业是数字经济的重要内容之一，近几年长江经济带地区的大数据产业蓬勃发展。对于如何客观测量各地大数据的发展水平，赛迪智库信息化与软件产业研究所发布了《中国区域大数据发展水平评估报告（2019年）》，对各地大数据的发展情况进行了测量评估，以下从大数据总体发展指数、大数据产业发展指数和大数据行业应用指数三个方面来分析。首先，图10显示了2018年长江经济带各省市大数据总体发展指数。江苏以45.92位列长江经济带地区的榜首；紧随其后的是上海和浙江，分别以41.06和39.54列长江经济带的第2位和第3位；中、西部地区以四川省为引领，2018年四川省的大数据总体指数列长江经济带地区的第4位；贵州、安徽、湖北等地的大数据产业发展势头也很迅猛，分别列长江经济带的第5位、第6位和第7位；重庆、江西、湖南和云南四省市的大数发展较为落

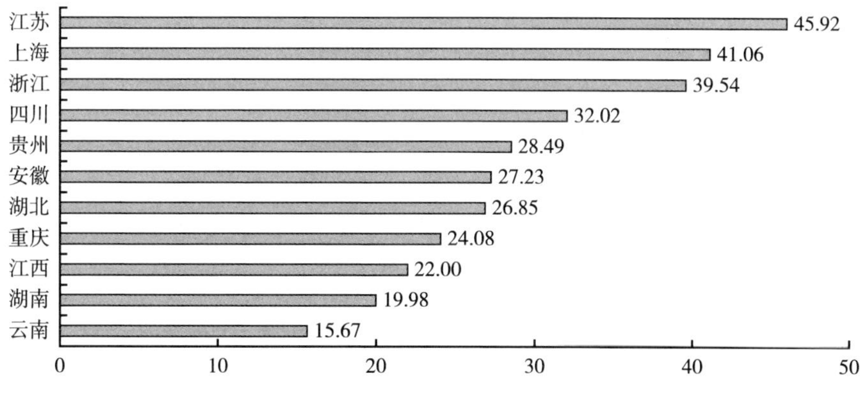

图10　2018年长江经济带各省市大数据总体发展指数

资料来源：赛迪智库信息化与软件产业研究所《中国区域大数据发展水平评估报告（2019年）》。

后，指数值仅在15～25，列长江经济带的第8至第11位。

其次，大数据产业发展指数方面，产业发展指数主要从大数据产业的产业规模、企业数量、创新能力、数据资源等方面来评价一个地区的大数据产业发展情况。从图11可以看出，江苏省是长江经济带地区发展势头最好的省份，大数据产业发展指数为18.95；其后是上海、浙江和四川，分列长江

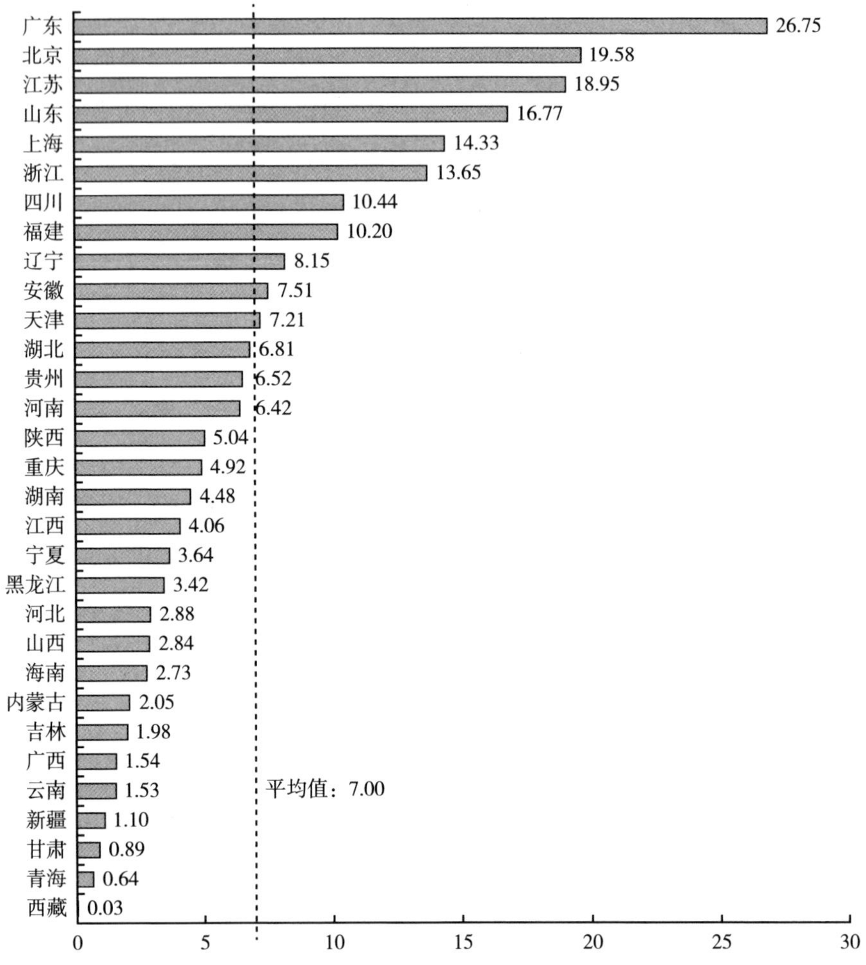

图11　2018年大数据产业发展指数

资料来源：赛迪智库信息化与软件产业研究所《中国区域大数据发展水平评估报告（2019年）》。

经济带地区的第2、第3和第4位，大数据产业发展指数为10～15；安徽的大数据产业发展指数为7.51，在长江经济带地区排第5位；湖北、贵州、重庆、湖南和江西的大数据产业发展指数都偏低，为4～7，仅在长江经济带地区排第6至第10位；云南的大数据产业发展指数最低，只有1.57，位列长江经济带地区的末尾。

最后，大数据行业应用指数方面，行业应用指数主要是测量大数据在一个地区的金融、商贸、农业等行业的应用情况，以及在政务和民生方面的应用情况。如图12所示，长江经济带11省市中，上海的大数据行业应用水平最高，指数为14.75；其后是浙江省，指数为14.67；江苏省也超过了14，指数为14.11；四川、湖北、重庆、贵州、安徽、江西的大数据行业应用指数为10～13；只有湖南和云南两省大数据行业应用指数在10以下。

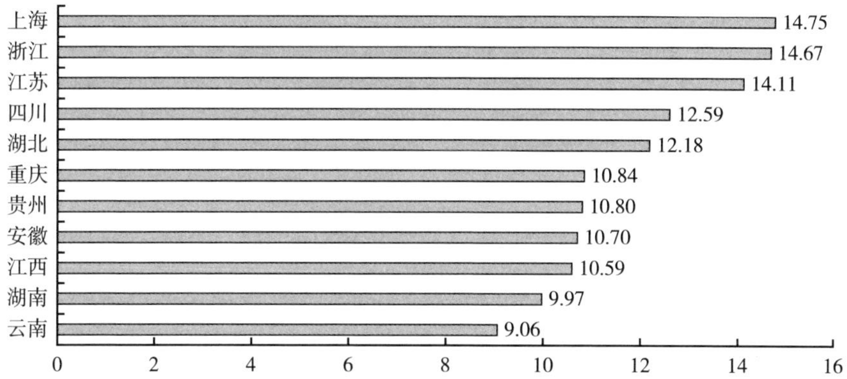

图12　大数据行业应用指数

资料来源：赛迪智库信息化与软件产业研究所《中国区域大数据发展水平评估报告（2019年）》。

五　长江经济带地区数字经济发展：2020年展望

信息产业是长江经济带地区重点发展的产业之一，许多省市都有良好的产业发展基础。随着近几年数字技术的进步，长江经济带地区的数字经济也发展很快；与此同时，在长江经济带内部，各个地区之间数字经济的发展还存在较大的差距。展望2020年，长江经济带地区的数字经济发展可能会呈现出以下特征。

（一）数字基础设施将进一步完善

2020年初，新冠肺炎疫情全球蔓延，互联网、物联网、大数据、人工智能等新技术在疫情防控和复工复产方面发挥了巨大作用。2020年的政府工作报告中提出，加强新型基础设施建设，发展新一代信息网络，拓展5G应用，建设充电桩，推广新能源汽车，激发新消费需求、助力产业升级。加速布局新型基础设施建设，正成为未来中国经济转型以及战略目标实现的关键举措。3月4日，习近平总书记主持中央政治局常务委员会议时再次强调，加快5G网络、数据中心等新型基础设施建设进度。

目前全国各地都在积极推进新型基础设施的建设。据海通证券预计，新基建2020年投资3万亿元，未来五年直接投资10万亿元、带动投资17.1万亿元。长江经济带各地区也积极行动起来，例如上海计划在未来三年为“新基建”投入2700亿元，聚焦“新网络、新设施、新平台、新终端”四大重点领域，为加快构建现代化产业体系厚植新根基，打造经济高质量发展新引擎。湖北省印发《湖北省新型基础设施建设三年行动方案（2020～2022年）》，明确提出到2022年底，全省建成6万个以上5G宏基站，武汉市和省内其他市州主城区5G网络覆盖率达到100%；同时，全省5G网络覆盖率和建设水平领先中部地区，新型基础设施规模进入全国第一方阵。重庆市发布《重庆市新型基础设施重大项目建设行动方案（2020～2022年）》，计划在未来三年总投资3983亿元，滚动实施和储备375个新基建重大项目。此外，浙江、安徽、云南、贵州等省也都有相应的计划和行动。随着对新基建的投资加速，未来长江经济带地区的数字基础设施水平将有较大的提升。

（二）数字经济总体发展速度将提高

世界数字经济的发展仍处于增长扩张阶段，中国信息通信研究院发布的

《中国数字经济发展白皮书（2020年）》显示，2019年我国数字经济增加值规模达到35.8万亿元，占GDP的比重达到36.2%，继续保持快速增长势头，对国民经济的贡献也不断增加。长江经济带尤其是下游的长三角地区，信息基础设施完善，经济发达，受长三角一体化的国家战略推动，未来在数字经济上将表现出更大的发展潜力；中游的四川、重庆等地区由于近几年来打下的良好基础，在数字经济发展方面的潜力也不可小觑。2020年，各地政府制定了发展目标并出台了相关政策，着力推动数字经济的发展。例如，上海市提出要推动数字经济集聚发展，打造产业发展新生态；江苏省将大力发展“5G+工业互联网”，实施智能制造工程和制造业数字化转型行动；江西省把数字经济发展作为加快全省新动能培育的“一号工程”；湖北省不仅要巩固提升“九省通衢”枢纽地位，更要奋力抢占流量风口，成为重要数据枢纽；重庆市将深入实施以大数据智能化为引领的创新驱动发展战略行动计划，加快建设国家数字经济创新发展试验区；四川省提出要加快建设数字四川和智慧社会；贵州省要推动数字经济与实体经济深度融合；等等。随着全国数字基础设施的大规模建设，以及信息技术的深入创新和应用，在各地政策的积极推动下，长江经济带地区的数字经济将保持蓬勃发展态势。随着国民经济规模的增长，数字经济的产业规模也会不断扩大，各地区经济社会领域的数字化程度将不断加深。

（三）产业集聚特色化发展态势进一步显现

长江经济带正在致力于建设大数据综合试验区、数字经济创新发展试验区、各具特色的产业园区等，以推动数字经济的集聚化发展。自2016年2月贵州获批首个国家级大数据综合试验区以来，我国共设立了8个国家大数据综合试验区，在长江经济带地区中，贵州是先导试验型综合实验区，上海和重庆是区域示范类综合试验区。2019年，长江经济带地区的四川、浙江省和重庆市三个省市[①]又被确定为国家数字经济创新发展试验区，以深化供

① 另外还有三个地区：河北省（雄安新区）、福建省和广东省。

给侧结构性改革为主线，在数字经济要素流通机制、新型生产关系、要素资源配置、产业集聚发展模式等方面大胆探索，充分释放新动能。此外，长江经济带地区还有很多产业园区，例如电子信息产业涉及各地52个开发区和产业园区，根据国家相关建设方案，在电子信息产业集群方面，将依托上海、江苏、湖北、重庆、四川，着力提升集成电路设计水平，突破核心通用芯片，探索新型材料产业化应用，提升封装测试产业发展能力等。在大数据发展方面，大数据企业尤其是骨干企业在各重点区域积极布局、集聚发展。大多数企业集聚在以江苏、浙江、上海为中心的信息技术产业基础较好的长三角地区；在中西则集聚在贵阳、成都、武汉、长沙、合肥等重点城市及其周边，大数据企业集聚化发展日趋明显。在这轮经济转型和产业转移中，长江经济带地区依托国家政策，正努力发展成为数字经济集聚发展的新标杆。

专栏3：长江经济带11省市的2020年数字经济发展目标①

2020年初，全国多个省市在政府工作报告中对2020年数字经济发展做出了部署，部分省市更是相继出台了数字经济发展相关规划。

上海市：推动数字经济集聚发展，打造产业发展新生态

2020年的上海市政府工作报告指出，上海市将健全公共数据分级分类开放制度，深化金融、交通、健康、文旅等领域数据开放应用，更好服务数字经济发展。同时，上海正在着力推动的在线新经济与新基建，也是数字经济发展的新生态和重要组成部分，将为上海数字经济发展注入强劲动能。

江苏省：大力发展数字经济

江苏省政府工作报告指出，2020年江苏省将大力发展“5G+工业互联网”，实施智能制造工程和制造业数字化转型行动，推动工业化与信息化深度融合，促进“江苏制造”向“江苏智造”转变。要加强人工智能、大数据、区块链等技术创新与产业应用，培育壮大新一代信息技术等战略性新兴

① 数小君：《全国20余省市定下数字经济发展目标》，数据观微信公众号，2020年6月12日。

产业，加快5G通信网络和车联网先导区建设，大力发展数字经济，以新产业、新业态、新模式为高质量发展增添新动能。目前，江苏省正在大力发展数字经济的底座——“新基建”，并已出台《关于加快新型信息基础设施建设扩大信息消费的若干政策措施》。

浙江省：聚焦政府、经济、社会三大数字化转型

浙江省出台的《深化数字浙江建设2020年工作要点》明确指出，2020年聚焦政府、经济、社会三大数字化转型，推进数字科技突破、数字基础设施提升、数据协同应用，加快建设国家数字经济创新发展试验区，为省域治理现代化提效，为全省“两个高水平”建设增色，为数字中国建设贡献浙江力量、提供浙江样本。

安徽省：深化数字经济，推进建设“城市大脑”

2020年安徽省政府工作报告提出，要大力发展数字经济。要加快建设江淮大数据中心；实施5G产业规划和支持政策，促进5G移动互联建设和5G+产业发展；推动物联网、下一代互联网、区块链等技术和产业创新发展；深化数字经济，推进建设“城市大脑”，大力发展工业App，新增“皖企登云”企业5000家。

江西省：把数字经济发展作为加快全省新动能培育的“一号工程”

江西省政府工作报告指出，江西省2020年要推动产业深度融合，突出数字经济引领，推动产业数字化转型，争创国家数字经济创新发展试验区；建成5G基站2万个，推进南昌、鹰潭及重点应用场景5G网络全覆盖，力争覆盖所有设区市，大力发展“5G+工业互联网”。开展“03专项”成果转移转化提速行动；实施智能制造升级工程，对3000户以上企业实施重大工艺技术改造和设备更新。

4月13日发布的《江西省数字经济发展三年行动计划（2020～2022年）》指出，江西省把数字经济发展作为加快全省新动能培育的“一号工程”，促进经济、政府、社会各领域数字化转型，推动全省高质量跨越式发展。

湖北省：奋力抢占流量风口，成为重要数据枢纽

2020年湖北省政府工作报告指出，数字经济是未来发展竞争的主战场。

湖北不仅要巩固提升“九省通衢”枢纽地位，更要奋力抢占流量风口，成为重要数据枢纽。要深入推进信息化和工业化“两化”融合，强化大数据、云计算、物联网、区块链等新型通用技术引领带动，加快新技术、新产业、新业态、新模式发展应用。

根据《湖北省促进经济社会加快发展若干政策措施》，湖北省从三个方面加快推进数字经济发展。一是积极支持大数据、物联网、5G、人工智能等新业态、新技术企业在社会治理、疫情防控、无人物流、远程办公等领域的集成创新和发展壮大；二是立足“线上经济”“无人经济”“到家经济”已经到来的实际，支持发展生鲜电商、在线诊疗、线上教育、网络视频、数字娱乐、无接触配送等“宅经济”“云生活”消费新模式；三是加强5G网络、数据中心等项目谋划建设，大力推行网上招商，积极推广网上洽谈、视频会议、在线签约等网上招商方式。

湖南省：到2025年，数字经济规模进入全国前10强

2020年1月18日，湖南省工信厅印发《湖南省数字经济发展规划（2020~2025年）》，提出湖南省按照“一条主线、双轮驱动、三个坚持、四个着力”的总体思路，紧扣“促进数字经济和实体经济融合发展，加快新旧发展动能接续转换”这一主线，依托数字产业化和产业数字化“双轮”驱动，坚持统筹推进与重点突破相结合，坚持自主创新与开放合作相结合，坚持政府引导和市场机制相结合，着力突破关键核心技术，着力加强基础设施建设，着力提升产业链水平，着力打造产业生态，推动数字经济高质量发展，为构建现代化经济体系、建设富饶美丽幸福新湖南贡献力量。

在发展目标方面，希望经过规划期的努力，全省数字经济实力显著增强，数字产业化和产业数字化水平进入全国先进行列，数字经济基础设施能力全面提升，数字治理体系初步完善，湖南成为全国数字经济创新引领区、产业聚集区和应用先导区。到2025年，数字经济规模进入全国前10强，突破25000亿元，年均复合增长率保持在15.8%以上；数字经济占GDP比重达到45%，其中数字产业化总量突破7500亿元，产业数字化总量突破17500亿元。

重庆市：加快建设国家数字经济创新发展试验区

2020年重庆市政府工作报告指出，重庆市将深入实施以大数据智能化为引领的创新驱动发展战略行动计划，加快建设国家数字经济创新发展试验区，促进智能产业、智能制造、智慧城市协同发展，集中力量建设“智造重镇”“智慧名城”。

四川省：提升数字化治理能力，为数字经济活跃发展营造良好环境

2020年四川省政府工作报告指出，要推动“一芯一屏”重点突破和整体提升，发展软件产业，抢占区块链、大数据、人工智能、工业互联网、5G网络应用和超高清视频等产业高地，加快建设数字四川和智慧社会。

根据《四川省人民政府关于加快推进数字经济发展的指导意见》（川府发〔2019〕20号），四川省围绕“一干多支、五区协同”“四向拓展、全域开放”的战略部署，以数据为关键要素，以“创新驱动、融合发展，市场主导、重点突破、开放共享、安全规范”为发展原则，以“数字产业化、产业数字化、数字化治理”为发展主线，加快推进数字经济发展，为推动治蜀兴川再上新台阶提供强力支撑。到2022年，四川全省数字经济总量超2万亿元，成为创新驱动发展的重要力量。数字经济核心产业规模不断壮大，电子信息产业在全省经济高质量发展中的核心支撑作用更加凸显。数字经济与实体经济融合发展水平显著提高，两化融合总指数超90。提升数字化治理能力，为数字经济活跃发展营造良好环境。

贵州省：推动数字经济与实体经济深度融合

2020年贵州省政府工作报告指出，贵州省将着力推动数字经济与实体经济的深度融合，坚持“四个强化”“四个融合”，充分运用大数据、云计算、区块链、人工智能、物联网等新一代信息技术，提升产业数字化、网络化、智能化水平。建成华为数据中心、苹果iCloud贵安数据中心、腾讯数据中心二期和腾讯云西南区技术支撑中心，推进华为产业基地、浪潮大数据产业园等项目建设，加快建设中国南方数据中心示范基地、数字丝路跨境数据自由港，开工建设中国人民银行贵安数据中心、FAST数据中心、国家铁路集团数据中心等，深入开发利用数据资源。深入实施“万企融合”“百企引领”行动，建设融合标杆项目100个、示范项目1000个，带动2000户实体经济企业与大数据深度融合。以“工业云”为重点强化工业互联网平台支撑，推动更多企业“上云用云”，实施智能制造工程和制造业数字化转型行动。

云南省：大力打造“数字云南”，数字经济快速发展

2020年云南省政府工作报告指出，要以更大力度推进“数字云南”建设，加快培育壮大新动能。以只争朝夕、敢为人先的精神，深入实施“云上云”计划，积极布局新基建，加快培育数据要素市场，推动“上云用数赋智”，建设产业互联网，加快建设“数字云南”。

一是积极布局新基建。深入推进高水平宽带网络建设，加快布局5G网络、数据中心、区块链技术云平台、人工智能、工业互联网、物联网等新基建，提升数字经济发展支撑能力。二是加快培育数据要素市场。加快推进数据与其他生产要素深度融合，大力打造数据供应链，充分发挥数据对效率提升的倍增作用。推进政府数据开放共享，集成建设云南政务一朵“云”。三是推动“上云用数赋智”。制定财税政策，建设普惠性服务平台，营造数字化生态，解决企业数字化转型“没钱转”“不会转”“不敢转”等共性问题。四是建设产业互联网。聚焦八大重点产业和世界一流“三张牌”，建设综合性产业互联网平台，打造3～5个垂直领域应用平台。

B.13
长江经济带金融业发展报告（2019~2020）

张　彦*

摘　要： 2019年长江经济带金融发展水平小幅提高，区域金融发展差异继续缩小，保险深度小幅上升，金融业务在全国占较大比重。银行存款业务增速保持平稳，贷款业务增速较快；上市公司数量与会员交易额保持较大占比，股票集资额和证券交易额均明显上升；保险业务增速显著提高。展望2020年，长江经济带金融业将在深化改革与扩大对外开放中提升发展质量，同时注意防范金融风险，保持金融业的持续健康发展。

关键词： 金融　业务结构　区域结构　长江经济带

2019年，我国继续实施执行稳健的货币政策，加大对科技创新、民营及小微企业的支持力度，促进信贷平稳增长，同时防范化解金融风险、优化营商环境。

一　长江经济带区域金融发展总体态势

（一）金融发展水平小幅提升，区域金融发展差异继续缩小

2019年，长江经济带的金融相关比率①为3.24，比全国低0.36个点，

* 张彦，上海社会科学院应用经济研究所助理研究员，经济学博士，研究方向为区域金融。

① 金融机构本外币存贷款余额之和与GDP的比率。

但是较上年减少0.07个点。其中，长江下游地区和上游地区的金融相关比率较高，分别为3.62和3.11，分别比中游地区高出1.06个点和0.55个点。分省市来看，有4个省市高于或等于长江经济带平均水平，分别是上海、浙江、重庆、贵州，其中上海最高（5.57）；有7个省市低于长江经济带平均水平，其中湖南最低（2.39）（见表1）。

表1　长江经济带金融相关比率

地区	2015年	2016年	2017年	2018年	2019年
全国	3.49	3.6	3.57	3.60	3.60
长江经济带	3.22	3.32	3.23	3.31	3.24
长江上游	3.31	3.4	3.33	3.33	3.11
长江中游	2.33	2.47	2.49	2.59	2.56
长江下游	3.61	3.69	3.53	3.64	3.62
上海	6.26	6.21	5.96	5.95	5.57
江苏	2.75	2.87	2.7	2.83	2.93
浙江	3.89	3.9	3.82	3.96	4.06
安徽	2.77	2.99	2.94	3.02	2.69
江西	2.61	2.77	2.81	3.00	3.02
湖北	2.4	2.53	2.52	2.59	2.46
湖南	2.09	2.23	2.27	2.35	2.39
四川	3.29	3.38	3.29	3.26	3.12
重庆	3.29	3.29	3.24	3.40	3.24
贵州	3.3	3.56	3.48	3.47	3.32
云南	3.41	3.46	3.37	3.31	2.78

资料来源：2015～2019年各省市金融运行报告，2015～2019年各省市统计公报。

2015～2019年，长江经济带金融相关比率从3.22小幅上升至3.24，上升了0.02个点，低于全国升幅0.09个点。同期，中游地区、下游地区的金融相关比率分别上升0.23个点、0.01个点，而上游地区下降0.20个点。各省市中，金融相关比率增幅最大的是江西（0.41个点），下降幅度最大的是上海（-0.69个点）。

通过对金融相关比率的泰尔指数测度发现，2012～2019年，长江经济带区域金融发展差异逐渐缩小，从0.045下降至0.031，其间也有反复，主要是2015年的区域发展差异有明显回升。进一步分析，长江经济带区域金融发展差异的降低的主要原因是组间差异下降，从2012年的0.017下降至2019年的0.009。而组内差异下降并不明显，同期从0.028略微下降至0.022（见图1）。这表明，长江经济带区域金融发展差异的缩小主要是由三大地区间发展差异的降低而非各地区省市间差异所引致的。2019年区域金融发展差异以组内差异为主，占区域金融发展差异的比重为70.4%，而组间差异占比为29.6%。

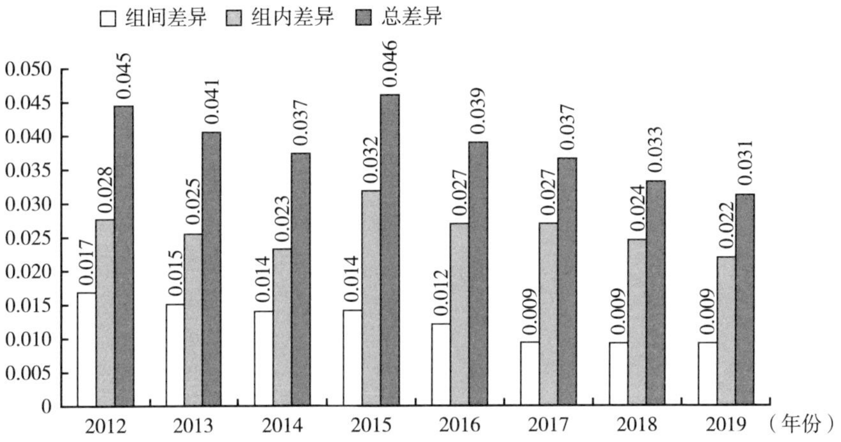

图1　长江经济带金融发展的区域差异

（二）保险深度小幅上升

2019年，长江经济带的保险深度[①]为3.87%，低于全国水平0.43个百分点，较上年提高0.01个百分点。其中，下游地区保险深度最高，为3.98%，比上游地区和中游地区分别高0.08个百分点和0.39个百分点。分各省市看，多数省市保险深度在3%～4%，保险深度高于4%的有3个省

① 保费收入与GDP之比。

市，分别是四川（4.61%）、上海（4.51%）和浙江（4.21%），保险深度低于3%的只有1个省份，即贵州（2.92%）（见表2）。

表2 长江经济带保险深度

单位：%

地区	2015年	2016年	2017年	2018年	2019年
全国	3.54	4.16	4.42	4.22	4.30
长江经济带	3.21	3.78	4.06	3.86	3.87
长江上游	3.54	4.12	4.26	4.14	3.90
长江中游	2.84	3.23	3.46	3.56	3.59
长江下游	3.29	4.00	4.24	3.88	3.98
上海	4.48	5.57	5.27	4.30	4.51
江苏	2.84	3.54	4.02	3.58	3.76
浙江	3.35	3.84	4.15	4.04	4.21
安徽	3.18	3.63	4.02	4.03	3.63
江西	3.04	3.31	3.49	3.43	3.37
湖北	2.85	3.26	3.69	3.74	3.77
湖南	2.46	2.84	3.21	3.45	3.51
四川	4.22	5.24	5.24	4.81	4.61
重庆	3.27	3.43	3.82	3.96	3.88
贵州	2.45	2.74	2.86	3.01	2.92
云南	3.19	3.56	3.71	3.74	3.20

资料来源：2015~2019年各省市统计公报。

2015~2019年，长江经济带保险深度从3.21%升至3.87%，提高了0.66个百分点，低于同期全国增幅0.1个百分点。同期，上游地区、中游地区和下游地区的保险深度分别提高0.36个、0.75个和0.69个百分点。各省市中，湖南保险深度提高较多，达1.05个百分点；云南的保险深度提高较少，仅0.01个百分点。

（三）金融业务占全国比重低于经济总量的占比

2019年长江经济带金融机构本外币各项存贷款余额之和占全国的比重为41.57%，低于GDP占全国的比重4.63个百分点。其中，下游地区存贷款余额之和占全国的比重为24.04%，高于GDP占全国的比重0.10个百分点；上游地区和中游地区存贷款余额之和占全国的比重分别为9.6%和7.92%，与GDP占全国的比重相比，分别低1.52个和3.22个百分点。各省市中，江苏的金融机构本外币各项存贷款余额之和占全国的比重较高，达到8.19%；贵州的金融机构本外币各项存贷款余额之和占全国的比重较低，为1.56%。比较各省市存贷款余额之和占全国的比重与GDP占全国的比重的差值，上海最高为2.11，江苏最低为-1.87（见表3）。

表3 长江经济带金融机构本外币各项存贷款余额情况

单位：%，个百分点

地区	2015年	2016年	2017年	2018年	2019年		
					存贷款余额之和占全国的比重	GDP占全国的比重	差额
长江经济带	41.15	41.34	40.93	41.17	41.57	46.20	-4.63
长江上游	9.69	9.77	9.76	9.64	9.60	11.12	-1.52
长江中游	7.31	7.56	7.76	7.81	7.92	11.14	-3.22
长江下游	24.15	24.01	23.41	23.73	24.04	23.94	0.10
上海	6.57	6.37	6.09	5.99	5.96	3.85	2.11
江苏	8.05	8.17	7.87	8.08	8.19	10.06	-1.87
浙江	6.97	6.78	6.70	6.86	7.09	6.29	0.80
安徽	2.55	2.69	2.75	2.80	2.80	3.75	-0.95
江西	1.82	1.90	1.98	2.03	2.10	2.50	-0.40
湖北	2.96	3.06	3.12	3.14	3.16	4.63	-1.47
湖南	2.53	2.60	2.66	2.64	2.66	4.01	-1.35
四川	4.13	4.13	4.13	4.09	4.08	4.70	-0.62
重庆	2.16	2.16	2.14	2.13	2.15	2.38	-0.23
贵州	1.45	1.56	1.60	1.58	1.56	1.69	-0.13
云南	1.94	1.92	1.89	1.83	1.81	2.34	-0.53

资料来源：2015～2019年各省市金融运行报告，2015～2019年各省市统计公报。

2015～2019年，长江经济带金融机构本外币各项存贷款余额之和占全国的比重从41.15%升至41.57%，上升了0.42个百分点。其中，上游地区和下游地区的存贷款余额之和占全国的比重分别下降0.09个和0.11个百分点，而中游地区提高0.61个百分点。同期，各省市中，江西的金融机构本外币各项存贷款余额之和占全国的比重提高最多，达0.28个百分点；而上海下降最多，降低了0.61个百分点。

二　长江经济带金融各行业发展态势

（一）银行业

1. 存款业务平稳增长，贷款业务增长较快

2019年，长江经济带金融机构本外币存款余额较上年增长8.9%，快于全国增速0.3个百分点。其中，下游地区的各项存款余额增长最快，中游地区居中，上游地区最慢，增速分别为9.9%、8.6%和6.6%。各省市中，浙江各项存款余额增速最高（12.7%），贵州的增速最低（2.6%）。

2015～2019年，长江经济带金融机构本外币存款余额增速呈现先下降后回升的态势，从2015年的14.9%降至2017年的7%，2018～2019年逐渐回升，五年间下降6个百分点。其中，上游地区和中游地区金融机构本外币存款余额增速下降较多，五年间分别降低7.7个和7.3个百分点，下游地区下降较少，五年间降低4.5个百分点。各省市中，贵州金融机构本外币存款余额增速下降较多，为25个百分点；浙江金融机构本外币存款余额增速下降较少，仅为1.3个百分点（见表4）。

表4　长江经济带金融机构本外币存款余额增长

单位：%，亿元

地区	2015年	2016年	2017年	2018年	2019年	
					余额	增长率
全国	19.1	11.3	8.8	7.8	1981642.6	8.6
长江经济带	14.9	12.1	7.0	7.7	811230.8	8.9
长江上游	14.3	12.8	8.8	4.6	182812.2	6.6
长江中游	15.9	16.2	11.2	6.7	152373.3	8.6
长江下游	14.4	9.9	5.0	9.4	476045.3	9.9
上海	14.4	6.5	1.8	7.7	132820.3	9.7
江苏	14.8	12.8	3.5	7.0	157139.7	9.0

续表

地区	2015年	2016年	2017年	2018年	2019年	
					余额	增长率
浙江	14.0	10.2	7.8	8.6	131298.5	12.7
安徽	15.7	18.7	11.6	11.0	54786.8	7.0
江西	15.1	16.2	11.8	8.5	39175.4	11.0
湖北	13.3	14.4	10.7	7.1	60537.5	8.0
湖南	19.7	15.9	11.2	4.9	52660.4	7.5
四川	11.5	11.3	9.0	6.1	83121.8	7.4
重庆	14.4	11.7	8.3	5.9	39483.2	7.0
贵州	27.6	22.0	9.9	1.3	27221.8	2.6
云南	11.9	10.8	7.8	2.1	32985.4	7.3

资料来源：2015～2019年各省市金融运行报告，2015～2019年各省市统计公报。

2019年，长江经济带金融机构本外币贷款余额同比增长13.8%，高于全国增速1.9个百分点。其中，中游地区金融机构本外币贷款余额增速较快，同比增长15.5%；上游地区和下游地区的增速相对较低，分别为13.3%和13.5%。各省市中，江西金融机构本外币贷款余额增速最高，达到16.8%，上海最低为9.0%（见表5）。

表5 长江经济带金融机构本外币贷款余额增长

单位：%，亿元

地区	2015年	2016年	2017年	2018年	2019年	
					余额	增长率
全国	14.5	12.8	12.1	12.9	1586020.6	11.9
长江经济带	12.4	12.9	12.1	14.5	671725.9	13.8
长江上游	13.7	12.7	12.0	13.9	159697.1	13.3
长江中游	16.5	16.5	15.9	16.0	130354.8	15.5
长江下游	10.0	11.2	10.9	14.2	381674.0	13.5
上海	11.4	12.4	12.0	9.1	79843.0	9.0
江苏	12.0	14.5	9.9	13.3	135139.7	14.7
浙江	7.2	7.0	10.3	17.2	121750.6	15.1
安徽	14.9	17.7	13.5	13.0	44940.7	13.9
江西	18.2	17.7	18.6	18.0	35696.8	16.8

续表

地区	2015 年	2016 年	2017 年	2018 年	2019 年	
					余额	增长率
湖北	16.7	17.0	14.6	15.8	52242.6	14.1
湖南	16.5	13.7	15.4	14.8	42415.4	16.3
四川	11.4	12.5	12.2	13.4	62493.8	12.8
重庆	11.3	11.2	11.2	13.6	37105.0	15.1
贵州	21.6	18.8	16.7	18.3	28533.3	15.0
云南	15.7	10.6	8.8	11.4	31565.0	10.8

资料来源：2015～2019 年各省市金融运行报告，2015～2019 年各省市统计公报。

2015～2019 年，长江经济带金融机构本外币贷款余额增速小幅上升了 1.4 个百分点。其中，2015～2017 年，贷款余额增速基本保持平稳，在 12%～13%波动，而 2018 年增速明显上升，较上年提高了 2.4 个百分点，2019 年小幅下降 0.7 个百分点。五年间，下游地区的增长率上升了 3.5 个百分点，上游地区的增长率下降了 0.4 个百分点，而中游地区的增长率下降 1 个百分点。各省市中，浙江贷款增长率增加最多，达到 7.9 个百分点，贵州下降较多，为 6.6 个百分点。

2. 业务结构以住户和非金融企业存贷款为主

2019 年我国金融机构住户存款、非金融企业存款、非银行金融机构存款三类存款业务占各项存款余额的比重分别为 41.45%、31.35%、8.74%，长江经济带金融机构这三类存款业务分别占本外币各项存款余额的 41.74%、32.87%、5.28%。其中，上游地区和中游地区的住户存款占比较大，分别为 48.62%和 51.27%；下游地区的非金融企业存款和非银行金融机构存款占比较大，分别为 36.83%和 6.31%。各省市中，上海的非金融企业存款及非银行金融机构存款占比较高，分别为 42.42%和 14.83%；湖南的住户存款占比较高，为 53.95%（见表 6）。

2019 年我国金融机构住户贷款和非金融企业及机关团体贷款占各项贷款余额的比重分别为 34.89%和 62.03%；长江经济带金融机构住户贷款和非金融企业及机关团体贷款占比分别为 35.9%和 62.88%。其中，下游地区

表 6　2019 年长江经济带金融机构存贷款结构

单位：%

地区	金融机构各项存款余额			金融机构各项贷款余额	
	住户存款	非金融企业存款	非银行金融机构存款	住户贷款	非金融企业及机关团体贷款
全国	41.45	31.35	8.74	34.89	62.03
长江经济带	41.74	32.87	5.28	35.90	62.88
长江上游	48.62	26.64	4.39	33.53	65.67
长江中游	51.27	27.97	3.12	35.80	63.18
长江下游	36.04	36.83	6.31	36.92	61.62
上海	25.07	42.42	14.83	31.66	62.66
江苏	37.14	37.07	5.05	34.61	65.18
浙江	40.92	34.56	0.00	41.55	58.04
安徽	47.82	28.07	4.36	40.70	58.75
江西	50.38	29.65	2.68	40.26	59.34
湖北	49.51	29.65	2.63	31.75	66.14
湖南	53.95	24.77	4.01	37.03	62.76
四川	52.25	24.55	2.98	32.89	65.82
重庆	45.43	29.99	6.70	38.12	61.62
贵州	42.43	30.43	8.68	31.66	68.12
云南	48.36	24.80	1.62	31.09	67.92

资料来源：2015～2019 年各省市金融运行报告，2015～2019 年各省市统计公报。

的住户贷款占比较高，较上游地区和中游地区分别高出 3.39 个和 1.12 个百分点；而上游地区的非金融企业及机关团体贷款占比较高，较中游地区和下游地区分别高出 2.49 个和 4.05 个百分点。各省市中，浙江的住户贷款占比最高，高于长江经济带平均水平 5.65 个百分点；贵州的非金融企业及机关团体贷款占比最高，高于长江经济带平均水平 5.24 个百分点。

（二）证券业

1. 在上交所的上市公司数量较多，证券交易额显著增加

2019 年，长江经济带在上海证券交易所上市公司总数为 869 家，占上交所上市公司的 55.3%，其中下游地区、中游地区和上游地区的上市公司

数量分别为680家、89家和100家，分别占上交所上市公司总数的43.3%、5.7%和6.4%。各省市中，上海在上交所的上市公司数量达228家，占比为14.5%；贵州和云南在上交所的上市公司数量均为14家，占比为0.9%。按发行股份类别分类，长江经济带仅发A股的上市公司数量为795家，占上市公司总数的91.5%，而发行A（B）、H股，发行A、B股和仅发B股的上市公司分别为33家、36家和5家，合计占比为8.5%（见表7）。

表7　2019年长江经济带在上海证券交易所上市公司股份类别的地区分布

单位：家，%

项目	仅发A股	A(B)、H股	A、B股	仅发B股	合计	占比
上交所	1425	98	43	6	1572	100.0
长江经济带	795	33	36	5	869	55.3
上游地区	95	5	0	0	100	6.4
中游地区	84	2	2	1	89	5.7
下游地区	616	26	34	4	680	43.3
上海	175	17	32	4	228	14.5
江苏	190	4			194	12.3
浙江	207	2	1		210	13.4
安徽	44	3	1		48	3.1
江西	16	1			17	1.1
湖北	39	1	1	1	42	2.7
湖南	29		1		30	1.9
四川	40	3			43	2.7
重庆	27	2			29	1.8
贵州	14				14	0.9
云南	14				14	0.9

资料来源：2018年12月《上证统计月报》。

2019年长江经济带在上交所会员交易金额为215018.9亿元，同比增长19.8%。其中，上游地区、中游地区和下游地区在上交所会员交易金额分别为18604亿元、31323亿元和165092亿元，同比分别增长-2.8%、33.6%、20.6%。各省市中，上海的会员交易金额最多，为112987亿元。分业务品种看，债券回购占长江经济带会员交易的比例最高（77.4%），而股票、基金、政府债、信用债占比分别为16.8%、3.4%、0.2%、2.1%。分地区看，下游地区债券回购交易金额占比较高，为78%，中游地区股票交易金额占比较高，为18.7%，而上游地区的政府债和信用债的占比较高，分别为0.4%和5.3%。各省市中，浙江的股票交易占比较高，为30.4%；江苏的基金交易占比较高，为6.7%；贵州的政府债和信用债的占比较高，分别为0.9%和16.3%；重庆的债券回购交易占比较高，为84.6%（见表8）。

表8　2019年长江经济带在上交所的会员交易地区分布

单位：亿元，%

项目	总计	同比增长	占比	股票	基金	政府债	信用债	债券回购	期权
上交所	466826.1	15.5	100.0	18.2	2.9	0.2	2.8	75.8	0.1
长江经济带	215018.9	19.8	46.1	16.8	3.4	0.2	2.1	77.4	0.1
上游地区	18604.0	-2.8	4.0	17.1	3.2	0.4	5.3	74.1	0.0
中游地区	31322.9	33.6	6.7	18.7	2.9	0.1	1.8	76.4	0.1
下游地区	165092.0	20.6	35.4	16.4	3.5	0.2	1.8	78.0	0.1
上海	112987.2	12.8	24.2	12.8	2.2	0.3	2.0	82.6	0.1
江苏	40405.2	47.8	8.7	22.6	6.7	0.0	1.2	69.2	0.2
浙江	7037.7	23.5	1.5	30.4	6.3	0.0	2.8	60.4	0.1
安徽	4661.9	25.7	1.0	26.0	1.5	0.1	1.8	70.6	0.1
江西	4079.4	53.8	0.9	19.4	1.8	0.1	3.1	75.6	0.0
湖北	15344.1	35.4	3.3	14.9	2.1	0.0	1.9	81.0	0.0
湖南	11899.4	25.8	2.5	23.4	4.3	0.2	1.4	70.6	0.1
四川	9710.1	-17.5	2.1	20.0	4.3	0.3	2.4	72.9	0.0
重庆	3604.4	26.1	0.8	13.0	1.4	0.1	0.9	84.6	0.0
贵州	3245.4	12.4	0.7	11.4	3.3	0.9	16.3	68.1	0.0
云南	2044.1	25.3	0.4	19.3	0.7	0.4	9.2	70.4	0.0

资料来源：2018年12月《上证统计月报》。

2. 在深交所的股票集资大幅增长，证券交易额占比小幅上升

2019年深交所的股票集资总额为5089.3亿元，同比增长29%，长江经济带在深圳证券交易所的股票集资额为2606.3元，同比增长78.2%。其中，上游地区和中游地区股票集资额同比增长较快，分别为153.3%和127.3%，下游地区股票集资额增速相对较慢，为41.6%。各省市中，云南

在深交所的股票集资额同比增长最快，增速高达769.1%；四川在深交所的股票集资额同比下降较多，增速为-80.7%。

2015～2019年，深交所股票集资总额的增幅波动显著，其中2015年、2016年、2019年三年集资额同比实现正增长，其中2015年和2016年同比增速分别高达58.3%和58.6%，而2017年和2018年的股票集资额同比分别降低26.3%和49.6%。同期，长江经济带股票集资额增速也有类似的明显波动，其中，下游地区2015年、2016年和2019年增速较快，同比分别增长115.9%、78.8%和41.6%，而2017年和2018年同比分别下降23%和63%；中游地区2016年和2019年增速较快（分别为99.8%和127.3%），但是2017年和2018年增速下降明显，分别为-8.9%和-58.3%；上游地区2016年和2019年增速较快，同比分别增长91.6%和153.3%，而2017年和2018年降幅较大，增速分别为-44.8%和-33.6%（见表9）。

表9　长江经济带在深圳证券交易所集资额增长态势

单位：%，亿元

项目	2015年	2016年	2017年	2018年	2019年	
	增长率				集资额	增长率
深交所股票集资总额	58.3	58.6	-26.3	-49.6	5089.3	29.0
长江经济带	70.2	83.9	-23.7	-58.9	2606.3	78.2
上游地区	1.7	91.6	-44.8	-33.6	628.7	153.3
中游地区	36.2	99.8	-8.9	-58.3	685.1	127.3
下游地区	115.9	78.8	-23.0	-63.0	1292.4	41.6
上海	4.4	64.2	-73.1	-85.6	41.5	251.6
江苏	197.6	81.5	-36.3	-50.5	299.1	-24.8
浙江	117.8	53.0	-38.1	-50.5	670.0	74.5
安徽	-30.2	323.3	110.7	-85.2	281.9	135.9
江西	-5.7	495.1	-68.0	-51.1	16.1	-43.8
湖北	204.0	204.7	-3.7	-81.3	630.6	690.3
湖南	49.1	-24.7	42.6	-18.7	38.4	-80.1
四川	-4.4	-43.9	59.2	-14.8	28.7	-80.7
重庆	39.1	663.0	-77.6	-84.5	9.5	-36.4
贵州	-95.1	2087.5	-26.3	109.3	11.7	-33.4
云南	185.6	-33.2	-23.7	-29.3	578.8	769.1

资料来源：2013～2018年深圳证券交易所《市场统计月报》。

2019年长江经济带的证券交易额占深交所交易总额的比重为47.3%。2015～2019年，长江经济带的证券交易额占深交所的比重小幅降低了1.4个百分点。其中，下游地区的证券交易额占比较高，2019年为34.7%，五年间降低0.9个百分点；上游地区的证券交易额占比较低，为5.6%，较2015年降低0.3个百分点。各省市中，上海的证券交易额占比最高，为15%；贵州最低，占比仅为0.5%（见表10）。

表10　长江经济带在深圳证券交易所证券交易额

单位：%，万亿元

项目	2015年	2016年	2017年	2018年	2019年	
					交易额	占比
深交所股票总交易金额	100	100	100	100	201.6	100.0
长江经济带	48.7	49.9	48.5	47.1	95.3	47.3
上游地区	5.9	5.9	6.1	5.8	11.3	5.6
中游地区	7.2	7.2	7.2	6.9	14.1	7.0
下游地区	35.6	36.8	35.3	34.4	69.9	34.7
上海	15.1	15.6	15.5	15.3	30.2	15.0
江苏	8.0	8.6	8.2	8.2	16.9	8.4
浙江	10.8	10.9	9.9	9.3	19.5	9.7
安徽	1.6	1.7	1.7	1.6	3.3	1.6
江西	1.6	1.7	1.5	1.4	3.2	1.6
湖北	3.1	3.0	3.2	3.2	6.3	3.1
湖南	2.5	2.5	2.5	2.3	4.6	2.3
四川	3.5	3.6	3.6	3.4	6.5	3.2
重庆	1.3	1.3	1.3	1.2	2.5	1.3
贵州	0.4	0.4	0.5	0.5	0.9	0.5
云南	0.7	0.7	0.7	0.7	1.3	0.6

资料来源：2013～2018年深圳证券交易所《市场统计月报》。

（三）保险业

2019年，长江经济带保险业加快发展，业务结构持续优化，保障功能进一步发挥，保险服务民生功能不断增强。

1. 业务收入增速明显上升

2019 年我国保费收入同比增长 12.2%，增速较上年上升 8.3 个百分点；长江经济带保费收入同比增长 13.7%，高于全国 1.5 个百分点，增速较上年上升 11 个百分点，占全国的比重为 41.5%。其中，下游地区的保费收入占长江经济带的比重超过一半（53.4%），上游地区和中游地区保费收入占比分别为 24.3% 和 22.4%。各省市中，上海增速最高，同比增长 22.4%；四川和贵州增速相对较低，均同比增长 9.7%（见表 11）。

表 11　长江经济带保费收入

单位：亿元，%

地区	2017 年		2018 年		2019 年		
	保费收入	增长率	保费收入	增长率	保费收入	占比	增长率
全国	36581.0	18.2	38016.6	3.9	42645	100.0	12.2
长江经济带	15160.5	20.4	15563.6	2.7	17702	41.5	13.7
上游地区	3685.2	16.5	3878.2	5.2	4297	24.3	10.8
中游地区	3184.6	25.0	3479.6	9.3	3960	22.4	13.8
下游地区	8290.8	20.5	8205.8	-1.0	9446	53.4	15.1
上海	1587.1	3.8	1405.8	-11.4	1720	9.7	22.4
江苏	3449.5	28.2	3317.3	-3.8	3750	21.2	13.0
浙江	2147.0	20.3	2273.0	5.9	2627	14.8	15.6
安徽	1107.2	26.4	1209.7	9.3	1349	7.6	11.5
江西	727.6	19.5	753.6	3.6	835	4.7	10.8
湖北	1346.8	28.0	1470.9	9.2	1729	9.8	17.5
湖南	1110.2	25.2	1255.1	13.0	1396	7.9	11.2
四川	1939.4	13.3	1958.1	1.0	2149	12.1	9.7
重庆	744.8	23.8	806.2	8.3	917	5.2	13.7
贵州	387.7	20.7	445.9	15.0	489	2.8	9.7
云南	613.3	15.9	668.0	8.9	742	4.2	11.1

资料来源：各省市保监局网站。

2017～2019 年，长江经济带保费收入增速明显下降，降低了 6.7 个百分点。其中，中游地区增速下降较多，同期下降 11.2 个百分点，上游地区和下游地区增速下降相对较少，同期分别下降5.7个和5.4个百分点。同期，各省市中，保费收入增速下降最多的是江苏，为15.2个百分点，保费收入增速上升最多的是上海，为18.6个百分点。

2019年我国保险赔付支出同比增长4.8%，而长江经济带保费支出占全国的比重为42.9%，同比增长5.5%，较全国高0.7个百分点。下游地区的保险赔付支出占长江经济带比重超过一半（53.4%），而上游地区和中游地区保险赔付支出占比分别为24.6%和22%。下游地区和中游地区赔付支出增速较快，同比分别增长6.9%和6.5%，而上游地区赔付支出增速较慢，同比仅增长1.6%。各省市中，保险赔付支出增速最高的是浙江，为15.2%；增速最低的是安徽，同比基本持平（见表12）。

表12　长江经济带保险赔付支出

单位：亿元，%

地区	2017年		2018年		2019年	
	赔付支出	同比增长	赔付支出	同比增长	赔付支出	同比增长
全国	11181.0	6.4	12297.9	10.0	12894.0	4.8
长江经济带	4795.3	6.7	5241.7	9.3	5528.4	5.5
上游地区	1212.0	6.1	1340	10.6	1361.0	1.6
中游地区	1000.1	8.8	1142.2	14.2	1216.8	6.5
下游地区	2583.2	6.1	2759.5	6.8	2950.6	6.9
上海	548.9	3.8	581.6	5.9	655.0	12.6
江苏	983.6	7.5	996.7	1.3	998.6	0.2
浙江	653.0	3.2	762	16.7	878.0	15.2
安徽	397.7	11.3	419.2	5.4	419.0	0.0
江西	216.8	4.7	264.9	22.2	280.8	6.0
湖北	406.5	9.2	466.7	14.8	512.3	9.8
湖南	376.8	10.9	410.6	9.0	423.8	3.2
四川	583.3	5.2	632.7	8.5	634.8	0.3
重庆	256.8	2.7	277.4	8.0	279.0	0.6
贵州	153.8	16.9	181.3	17.9	186.6	2.9
云南	218.1	5.8	248.6	14.0	260.6	4.8

资料来源：各省市保监局网站。

2017～2019年，长江经济带保险赔付支出增速小幅下降，降低了1.2个百分点。其中，上游地区、中游地区增速分别下降4.5个和2.3个百分点，而下游地区增速上升了0.8个百分点。同期，各省市中，保险赔付支出增速下降最多的是安徽，达11.3个百分点，增长较多的是上海，为8.8个百分点。

2. 业务结构以人身险为主、财产险为辅

2019年，我国人身险保费收入占72.7%，财产险保费收入占27.3%。长江经济带人身险保费收入的比重低于全国，为71%，而财产险保费收入的比重高于全国，为29%。其中，中游地区的人身险比重较高（73.3%），下游地区的财产险比重较高（29.8%）。各省市中，江苏、湖北、湖南、四川、重庆的人身险比重较高，均高于70%；贵州、云南的财产险比重较高，达到或超过40%（见表13）。

表13　长江经济带保费收入结构

单位：%

地区	2017年		2018年		2019年	
	财产险	人身险	财产险	人身险	财产险	人身险
全国	26.9	73.1	28.3	71.7	27.3	72.7
长江经济带	29.2	70.8	30.2	69.8	29.0	71.0
上游地区	31.3	68.7	30.4	69.6	29.2	70.8
中游地区	26.9	73.1	27.3	72.7	26.7	73.3
下游地区	29.2	70.8	31.4	68.6	29.8	70.2
上海	30.4	69.6	41.4	58.6	30.5	69.5
江苏	23.6	76.4	25.9	74.1	25.1	74.9
浙江	35.4	64.6	36.4	63.6	34.3	65.7
安徽	33.1	66.9	33.8	66.2	33.6	66.4
江西	32.3	67.6	31.9	68.1	31.2	68.8
湖北	22.9	77.1	23.9	76.1	23.0	77.0
湖南	28.3	71.7	28.5	71.5	28.5	71.5
四川	27.5	72.5	25.1	74.9	23.9	76.1
重庆	24.7	75.3	25.1	74.9	24.0	76.0
贵州	46.2	53.8	46.7	53.3	45.7	54.3
云南	41.6	58.4	41.3	58.7	40.0	60.0

资料来源：各省市保监局网站。

2017～2019年，长江经济带人身险保费收入比重小幅提高，从70.8%升至71%，提高了0.2个百分点。同期，下游地区的人身险比重下降0.6个百分点，上游地区和中游地区的人身险比重同期分别提高了2.1个和0.2个百分点。同期，各省市中，四川的人身险比重提高最快，提高了3.6个百分点，江苏的人身险比重下降明显，降低了1.5个百分点。2017～2019年，长江经济带财产险保费收入比重小幅下降，从29.2%降至29%，降低了0.2个百分点。

2019年，我国人身险赔付支出占比为49.6%，而财产险占比50.4%。长江经济带人身险赔付支出的比重低于全国，为47.5%，财产险赔付支出的比重高于全国，为52.5%。其中，中游地区的人身险赔付支出比重较高（54.1%），下游地区的财产险赔付支出比重较高（56.3%）。各省市中，湖北和重庆的人身险比重较高，分别为58.9%和58.4%；浙江和贵州的财产险比重较高，分别为66.1%和64.6%（见表14）。

表14　长江经济带保险赔付支出结构

单位：%

地区	2017年		2018年		2019年	
	财产险	人身险	财产险	人身险	财产险	人身险
全国	45.5	54.5	48.0	52.0	50.4	49.6
长江经济带	48.2	51.8	50.1	49.9	52.5	47.5
上游地区	46.7	53.3	47.4	52.6	50.3	49.7
中游地区	43.9	56.1	43.2	56.8	45.9	54.1
下游地区	50.6	49.4	54.2	45.8	56.3	43.7
上海	42.6	57.4	46.7	53.3	46.7	53.3
江苏	46.3	53.7	51.4	48.6	53.5	46.5
浙江	66.0	34.2	64.3	35.7	66.1	33.9
安徽	47.0	53.0	53.1	46.9	57.3	42.7
江西	55.4	44.6	48.2	51.8	50.1	49.9
湖北	37.7	62.3	39.1	60.9	41.1	58.9
湖南	43.8	56.1	44.7	55.3	49.0	51.0
四川	45.0	55.0	44.7	55.3	47.8	52.2
重庆	37.6	62.4	39.2	60.8	41.6	58.4
贵州	59.4	40.6	59.8	40.2	64.6	35.4
云南	52.8	47.2	54.6	45.4	55.2	44.8

资料来源：各省市保监局网站。

2017～2019 年，长江经济带人身险赔付支出的比重有所下降，从 51.8% 降至 47.5%，降低了 4.3 个百分点。同期，上游地区和下游地区的人身险比重分别降低了 3.6 个和 5.7 个百分点，中游地区的人身险比重下降较少，仅降低了 2 个百分点。同期，各省市中，安徽的人身险赔付支出比重下降最多，降低 10.3 个百分点，江西的人身险赔付支出比重提高较多，为 5.3 个百分点。

三 2020年长江经济带金融业发展展望

2020 年，受全球新冠肺炎疫情蔓延影响，世界经济不稳定不确定因素显著增多。但是，我国经济向好发展的基本态势没有改变。2020 年是全面建成小康社会的决战决胜之年，也是“十三五”规划收官之年，长江经济带各省市将进一步加强合作，在深化改革和开放中推动经济高质量发展。

（一）银行业：提升服务水平，支持经济发展

1. 稳健的货币政策更加灵活适度

2020 年新冠肺炎疫情给经济发展带来了一定的压力，长江经济带各省市货币政策在稳健基础上更加灵活，实施逆周期政策，保持区域内流动性充足，积极推进金融供给侧改革，支持企业复工复产和实体经济发展，减小新冠肺炎疫情影响。

2. 继续加大对小微、民营、科创企业的金融支持力度

继续优化审批流程，简化审批手续，提升小微、民营企业融资的便利度。利用大数据普惠金融应用平台，提高服务效率、降低金融风险。围绕以“互联网＋”为特征的信息产业，积极开发新产品、提供优质服务，大力扶持科技创新和创业投资。

3. 深化金融改革，努力提高金融管理和服务水平

以市场化手段引导社会综合融资成本降低，力促疫情常态化时期经济社

会稳健发展。引导金融机构开展线上线下多种形式的融资对接活动，了解企业融资需求与融资中的困难，提升金融服务质量，促进供给侧结构性改革和经济高质量发展。

（二）证券业：积极促进科技创新

1. 增进资本市场对科技创新的促进作用

当前科创板引领经济发展向创新驱动转型的作用初步显现。下一步，应完善注册制改革新环境，发布尽职调查业务规范，加强发行承销市场自律管理，完善市场化的价格发现机制，推动更多优秀科创企业借助资本市场力量实现大发展。

2. 稳步提升资本市场对外开放水平

2020 年，我国将陆续取消证券公司、基金管理公司和期货公司外资股比限制。放开外资股比限制，让优秀的外资机构进入中国资本市场，形成“鲶鱼效应”，通过行业竞争促进发展质量的提升。

3. 加强监管和防范化解资本市场重点领域风险

严格上市公司信息披露，加大违法违规监管力度，严厉查处内幕交易、虚假陈述、操纵市场等违法违规行为，强化投资者的合法权益保护。加强对资本市场资金跨境流动的监控，防范资本市场的大起大落。

（三）保险业：支持民生改善与经济发展

1. 鼓励保险资金支持实体经济

保险资金通过市场化方式投资产业基金，为战略性新兴产业、先进制造业提供优质金融服务，鼓励发展科技金融业务，加快推动产业迈向全球价值链的中高端。运用现代科技手段提升保险服务效率，引导企业通过互联网、微信等线上方式办理业务。

2. 支持消费升级和民生改善

着眼于构建民生金融服务体系，2020 年长江经济带促进保险机构更加注重对扶贫、养老、健康、医疗等金融服务薄弱环节的服务。比如，针对养老健康等社会服务领域金融需求，将鼓励个人税延型商业养老保险、长护险、医保个人账户购买商业健康险试点。

3. 优化保险业发展环境

深化保险行业改革和监管改革，实现从机构监管转向功能监管的转变，促进保险机构更加注重合规经营和长远发展。支持更多符合条件的外资金融机构进入我国保险市场，激发保险机构发展活力，建设高素质人才队伍，增强行业可持续发展动力。

参考文献

董金玲：《区域金融发展差异的泰尔指数测度与分解》，《商业时代》2009 年第 35 期。

唐曼：《在新一轮长江经济带建设与地方经济转型升级中金融业的作为》，《现代经济信息》2016 年第 5 期。

卜东升：《对金融服务长江经济带发展的思考》，《中国银行业》2018 年第 11 期。

中国银行业协会行业发展研究委员会编《2020 年度中国银行业发展报告》，中国金融出版社，2020。

中国人民银行：《2020 年区域金融运行报告》，http：//www. pbc. gov. cn/，2020。

B.14

长江经济带旅游业发展报告（2019～2020）

于秋阳*

摘　要： 长江经济带高品质文旅资源富集，旅游市场增长迅速，是我国旅游业综合实力最强、战略支撑作用最大的区域之一，长江经济带区域发展战略实施以来，共建“长江国际黄金旅游带”成为推进长江经济带重大战略的突破口和重要抓手。长江经济带11省市旅游业在文旅融合、乡村旅游、生态优化等领域取得了显著的成就，但全流域在资源分布、经营业绩和发展环境等方面仍存在差异。本报告结合长江旅游带重大发展机遇，就进一步完善体制机制、深化区域合作、更新业态产品和共推保障举措等提出了相应的建议。

关键词： 高质量发展　文旅融合　长江经济带

长江经济带横跨东、中、西部，经济总量在全国的占比超过40%；从2019年经济数据来看，10个省市GDP增速高于全国平均水平（6.1%），贵州、云南、江西增速均在8%以上，位居全国前列。可见，依托长江“黄金水道”，长江经济带既是连接丝绸之路经济带和21世纪海上丝绸之路的重要纽带，也是关系到我国经济发展全局的一条

* 于秋阳，经济学博士，上海社会科学院应用经济研究所副研究员，研究方向为旅游产业经济、区域经济、文化创意产业。

“金腰带”。

自长江经济带区域发展战略实施以来，文化和旅游产业领衔“五大幸福产业”，在全流域发挥着较大的区域资源整合作用与辐射带动作用。在推动区域产业经济转方式、调结构的进程中，文旅产业正在从“生力军”发展为“主力军”，紧扣“高质量”与“一体化”核心要求，长江经济带文旅产业也不断转换新动能，优化发展环境，在供需两旺的大背景下，进一步成为满足人民群众对美好生活的向往，不断提高民众幸福感、获得感的重要产业载体。

一 长江经济带旅游业发展总体概况

（一）我国旅游业总体发展向好

从我国旅游业的总体发展情况来看，2019 年旅游业对 GDP 的综合贡献为 10.94 万亿元，占 GDP 总量的 11.05%；产业的辐射和带动力不断增强，对住宿、餐饮、民航、铁路客运业的贡献超过 80%，连续保持世界第一大出境旅游客源国和全球第四大入境旅游接待国地位。旅游直接就业 2825 万人，旅游直接和间接就业 7987 万人，对社会就业综合贡献达 10.31%。[①] 国内旅游市场和出境旅游市场稳步增长，入境旅游市场基础更加稳固。全年，国内旅游人次达60.06 亿，比上年增长 8.4%；入境旅游人次 1.45 亿，比上年增长 2.9%；全年实现旅游总收入 6.63 万亿元，同比增长 11%，国际旅游收入 1313 亿美元，比上年增长 3.3%，中国公民出境旅游人次达到 1.55 亿，比上年增长 3.3%。[②] 相较而言，出入境旅游市场的不均衡态势依然持续。

① 国家统计局：《2019 年国民经济和社会发展统计公报》，http://www.stats.gov.cn/tjsj/zxfb/202002/t20200228_1728913.html，2020 年 2 月 28 日。

② 中华人民共和国文化和旅游部：《2019 年旅游市场基本情况》，https://www.mct.gov.cn/whzx/whyw/202003/t20200310_851786.htm，2020 年 3 月 10 日。

（二）区域三大旅游市场发展势头旺盛

1. 长江经济带旅游市场总体发展情况

2019 年，长江经济带旅游总人次达 86.25 亿，同比增长 11.1%；旅游总收入达 10.68 万亿元，同比增长 17.3%（见表 1）。

表 1　长江经济带 11 省市旅游市场总体情况

地区		旅游总人次（万人次）	同比增长（%）	旅游总收入（亿元）	同比增长（%）
下游	上海	37037.7	6.21	5367.1	14.32
	浙江	73000.0	5.80	10911.0	9.04
	江苏	88399.5	8.04	14321.6	8.11
	安徽	82655.8	13.68	8525.6	17.74
中游	江西	79275.5	15.30	9656.7	18.55
	湖北	82567.0	13.00	7585.8	17.00
	湖南	83467.0	10.85	9762.3	16.83
上游	四川	75414.8	7.07	11594.3	14.65
	重庆	65700.0	10.01	5734.0	31.99
	云南	81484.9	18.44	11035.2	22.74
	贵州	113526.6	17.16	12318.9	30.07
长江经济带		862528.9	11.10	106812.5	17.30

注：旅游外汇收入按 1 美元 = 6.8985 元人民币（2019 年）、1 美元 = 6.61741 元人民币（2018 年）汇率进行折算加总。湖北省旅游入境旅游人数、旅游外汇收入缺失，以 2018 年湖北省入境旅游人数、旅游外汇收入及其增长率计算得出。

资料来源：各省市 2019 年国民经济和社会发展统计公报。

2019 年，旅游总人次方面，除上海市外，长江经济带各省市的旅游规模基本均突破 6 亿人次，其中，贵州省旅游总人次突破 11 亿人次，江苏省、安徽省、湖北省、湖南省、云南省旅游总人次均超过 8 亿人次。上海旅游总人次最少，仅 3.70 亿人次（见图 1）。从旅游总人次增长率来看，云南省增长率最快，同比增长达到 18.44%，贵州省、江西省次之，旅游增长率分别达到 17.16%、15.30%，江苏省、四川省、上海市、浙江省旅游总人次增长率较低，均低于 10%（见图 2）。

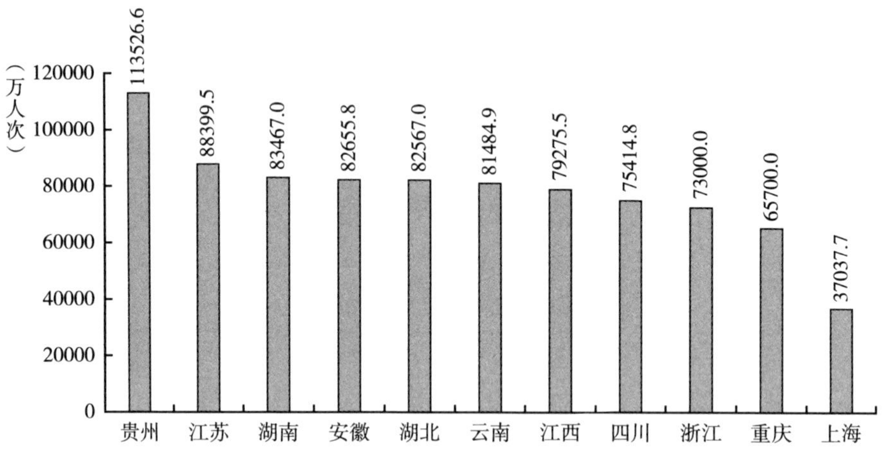

图1　长江经济带11省市旅游总人次排名

资料来源：各省市2019年国民经济和社会发展统计公报。

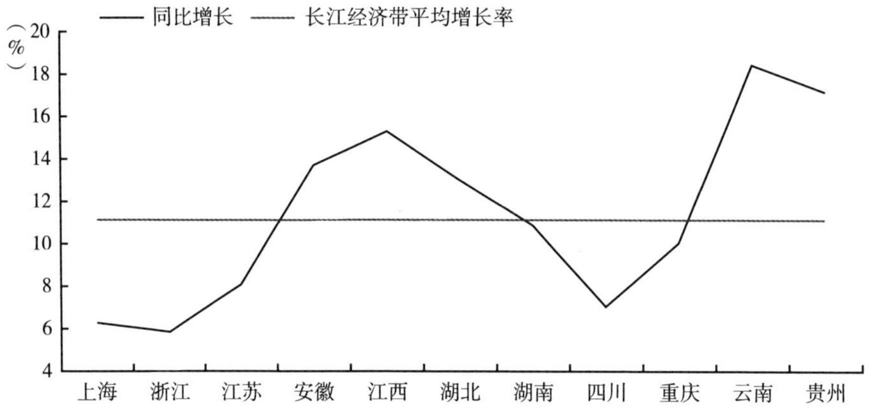

图2　长江经济带11省市旅游总人次增长率

资料来源：各省市2019年国民经济和社会发展统计公报。

旅游总收入方面，2019年，江苏省、贵州省、四川省、云南省、浙江省旅游总收入突破万亿元，其中，江苏省旅游总收入14321.6亿元，居于长江经济带第一位。重庆市、上海市旅游总收入最低（见图3）。从旅游收入增速来看，上游地区贵州省、重庆市、云南省增长率最快，增幅均超过

20%，江苏省旅游总收入增长率最低，仅8.11%；从地区分布看，上游增速较快，中游次之，下游地区则普遍低于平均增速（见图4）。

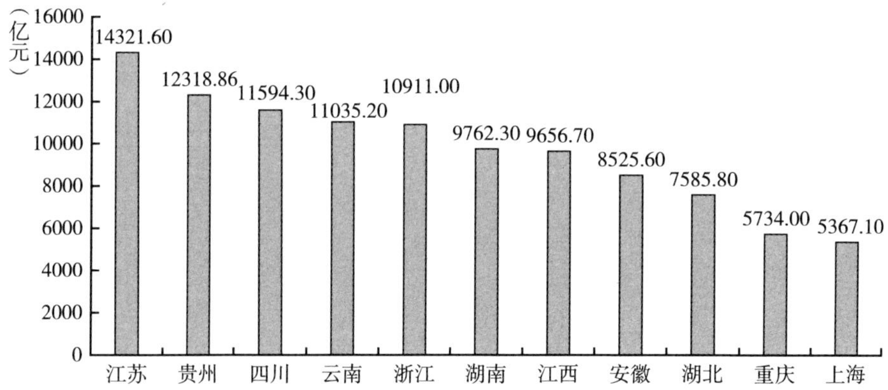

图3　长江经济带11省市旅游总收入排名

资料来源：各省市2019年国民经济和社会发展统计公报。

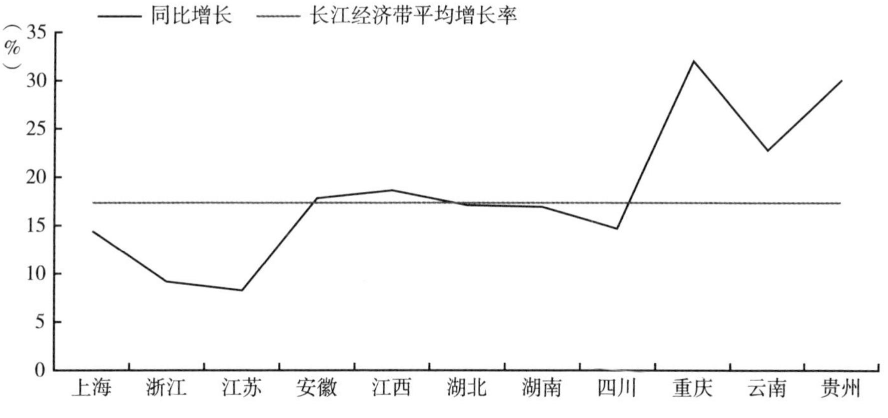

图4　长江经济带11省市旅游总收入增长率

资料来源：各省市2019年国民经济和社会发展统计公报。

2. 长江经济带国内旅游市场基本情况

2019年，长江经济带11省市国内旅游市场增长迅速，累计接待国内游客743199.4万人次（除贵州省外），同比增长11.06%；实现国内旅游总收入92041.32亿元（除贵州省外），同比增长15.35%；国内旅游人次和旅游收入均超过全国同期平均水平（见表2）。

表2　长江经济带11省市国内旅游市场基本情况

地区		国内旅游人次（万人次）	同比增长（%）	国内旅游收入（亿元）	同比增长（%）
下游	上海	36140.51	6.4	4789.3	7.0
	浙江	72532.90	5.5	10726.7	9.1
	江苏	88000.00	7.6	13902.2	8.2
	安徽	82000.00	13.6	8291.5	17.9
中游	江西	79078.30	15.7	9596.7	18.5
	湖北	82151.00	13.0	7422.9	17.0
	湖南	83000.00	10.3	9613.4	15.3
上游	四川	75000.00	7.0	11454.5	14.4
	重庆	65296.69	10.1	5564.61	32.5
	云南	80000.00	17.4	10679.51	22.8
	贵州	—	—	—	—
长江经济带		743199.40	11.06	92041.32	15.35

注：贵州省国内旅游人次及增速、贵州省国内旅游收入及增速数据缺失，图5~图8同。

资料来源：各省市2019年国民经济和社会发展统计公报。

国内旅游人次方面，长江经济带下游地区差异较大，中游地区和上游地区差异较小。江苏省国内旅游人次突破8.8亿人次，位居第一，而同处下游地区的上海市国内旅游人次3.6亿人次，仅约为江苏省国内旅游人次的41%。湖南省、湖北省、安徽省、云南省四省的国内旅游人次超过8亿人次，江西省、四川省、浙江省国内旅游人次均超过7亿人次，而重庆市国内旅游人次仅6.5亿（见图5）。

从增速来看，长江经济带国内旅游接待人次平均增长率为11.06%。其中，上游地区的内部差异较大，云南省表现突出，增长率达17.4%，而四川省的增长率仅为7%，远低于长江经济带平均增长率。中游地区的内部差异较小，江西、湖北两省的增长率均高于长江经济带平均增长率，湖南省略低于长江经济带平均增长率。下游地区除安徽省高于平均增长率之外，其他三省市则普遍低于长江经济带平均增长率（见图6）。

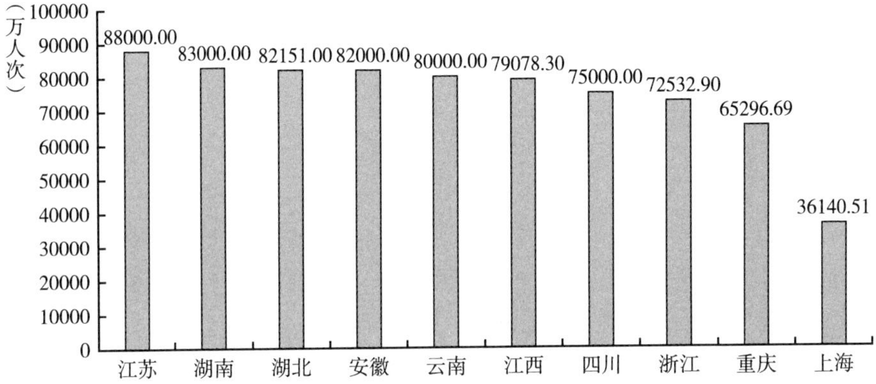

图5　长江经济带11省市国内旅游人次排名

资料来源：各省市2019年国民经济和社会发展统计公报。

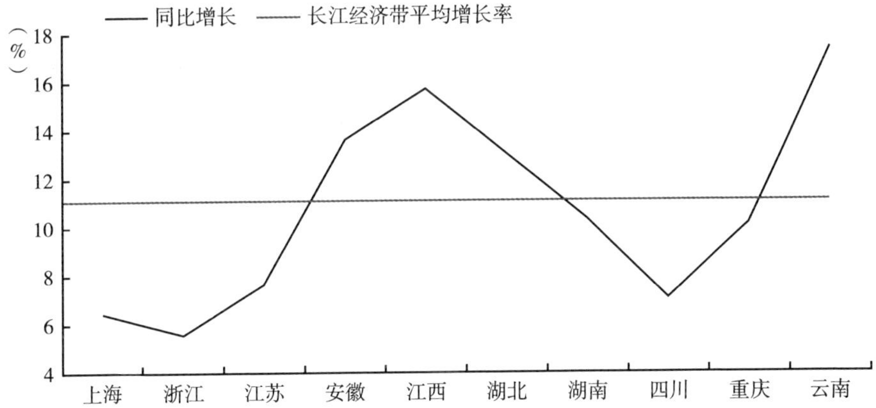

图6　长江经济带11省市国内旅游人次增长率

资料来源：各省市2019年国民经济和社会发展统计公报。

国内旅游收入方面，排名前三位的江苏、四川、浙江三省的国内旅游收入之和约占长江经济带总量的39.2%；其中，江苏省国内旅游收入达13902.2亿元，位列全流域之首。值得指出的是，长江经济带国内旅游人次排名第七位的四川省，国内旅游收入排名跃居第二位，收益能力提升较为突出（见图7）。

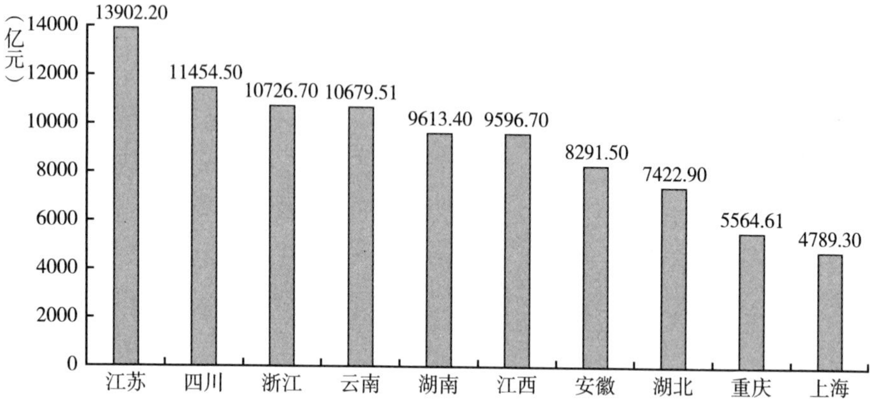

图7　长江经济带11省市国内旅游收入排名

资料来源：各省市2019年国民经济和社会发展统计公报。

从增速来看，长江经济带的平均增长率为15.35%。具体而言，上游地区的中、西部省份国内旅游收入增幅较大，重庆、云南两省市的国内旅游收入增长率分别达32.5%、22.8%，远高于长江经济带平均增长率；安徽、湖南、湖北三地与长江经济带平均增长率基本持平。下游地区增速普遍较低，上海市、浙江省、江苏省三地均低于长江经济带平均增长率（见图8）。

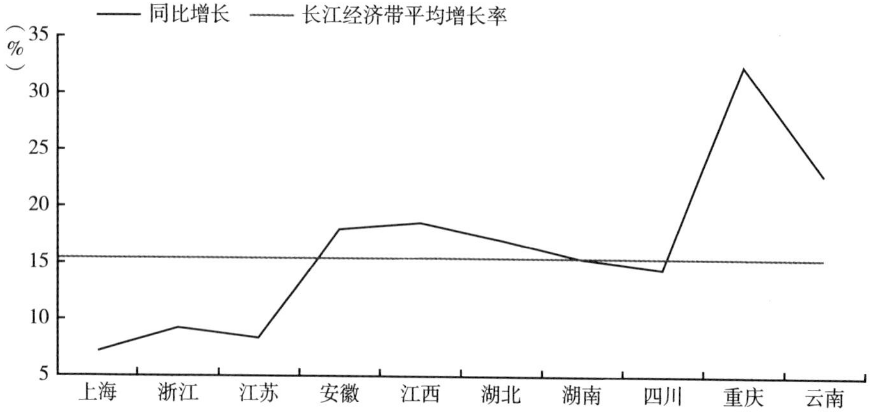

图8　长江经济带11省市国内旅游收入增长率

资料来源：各省市2019年国民经济和社会发展统计公报。

3. 长江经济带入境旅游市场基本情况

2019年，长江经济带累计接待境外游客4649.94万人次（除湖北省、贵州省之外），同比增长5.83%，约占全国总量的31.12%；实现旅游外汇收入319.88亿美元，同比增长13.44%，约占全国总量的18.71%（见表3）。

表3　长江经济带11省市入境旅游市场基本情况

地区		入境旅游人次（万人次）	同比增长（%）	旅游外汇收入（亿美元）	同比增长（%）
下游	上海	897.23	0.4	83.76	13.6
	浙江	467.1	1.9	26.7	2.9
	江苏	399.5	-0.3	47.4	2.0
	安徽	655.8	8.0	33.9	6.3
中游	江西	197.2	2.8	8.7	16.1
	湖北	—	—	—	—
	湖南	467.0	24.5	22.5	34.8
上游	四川	414.8	12.4	20.2	33.9
	重庆	411.34	6.0	25.25	15.3
	云南	739.97	4.8	51.47	16.5
	贵州	—	—	—	—
长江经济带		4649.94	5.83	319.88	13.44

注：湖北省、贵州省入境旅游人次及增长率、旅游外汇收入及增长率数据缺失，图9～图12同。
资料来源：各省市2019年国民经济和社会发展统计公报。

入境旅游人次方面，下游沿海地区和上游边境口岸地区优势明显，内陆省份的入境旅游人次普遍较低。其中，上海市入境旅游人次达到897.23万，列长江经济带第一位，云南省入境旅游人次达到739.97万，仅次于上海市。两地之和约占长江经济带入境旅游总人次的35.2%。江苏省的入境旅游人次出现下降，仅为399.5万，江西省入境旅游人次低于200万（见图9）。

从增速来看，长江经济带平均入境旅游人次增长率为5.83%。中游地区入境旅游人次增长率最高，湖南省入境旅游人次增长率达到

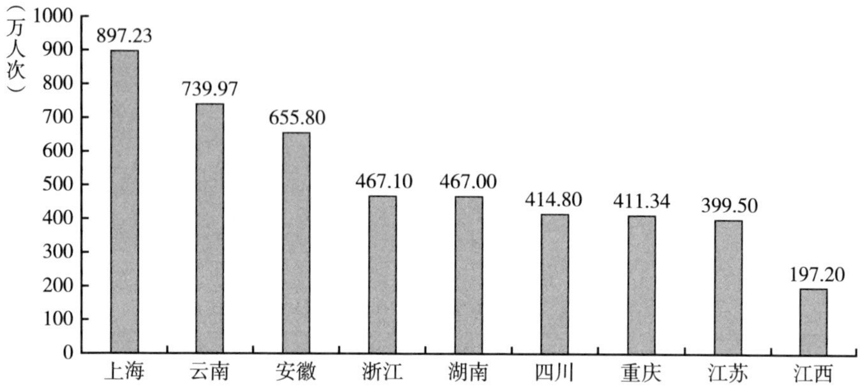

图9　长江经济带11省市入境旅游人次排名

资料来源：各省市2019年国民经济和社会发展统计公报。

24.5%。上游地区四川省、重庆市入境旅游增长率均高于长江经济带平均增长率，云南省入境旅游人次增长率为4.8%，低于长江经济带平均增长率。下游地区安徽省表现突出，增长率达到8%，在下游地区中最高。下游地区江苏省入境旅游人次增长率为-0.3%，是长江经济带省份中唯一出现负增长的省份（见图10）。

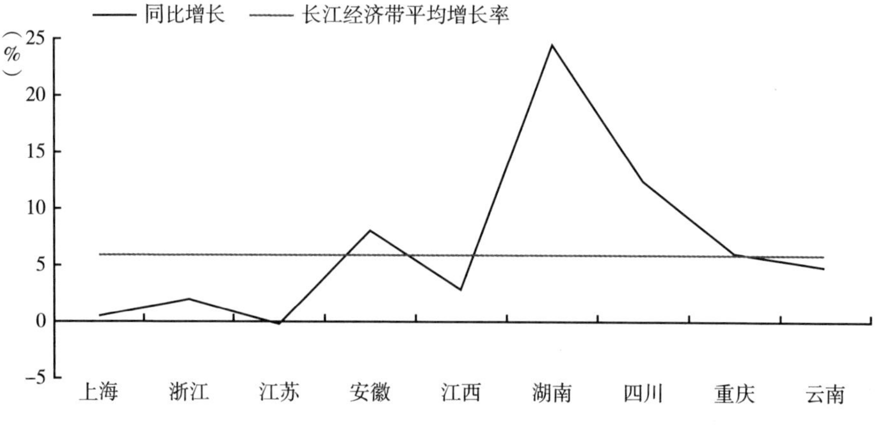

图10　长江经济带11省市入境旅游人次增长率

资料来源：各省市2019年国民经济和社会发展统计公报。

旅游外汇收入方面，总体呈下游地区外汇收入高、中上游地区较低的格局。其中，下游的上海市、江苏省、安徽省、浙江省和上游的云南省占据长江经济带各省市旅游外汇收入排名的前五，五省市之和占长江经济带旅游外汇收入总量的76.04%；而排名后四位的重庆市、湖南省、四川省、江西省之和仅76.65亿美元，约占长江经济带总量的23.96%（见图11）。

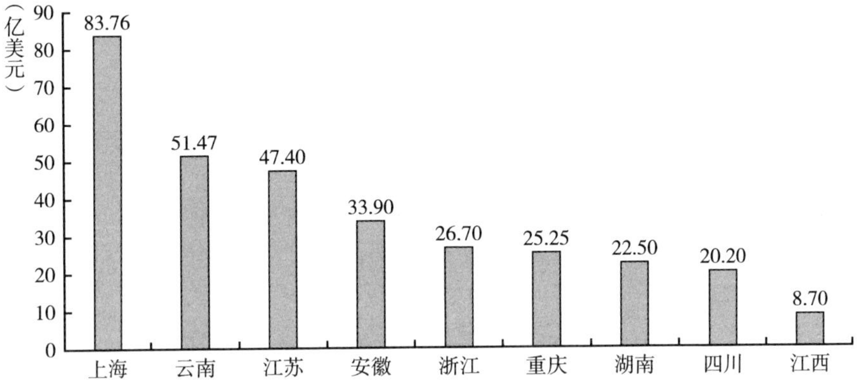

图11　长江经济带11省市旅游外汇收入排名

资料来源：各省市2018年国民经济和社会发展统计公报。

旅游外汇收入增速方面，长江经济带旅游外汇收入平均增长率13.44%。其中，中上游地区增速较快，高于平均增长率，湖南省、四川省分别以34.8%、33.9%的增长率列第一、二位。下游地区的浙江、江苏、安徽三省增速相对较慢，低于长江经济带平均增长率（见图12）。

（三）区域文旅产业发展基础较好

1. 文旅资源丰富，品质较高

从文化资源储备来看，截至2018年底，长江经济带11省市共有文物业藏品1888.44万件，约占全国总数的38.07%。从旅游资源储备来看，截至2018年底，长江经济带11省市共有A级景区（点）4818个，约占全国总量的40.41%，其中包括5A级景区（点）118个和4A级景区（点）1570个，分别约占全国总量的45.56%和44.53%（见表4）。

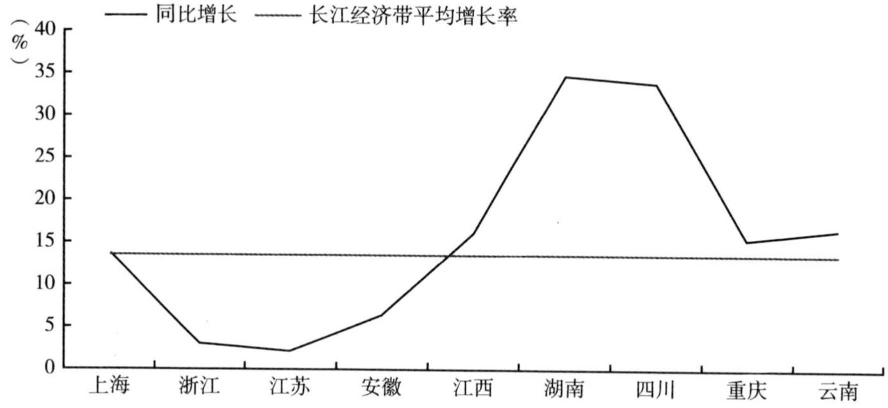

图 12　长江经济带 11 省市旅游外汇收入增长率

资料来源：各省市 2019 年国民经济和社会发展统计公报。

表 4　长江经济带 11 省市长三角文化与旅游资源储备

项目	长江经济带资源数量	全国占比(%)
文物业藏品(万件)	1888.44	38.07
5A 级景区(点)(个)	118	45.56
4A 级景区(点)(个)	1570	44.53
A 级景区(点)(个)	4818	40.41

资料来源：2019 年中国文化和旅游统计年鉴及其副本。

2. 博物馆规模较大，增长较快

博物馆作为区域文旅资源的重要载体和展示形式，近年来其市场关注度不断上升，成为民众文旅消费的重要增长点。根据国家文物局的统计，截至 2019 年底，全国博物馆总数 5535 家，相比 2018 年增加了 181 家，其中位于长江经济带区域的博物馆数量为 2158 家，占全国总量的 38.99%，[①] 资源储备丰厚，市场潜力较大（见表 5）。

① 国家文物局：《2019 年度全国博物馆名录》，http://www.gov.cn/zhengce/zhengceku/2020-05/22/5513734/files/1b6a0d01bf584c20bf17d5801a3e3e6f.pdf，2020 年 5 月 22 日。

表 5　长江经济带博物馆数量

单位：家

地区	省份	数量	合计	长江经济带总量
上游	四川	242	566	2158
	重庆	91		
	云南	139		
	贵州	94		
中游	江西	156	537	
	湖北	226		
	湖南	155		
下游	上海	135	1055	
	浙江	396		
	江苏	292		
	安徽	232		

资料来源：国家文物局数据整理。

二　长江经济带旅游业运行态势地区比较

（一）区域旅游产业发展基础总体差异较大

1. 文旅产业投资及营收情况

从各城市的文化产业投资来看，长江经济带的文化事业费总计达 3979755 万元，占全国的 42.87%。其中下游地区的文化事业费最多，达 1966393 万元。浙江省和江苏省的文化事业费最高，分别是 668737 万元、620416 万元，安徽省、贵州省、江西省的文化事业费较低，均不足 20 亿元（见表 6、图 13）。

2. 核心旅游资源分布及营收情况

从 A 级景区（点）的资源分布情况来看，截至 2018 年底，下游地区景区（点）数量最多，5A 数量为 54 个，4A 数量为 668 个，A 级数量为 2162 个，在整个流域的优势较为明显；上游地区列第二位，5A 数量为 34 个，

4A

表 6 长江经济带 11 省市文化事业费

单位：万元

地区	省份	数额	总额	长江经济带总额
上游	四川	430242	1119361	3979755
	重庆	212048		
	云南	299680		
	贵州	177391		
中游	江西	159461	894001	
	湖北	421351		
	湖南	313189		
下游	上海	478666	1966393	
	浙江	668737		
	江苏	620416		
	安徽	198574		

资料来源：2019 年中国文化和旅游统计年鉴及其副本。

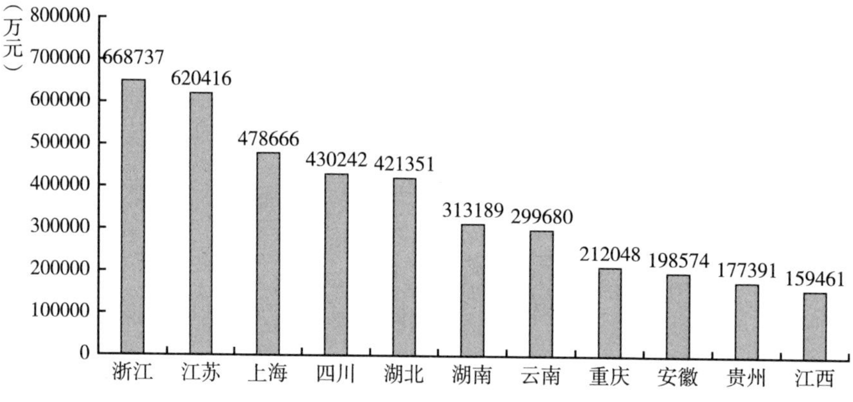

图 13 长江经济带文化事业费排名

资料来源：2019 年中国文化和旅游统计年鉴及其副本。

数量为 521 个，A 级数量为 1396 个；中游地区景区（点）数量最少，5A 数量为 30 个，4A 数量为 381 个，A 级数量为 1260 个。

从 A 级景区（点）接待人数来看，2018 年长江经济带共接待游客总人数29.79亿人次，约占全国景区（点）接待总人数的50.66%，接待游客数量最多的省份包括江苏省、浙江省、四川省等。从A级景区（点）的营业收入看，实现营业收入3005.15亿元，占全国A级景区营业总收入的64.33%，江西省、四川省、贵州省营业收入排前三位。

表7　长江经济带11省市A级景区（点）分布情况

地区	5A级景区数量（个）	4A级景区数量（个）	A级景区数量（个）	A级景区接待总人数（亿人次）	A级景区营业收入（亿元）
上海	3	59	113	1	37.8
浙江	17	215	806	4.09	218.49
江苏	23	200	630	6.73	230.78
安徽	11	194	613	2.61	284.39
江西	11	140	407	1.18	628.91
湖北	11	137	415	2.04	238.06
湖南	8	104	438	2.69	290.98
四川	12	243	565	4.07	575.29
重庆	8	92	239	1.57	123.25
云南	8	75	233	1.26	75.42
贵州	6	111	359	2.55	301.78
长江经济带	118	1570	4818	29.79	3005.15
下游	54	668	2162	14.43	771.46
中游	30	381	1260	5.91	1157.95
上游	34	521	1396	9.45	1075.74

资料来源：2019中国文化和旅游统计年鉴及其副本。

3. 生态资源与环境状况

人均绿地面积方面，除上海市外，上游地区、下游地区总体状况优良，重庆、贵州处于前两名，分别达到17.14平方米、15.51平方米。

森林覆盖率方面，江西省的森林覆盖率达到了63.1%，位居第一，浙江省以61.15%的覆盖率次之，云南省、湖南省、重庆市、贵州省森林覆盖率超过长江经济带平均水平，上海市森林覆盖率排名最后，仅有17.6%。

建成区绿化覆盖率方面，除上海市、湖北省、贵州省、云南省之外，其他省份覆盖率均超过40%，其中，江西省、江苏省、安徽省处于前三位，分别达到45.9%、43.1%、42.5%（见表8）。

表8　长江经济带11省市生态环境指标状况

单位：平方米，%

地区		人均绿地面积	森林覆盖率	建成区绿化覆盖率
下游	上海	8.35	17.60	39.6
	浙江	14.07	61.15	41.2
	江苏	14.66	25.56	43.1
	安徽	14.67	28.65	42.5
中游	江西	14.67	63.10	45.9
	湖北	11.47	41.56	38.4
	湖南	10.99	59.90	41.2
上游	四川	12.97	36.88	40.5
	重庆	17.14	48.30	40.4
	云南	11.85	59.70	39.8
	贵州	15.51	55.30	38.6
长江经济带		13.30	45.25	41.02

资料来源：国家统计局网站。

（二）旅游业运营业绩下游优于上游

1. 星级饭店业绩

从数据上看，长江经济带星级饭店在全国星级饭店格局中占有重要地位，长江经济带拥有星级饭店3632家，占全国的40.53%；全国星级饭店固定资产原值4926.8亿元，长江经济带星级酒店固定资产原值2183.12亿元，占全国的44.31%；全国星级饭店营业收入总额2090.08亿元，其中长江经济带贡献了949.31亿元，占全国的45.42%；长江经济带星级饭店的平均出租率为58.73%，比全国客房出租率56.18%略高。

从地区分布上看，下游地区星级饭店的综合实力最强，星级酒店数量、固定资产原值、营业收入总额均远高于中、上游地区，其中浙江省星级酒店数量、固定资产原值最高，但出租率仅有58.25%，低于平均出租率，创收能力偏弱，上海市星级饭店数量仅有203家，但其营业收入总额、平均出租率都高于其他省份，创收能力最强（见表9）。

表9　长江经济带11省市星级饭店业绩情况

地区		星级饭店数量（家）	固定资产原值（亿元）	营业收入总额（亿元）	平均出租率（%）
下游	上海	203	314.08	200.66	67.05
	浙江	548	427.91	187.46	58.25
	江苏	481	337.79	162.16	60.36
	安徽	278	135.87	53.21	55.15
中游	江西	279	78.08	35.85	53.10
	湖北	353	122.29	56.91	58.35
	湖南	304	142.99	56.31	60.76
上游	四川	329	261.58	70.31	59.96
	重庆	178	118.17	47.08	59.96
	云南	458	183.92	54.94	55.41
	贵州	221	60.43	24.41	57.69
长江经济带		3632	2183.12	949.31	58.73

资料来源：2019年中国文化和旅游统计年鉴及其副本。

2. 从业人员基本情况

2018年长江经济带旅行社从业人员总数177178人，占全国总数的43.07%。下游地区旅行社从业人数为82776人，约占长江经济带旅行社从业总人数的46.72%，中游地区旅行社从业人数为57901人，约占长江经济带旅行社从业总人数的32.68%，上游地区旅行社从业人数为36501人，约占长江经济带旅行社从业总人数的20.60%（见表10）。

2018年长江经济带星级饭店从业人数436489人，占全国总数的42.57%。下游地区星级饭店从业人数228091人，占长江经济带星级饭店从业总人数的52.26%；中游地区星级饭店从业人数91425人，占长江经济带星级饭店从业总人数的20.95%；上游地区星级饭店从业人数116973人，占长江经济带星级饭店从业总人数的26.8%。

表 10　长江经济带 11 省市旅游行业相关从业人员数量

地区		旅行社从业人数	星级饭店从业人数	A 级景区从业人数
下游	上海	33315	47154	11980
	浙江	16008	80410	51662
	江苏	22225	68876	73852
	安徽	11228	31651	65760
中游	江西	36281	24088	43634
	湖北	12224	33074	47023
	湖南	9396	34263	84039
上游	四川	17725	41362	88258
	重庆	5811	22579	25283
	云南	8852	38389	54806
	贵州	4113	14643	38713
长江经济带		177178	436489	585010

资料来源：2019 年中国文化和旅游统计年鉴及其副本。

2018 年长江经济带 A 级景区从业人数 585010 人，占全国总数的 43.5%。下游地区 A 级景区从业人数 203254 人，占长江经济带 A 级景区从业人数的 34.74%；中游地区 A 级景区从业人数 174696 人，占长江经济带 A 级景区从业人数的 29.86%；上游地区 A 级景区从业人数 207060 人，占长江经济带 A 级景区从业人数的 35.39%。

（三）旅游业发展环境总体不断改进

1. 社会经济发展状况

各省市 2019 年国民经济和社会发展统计公报显示，长江经济带 11 省市社会经济差异大，既包括我国的经济发达地区，也包括我国未来发展的战略纵深区域。从数据上看，下游地区人均 GDP、城镇居民人均可支配收入、农村居民人均可支配收入均高于中上游地区。其中，安徽省相对其他三省市，社会经济基础较为薄弱。中游地区三省市差异较小，湖北省社会经济实力相对较强。上游地区重庆市社会经济条件优于其他三省。长江经济带社会经济省际差异大，经济最发达的上海市人均 GDP 是贵州省的 3.39 倍，城镇人均居民可支配收入是贵州省的 2.14 倍，农村居民人均可支配收入是贵州省的 3.09 倍（见表 11）。

表 11　长江经济带 11 省市社会经济指标状况

单位：元

地区		人均 GDP	城镇居民人均可支配收入	农村居民人均可支配收入
下游	上海	157300	73615	33195
	浙江	107624	60182	29876
	江苏	123607	51056	22675
	安徽	58496	37540	15416
中游	江西	53164	36546	15796
	湖北	77387	37601	16391
	湖南	57540	39842	15395
上游	四川	55774	36154	14670
	重庆	75828	37939	15133
	云南	47944	36238	11902
	贵州	46433	34404	10756
长江经济带		78281.55	43737.91	18291.36

资料来源：各省市 2019 年国民经济和社会发展统计公报。

2. 城镇化率

根据国家统计局 2019 年的相关统计数据，全国城镇化率 60.6%，长江经济带城镇化率 61.7%，略高于全国平均水平。上海市、浙江省、江苏省、重庆市城镇化率均高于长江经济带平均水平。在区域格局中，下游地区城镇化率普遍较高，其中上海城镇化率最高，达 88.1%；中游地区次之，其中湖北城镇化率较高，达 61%；上游地区重庆市城镇化率较高，达 66.8%，其他三省城镇化率均不足 54%，城镇化水平较低（见表 12）。

3. 旅客运输

根据国家统计局 2019 年的相关统计数据，长江经济带 11 省市旅游总运输量 82.88 亿人次，占全国旅客运输量的 47.08%。其中，江苏省、浙江省、湖南省旅客运输量均超过 10 亿人次，四川省、贵州省超过 9 亿人次，上

表 12　长江经济带 11 省市城镇化率情况

单位：%

地区		城镇化率
下游	上海	88.10
	浙江	70.00
	江苏	70.61
	安徽	55.81
中游	江西	57.40
	湖北	61.00
	湖南	57.22
上游	四川	53.79
	重庆	66.80
	云南	48.91
	贵州	49.02
长江经济带		61.70

资料来源：各城市 2019 年国民经济和社会发展统计公报数据整理。

海旅客运输量最低，仅有 1.64 亿人次。增长率方面，上海市、浙江省、贵州省三省市外出现负增长，湖北省增长率最高，达到 11.10%（见表 13、图 14）。

表 13　长江经济带 11 省市旅客运输量基本情况

单位：万人次，%

地区	旅客运输量	增长率
上海	16442	-3.77
浙江	101893	-3.57
江苏	120298	0.26
安徽	59275	6.43
江西	58069	4.31
湖北	87432	11.10
湖南	101428	4.92
四川	91668	7.00
重庆	60153	0.72
云南	38381	7.48
贵州	93756.1	-0.79
长江经济带	828795.10	3.35

资料来源：国家统计局数据整理。

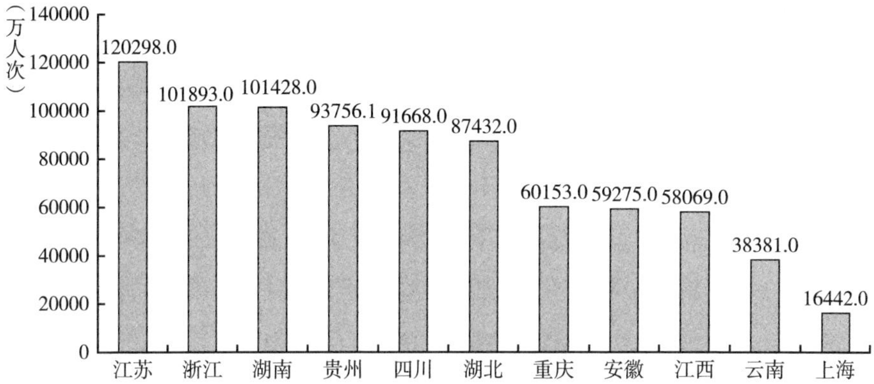

图 14　长江经济带 11 省市旅客运输量排名

4. 文旅教育

根据国家统计局 2019 年的相关统计数据，长江经济带文化和旅游教育机构共 42 个，文化和旅游教育机构招生数量 18947 人。从地区分布看，不同地区均有优势相对突出的省份，下游地区江苏省的文化和旅游教育机构数量超过下游其他省市，浙江省的文化和旅游教育机构招生数超过下游其他省市；中游地区湖北省文化和旅游教育机构数量最多，湖南省文化和旅游教育机构招生数量接近 2000 人；上游地区四川省优势明显，文化和旅游教育机构和招生数量高于其他三省。从机构数量看，江苏省 13 个，位列第一；从招生数量看，浙江省 7423 人，位列第一（见表 14）。

表 14　长江经济带旅游院校相关指标

单位：个，人

地区		文化和旅游教育机构数	文化和旅游教育机构招生数
下游	上海	1	22
	浙江	7	7423
	江苏	13	1465
	安徽	4	161
中游	江西	2	1270
	湖北	6	1469
	湖南	4	1995

续表

地区		文化和旅游教育机构数(个)	文化和旅游教育机构招生数(人)
上游	四川	3	3080
	重庆	2	2062
	云南	0	0
	贵州	0	0
长江经济带		42	18947

资料来源：2019 年中国文化和旅游统计年鉴及其副本。

（四）全流域大力推进文旅产业深度融合

2019 年，秉承“宜融则融，能融尽融”的思路，长江经济带区域各地积极探索在资源、项目、平台、活动等方面的有机融合，游客对博物馆、文化馆、美术馆、图书馆、书店、剧场剧院等文化场所的热情不断高涨，“1+1>2”的发展新优势正逐步形成，开启了文化建设和旅游惠民新篇章。

1. 上游深挖文化内涵，促进文旅产业创新升级

上游各省市拥有丰富的自然生态资源与特色的民俗风情，在文旅融合的大背景下，积极推动大数据、VR 等现代科技产业与旅游产业相结合，推动文旅产业向品质化、体验化、品牌化转型。2019 年，云南继续实施九大工程，加快旅游产业转型升级，持续进行“一部手机游云南”完善提升工程，大力促进文旅品牌塑造。四川省文旅产业发展势头强劲。2019 年春节、“五一”假期，四川省旅游总收入和接待人次均位居全国第一，[①] 市场主体培育效果良好。第五届中国（四川）国际旅游投资大会与第六届四川国际旅游交易博览会两大旅游盛会首度合作。64 个文旅项目签约，总金额 1224 亿

① 四川省文化和旅游厅：《截至今年 11 月，四川旅游收入已破万亿，同比增长超 10%》，http：//wlt. sc. gov. cn/scwlt/wlyw/2019/12/26/48d30d76e121477b876c8c17b6ff7ff8. shtml， 2019 年 12 月 26 日。

元。重庆市强化“巴渝风”“重庆范”，注重培育重庆文化和旅游特色品牌，完善重庆文化和旅游境外推广平台建设，围绕城市品质提升行动，加快非遗产业园、国家对外文化贸易基地项目建设，充分保障文化和旅游发展中的制度性供给。贵州省2019年创新旅游推介+文化展演+非遗展示“三位一体”推广宣传方式，推动民族演艺节目和传统技艺、表演艺术等非遗项目进重点旅游景区、旅游度假区，形成旅游消费新热点；在文化遗产“既保护好，又活起来”的新共识下，做好非遗产品向旅游商品的转化，挖掘红色文化，推动红军长征历史文化徒步线路建设，启动长征国家文化公园试点建设。

2. 中游加强政府引导，规划引领文旅深度融合

中游各省市依据自身的资源特色推动文旅产业深度融合，大力发展文化旅游新业态，不断加强长江三峡区域的产业合作。2019年湖南省大力实施创新引领开放崛起战略，在提供文化产品和优质旅游产品这个中心环节，努力推动文化强省、全域旅游基地、文化创意基地建设再上新台阶，抓好十大文旅融合区域、十大文旅融合活动、十大文旅融合项目。湖北省鼓励和引导全省艺术创作单位和主创人员深入挖掘地域文化和地方志资源，积极创作多种形式的旅游演艺节目，围绕打造“长江国际黄金旅游带核心区”，策划举办系列公共文化活动。江西省2019年完成全省文化和旅游项目新签约1500亿元以上，实际进资800亿元以上，实现文化和旅游投资增幅大于全省固定资产投资增幅的目标。[①] 2019年，传统文化产业创新发展计划实施，制定出台《江西省促进文化和旅游产业发展意见》《江西省文化和旅游融合发展三年行动计划（2019～2021）》。[②]

① 江西省人民政府：《风景这边独好　我省加快推进旅游强省建设》，http://www.jiangxi.gov.cn/art/2019/6/6/art_398_698582.html，2019年6月6日。

② 九江市文化广电新闻出版旅游局：《江西省文化和旅游厅2019年工作要点》，http://wgxl.jiujiang.gov.cn/zwgk_216/zxjg/gzbg/202001/t20200119_3088095.html，2019年3月19日。

3. 下游发挥科技优势，推动文旅产业智慧成长

在长三角一体化的国家战略背景下，下游三省一市依托科创、文创产业集聚优势和市场资源，推动文旅产业的深化融合和改革创新。上海市文化旅游局积极推动落实文化和旅游融合发展工作，围绕国际文化大都市和世界著名旅游城市的建设目标，从产业融合、空间融合、服务融合、交流融合四方面发力，加快将上海建成国际文化大都市和世界著名旅游城市，深化“建筑可阅读”项目，让文物“活”起来。[①] 浙江省以文旅融合 IP 建设为切入点和着力点，推动文化和旅游“双万亿”产业高质量发展，力争到 2022 年成为全国文旅融合 IP 发展的先行省、示范省、样板省。[②] 江苏省在 2019 年坚持推动文化和旅游真融合、深融合。基于文物古迹、非遗项目、老字号、老品牌、传统美食、传统村落等资源，规划建设一批小剧场，创作推出一批实景版旅游演艺，为游客提供“白天观景、晚上看戏”的全天候旅游体验，深度开发文化旅游商品和纪念品。安徽省以“一体两翼”为主抓手，着力在推进文艺繁荣发展、提升文化旅游公共服务水平、加强文化遗产保护利用、加快文化旅游产业发展、拓展对外宣传推广等九个方面下功夫，加快建设创新型文化强省和旅游强省。

（五）全流域乡村旅游进入品质发展阶段

2019 年 7 月，国家文化和旅游部公布了第一批全国 320 个乡村旅游重点村名单，长江经济带共有 125 个获选，占全国的 39.06%，成为全国乡村旅游高品质发展的重要组成部分。其中，上游 46 个，下游 45 个，中游 34 个（见表 15）。

---

① 上海市人民政府：《市政府新闻发布会介绍上海建设国际文化大都市和世界著名旅游城市的有关情况》，http：//www. shanghai. gov. cn/nw2/nw2314/nw2319/nw12344/u26aw62655. html，2019 年 9 月 12 日。

② 浙江省文化和旅游厅：《关于加快推进文旅融合 IP 工程建设的实施意见》，http：//zjct. tourzj. gov. cn/NewsInfo. aspx？CID = 352605，2019 年 7 月 24 日。

表15　长江经济带11省市乡村旅游重点村落分布情况

单位：个，%

地区		村落数量	区域总计	全国占比
下游	上海	6	45	14.06
	浙江	14		
	江苏	13		
	安徽	12		
中游	江西	12	34	10.63
	湖北	11		
	湖南	11		
上游	四川	12	46	14.37
	重庆	9		
	云南	13		
	贵州	12		
长江经济带		125		39.06

资料来源：中华人民共和国文化和旅游部网站。

2019年7月，国家文旅部和国家发改委同时发布了全国122个全国乡村旅游发展典型案例，长江经济带共有45个入选，占总体数量的36.89%（见表16）。其中，中、上游地区是有明显优势，乡村旅游发展类型多样，模式丰富，尤其是四川省有7处入选。

表16　2019年长江经济带11省市国家乡村旅游发展典型案例分布情况

单位：个，%

地区		案例数量	区域总计	全国占比
下游	上海	1	15	12.30
	浙江	4		
	江苏	6		
	安徽	4		
中游	江西	4	11	9.02
	湖北	4		
	湖南	3		
上游	四川	7	19	15.57
	重庆	4		
	云南	4		
	贵州	4		
长江经济带		45		36.89

资料来源：中华人民共和国国家发展和改革委员会网站。

2019年我国新增入选中国美丽休闲乡村共260个，其中长江经济带新增95个，占新增总数的36.54%。其中位于下游地区的江苏省和位于上游地区的四川省累计入选数量均超过30个。2016年以来长江经济带美丽乡村累积达近300个，其中下游地区数量最多为116个，上游地区为99个，中游地区为78个（见表17、图15），表明全流域逐步加强乡村旅游治理，不断优化乡村旅游发展环境。

表17　2019年长江经济带11省市美丽休闲乡村分布情况

单位：个，%

地区		村落数量	累积数量	同比增长	区域总计
下游	上海	8	26	30.77	116
	浙江	9	27	33.33	
	江苏	9	38	23.68	
	安徽	9	25	36	
中游	江西	9	25	36	78
	湖北	9	28	32.14	
	湖南	9	25	36	
上游	四川	8	32	25	99
	重庆	9	23	39.13	
	云南	8	22	36.36	
	贵州	8	22	36.36	
长江经济带		95	293	32.42	293

资料来源：中国农业农村部网站数据整理。

三　长江经济带旅游业发展展望

（一）机制建设放大长江经济带一体化发展格局

一是全面对接国家“一带一路”倡议。长江经济带与“一带一路”贯穿我国东、中、西部，支撑我国区域横向发展格局，对于系统整合资源要素、促进统筹发展、促进区域互动协调发展、构建全方位开放新格局具有重

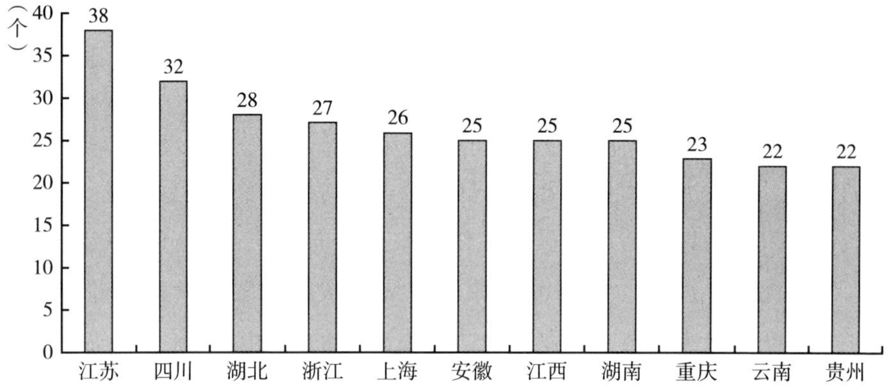

图15　2019年长江经济带11省份美丽乡村数量排名

资料来源：中国农业农村部网站数据整理。

要的战略意义。长江经济带与“一带一路”建设的结合，有利于统筹我国沿海、沿边以及内陆开放战略，促进对内对外开放的联动发展。长江经济带是连接海上、陆上丝绸之路的黄金水道，应充分发挥长江经济带内陆沿线节点城市和入海口双向对接“一带一路”的优势，以上海为龙头城市，以旅游业为抓手，构建长江经济带与“一带一路”互融互通的“两带一路”旅游发展格局。二是区域旅游联席会议制度落实一体化进程。探索长江经济带（下游）旅游联席会议的常态化运行及部际联席会议的常态化运行，强化旅游管理部门的管理职能。加强与交通、城市规划、工商、物价等部门的部际合作，专事专项，共同解决旅游管理和旅游公共服务中的难题和问题，强化旅游委的管理功能，提升旅游管理能力、区域协调能力及区域整合能力。

（二）推动长江经济带区域文旅产业高质量发展

一是文旅融合促进产品业态升级。文旅融合是长江经济带旅游业挖掘特色资源、彰显特色魅力的重要抓手，也是提升人民群众的获得感、满意度的重要途径。通过深挖整合全流域上下游的特色文脉、水脉文化元素，推行“旅游+”战略，使传统文化、文化遗存、红色文化等元素与更多元的创意手段和科技技术结合，丰富“旅游+文化”的具体载体，通过对传统水上旅游、高铁旅游、自驾车和房车旅游、会展旅游、乡村旅游的创新，丰富文化特质的表现形式和体验方式，积极引导抽象的文化元素向具象的产业化、市场化形式转化，构建长江经济带内容丰富、层次多样的一体化旅游产业与产品体系。二是推动产业供给侧改革，切实推动长江经济带旅游业实现从量到质、从粗放到集约的新突破，从传统旅游转向“产品优、服务优、效益优、结构优、管理优”的高品质旅游发展阶段。需要继续深入推行“旅游+”战略，从大旅游、产业融合、产城融合的角度谋划旅游发展、产品设计和规划编制。通过“旅游+创意”“旅游+科技”鼓励旅游产品创新和技术创新。

（三）以文旅产业协同推进长江经济带一体化发展

一是深化旅游公共服务一体化协同发展，结合长江经济带下游地区较好的基础设施与公共服务基础，进一步尝试制定区域公共服务标准，引领中、上游区域旅游公共服务的标准化和一体化发展。对接旅游产业的品质提升需求和全域化发展要求，进一步通过更完善的旅游便民惠民服务、旅游行政服务、旅游安全服务、旅游信息服务、旅游交通服务，完善多元化的公共服务发展政策，培育多元化公共服务供给主体，不断提升旅游公共服务的智慧化发展水平，提升区域公共服务一体化在文旅领域的应用与成效，制定区域文化和旅游重大事件、安全事件应急处置预案，编制异地互相认可的市场经营负面清单，加强区域综合执法机制建设。二是依托综合立体交通网络设施，打造全流域旅游产品。根据《长江经济带综合立体交通走廊规划（2014～2020年）》，到2020年，建成横贯东西、沟通南北、通江达海、便捷高效的“综合立体交通走廊”。依托这一集航空网络、公路网络、航运通道网络于一体的立体交通走廊，促进长江经济带邮轮、自驾、高铁旅游专列等新兴旅游业态的成长。三是加强水陆互动，打造区域一体化品牌。依托各个港口所在的位置及资源特色，综合规划邮轮线路，完善港口交通体系和基础设施，将水上邮轮旅游与陆上旅游相衔接，构建集铁路、公路、水路为一体的旅游交通服务网络和产品体系。同时，借助交通旅游的一体化发展，进一步串联各地特色，构建长江经济带全流域内容丰富、层次多样的跨区域精品线路和跨区域产品体系，打造区域整体 IP 和旅游品牌体系。

B.15
长江经济带文化产业发展报告（2019～2020）

汪 杨 陈嘉欢*

摘 要： 长江经济带横跨我国东、中、西部，是国家推进文化发展的核心地区之一，文化产业引领创新、融合的态势日益明显，成为提升文化产业综合竞争力和我国文化软实力的重要支撑带。“一带一路”建设、长三角区域一体化发展、中部建设、西部大开发等都给长江经济带持续发展带来利好。文旅融合的快速发展，对长江经济带各省市间形成优势互补的产业发展新格局有巨大的推动作用。

关键词： 长江经济带 文化产业 文旅融合

文化产业在2000年十五届五中全会被正式提出之后，在国家政策和市场经济运营的双重加持下，历经近20年的发展，逐步释放强大的发展潜力，呈现高速化、规模化、多样化的显著特征。随着文化服务业占比的提升，原有的产业结构也得到了较大改善。2019年是新中国成立70周年，是决胜全面建成小康社会、实施“十三五”规划的冲刺之年，是文旅融合提质增速的一年，也是激发文化旅游产业活力的一年，我国文化旅游产业迈入从量的扩张到质的提升的关键阶段，呈现蓬勃发展的良好

* 汪杨，上海社会科学院应用经济研究所《上海经济》责任编辑，研究方向为文化产业；陈嘉欢，上海社会科学院应用经济研究所《上海经济》责任编辑，研究方向为文化产业。

态势。

《长江经济带创新驱动产业转型升级方案》与《国务院关于依托黄金水道推动长江经济带发展的指导意见》等均指出，需要围绕人民群众日益增长的对旅游、文化、医疗、养老等的消费需求发展生活性服务业。

对长江经济带而言，其竞争力的提升同样离不开文化的支撑。以文化产业、文化创意提升长江经济带竞争力、促进经济发展是一条现实可行的路径，推动文化产业发展是长江经济带的重要发展目标。

一 长江经济带文化产业总体发展情况

（一）文化经济总量明显增加，文化市场繁荣发展

1. 全国文化产业发展现状

在“十三五”规划的引导下，我国文化产业有序发展，2018 年我国文化产业增加值高达 38737 亿元，是 2004 年的 10.3 倍，2005～2018 年文化产业增加值均保持了两位数增速，年均增长率为 18.9%，领先同期 GDP 现价年均增速 6.9 个百分点；文化产业增加值占 GDP 比重由 2004 年的 2.15% 提高到 2018 年的 4.30%，在国民经济中的占比逐年提高（见图 1）。可见，我国文化经济总量明显增加，文化市场繁荣发展。

2018 年，全国文化及相关产业固定资产投资增速为 7.1%，其中，文化娱乐休闲服务增速最快，达 19.2%，而内容创作生产、文化传播渠道、文化装备生产、文化消费终端生产的增速为负值，其中又以 -28.6% 的文化装备生产为最低，与最高的文化娱乐休闲服务相差近 48 个百分点（见表 1）。

在文化体制改革持续推进、文化消费需求强势提振的背景下，2019 年我国文化产业继续保持平稳较快发展态势，全国规模以上文化及相关产业企

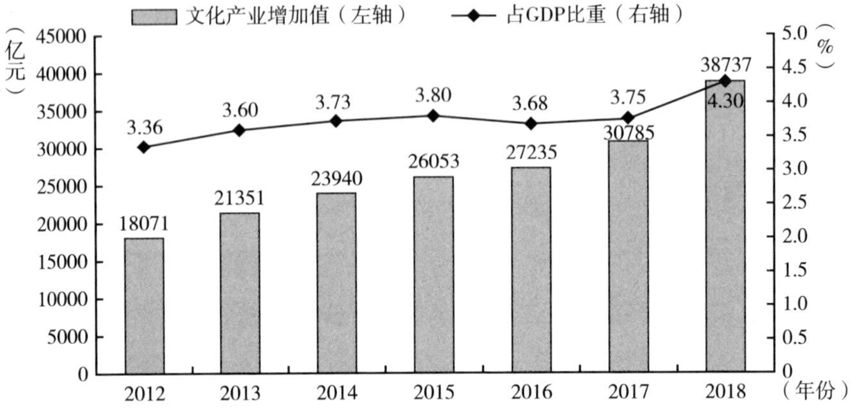

图1　2012～2018年中国文化产业增加值及占GDP比重

资料来源：国家统计局。

表1　2018年按类别分文化及相关产业固定资产投资增速

单位：%

项　　目	增速
总　　计	7.1
新闻信息服务	1.8
内容创作生产	-3.6
创意设计服务	16.0
文化传播渠道	-18.5
文化投资运营	14.3
文化娱乐休闲服务	19.2
文化辅助生产和中介服务	1.3
文化装备生产	-28.6
文化消费终端生产	-11.2

资料来源：《中国文化及相关产业统计年鉴2019》。

业实现营业收入86624亿元，较上年增长7%，保持平稳较快增长，结构不断优化（见表2、图2）。①

① 为名义增长，未扣除价格因素。

表 2　2019 年全国规模以上文化及相关产业企业营业收入情况

单位：亿元，%

项目	绝对额	比上年增长	所占比重
总计	86624	7.0	100.0
按行业类别分			
新闻信息服务	6800	23.0	7.9
内容创作生产	18585	6.1	21.5
创意设计服务	12276	11.3	14.2
文化传播渠道	11005	7.9	12.7
文化投资运营	221	13.8	0.3
文化娱乐休闲服务	1583	6.5	1.8
文化辅助生产和中介服务	13899	0.9	16.0
文化装备生产	5722	2.2	6.6
文化消费终端生产	16532	5.5	19.1
按产业类型分			
文化制造业	36739	3.2	42.4
文化批发和零售业	14726	4.4	17.0
文化服务业	35159	12.4	40.6
按领域分			
文化核心领域	50471	9.8	58.3
文化相关领域	36153	3.2	41.7

注：表中增速均为未扣除价格因素的名义增速。表中部分数据因四舍五入的原因，存在总计与分项合计不等的情况。依据《文化及相关产业分类（2018）》，具体请参见 http：//www.stats.gov.cn/tjgz/tzgb/201804/t20180423_ 1595390.html。

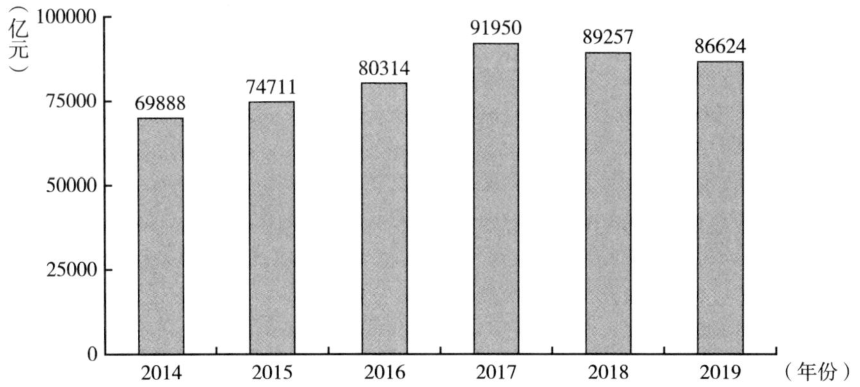

图 2　2014～2019 年规模以上文化及相关产业企业营业收入统计

资料来源：国家统计局。

2019 年，虽然受到了国内外环境的制约和冲击，但我国规模以上文化及相关产业全部实现正增长。在规模以上文化及相关产业 9 个行业中，新闻信息服务、文化投资运营、创意设计服务营业收入均保持两位数增长，分别增长 23.0%、13.8%、11.3%；文化投资运营和文化娱乐休闲服务营业收入增速更是逆风而行，实现了“由负转正”——文化投资运营由 2018 年的 -0.2%转为 2019 年的 13.8%；文化娱乐休闲服务由 2018 年的 -1.9%转为 2019 年的 6.5%。

在这九大行业中，文化服务业的增长态势最为引人瞩目——文化服务业营业收入 35159 亿元，增速为 12.4%，分别比文化制造业（3.2%）、文化批发和零售业（4.4%）高出 9.2 个和 8.0 个百分点；文化服务业占比为 40.6%，比上年增加 2.0%。文化服务业创收能力不断提升，为文化产业结构的持续优化提供了有力支撑。

从文化及相关产业细分行业看，文化核心领域①营业收入 50471 亿元，较上年增长 9.8%；文化相关领域营业收入 36153 亿元，较上年增长 3.2%（见图 3）。文化新业态特征较为明显的 16 个行业小类②实现营业收入 19868 亿元，较上年大幅上涨 21.2%，占比为 22.9%，比上年提高 2.1 个百分点。其中，互联网其他信息服务、可穿戴智能文化设备制造的营业收入增速表现抢眼，均超过 30%。随着文化核心领域的持续高速发展加之新业态新动能的助推，我国文化产业在“新常态”背景下依旧保持着稳定增速。

中国文化产业稳步向国民经济支柱性产业行列迈进。2019 年被定义为

---

① 文化核心领域包括新闻信息服务、内容创作生产、创意设计服务、文化传播渠道、文化投资运营、文化娱乐休闲服务 6 个行业，文化相关领域包括文化辅助生产和中介服务、文化装备生产、文化消费终端生产 3 个行业。

② 新业态特征明显的 16 个行业小类是：广播电视集成播控，互联网搜索服务，互联网其他信息服务，数字出版，其他文化艺术业，动漫、游戏数字内容服务，互联网游戏服务，多媒体、游戏动漫和数字出版软件开发，增值电信文化服务，其他文化数字内容服务，互联网广告服务，互联网文化娱乐平台，版权和文化软件服务，娱乐用智能无人飞行器制造，可穿戴智能文化设备制造，其他智能文化消费设备制造。

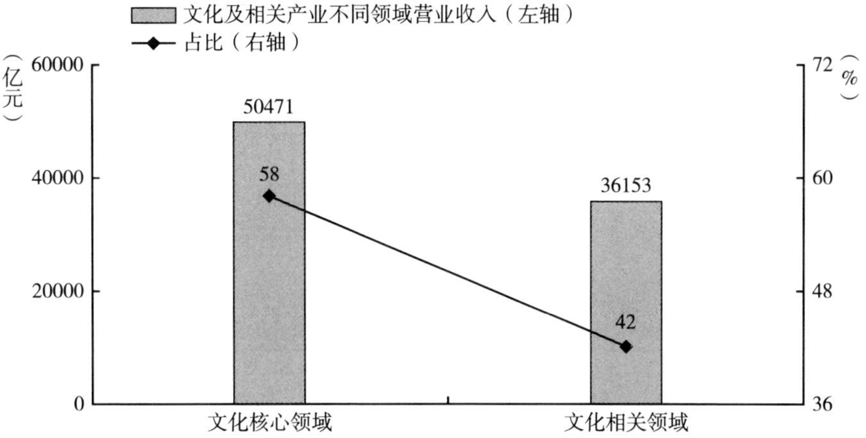

图3　2019年文化及相关产业不同领域营业收入统计情况

资料来源：国家统计局。

“5G元年”，5G技术的全面上线催化了数字技术与文化产业的深度融合，并激发文化产业的“全面开花”态势。数字经济的高速发展使得科学技术与文化艺术融合进程中出现了多种新产业、新业态、新商业模式，并逐渐渗透至消费者的日常生活。

2019年，伴随着全国普惠性与结构性并举的减税降费政策的稳步推进，诸多文化企业尤其是中小微文化企业更是受惠明显，在得以平稳生存的同时，获得了积极探索新盈利模式、创新文化生产经营机制等诸多机会。而原本的规模企业也积极做大做强，并积极组建大型国有及国有控股的文化投资平台。在文化市场体制建设中，政府着力于平衡资源引导和服务支撑，鼓励并保护文化市场公平竞争；多类型文化企业的活跃有助于文化产业结构的持续优化，文化服务业增势亮眼就是最好的证明。

如图4所示，2012～2019年中国文化产业营业收入波动幅度较大，大体上呈先下降后上升的趋势。其中，2014年中国文化产业营业收入最低，为234.03万元；2019年，中国文化产业营业收入为7709.47万元。

从2012～2018年的数据来看，我国文化产业市场规模呈现持续上升的趋势。据统计，2012～2018年，文化产业市场规模呈逐年上升趋势，且增

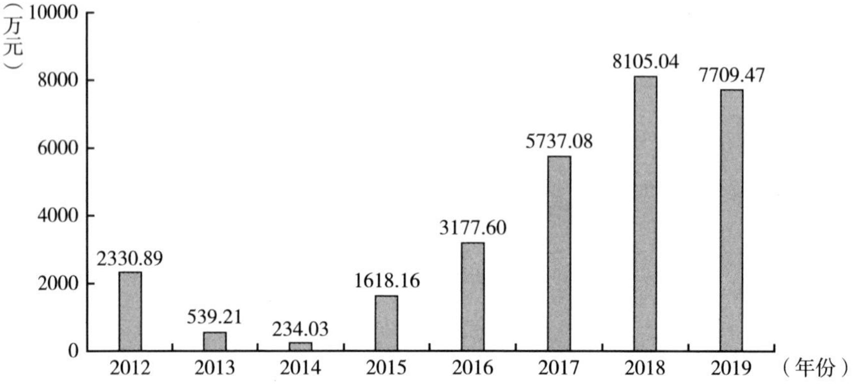

图4　2012～2019年中国文化产业营业收入

资料来源：艾媒数据中心。

速较快，年复合增长率为13.55%。2018年，文化产业市场规模增速为12.28%，可见我国文化产业仍然处于高速发展的态势之下（见图5）。

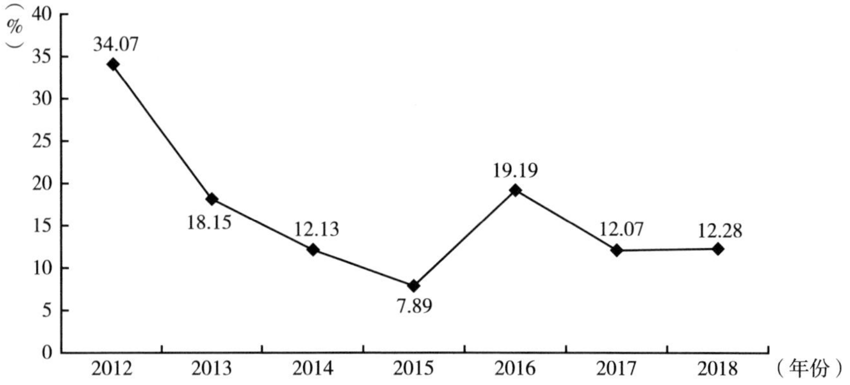

图5　2012～2018年中国文化产业市场规模增长率

资料来源：前瞻产业研究院。

2020年一季度，我国文化企业受到新冠肺炎疫情的较大影响，尤其是电影院、文艺演出等始终未能"复工复产"，从业人员流失严重。受这一情势影响，文化产业营业收入下降明显。但以互联网为基础的文化新业态在逆境中依旧维持了上年的高速增长态势。

据国家统计局对全国5.9万家规模以上文化及相关产业企业的调查，2020年一季度，上述企业实现营业收入16889亿元，按可比口径计算，[①] 比上年同期下降13.9%；与这一超两位数降幅形成鲜明对比，文化新业态特征较为明显的16个行业小类实现营业收入5236亿元，实现了两位数增长，增幅达15.5%。

2020年一季度，分行业类别看，文化及相关产业9个行业中，唯有新闻信息服务保持了原有较快增长的态势，同比增长11.6%，实现营业收入1739亿元。而其余8个文化行业营业收入下降。其中，文化娱乐休闲服务营业收入几近腰斩，仅为119亿元，降幅高达59.1%，为历年来最大降幅。

2020年一季度，分产业类型看，文化制造业营业收入6596亿元，同比下降18.5%；文化批发和零售业营业收入2648亿元，同比下降27.3%；文化服务业营业收入7645亿元，同比下降2.9%。

2020年一季度，分领域看，文化核心领域营业收入10305亿元，同比下降10.7%；文化相关领域营业收入6584亿元，同比下降18.4%（见表3）。

2020年一季度，分区域看，东部地区实现营业收入12741亿元，同比下降13.9%，占全国比重为75.4%；中部、西部和东北地区营业收入分别为2366亿元、1620亿元和162亿元，分别下降15.3%、9.6%和24.8%，占全国比重分别为14.0%、9.6%和1.0%。

2. 长江经济带整体文化产业发展现状

《中国文化及相关产业统计年鉴2019》显示，2018年全国文化产业实现增加值38737亿元，占GDP比重4.30%，较上年略有上升。长江经济带

① 2020年一季度规模以上文化及相关产业企业营业收入的上年同期数与之前公布的2019年一季度数据存在差异，主要原因是：一是，规模以上企业数量发生增减变化。2020年一季度有部分企业达到规模以上标准纳入调查范围，也有部分企业因规模变小而退出调查范围，还有新建投产企业，破产、注（吊）销企业等，使得规模以上企业数量发生变化。2020年一季度，全国规模以上文化及相关产业调查企业数量为5.9万家，比上年同期增加3396家。按照可比口径，2019年一季度全国规模以上文化及相关产业企业营业收入为19606亿元。二是，加强统计执法，对统计执法检查中发现的不符合规模以上要求的企业及填报的不实数据进行了清理，对相关基数依规进行了修正。

表 3　2020 年一季度全国规模以上文化及相关产业企业营业收入情况

单位：亿元，%

项目	绝对额	比上年增长	所占比重
总计	16889	-13.9	100.0
按行业类别分			
新闻信息服务	1739	11.6	10.3
内容创作生产	3823	-7.7	22.6
创意设计服务	2736	-2.5	16.2
文化传播渠道	1841	-31.6	10.9
文化投资运营	47	-10.0	0.3
文化娱乐休闲服务	119	-59.1	0.7
文化辅助生产和中介服务	2419	-21.7	14.3
文化装备生产	1029	-19.8	6.1
文化消费终端生产	3136	-15.1	18.6
按产业类型分			
文化制造业	6596	-18.5	39.1
文化批发和零售业	2648	-27.3	15.7
文化服务业	7645	-2.9	45.3
按领域分			
文化核心领域	10305	-10.7	61.0
文化相关领域	6584	-18.4	39.0

注：表中增速均为未扣除价格因素的名义增速。表中部分数据因四舍五入，存在总计与分项合计不等的情况。

的文化发展整体态势稳中有进，高于全国平均水平，但区域差异较大；文化产业中服务业比重明显上升，文化制造业虽然在数量上不及批发和零售业，但其产出则是后者的 2 倍有余。

2018 年，长江经济带各省市文化及相关产业法人单位数达到 89.56 万个，占全国的 42.6%，较 2015 年上升了超过六成。其中江苏省的法人单位数最多，为 21.15 万个，而最少的贵州省为 3.28 万个，江苏是贵州的将近 6.5 倍，而这一差距在 2015 年时接近 10 倍（见表 4）。这表明，通过国家对中上游地区一定的政策倾斜，上游地区的后发优势显现，其与下游地区的差距正在缩小。

表4 2018年分地区文化及相关产业法人单位主要指标

项目	法人单位数（万个）	从业人员（万人）	资产总计（亿元）	营业收入（亿元）
全国	210.31	2055.8	225785.8	130185.7
文化制造业	21.99	662.0	41981.7	46300.0
文化批发和零售业	30.94	180.1	19961.6	27789.5
文化服务业	157.38	1213.7	163842.5	56096.2
长江经济带	89.56	938.7	111511.9	64475.8
下游	49.19	510.9	69752.9	43193.7
上海	4.47	68.9	14154.9	11080.2
江苏	21.15	233.5	30900.4	15927.2
浙江	15.44	140.3	18736.7	12237.3
安徽	8.13	68.2	5960.9	3949.0
中游	19.28	241.8	18783.8	11984.5
江西	3.76	53.4	3275.5	2321.7
湖北	9.37	98.4	9887.6	5320.7
湖南	6.15	90.0	5600.3	4342.1
上游	21.09	186.0	22975.2	9297.6
重庆	6.05	55.8	5962.5	3137.8
四川	7.41	72.3	8398.9	4206.3
贵州	3.28	26.5	4985.7	790.1
云南	4.35	31.4	3628.1	1163.4

注：本表数据来自第四次全国经济普查。

资料来源：《中国文化及相关产业统计年鉴2019》。

综合来看，长江经济带文化产业发展水平依旧处于全国前列。区域及行业不平衡的状态虽然有所改善，但差距依旧明显——下游地区的比较优势依旧明显，无论是文化产业创新投入，还是创新创业成果，抑或新业态、新营销模式，都显示出这一区域在文化产业中的蓬勃生机及巨大潜力，是我国文化经济重心之所在。中上游地区对自身特色资源的发掘利用和优势产业的推进提升尚未找到匹配路径，在目前倡导文化产业高质量发展的背景下，该区域可考量通过推进文化产业供给侧结构性改革、促进文化产业集聚、优化文化产业布局等途径，找到适合本区域文化产业发展的路径，进而与下游地区一起助力长江经济带全流域文化产业的兴盛。

（二）文化企业规模和收入保持平稳增长，中部崛起势头明显

根据国家统计局对全国规模以上文化及相关产业6.0万家企业的调查，2018年，上述企业实现营业收入89257亿元，增幅为8.2%；2019年，上述企业实现营业收入86624亿元，增幅为7.0%，虽增幅有所收窄但依旧保持平稳较快增长。

从全国范围来看，东部地区产业仍最为发达。东部地区实现营业收入63702亿元，比2018年增长6.1%，占全国比重高达73.5%；中部、西部和东北地区分别实现营业收入13620亿元、8393亿元和909亿元，分别增长8.4%、11.8%和1.5%，占全国比重分别为15.7%、9.7%和1.1%（见图6、图7）。

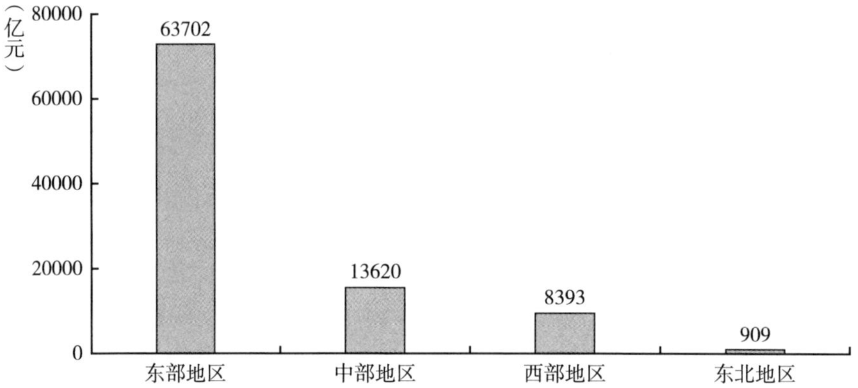

图6　2019年文化及相关产业不同地区经营收入情况统计

资料来源：国家统计局。

就长江经济带而言，区域内文化产业集聚水平位居前列，但不可否认，上、中、下游地区的差异依旧明显——相对于下游地区的领军之势，上游地区仍处于资源匮乏的劣势；文化产业集聚方面仍延续上一年的分布特征，广播电视电影、文化艺术、文化创意和设计等行业下游地区较占优势，新闻出版发行、文化遗产保护、文化娱乐休闲等行业则集中在中游地区。目前下游地区文化产业效率仍相对较高，中上游地区在文化产业效率方面与下游地区

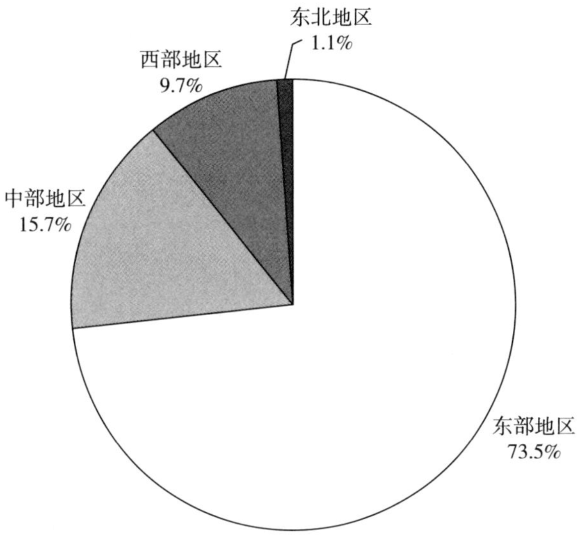

图7　2019年文化及相关产业不同营收地区占比情况

资料来源：国家统计局。

仍存在较大差距，但考虑到目前其纯技术效率和规模效率的不足，长远来看中下游地区依然有可观的发展前景。

2018年长江经济带区域规模以上文化企业法人单位数在全国占比为48.58%，较2017年略有增加，上、中、下游地区均呈现法人数平稳增长势头，中下游地区表现出良好的发展势头，其中中游地区增幅最大接近13%，而下游地区则小幅回落。

从规模以上文化制造业企业单位数增长率看，2018年整个长江经济带平均增长率由2017年的负转正，实现小幅增长，为2.3%。其中，上游地区增长3.72%，中游地区增长势头最猛，同比增长9.75%，下游地区仍为负增长（-1.23%）。规模以上文化服务业企业单位数增长率出现小幅下跌，其中长江经济带上游和下游地区均出现回落，仅有中游地区规模以上文化服务业企业单位数有所增长，但与2017年的增长率相比明显下降，为12.88%，说明整个长江经济带区域的发展步伐放缓（见表5）。

表 5 2017～2018 年分地区文化企业基本情况比较

单位：个

地区	规模以上文化企业法人单位数		规模以上文化制造业企业单位数		限额以上文化批发和零售业企业单位数		规模以上文化服务业企业单位数	
	2017 年	2018 年	2017 年	2018 年	2017 年	2018 年	2017 年	2018 年
全国	60251	60460	19803	199919	9739	10528	30709	30013
长江经济带	29036	29371	9657	9877	4499	4996	14880	14498
下游	17700	17113	6027	5953	2763	2952	8910	8208
上海	2649	2284	389	333	321	318	1939	1633
江苏	7884	7587	2494	2476	1136	1226	4254	3885
浙江	4718	4789	2133	2112	843	921	1742	1756
安徽	2449	2453	1011	1032	463	487	975	934
中游	6994	7898	2636	2893	997	1211	3361	3794
江西	1537	1530	665	715	104	102	768	713
湖北	2117	2717	590	785	465	567	1062	1355
湖南	3340	3651	1381	1383	428	542	1531	1726
上游	4342	4360	994	1031	739	833	2609	2496
重庆	1018	1052	174	218	171	216	673	618
四川	1782	1760	514	493	283	308	985	959
贵州	799	765	156	170	123	128	520	467
云南	743	783	150	150	162	181	431	452

资料来源：《中国文化及相关产业统计年鉴 2019》。

（三）文化消费各指标出现负增长，城乡差距缩小

2018 年，全国居民用于文化娱乐的人均消费支出为 827.4 元，同比下降2.66%；文化娱乐支出占全部消费支出的比重为4.17%，比上年的4.6%略有下降。城乡差距依然明显，2018 年城镇居民文化娱乐的人均消费支出为 1270.7 元，同比下降5.1%，占城镇居民人均消费支出的比重也从 2017 年的5.5%下降为4.87%。农村居民文化娱乐的人均消费支出为 280 元，增幅为7.28%，较 2017 年翻了一番，但占农村居民人均消费支出的比重则为2.31%，比上年减少了0.1 个百分点。上、中、下游地区的居民文化消费水平，除湖南省较为突出外，其余地区则继续朝均衡发展，文化产业进入良性循环（见表6）。

表 6 2018 年分地区居民人均文化娱乐消费支出情况

单位：元

地区	全部居民			城镇居民			农村居民		
	人均消费支出	人均文化娱乐支出	占比	人均消费支出	人均文化娱乐支出	占比	人均消费支出	人均文化娱乐支出	占比
全国	19853.1	827.4	4.17	26112.3	1270.7	4.87	12124.3	280.0	2.31
长江经济带	21001.5	952.2	4.53	15261.9	1372.2	9.00	13504.1	326.9	2.42
下游	28718.5	1424.5	4.96	32899.4	1737.8	5.28	17246.7	459.9	2.67
上海	43351.3	2786.3	6.43	46015.2	3038.8	6.60	19964.7	569.4	2.85
江苏	25007.4	1100.2	4.40	29461.9	1431.3	4.86	16567.0	472.8	2.85
浙江	29470.7	1258.9	4.27	34597.9	1652.1	4.78	19706.8	510.2	2.59
安徽	17044.6	552.6	3.24	21522.7	829.1	3.85	12748.1	287.4	2.25
中游	18045.9	817.9	4.53	23273.4	1308.2	5.62	12517.3	310.8	2.48
江西	15792.0	632.2	4.00	20760.0	1064.7	5.13	10885.2	205.1	1.88
湖北	19537.8	691.4	3.54	23995.9	989.8	4.12	13946.3	317.1	2.27
湖南	18807.9	1130.2	6.01	25064.2	1870.2	7.46	12720.5	410.1	3.22
上游	16240.0	614.3	3.78	22512.4	1070.7	4.76	10748.3	210.1	1.95
重庆	19248.5	764.4	3.97	24151.2	1133.6	4.69	11976.8	217.1	1.81
四川	17663.6	663.5	3.76	23483.9	1131.2	4.82	12723.2	266.5	2.09
贵州	13798.1	477.2	3.46	20787.9	916.6	4.41	9170.2	186.4	2.03
云南	14249.9	552.1	3.87	21626.4	1101.3	5.09	9122.9	170.4	1.87

资料来源：《中国文化及相关产业统计年鉴 2019》。

2018 年，尽管各指标略有下降，但总体看，长江经济带上、中、下游地区居民文化消费支出依旧是拉动区域文化产业发展的主要动力，数据方面，长江经济带依旧领跑全国，并呈现出下、中、上游地区递减的情况。根据《中国文化及相关产业统计年鉴 2019》，2018 年长江经济带全流域人均文化消费支出较 2017 年下降 13.6%，其中，下游地区除浙江外均呈现下降态势，人均文化娱乐消费支出趋稳。

从区域来看，2018 年长江经济带居民人均文化娱乐消费支出整体增长率较上年都呈现下降态势，除中游地区较上年有所增加外，下游和上游地区增长率出现负值，分别为 -7.22% 和 -9.57%，其中上游地区更是接近两位数的下跌。

从绝对数的估算来看，2018 年下游地区的上海、江苏、浙江三省市居民人均文化娱乐消费支出尽管均超过千元，除浙江省数据小幅上涨以外，其他两地居民人均文化娱乐消费支出均较上年有所下降；尽管下游区域依旧领跑文化消费，但与中上游地区的差距正在不断缩小。其中，中游地区的湖南省居民人均文化娱乐消费支出 1130.2 元，已接近下游地区浙江省的水平，甚至超过了江苏省的水平，发展势头正猛（见表 7）。

表 7　分地区居民人均文化娱乐消费支出（2017～2018 年）

单位：元

地区	全部居民		城镇居民		农村居民	
	2017 年	2018 年	2017 年	2018 年	2017 年	2018 年
全国	850	827.4	1339.0	1270.7	261.0	280.0
长江经济带	1101.6	952.2	1466.3	1372.2	307.6	326.9
下游	1535.3	1424.5	1910.3	1737.8	428.8	459.9
上海	3008.0	2786.3	3298.0	3038.8	507.0	569.4
江苏	1399.0	1100.2	1852.0	1431.3	564.0	472.8
浙江	1190.0	1258.9	1609.0	1652.1	415.0	510.2
安徽	544.0	552.6	882.0	829.1	229.0	287.4
中游	790.3	817.9	1268.7	1308.2	306.7	310.8
江西	571.0	632.2	946.0	1064.7	212.0	205.1
湖北	689.0	691.4	1034.0	989.8	267.0	317.1
湖南	1111.0	1130.2	1826.0	1870.2	441.0	410.1
上游	679.3	614.3	1220	1070.7	187.3	210.1
重庆	768.0	764.4	1155.0	1133.6	214.0	217.1
四川	716.0	663.5	1297.0	1131.2	238.0	266.5
贵州	554.0	477.2	1161.0	916.6	170.0	186.4
云南	585.0	552.1	1267.0	1101.3	127.0	170.4

资料来源：《中国文化及相关产业统计年鉴 2019》。

而长江经济带文化消费的城乡差距缩小，长江经济带全域城镇居民人均文化娱乐消费支出与农村居民人均文化娱乐消费支出间的比值达到了 4.20∶1，较上年的 4.76∶1 略有缩小；长江经济带上、中、下游地区的这一比值分别为 5.1∶1、4.2∶1 和 3.8∶1，较上年均有缩小。尽管云南省城乡差距排名仍然垫底，但从数值看较上年明显缩小至 6.46∶1，接近均值。随着文化振兴乡村被逐渐重视，区域发展不平衡的问题有所缓解，农村居民的消费水平逐步提高。

二　长江经济带各区域文化产业发展现状及特点

长江经济带文化产业整体运行情况良好，文化产业引领创新、融合的态势日益明显，成为提升文化产业综合竞争力和我国文化软实力的重要支撑带。但该产业带中也存在区域发展不均衡、区域间合作机制不健全等问题。

根据《2019年度中国省市文化产业发展指数》，各指标数据较上年变化幅度不大，强势和普通区小幅回落，弱势区则有所上升。与此对应，全国各省市综合指数排名上有些出入。从综合指数来看，上海凭借文化产业影响力和驱动力的优势依旧处在长江经济带各城市之首位；浙江在文化产业生产力、影响力和驱动力方面表现均衡，仍排名第二；重庆在驱动力和生产力方面持续改善，进入前十名。长江经济带下游区域的上海、江苏、浙江继续入围强势区，文化产业发展相对稳定、均衡度较好。这些区域在文化产业集聚发展层面占据了绝对优势，在人力资源、经济影响方面都呈现明显优势，在文化资本、文化资源、创新环境方面也存在一定优势。也就是说，产业集聚是当前发展文化产业的重要途径之一（见表8）。

表8　2019年中国省市文化产业发展指数聚类分析

类别	省市	特征值	生产力	影响力	驱动力	综合指数
强势	北京、上海、江苏、浙江、山东、广东	均值	77.20	82.55	81.70	81.14
		均衡度	0.047	0.017	0.040	0.020
普通	重庆、河南、陕西、福建、河北、四川、湖南、吉林、内蒙古、天津、黑龙江	均值	72.91	75.41	79.04	76.35
		均衡度	0.035	0.024	0.029	0.009
弱势	江西、湖北、广西、宁夏、贵州、海南、西藏、山西、辽宁、安徽、青海、新疆、云南、甘肃	均值	72.30	75.48	78.37	76.00
		均衡度	0.024	0.015	0.033	0.014

资料来源：《2019年度中国省市文化产业发展指数》。

此外，随着中西部地区文化产业持续发展，位于长江经济带中上游的重庆、湖南、四川的表现值得关注。相关报告显示，从近十年来排名情况看，这三个省市的综合指数多次进入全国前十。重庆、湖南、湖北的指数增长分别为9.22、8.47、8.31，位居全国指数增长最快省份前十位（见表9）。其中，重庆成为直辖市之后其社会影响力提升较为显著，文化产业也不断优化，使其在文化氛围、文化包容度方面的得分出现较大提升，促使重庆位列近十年指数排名增长最快前十省份的第五位。

表9　近十年指数增长最快前十位省份

排名	省份	2010 年指数	2019 年指数	指数增长
1	黑龙江	63.57	75.40	11.83
2	河南	66.44	76.92	10.48
3	河北	66.37	76.54	10.16
4	内蒙古	66.61	75.94	9.34
5	重庆	68.75	77.97	9.22
6	吉林	67.09	75.97	8.88
7	江西	66.84	75.38	8.54
8	湖南	67.64	76.10	8.47
9	湖北	67.05	75.36	8.31
10	山东	70.25	78.51	8.26

资料来源：《2019 年度中国省市文化产业发展指数》。

（一）长江经济带下游地区：文化产业综合竞争力强

文化产业的发展与地区经济高度相关，长江经济带下游地区三省一市在全国范围内表现出强大的经济实力，为该区域文化产业的先发优势、高速增长和发展潜力均提供了强大的助推力。开放包容的社会环境、高效有序的经济发展环境、畅通便捷的交通运输网络、丰富充沛的人力资源储备等都成为文化产业发展的利好因素。

下游地区文化产业领先优势巨大，全国“文化企业 30 强”中有 1/3 的企业都位于该区域，这些企业无论是资产规模还是市场竞争力都处于业界领先水平，这也从一个侧面体现出长江经济带下游地区较强的文化产业竞争力。其中又以上海、浙江、江苏三省市区位优势最为明显，原始经济基础良好，文化产业综合竞争力最强，在专业人才引进、科研创新能力、吸引外资力度、数字科技水平等方面都具有明显的优势。

江、浙、沪作为长江经济带东部沿海省市，在文化产业发展上各有侧重。上海作为国际化大都市，着力建设具有高影响力的产业基地，培育大型文化产业集团，充分发挥高带动和辐射作用。江苏省则采取分区、分特色的发展模式。苏南的江苏、南京、无锡、苏州等地着重文化体验，苏中的镇江、扬州等地发展数字出版，苏北地区侧重传统文化。浙江省依托横店影视文化产业等，打造影视产业特色文化品牌。此外，下游区域的安徽，尽管目前文化产业水平无论是总体规模还是单项指标，均与其他三省市之间有较大差距，但从纵向看，较上年已有提升，这主要依托于其所拥有的传统文化积淀和旅游资源，深挖文化产业发展空间。

值得注意的是，虽然长江中、上游区域近几年发展速度较快，赶超气势高涨，但并不会撼动下游地区在全国的领先地位。随着上海自贸区、长三角一体化等国家重大战略的持续推进，加之区域原有的各项利好因素，长江经济带下游地区对经济的贡献率将持续影响全国，充分发挥其带动和辐射作用。

（二）长江经济带中游地区：新兴业态催生“中部增长极”

长江经济带中游地区三省不是文化强省，相比下游地区，存在产业规模小、缺乏优秀人才、外资吸引力低等诸多问题，要想成为长江经济带中部地区核心增长区仍有较大难度。伴随“中部崛起”政策的深入实施，该区域文化产业发展迎来不可多得的发展机遇和空间。

无论是湖北的“中部增长极”，还是湖南的“电视湘军”，抑或江西的“红色文化”传承，长江经济带中游的文化产业投入增速、企业规模扩张及R&D增速均位居前列，人口红利也将在新型城镇化和产业转型升级过程中带动中部文化产业的发展。但不容否认的是，中游地区内部发展不平衡依旧——北部文化资源丰富，但文化产品开发和服务意识相对不足的状态难有突破；南部文化消费市场活跃，但资源配置效率依旧有待提高。就全地区文化产业发展态势而言，依旧平缓，有待突破。其中，中游地区的文化消费依然存在短板，文化实际消费规模与潜在消费规模之间仍存在不小的缺口，呈现文化消费“中部塌陷”的态势。

（三）长江经济带上游地区：依托特色文化的梯队式发展

长江经济带上游地区集高原、山地、盆地、河谷等地貌于一身，地形地貌复杂，环境别具特色，成为该地区开发文化产业的特有生态优势。区域内有丰富多元的民族文化资源，巴蜀文化、藏羌彝文化等丰富绚烂的多元民族文化是其特色和魅力所在。虽然经济发展水平较长江经济带大部分省市低，但得益于丰富的民族文化资源、旅游资源等，上游地区文化产业发展具有较大潜力。“文化 + 演艺”等发展模式成为该区域文化产业发展的重要标志和特色。

长江上游地区以贵州、云南、重庆、四川四省市为梯队，打造“西部民族与特色文化发展区”。贵州将“民族文化 + 数字科技”“民族文化 + 演艺”等文化与相关产业融合发展，发展独具贵州气质的魅力贵州文化产业发展模式。云南依托“印象 · 云南”系列民族文化演艺产业，打造“景区 + 文化演艺”的云南品牌，以此为核心竞争力实现云南文化品牌国际化发展。重庆依托三峡文化旅游带、渝东南特色民俗文化产业带、渝西文化休闲创意产业带等特色文化带，打造重庆山城文化产业发展区。四川依托巴蜀文化、天府文化、九寨文化等资源打造川文化旅游产业；以宽窄巷子、锦里古街等为模板打造川文化特色文化街区；依托熊猫文化等发展动漫游戏产业；形成四川省多文化产业发展区，打造“川文化”产业高地。

同时，伴随国家“新一轮西部大开发战略”、“一带一路”倡议、藏羌彝文化产业走廊等的推进，上游地区的文化产业发展呈现新的趋势和特点，各省市主动融入藏羌彝文化产业走廊，重点推动以文化旅游、民族民间工艺品、演艺娱乐等为代表的特色文化产业发展，特色文化产业呈现健康快速发展态势，并逐渐成为西南民族地区、边疆地区、贫困地区“精准扶贫”的重要手段。

脱贫攻坚是“十三五”时期经济社会发展的重点，特色文化产业在长江经济带上游地区的遗产保护、文化传承和推动文化产业成为国民经济支柱性产业中的作用凸显，通过发展特色文化产业实现精准扶贫，从而实现“物质”“精神”双富裕。

三 长江经济带文化产业发展趋势

2019 年政府报告提到“支持新业态新模式发展”的理念。在政府的持续关注中，在倡导文化自觉和文化自信的大背景下，文化产业的发展获得了更为优厚的政策红利，加之时代发展所赋予的新效能，文化产业的巨大发展潜力不断被开发。

（一）完善政策法规体系，护航文化产业发展

文化政策法规制定工作不断推进以保证文化产业的健康发展，文化产业法制体系持续完善。2019 年 2 月，国家发展改革委、文化和旅游部、广电总局、体育总局、国家文物局等 18 个部门联合印发《加大力度推动社会领域公共服务补短板强弱项提质量　促进形成强大国内市场的行动方案》。该方案提出，到 2020 年，现代公共文化服务体系基本建成，文化产业成为国民经济支柱性产业；旅游经济稳步增长，对国民经济的综合贡献度达到 12%。2019 年 12 月 13 日，司法部公布了《中华人民共和国文化产业促进法（草案送审稿）》，随后该草案送审稿将按照立法工作程序——经国务院审议后报请全国人大常委会审议通过，此法的出台将弥补我国文化法的空白。作为中国首部文化法，《中华人民共和国文化产业促进法》明确了地方政府在促进地方文化基础设施建设方面的义务，以确保民众可以享受更好的公共文化服务；给予了文化产业从业者参与行业法律法规制定的权利，也提振了文化产业从业者推动文化产业高质量发展的信心。与此同时，《国务院

办公厅关于印发文化体制改革中经营性文化事业单位转制为企业和进一步支持文化企业发展两个规定的通知》《文化部　工业和信息化部　财政部关于大力支持小微文化企业发展的实施意见》《文化和旅游部关于实施旅游服务质量提升计划的指导意见》《关于促进旅游演艺发展的指导意见》《文化和旅游规划管理办法》《关于进一步激发文化和旅游消费潜力的意见》《关于加快发展流通促进商业消费的意见》《关于强化知识产权保护的意见》《关于营造更好发展环境支持民营企业改革发展的意见》《关于防止未成年人沉迷网络游戏的通知》《博物馆馆藏资源著作权、商标权和品牌授权操作指引（试行）》《中国传统工艺振兴计划》《文化部　中国人民银行　财政部关于深入推进文化金融合作的意见》《文化部关于推动数字文化产业创新发展的指导意见》《文化和旅游部　财政部关于在文化领域推广政府和社会资本合作模式的指导意见》《文化和旅游部关于进一步加强演出市场管理的通知（征求意见稿）》等法律法规相继出台，意味着国家针对文化企业发展、文旅融合、知识产权、网络游戏、数字文化产业创新、文化金融合作等文化产业细分领域均给予了相应的规范和引导，营造了良好的文化产业市场生态环境。

作为文化发展的领先地区，长江经济带亦不断通过相关法规及体制机制建设为文化产业发展保驾护航。2019 年 3 月四川省出台了《关于进一步促进民营文化旅游企业健康发展的实施意见》，聚焦民营文化旅游企业的发展。4 月，苏浙沪皖三省一市达成协议，长三角地区将建立知识产权保护协作机制，同时，打造“一带一路”知识产权合作高地，鼓励企业依靠知识产权优势“走出去”。浙皖闽赣四省签署《关于加快推进浙皖闽赣国家生态旅游协作区建设合作协议》，共建国家生态旅游协作区，共同关注“生态旅游”的共建共享。江西出台《江西省革命文物保护利用工程（2018～2022年）实施方案》，旨在基于省内红色文化资源，以文化研究成果、文化创意产品以及研学旅行路线等多种样式，打造全国红色旅游的江西样板。5 月，苏浙沪皖三省一市文化和旅游部门签署《长三角文化和旅游高质量发展战略合作框架协议》，包括构建战略联盟、实体化协同机构、信息互通等三项保障机制，以及统一目标、构建文旅合作协调机制等6项合作项目。7月，《长三角区域印刷业一体化发展升级指南》正式发布，推进绿色印刷的高质量发展。

（二）加强区域发展，平衡区域差异

从国家经济社会发展的普遍规律看，当人均GDP超过3000美元后，该区域的城镇化、工业化进程会加快，居民消费类型和行为也会发生重大转变，文化产品与服务的需求量将激增，文化产业进入快速发展阶段。我国文化产业与人均GDP的增长关系也印证了这一规律——2008年，我国人均GDP首次超过3000美元，达到3266.8美元；是年，我国文化产业实现增加值7630亿元，占同期GDP的2.43%。2018年，我国人均GDP接近10000美元；该年，我国文化产业实现增加值38737亿元，文化产业增加值占GDP比重提高到4.30%。由此可见，文化产业发展速度与人均GDP增速的匹配度是高度吻合的，亦可推导出自2003年文化体制改革试点以来，我国文化产业已由探索、起步、培育的初始阶段顺利踏入快速发展的快车道。

而作为国内文化产业的领军之地，长江经济带衔接“一带一路”倡议、长江经济带重大国家战略、长三角一体化战略、大运河文化带建设等国家重大区域发展决策，以全国21.4%的土地面积，承载了全国42.8%的人口，创造了44.1%的国内生产总值，是我国经济发展的重要引擎，也是除沿海开放地区之外经济密度最大的经济地带，也是我国今后15年经济增长潜力最大的地区，国家将其发展目标定位为世界上可开发规模最大、影响范围最宽的内河经济带。

长江经济带所覆盖的11省市文化产业的发展尤为迅速，文化产业整体发展水平、整体发展规模以及集聚发展情况在全国始终位居前列，发展态势良好。就长江经济带而言，原有的区域差异日趋平衡——文化产业较快增长的省份多集中在中上游地区。其中，江西和湖北增速超过两位数，分别为15.0%和14.2%；上游地区也有两个省份增速超过两位数，分别为重庆（11.8%）和四川（20.8%）。中西部地区文化产业发展步伐加快，正在逐步改善文化产业区域发展不平衡状态。

根据前文对区域 GDP 和文化及相关产业数据分析可知，区域内 11 省市文化产业占地区 GDP 比重差异较大。通过对长江经济带沿线省市文化及相关产业门类发展定位的梳理（见表 10），可以看出，11 省市均做出了“国际文化大都市”“文化强省”“区域文化中心”“文化产业的支柱性地位”等明确的目标定位，可以预见，文化产业势必成为长江经济带各省市经济增长的新动能。但不容否认，无论是文化资源的开发、利用，还是文化产业基础、文旅融合机制的搭建、整合等方面，抑或是文化及相关产业所需表现出的地区特征与发展路径，11 省市省域间及省市内依旧存在较大差异。如何规避差异性造成的发展阻碍是长江经济带区域文化产业创新融合与协调发展所面临的一大挑战；与此同时，如何体现区域融合背景下的地域文化特色同样值得尝试破题。

表 10　长江经济带沿线省市文化及相关产业门类发展定位

省市	文化及相关产业门类发展定位
上海	推动文化内容产业、大设计业、网络信息服务业、咨询会展策划业、创意生活体验产业发展，建设国际文化大都市
浙江	广播影视、新闻出版、动漫游戏、文化产品流通、文化创意与设计服务、文化休闲娱乐、文化产品及装备制造等重点领域发展水平居全国前列
江苏	着力发展创意设计、动漫游戏、新兴媒体、文化旅游、演艺娱乐等行业
安徽	加快发展动漫游戏、网络文化、数字文化服务等新兴文化产业，用现代科技提升演艺、娱乐、文化旅游、工艺美术等传统文化产业
江西	力推市场主体培育工程、内容产业创新工程、产业集聚工程、文化消费工程、平台建设应用工程，成为全省国民经济中引导带动力强的支柱性产业
湖南	推进文化与科技、旅游、金融、体育、制造业和农业等融合发展，推进文化创意和设计服务与相关产业融合发展，加快提升文化产业科技水平，推动文化产业与移动互联网对接
湖北	推动上网服务、游戏游艺、歌舞娱乐、工艺美术等行业转型升级，加快发展动漫、游戏、测谎仪设计、网络文化、数字文化服务等新兴文化业态，建成在全国特别是长江流域具有重要影响力的区域文化中心
重庆	建成支柱性产业，推动云计算、物联网、大数据等新一代信息技术与文化融合，发展电子书、手机报刊、纸质有声读物、移动多媒体、互联网电视等新兴业态

续表

省市	文化及相关产业门类发展定位
贵州	大力发展民族演艺、音乐、工艺、节庆、出版、广播影视、会展等特色文化产业，壮大提升文化艺术、广播影视、新闻出版、休闲娱乐等传统文化产业，培育扶持数字出版印刷、绿色印刷、互联网新媒体、三网融合、文化创意、动漫游戏等新兴文化产业，促进文化产业成为全省国民经济支柱性产业
四川	文化发展主要指标进入全国第一方阵，文化产业成为支柱性产业；改造提升演艺、娱乐、文化旅游、工艺美术等传统文化产业，加快发展动漫、游戏、创意设计、数字内容等新型文化业态
云南	着力打造新闻出版发行服务业、广播电视电影服务业、民族文化旅游休闲娱乐业、文化信息传输服务业、文化创意设计服务业和民族民间工艺品业等六大主导产业，使其成为国民经济支柱性产业

加强区域内合作，打破行政区划壁垒，探索优势互补、特色鲜明的区域协调发展道路。继2018年4月贵州、重庆两省市共同签署《重庆市人民政府、贵州省人民政府合作框架协议》后，2019年3月再推《渝黔合作先行示范区建设实施方案》，进一步细化两省市合作，通过合作先行示范区的建设，进一步拓展渝黔合作。长江经济带文化产业发展借力大运河文化带建设东风，充分发挥安徽、江苏、浙江交叉优势。

四 长江经济带文化产业发展提升路径

长江经济带融合着“一带一路”建设、长三角区域一体化发展、中部建设、西部大开发等多项国家发展大计。长江经济带11省市构成了我国综合实力最强、战略支撑作用最大的区域之一。

长江作为中华民族的母亲河，承载着中华民族悠久的历史与璀璨的文明。长江全流域文化的互融互通是长江流域经济发展的背景底色，为长江经济带健康发展提供了强有力的文化支撑。在全面推进长江经济带发展的大背景下，在深入挖掘长江文化带宝贵资源的基础上，在文旅融合的时代趋势下，在推进文化产业高质量发展的历程中，长江文化带的建设以及以文化为引领的旅游带建设务必秉承“以人为本”的宗旨。

但不容否认，长江文化产业发展所面临的整体增长强劲但协同欠整合、引领态势明显但地区不均衡、文旅融合渐强但特色难凸显、发展质量提升但结构待优化等诸多挑战，究其实质，在于如何处理好上中下流域、三大城市群、省际差异性与全流域整体性的关系。

长江经济带的文化产业建设为沿岸各省市及三大城市群优化文化产业结构、提升文化产业竞争力、挖掘整合长江文化资源优势和特点提供了国家战略层面的强有力且具有持续性、稳定性的支持。回顾过往，展望未来，长江经济带的文化产业应以习近平新时代中国特色社会主义思想为指导，以长江文化资源的优势和特点为基础，以文化产业高质量发展为指引，在充分考量沿岸三大城市群、11 个省市差异性的同时，兼顾带状文化产业的整体性，通过以下路径协同推进长江经济带文化产业的高质量发展。

（一）全面整合长江传统文化资源，整体谋划长江沿线文化产业布局

从长江文化带建设推进沿线省市文化产业发展的视角来看，长江文化具备三大特征：一是多重亚文化的区域集中性。长江文化——以长江流域特殊的自然地理和人文地理占优势，以生产力发展水平为基础的归趋性文化体系，汇集了巴蜀文化、夜郎文化、古典文化、荆楚文化、湖湘文化、赣鄱文化、吴越文化、徽派文化、海派文化而成的庞大文化体系，与长江实体形成了多重文化展示空间。二是文化要素的多样性与流动性。受文化地理区位的影响，现有的行政区划与长期以来形成的文化区既有重叠也有交融，长江文化这一大整体中的多层次且数量可观的亚文化区始终在不断自我变化、更新、重建。这一特质也给文化产业在长江经济带区域的发展带来了无限的可能性。三是文化价值转化方式的多元性。借由文化创意在长江经济带的先发优势，除传统方式外，持续焕新的特色文化产业也逐渐成长为长江文化价值转化的重要方式。

长江经济带三大城市群、11 个沿岸省市应参照上述特点，务必深入分析并立足于本地文化资源实际，既兼顾长江整体文化特征，又创新展现沿线差异性的地域人文特征及时代特色，形成区域文化资源的比较优势，以“一盘棋”的心态，做好文化产业的全流域协调发展。

基于此，在推进新时代“五位一体”总体布局（就文化建设方面而言，坚持中国特色社会主义文化发展道路，培育和践行社会主义核心价值观，加强思想道德建设，全面提高公民道德素质，繁荣发展社会主义文艺，推动文化事业和文化产业发展，建设社会主义文化强国）的视域下，国家体制机制的深化改革激活文化产业的融合创新，助推具有文化资源与文化产业优势互补特征的高质量区域发展布局，优化区域文化产业结构以突破原有文化产业发展惯性，触发文化产业全新增长点的产生。

在文化产业布点上，既要考虑到长江经济带上中下游区域在文化旅游资源、文化产业集聚程度、社会经济发展条件、投入产出效率等方面的现有差异，又要考虑到上中下游在长江文化产业整体发展中的定位及要素投入体量增长等方面的问题；在突破传统文化资源开发点状分布固有格局的基础上，通过新兴业态及产业门类的调整，整合全流域省市内及跨省市线性文化资源，实现带状文化产业布局及文化资源流动、升级和融合。

（二）集聚文化资源要素，创新长江“文化＋”产业融合模式

长江文化不仅是长江经济发展的资源和基础，也是长江经济发展的支撑和底色。长江经济带拥有国家级历史文化名城 53 个，占全国总数的 43%，区内拥有大量的史诗歌谣、口头传承故事、传统表演艺术、传统手工技艺、传统民俗活动等非物质文化遗产项目，也拥有水系文化、航运文化、陶瓷文化、宗教文化、生态文化等多种文化遗存，以及中华老字号、古村古镇、博物馆等丰富文化资源。通过厘清长江文化资源的“家底”，立足长江经济带文化发展现状，考量区域内文化消费习惯和需求，以传承弘扬长江文化为主题，以文化价值挖掘为基础，前瞻性地进行长江经济带文化产业战略布局，通过文化 IP 产品、旅游线路、文化园区、文化展演、文化服务等文化产业

体系多重互动、资源共享，进而培养长江文化独有的核心竞争力，打造文化产业全产业链。

面对长江流域中类型多样、底蕴深厚、各具特色的文化遗产，在坚定文化产业领军区域的定位及坚持文化自信的基础上，打造以下长江“文化+”产业融合模式。

一是“文化+旅游”。重点是跟从文旅融合这一大趋势，整理和提炼长江文化内涵，着力挖掘核心文化元素、打造有衍生价值的文旅项目。正如《长江经济带发展规划纲要》所提到的，“弘扬长江流域特色文化，加强历史文化名城名镇名村、非物质文化遗产保护，改造设施落后的图书馆、艺术馆、博物馆等，推进数字图书馆、数字档案馆、数字博物馆等协同开发和共享”——通过种类多样、层次丰富的项目形式，构建主题鲜明、产业链完善的文旅产业新格局。

二是“文化+创意”。围绕长江核心文化及亚文化的多层次分布，不断丰富文化创意衍生品，加强文创产品的营销推广，规避同质化，选取生活美学、打造精品、跨界融合等途径开发具有长江流域文化特色的文创产品。在“大众创业、万众创新”的时代背景下，充分发挥龙头企业、特色组织及文创个人的特色和优势，不断优化多元组织的合作路径，加快提升长江经济带文创产品开发与推广的速度。

三是“文化+科技”。进入5G和大数据时代，随着文化产业数字化进程提速，文化发展将愈加倚重科技创新的引擎推动力。包括信息基础设施、融合基础设施、创新基础设施等在内的新基建建设的持续开启，连同以大数据技术、区块链技术、数字技术、智能技术为代表的高新技术在文化生产中的广泛运用，都为长江文化保护、传承和利用搭建出一个全新维度。如何通过科技的力量创新长江文化产业，期待着全新的答案。

四是“文化+生态”。长江经济带发展战略指定伊始，就已经定下了“共抓大保护、不搞大开发”的绿色发展基调。在此基础上，在持续改善优化区域生态环境的同时，勇于尝试探索保护原始传统文化生态、创新文化产业融合进程。

（三）提升文旅消费品质，打造以“长江文化”为主题的文化全产业链

互联网文化与数字文化的发展不断刺激并改变着文化旅游消费的内容与模式。对传统文化和主流文化而言，势必找到有效吸引用户的高品质模式，引导实现文化产业化，不断提升完善自身造血机制，实现文化及相关产业在全新市场机制环境下的健康发展。

根据《文化部“十三五”时期文化产业发展规划》的要求，围绕“一带一路”建设、长江经济带发展等国家战略，加强文化产业区域布局。加强重点文化产业带建设，建立和完善区域文化产业发展协调联动机制，实现互惠共赢。支持我国“一带一路”沿线地区特别是西部地区、边疆地区、民族地区文化产业发展，建立和完善文化产业国际交流合作机制。发挥长江经济带在区域文化产业发展中的引领作用，推进长江经济带城市群文化产业业态创新和差异化发展。以地方和民族特色文化资源与旅游等产业深度融合为抓手，持续推动藏羌彝文化产业走廊建设。

基于发展规划的指引，沿线各省市可以“长江文化”为主题，推动文化企业兼并重组与改革创新，培育龙头骨干企业，发展中小企业，不断壮大文化产业链规模、优化产业链结构。将新理念、新技术融入文化产品生产与制造，通过新的文化生产方式将国家文化软实力建设与长江经济带所特有的文化体系相融合，力图实现文化价值与商业价值的统一，从供给端提高文化产品与服务的品质，满足人们不断升级的美好生活需要。

五　长江经济带文化产业发展政策建议

（一）以文化型城市群建设引领长江经济带文化产业建设

在全球人口爆炸、能源危机、生态环境急剧恶化的当下，以生态、文化和生活质量作为评判标准的“文化型城市群”日益成为全球城市化和区域

发展的主流和大趋势。

长江经济带三大城市群共包含73个城市，其中长三角城市群坐拥26个城市，长江中游城市群涵盖31个城市，成渝城市群囊括16个城市。在人口总量上，长三角总人口达到2.27亿，长江中游城市群总人口为1.75亿，成渝城市群达到1.15亿；在空间规模上，长三角的土地面积总计达21.2万平方公里，长江中游土地面积约32.6万平方公里，成渝城市群近18.5万平方公里；在经济发展水平上，以人均GDP为例，长三角的人均GDP为10.6万元人民币，长江中游的人均GDP为6.3万元人民币，成渝城市群的人均GDP近5.3万元人民币。由此可见，长江经济带有一个不容回避的现状——三大城市群的经济基础、发展资源等差别依旧显著。

在国家带状发展战略的总体框架下，三大城市群需要探索建立协同和一体化发展的新机制，其核心是要探索城市群发展的新思路和新模式。通过建立合理的城市分工和层级体系，解决区域内原有粗放型城市发展模式以及城乡在工业化和城市化进程中不断激化的对立和冲突，促进全流域的协调、均衡和可持续发展。

目前三大城市群在战略思路上都面临深层次、根本性、“洗心革面”式的重大变革。而变革的最终目的，则是将长江经济带提升为具有一致的思维和判断能力，并在重大战略上可以做出一致反应和行为的“巨型有机体”。

除以明确一致的政策、标准统一的考核问责等“雷霆”手段确保长江经济带按照新的发展理念来建设外，更重要的是通过建立“文化和价值的区域合作机制”，持续激发长江流域各主体文化和价值认同的实时更新。在此基础上，集中发挥城市群中“文化中心”的优势引领功能和核心城市的区域辐射功能，有效实现城市群区域资源联动和文化产业融合发展。

（二）以区块链技术更新长江经济带文化产业生态

作为“后全球化”时代的“第一技术”，区块链以去中心化、不可篡改、全程留痕、可供追溯、集体维护、公开透明等特点，成为近年来互联网领域以及文化产业论坛高频的话题。我国已将区块链列为国家核心竞争力技术。仅2019年上半年国家发布相关区块链政策数量已超过之前年度的政策总和。

随着国家及地方政策的大力扶持，区块链逐步介入文化产业发展，使文化、科技与资本愈发紧密地结合——以5G、大数据、云计算、人工智能、虚拟现实、增强现实为代表的前沿科技不断为文化生产消费赋能，不仅为文化消费提供沉浸式体验，而且从整体上提升了文化生产力。与之相对应，金融资本的数字化效率、文化产业资本流通速度、文化供给与消费效率均在区块链逐渐普及的背景下获得了更为开阔的应用前景。

长江经济带集合了国内区块链领军城市及代表性省份，并在政策扶持、环境建设等方面积极探索。结合目前相关省份颁布的区块链政策，要进一步将区块链技术集中应用于文化产业内的投融资服务，知识产权、版权保护，文化资产交易去中介化，文化产品权益资产化、货币化、证券化，供应链管理，教育就业等领域。

随着区块链技术在知识产权内容保护解决方案和高效应用推进方面的层层深入，加上金融资源配置方向和规模的调整，文化企业的生产力和创造力得以充分提高，全社会精神文明建设与文化企业成长路径得以匹配，文化产业将逐步实现文化创意内容价值的发现、量定和流通，文化经济潜力也将得以充分挖掘，进而在长江经济带建构全流域性、激励创意、重塑优质内容、公平透明、可持续发展的文化创意产业生态。

（三）以文旅融合提升长江经济带文化产业层级

随着2018年文化和旅游部的成立，“诗和远方”开始了全新的深度融合进程。大力挖掘并充分利用中华优秀传统文化资源，与旅游产品进行深度融合，推出一大批文化旅游深度融合的产品，将是“十四五”时期文化和旅游发展中的重要任务。

文化是核心，旅游是平台。从需求端来看，旅游群体因处各个年龄层而呈现不同的消费需求，催生出各类不同细分市场。从供给端来看，我国旅游产业供给端存在供需错配问题，还难以匹配差别化、个性化的多元化旅游消费需求。

长江经济带各省市可基于自身丰富的文化、自然资源优势，搭配文旅融合的整合营销系统，全面创新文旅融合产品体系——着力开发诸如文化体验游、民宿体验游、生态探索游、城市购物游、亲子研学游、红色教育游、IP植入游等多种形式，满足日益多元化的旅游消费需求。与此同时，长江经济带文旅集团可凭借已有知名文化旅游品牌的引领示范效应，积极探索旅游产业链突破传统常规性复制模式，通过培养旅游品牌寻求旅游产品的迭代创新，进而实现整体转型升级，释放游客消费潜力，通过全产业链要素的整合，打造景区核心型产业集聚区，迎接文旅开放共融新阶段。

此外，文旅融合的过程中始终要坚持生态优先，文化和旅游发展规划要将文化和旅游发展规划与国土空间规划有机整合，与土地利用、林地、耕地保护、生态红线充分对接，成为可落地、可实施、经得起时间检验的规划。

（四）以“特色小镇”挖掘长江经济带文化价值

源于浙江、兴于长三角、目前已成为我国新型城镇化建设“特色担当”的特色小镇，自2016年在国家层面被正式提出后，截至目前全国各地规划建设的特色小镇投资规模达4.8万亿元。通过梳理和分析可以发现，住建部公布的两批国家级特色小镇中，拥有省级以上非物质文化遗产的占了85%。可以预见，特色小镇将成为提升文化产业发展水平的重要平台和载体。如何进一步加快有文化资源支撑的特色小镇建设，注重挖掘文化内涵的内容布局和文化功能的开发提升，也将是长江经济带文化产业发展需要关注的方向。

在长江经济带内，国家级特色小镇总计有174个，占全国特色小镇总数的43.18%。而这些小镇也拥有各自的特色。其中，生活型特色小镇95个，生产型特色小镇79个。

表 11　长江经济带国家级特色小镇分类

单位：个

项目	特色	数量
产生型	产业发展型	51
	农业服务型	20
	商贸流通型	8
生活型	历史文化型	24
	旅游发展型	58
	民族聚居型	13

长江经济带特色小镇呈现以江浙为龙头、湖北为龙身、四川为龙尾的东密西疏的分布特征。为了推动整个长江经济带区域特色小镇的发展，需要通过区域“传帮带”和政策支持，带动西部省份积极培养特色小镇，并加强与东中部省份的交流。

长江经济带特色小镇空间的规划、建设和运营阶段，需要全面、充分考虑当地地理特质、经济发展水平、人口层次、政策支持、历史文化水平、投资者偏好等因素，以推动长江经济带特色小镇的进一步发展，更深层次挖掘长江经济带文化价值。

（五）以发展“夜间经济”丰富长江经济带文化场景需求

夜间经济（night - time economy）源自 20 世纪 70 年代英国为改善城市中心区夜晚空巢现象提出的经济学概念，是指发生在当日 18：00 到次日 6：00以本地市民和外地游客为消费主体，以第三产业如休闲、旅游观光、购物、健身、文化、餐饮等为主要形式的现代城市消费经济。2019 年 8 月 23 日，“夜间经济”首次出现在国家政策文件——国务院办公厅印发的《关于进一步激发文化和旅游消费潜力的意见》（国办发〔2019〕41 号）中，“主要任务”第七条提出，“大力发展夜间文旅经济。2022 年，建设 200 个以上国家级夜间文旅消费集聚区，夜间文旅消费规模持续扩大”。

“夜经济”既可以满足本地消费者对活动、餐饮、休闲等方面的日常需求，也可以成为外来游客近距离接触当地文化、体验当地生活方式的重要渠道。银联商务数据也印证了这一点——2019 年，游客夜间消费总金额、笔数分别占到全天整体的28.6%、25.2%，较 2018 年分别提升了 2.7 个百分点和2.9 个百分点。

根据中国旅游研究院《2019 中国夜间经济发展报告》的相关数据，有79.8%的游客在夜间游玩的时间超过 2 小时；同时，夜游者倾向于以住宿地为圆心、以 6 公里为半径的黄金带游玩消费。

就目前而言，“夜经济”消费品类依旧略显单一，餐饮消费比重过大，超过七成；而户外夜间休闲活动的主流依旧是传统的“三逛”——逛公园、逛夜市、逛街。在制定后续“夜经济”发展指引时，需要在丰富消费品类、扩宽消费需求方面下功夫。

在后疫情时代，随着疫情防控进入常态化，“夜经济”文旅活动需要在做好疫情防控的基础上，逐步有序恢复——无论是逐步有序开放在疫情期间长期关闭的文化场馆（例如文博、科普场所、乐园、影剧院等），还是开发后疫情时代“夜市”重现工作的推进以及“地摊经济”的升级，都迫切需要刺激消费复苏，进而恢复原有城市的烟火气和经济增长。

从长期来看，需要通过排摸、挖掘、创新本地夜间文化消费资源、场所和项目，结合当地文化特色，打造各具特色的文化休闲娱乐项目，以满足消费者日趋丰富和多样性的文化消费需求。

作为“夜经济”的引领地之一，上海已经于 2019 年 4 月出台《关于上海推动夜间经济发展的指导意见》。作为长江经济带区域的首项“夜经济”促进政策，以拓展文旅内涵、塑造城市文化名片为主要的引导方向之一，打造“国际范”“上海味”“时尚潮”汇于一身的“海派夜经济”，其中提出，丰富业态种类，增加文化旅游项目供给。基于此项政策，上海将继续做好引导、协调工作，推动更多文旅企业加入，为民众提供差异化、多元化的夜生活选择；以发展“夜经济”为契机，上海将全面提升文旅公共服务效能。

六　结语

根据国家统计局最新数据，受新冠肺炎疫情暴发的影响，2020 年一季度，我国文化企业遭到重创——全国 5.9 万家规模以上文化及相关产业企业实现营业收入 16889 亿元，按可比口径计算，比上年同期大幅下跌 13.9 个百分点。文化产业在 2020 年开年可以用“愁云惨淡万里凝”来形容，但正所谓“危中有机”，在疫情时期所萌发的文化产业新业态有助于破解这一困局。

常言道，文化有承担抚慰心灵的职责。在经受这一全球性疫情考验之后，消费者需要寻找更多样且有着更丰富层次的心灵抚慰，文化产品就有着这一独特的社会功能。

从文化业态创新的角度看，疫情改变了消费者文化消费的内容和方式，直接冲击到了生产端——在这一时间段完成了由形式向内容迁移的文化新业态势必将成为后疫情时代文化产业领域全新的增长点和突破口。而传统文化机构在加速信息化、智能化转型的道路上愈发有待提速，以全面匹配后疫情时代所孕育的文化产业成长新空间。

从文化供给与需求的角度看，后疫情时代的供给端和需求端都在以“提振”为主旋律。就供给端而言，无论是扩大“新基建”投资、推广 5G 技术，还是降税免费政策的出台，在有效稳定企业运营发展的同时，要有序恢复生产，借以保障“稳就业”目标；就需求端而言，“夜间经济”“地摊经济”“消费券发放”等系列刺激拉动消费的举措频出，以此提振居民消费信心，从而催化文化产业在供给端与需求端的有效互动，进而保障疫后经济的恢复性增长。

在后疫情时代，长江经济带文化产业的后续发展需要更为全局性地反思、更具前瞻性地布局、更加精准地施策，以推动长江经济带文化产业进入繁荣、丰盈的新阶段。

参考文献

郭启光：《西部民族地区文化产业发展效率评价》，《东北财经大学学报》2019年第5期。

韩晗：《论"后全球化"时代下区块链技术对未来文化产业的影响》，《出版广角》2020年第6期。

刘士林：《"文化型城市群"引领长江流域发展》，《经济参考报》2018年8月15日。

陆子昕、蔡尚伟：《"一带一路"背景下成都打造"世界新娱乐策源地"的可行性研究》，《西部学刊》2019年第4期。

朴京花：《基于文化资本理论的文化产业人才培养———对韩国经验的借鉴》，《山东大学学报》（哲学社会科学版）2019年第6期。

孙静、王佳宁：《大运河文化带文化产业发展的省际比较与提升路径》，《财经问题研究》2020年第7期。

孙智君、张高琼：《长江经济带文化产业绩效评价》，《统计与决策》2019年第11期。

张娜、徐童、葛学峰：《产业融合背景下"旅游+文化IP"融合路径研究》，《对外经贸》2019年第10期。

朱建、陈能军、刘木子云：《金融集聚、空间外部性与文化产业发展——基于中国省际空间面板模型》，《经济问题》2020年第7期。

竺杏月、李双双：《全面开放新格局下中国文化产业国际竞争力比较研究》，《社科纵横》2019年第12期。

B.16

长江经济带交通运输业发展报告（2019～2020）

王晓娟　曹 敏*

摘　要： 2019年长江经济带交通运输业发展态势稳中向好，交通投资基本与上年持平，运输能力稳步提升，运输方式逐步扩展。基于交通网络里程、道路投资状况、港口建设和机场群建设等统计数据，本报告从多角度出发，深入分析长江经济带交通运输发展情况及比较上、中、下游发展差异，并对未来发展提出政策建议。

关键词： 长江经济带　交通运输业　港口建设　交通网络里程

2019年，交通运输行业聚焦交通脱贫攻坚、扩大有效投资、取消高速公路省界收费站、推广发行ETC等重点任务，争取最大化减少交通运输企业税收负担，精简物流运输程序，压缩物流成本，提高综合交通运输网络体系效率，力求解决交通运输业脱贫攻坚难题。2019年我国实现新改建29万公里农村公路，整治实施7.9万公里“畅返不畅”工程，推动农村公路顺利通村畅乡。新增9400余个通客车建制村，覆盖5800多个贫

* 王晓娟，上海社会科学院应用经济研究所副研究员，研究方向为区域经济发展；曹敏，上海社会科学院应用经济研究所研究生。

困地区，24 个省份成功实现所有具备条件的乡镇、建制村通客车。①

2019 年《交通强国建设纲要》正式颁布，表明加快建设交通强国成为各省份的重点工作之一。各地方政府均将交通运输业发展作为年度工作重点任务之一，切实促进长江经济带上、中、下游协同发展，打造高质量发展经济带，构建综合性交通运输体系。可见，长江经济带交通运输业的发展对于优化全国交通结构具有重要意义。

一　构建长江经济带交通体系

（一）长江经济带交通网络里程

目前，长江经济带形成了纵贯南北、横穿东西的多方向立体交通走廊，基础设施网络布局渐趋完善，运输能力和服务效率明显提高，智能化、绿色化交通运行取得积极进展，为长江经济带经济社会发展提供了有力支撑和切实保障。2018 年，我国综合交通基础设施建设成效显著，交通运输业发展效益明显。比如，杭瑞高速公路顺利通车；中、上游地域完成农村公路新改建 1.37 万公里，新增通硬化路建制村 2500 个，② 统筹规划重庆、成都至上海高铁沿江通道，阶段化开启前期准备工作；四川巴中机场和湖南岳阳机场工程竣工投产。

根据表 1，2018 年长江经济带实现铁路营业总里程 3.9 万公里，约为全国铁路总里程的 30%，比上年增长 4.43%；公路总里程达 211.73 万公里，占全国公路总里程的 43.69%，同比增加 1.72%。其中长江经济带的高速公路总里程超过 5 万公里，同比增长 3.84%，约为全国高速公路总里程的 39.06%。内河航道里程超过 9 万公里，基本与上年持平，是全国内河航道

① 《2019 年交通运输脱贫攻坚战取得决定性进展》，http：//www.chinahighway.com/article/65381051.html。

② 《长江经济带综合立体交通走廊建设取得明显成效》，http：//www.scio.gov.cn/xwfbh/xwbfbh/wqfbh/39595/39949/zy39953/Document/1648002/1648002.htm。

里程的71.12%。上、中、下游内河航道里程分别占长江经济带内河航道总里程的25.37%、28.32%、46.31%。从全国来看，长江经济带内河航道优势突出，尤以下游地区见长。

表1　2018年长江经济带运输线路长度

单位：公里，%

项目	铁路营业里程	内河航道里程	公路里程		
			总里程	等级公路	其中:高速
上海	466	2091	13106	13106	836
江苏	3062	24380	158729	156297	4711
浙江	2813	9761	120662	120339	4421
安徽	4324	5641	208826	207942	4836
江西	4278	5638	161941	135442	5931
湖北	4341	8470	275039	265912	6367
湖南	5070	11496	240060	223667	6725
重庆	2326	4352	157483	133943	3096
四川	4950	10818	331592	304830	7131
贵州	3565	3740	196908	156559	6453
云南	3848	4024	252929	220554	5184
下游	10665	41873	501323	497684	14804
中游	13689	25604	677040	625021	19023
上游	14689	22934	938912	815886	21864
长江经济带	39043	90411	2117275	1938591	55691
全国	131651	127126	4846532	4465864	142593
占全国比重	29.66	71.12	43.69	43.41	39.06

资料来源：《中国统计年鉴2019》。

（二）道路交通投资状况

1. 交通投资总体概况

2019年全国交通运输行业实施多项举措，稳步投资保障基础设施现代化，有效发挥多种专项资金引领作用，充分吸收社会资金，推行ETC等与现代化科学技术深入融合，保障交通运输业高效率、绿色化发展，为民生改善提供坚实保障。2019 年，长江经济带实现公路水路交通固定资产总投资 12114.01 亿元，占全国总投资的 51.65%。其中，公路建设和内河建设投资超过全国投资的 1/2，尤其是长江经济带内河建设占全国内河建设总投资的 86.90%（见表 2）。长江内河建设对全国内河发展而言具有举足轻重的作用。在长江经济带内部建设投资中，公路建设投资占长江经济带公路水路总投资的比重超过 90%，即长江经济带的运输方式仍以公路运输为主。

表 2　2019 年长江经济带公路水路固定资产投资

单位：万元，%

项目	总投资	公路建设	内河建设	沿海建设	其他建设
上海	2023026	1625768	266969	—	130289
江苏	8743953	7329241	847436	529800	37476
浙江	18424264	16303622	843760	1230494	46388
安徽	7861132	6785968	1074520	—	645
江西	7046983	6570411	474804	—	1768
湖北	11905658	10715558	779472	—	410628
湖南	5537307	5084850	157256	—	295201
重庆	6053795	5783942	253345	—	16508
四川	18056688	17158908	455203	—	442577
贵州	12077808	11685302	79643	—	312863
云南	23409440	23303068	99980	—	6392
下游	37052375	32044599	3032685	1760294	214798
中游	24489948	22370819	1411532	—	707597
上游	59597731	57931220	888171	—	778340
长江经济带	121140054	112346638	5332388	1760294	1700735
全国	234523346	218950415	6136376	5238070	4198486
占全国比重	51.65	51.31	86.90	33.61	40.51

资料来源：中华人民共和国交通运输部。

2. 下游地区的交通运输情况

根据《2019 年上海市综合交通运行年报》，上海与长三角铁路日均旅客到发量 44.6 万人次；上海与周边城市如苏州、太仓等地已初步形成城际通勤走廊；省界对接道路方面，G228国道奉贤段一期和G320国道金山段一期建成通车。2018年，作为首批省界“断头路”之一的盈淀路－锦淀公路顺利通车，其他8条的建设工作正在稳步有序推进中。2020年重大建设项目清单显示，上海市新开工或在建交通类项目将新增18项，包括正式项目和预备项目累计达到70项，计划投资额增长约16.8%，其中沪通铁路一期、连镇高铁等项目争取年内建成通车。

2019年，江苏省现代综合交通运输体系建设工程成果突出。在建工程稳步推进，包括6条高铁、8座过江通道。铁路网加速形成，全省铁路总里程达3550公里，其中高快速铁路2235公里，时速250公里以上的高铁1270公里，比上年分别增长13.6%、23.4%和50%。全省有10个区市迈进“高铁时代”，高铁在全省铁路总里程中的占比由26%提高到36%。公路网络体系进一步完善，海安至启东高速公路和锡通过江通道南北接线提前建成通车，新增高速公路163公里，233省道射阳至建湖段、104国道睢宁南段等项目建成通车。①

2019年浙江省综合交通建设投资达3040亿元，占全国的1/10，同比增长12%，首次突破3000亿元。其中公路水运投资居华东地区首位，高达1745亿元。综合交通建设方面，浙江建成舟山绿色石化基地等14个万吨级以上码头泊位、龙丽温文瑞段等长度共计225公里的高速公路、350公里普通国省道和宁波机场三期新航站楼工程等。②

2019年，安徽省公路建设投资达到678.6亿元，比上年下降18.0%。分不同道路形式来看，完成高速公路建设投资85.2亿元，同比下降63.3%；普通国省道建设投资逾300亿元，同比下降14.5%；农村地区公路建设投资273.0亿元，同比上升21.8%。运输站场建设完成投资12.7亿元，同比增长10.7%。③

① 《重大工程陆续开工竣工2019年江苏交通发展精彩纷呈》，https：//baijiahao.baidu.com/s?id=1653758369838887151&wfr=spider&for=pc。

② 《2019年浙江省综合交通建设投资达3040亿元同比增长12%》，http：//www.inpai.com.cn/news/doc/20200108/38699.html。

③ 《安徽省2019年交通运输发展公报》，http：//jtt.ah.gov.cn/public/21701/119017401.html。

2019年末，《长江三角洲区域一体化发展规划纲要》正式发布。在强有力的政策支持下，长三角一体化将加快推进，并发展为长江经济带乃至全国交通运输业发展的引领高地。

3. 中游地区的交通运输情况

2019年，江西省高度重视投资生产工作，实现全年固定资产投资704.70亿元，同比增长11.86%，超额完成年初工作目标。截至2019年底，江西省4个项目竣工并顺利实现通车，5个项目在稳步开工建设中。完成升级改造704公里，“畅安舒美”示范路建设937公里，养护大中修2981公里，危桥改造165座，安全生命防护工程2173公里。①

2019年，湖北省公路水路交通固定资产投资超过千亿元，实现1190.57亿元，居中部地区第一位。建成14条高速公路和5座长江大桥，建成一级公路556公里，二级公路1029公里，汉江雅口枢纽船闸顺利通航，碾盘山枢纽开工建设，兴隆至汉川段航道整治等项目通过竣工验收，5个重要港口砂石集并中心项目建成投入运营。新改建农村公路33210公里，新改建农村公路里程居全国第一，建设进度位列全国第一方阵。②

2019年，湖南省交通固定资产投资取得硕果，超额完成年初规划数额，总计达到553.73亿元。在交通贫困脱贫工作中，湖南省高度重视贫困县公路水路交通基础设施建设，共计固定资产投资223.72亿元，超过全省年总投资的40%；农村地区新建公路6111.6公里，新增设通畅建制村10个，全年完成农村公路安保工程8682.2公里。全年实现新改建干线公路工程415.0公里，国省干线安保工程1326.9公里，新建汽车二级客运站、综合客运枢纽和物流园区各1个，新建农村客运招呼站443个。③

---

① 《江西省交通运输厅2019年工作总结及2020年工作计划》，http：//www.jiangxi.gov.cn/art/2020/3/6/art_5157_1564417.html。

② 《2019年湖北省交通运输工作总结》，http：//jtt.hubei.gov.cn/fbjd/xxgkml/ghjh/ndjh/202003/t20200311_2179018.shtml。

③ 资料来源：《2019年湖南省交通运输经济运行分析报告》，http：//jtt.hunan.gov.cn/jtt/jjzdgz/hnjtystj/gzdttj/202003/t20200309_11802892.html。

4. 上游地区的交通运输情况

2019 年，重庆市中心城区轨道交通线路 8 条，运营里程 328.5 公里。新开通轨道交通线路一号线尖璧段、环线西南半环（海峡路至二郎段），新增里程 15.1 公里。在建工程包括 11 条（段）轨道交通、龙兴隧道和土主隧道，其中在建轨道交通共计长度为 227 公里。完成通道工程有武江路和龙洲湾隧道；2019 年底，千厮门隧道正式通车。中心城区跨两江道路桥梁 29 座，白居寺大桥、郭家沱大桥、红岩村大桥、曾家岩大桥、礼嘉大桥、蔡家大桥、水土嘉陵江大桥 7 座桥梁正在建设中。[①] 省内建设 17 个穿两山道路隧道，龙洲湾隧道建成通车，龙兴隧道、土主隧道正在建设中。

2019 年，四川省公路水路建设投资再次超过千亿元，实现 1805 亿元。高速公路建成总里程突破 7500 公里，新增出川通道 2 个，共计 21 个。目前新开工项目中，包括 9 个高速公路项目，总里程达 1066 公里，现已建成和在建高速公路总里程突破 1.1 万公里。完成国省干线公路提档升级 1868 公里，普通国道路面性能指数达 88.6，路况水平总体良好。新改建农村公路 2.5 万公里，整治通乡通村破损路面 2697 公里，提前一年实现乡乡通油路、村村通硬化路；实现 4520 个建制村顺利开通客车，助力通邮率达 100%。贫困地区安全生命防护工程已完成建设 1.5 万公里、渡改桥 65 座。[②]

2019 年，贵州省公路水路总固定资产投资额为 1207.78 亿元，其中公路 1168.53 亿元、水路 7.96 亿元，投资总额连续六年实现超千亿元，位列全国第一方阵。相较 2018 年，2019 年贵州省公路运输总周转量增长 10%，增速排全国前列。在交通脱贫攻坚方面，全省近 4 万个 30 户以上自然村寨实现 100% 通畅，惠及农村人口 1166 万。[③]

2019 年，云南铁路运营里程达 4031 公里，高铁及动车运营里程 1105

---

① 《2019 年度重庆市中心城区交通发展年度报告出炉》，http：//cq.people.com.cn/n2/2020/0519/c365401－34028458.html。

② 《2019 年四川交通成绩单：完成投资 1805 亿元》，http：//sc.sina.com.cn/news/m/2020－04－04/detail－iimxyqwa4980834.shtml。

③ 《2019 年全省交通运输工作总结》，http：//jt.guizhou.gov.cn/xxgk/zdgk/ghjh_16064/jhzj/202003/t20200302_52756804.html。

公里，客货航线达466条，国内外通航城市185个，航道通航里程达4538公里。作为第二批交通强国建设试点省份，云南省在建设项目的前期工作中取得重大进展。交通扶贫深入推进，"四好农村路"复合效益显著发挥，云南省所有建制村通硬化路、通邮，具备条件的建制村基本实现通客车，新改建农村公路1.97万公里。[①]

（三）长江港口建设

长江经济带是我国港口运输发展的重要引领高地。目前，长江承载了沿江地区超过80%的煤炭、铁矿石运输量，并承担了中上游地区90%的外贸货运量，是世界上运量最大、通航最繁忙的黄金水道。[②] 历经多年努力，长江南京以下12.5米深水航道工程已完成所有规划建设任务，达成工程预期目标。并经过一年的试运营，长江南京以下12.5米深水航道二期工程于2019年5月20日顺利实现竣工验收，正式开启运行阶段。该工程全长超过280公里，建设范围包括长江干线南京至太仓河段，完成一、二期工程建设后航道水深由10.5米提升至12.5米。该工程有效地提升了长江南京以下航段通航能力，极大地改善了航运条件和运输格局，充分发挥了港口枢纽功能，节省了物流成本，经济社会发展效益明显。

数据显示，2018年，5万吨级、10万吨级、20万吨级及以上船舶到港艘数分别是2011年的2.9倍、3.4倍、4.9倍，实载承运量分别是2011年的4.0倍、7.6倍和7.4倍。其中，江苏沿江港口货物吞吐量增速显著，2018年实现货物吞吐量17.8亿吨，是2011年的1.5倍。[③] 该工程的建成有利于沿江地区实体企业节省水运物流成本，促进交通运输业供给侧结构性改革。

2018年长江经济带内河主要规模以上港口码头长度为361301米，较上

---

① 《2019年云南交通投资保持高位增长，高速里程超6000公里》，https：//baijiahao. baidu. com/s？id＝1662140901682494630&wfr＝spider&for＝pc。

② 《交通运输部：长江航道水深不可能无限提高已定长期发展目标》，http：//finance. sina. com. cn/roll/2019－07－11/doc－ihytcitm1185970. shtml。

③ 《2019年中国港口十大新闻》，http：//www. chineseport. cn/bencandy. php？fid＝47&id＝304542。

年下降1.96%；泊位数为3930个，较上年下降5.57%。其中，生产用泊位数下降幅度最大，2018年生产用泊位数3444个，同比下降6.16%。尤其是上游的生产用泊位数，同比下降10.51%（见表3）。

2018年沿海主要规模以上港口码头长度为252232米，较上年增长2.27%；泊位数为2227个，基本与上年持平。生产用码头长度和泊位数都较上年小幅上升，而非生产用码头长度和泊位数均呈下降趋势，同比分别减少了5.71%和5.59%（见表4）。

表3　2018年内河主要规模以上港口生产用泊位数

项目	总量			生产用			非生产用	
	码头长度（米）	泊位数（个）	万吨级（个）	码头长度（米）	泊位数（个）	万吨级（个）	码头长度（米）	泊位数（个）
重庆	84771	1024	—	63760	664	—	21011	360
宜昌	24676	249	—	23175	231	—	1501	18
武汉	16456	162	—	14114	135	—	2342	27
黄石	7892	89	—	7462	83	—	430	6
九江	17516	176	—	15311	146	—	2205	30
安庆	7621	90	—	6549	73	—	1072	17
池州	8393	86	—	8393	86	—	—	—
铜陵	7414	74	3	7369	73	3	45	1
芜湖	13544	124	13	13544	124	13	—	—
马鞍山	9027	110	1	8977	109	1	50	1
南京	29958	236	66	29318	226	62	640	10
镇江	22602	211	42	22482	209	42	120	2
泰州	20989	161	61	20989	161	61	—	—
扬州	7446	42	23	7446	42	23	—	—
江阴	16692	111	39	16542	109	39	150	2
常州	4134	32	9	4134	32	9	—	
南通	20165	114	67	19610	108	57	555	6
上海(内河)	42005	839	—	41650	833	—	355	6
下游	209990	2230	324	207003	2185	310	2987	45
中游	66540	676	—	60062	595	—	6478	81
上游	84771	1024	—	63760	664	—	21011	360
长江经济带	361301	3930	324	330825	3444	310	30476	486
全国	791221	11148	451	753345	10521	437	37876	627
占全国比重(%)	45.66	35.25	71.84	43.91	32.73	70.94	80.46	77.51

资料来源：《中国统计年鉴2019》。

表 4　2018 年沿海主要规模以上港口泊位数

项目	总量			生产用			非生产用	
	码头长度（米）	泊位数（个）	万吨级（个）	码头长度（米）	泊位数（个）	万吨级（个）	码头长度（米）	泊位数（个）
上海	107234	1054	224	75410	573	181	31824	481
连云港	16634	73	59	16337	71	59	297	2
宁波－舟山	96840	707	178	92503	619	178	4337	88
台州	14601	194	9	14401	192	9	200	2
温州	16923	199	20	16785	198	20	138	1
长江经济带	252232	2227	490	215436	1653	447	36796	574
全国	876523	6150	2019	814337	5302	1942	62186	848
占全国比重(%)	28.78	36.21	24.27	26.46	31.18	23.02	59.17	67.69

资料来源：《中国统计年鉴 2019》。

（四）机场群建设情况

如表 5 所示，截至 2019 年长江经济带共有 78 个机场，占全国总机场数量的 32.64%。上、中、下游机场数量分别为 38 个、16 个和 24 个。2019 年，交通运输部明确表示把推进长三角世界级机场群建设作为长江经济带发展战略内容。2019 年 12 月，第二届长三角综合交通发展大会在杭州顺利举办，沪苏浙皖达成共识，未来工作主要着眼于高质量、一体化、协同发展，致力于共同为深入优化长三角一体化综合立体交通网布局做出努力。伴随长三角省市之间的区域联系愈加密切，长江经济带下游地区的区域航空枢纽功能将会更好地发挥作用。2020 年，江苏省交通运输工作会议中，再次涉及有关苏州机场的规划内容等。据相关规划，苏州北站综合枢纽将建设成综合一体化城市航站楼，与虹桥机场、苏南机场与未来的苏州机场互联互通，融合空铁联运发展。

表5 长江经济带机场分布

地区	机场名称
上游	双流、长水、江北、龙洞堡、三义、嘎洒、南郊、芒市、三峡、大理、遵义、黄龙、蓝田、驼峰、莱坝、飞雄、高坪、五桥、思茅、香格里拉、青山、云瑞、河市、临沧、兴义、黄果树、盘龙、保安营、月照、昭通、亚丁、黄平、普者黑、黎平、荔波、泸沽湖、红原、佤山
中游	黄花、天河、昌北、荷花、黄金、刘集、凤凰、罗家、井冈山、许家坪、明月山、武当山、南岳、武陵山、零陵、红坪
下游	浦东、虹桥、萧山、禄口、龙湾、栎社、新桥、硕放、奔牛、兴东、观音、泰州、义乌、南洋、涟水、白塔埠、普陀山、路桥、屯溪、阜阳、桃花源、九华山、安庆、衢州

资料来源：中国民航总局网站。

二　长江经济带交通运输能力

（一）公路和水路货运能力

1. 上、中、下游比较

从运输方式看，无论是货运量还是货物周转量，长江经济带水路运输均占全国的一半以上，港口运输优势突出。而长江经济带水路货运量的重要组成部分是下游地区。下游地区的水路货运量约占长江经济带水路货运量的79.71%，水路货物周转量约占长江经济带的89.03%，长江经济带水路货物运输集中在下游地区。上、中、下游在公路货物运输方面差距不甚明显。在货运量方面，上、中、下游地区公路货运量分别占其地区总货运量的62.75%、89.04%和94.70%，即公路货运量相比水路货运量具有绝对优势。与货运量不同的是，下游地区的水路货物周转量占下游地区总货物周转量的82.84%，中、上游地区依然是公路货物周转量远超水路货物周转量，分别占其地区总货物周转量的74.87%和68.49%。

表 6　2019 年长江经济带公路和水路货运量和货物周转量

项目	货运量(万吨)		货物周转量(万吨公里)	
	公路	水路	公路	水路
上海	38750	69981	2967910	294711195
江苏	147047	90670	26779178	63794937
浙江	177683	106878	20821052	100737050
安徽	297720	124982	57424793	62246781
江西	170436	10331	40647010	2553766
湖北	176402	39105	33722200	29255507
湖南	218236	20090	32976755	4215476
重庆	110036	21094	12691448	24533774
四川	188464	6896	19545311	3055727
贵州	99220	1674	12670569	451916
云南	145147	696	16414794	174375
下游	661200	392511	107992933	521489963
中游	565074	69526	107345965	36024749
上游	542867	30360	61322122	28215792
长江经济带	1769141	492397	276661020	585730504
全国	4160640	747225	748360663	1039630352
占全国比重(%)	42.52	65.90	36.97	56.34

资料来源：中华人民共和国交通运输部。

2. 概况小结

2019 年，长江经济带公路的货运量达 176.91 亿吨，货物周转量达 27666.10 亿吨公里，分别占全国的 42.52% 和 36.97%，比上年增长 0.43% 和 0.91%。水路的货运量为 49.24 亿吨，占全国总货运量的 65.90%；货物周转量为 58573.05 亿吨公里，占全国的 56.34%。长江经济带的水路运输超过全国总运输的一半以上，相较于全国其他地区，长江经济带水运优势明显。

2019 年，长江干线货物通过量达 29.3 亿吨，同比增长 8.9%，干线港口货物吞吐量 31.6 亿吨，同比增长 11.3%，完成集装箱吞吐量 1940 万

TEU，同比增长10.9%，均刷新历史纪录。船型标准化深入推进，干线货船平均吨位提升至1880吨，比2018年增加了100吨；严格控制新增运力，淘汰老旧液货危险品船和客船121艘，持续优化运力结构。

在运输保障方面，圆满完成长江干线春运组织及军事运输保障任务。同时，积极开展江海联运和铁水联运，大力支持开辟武汉至日本江海直达集装箱班轮航线；精心维护安徽大型企业6.4万吨海船安全通过芜湖以下长江大桥及浅水道。

在服务港航企业方面，相关部门实施了优化营商环境、增强港航企业发展活力等多项措施；简化行政许可流程，省际客船和危险品船水路运输许可办理时限由原来的20天缩短为10天；提升引航服务质量，全年安全引领中外船舶6万余艘次进出长江；南京海事局正式启用“24小时海事政务自助服务区”。此外，对32家企业开展检查，对发现的100余个问题进行网上公开通报，并督促整改落实；加大对事故船舶及其公司的监管力度，约谈了8家公司的法人代表，并对涉事船舶实施停航整顿。①

（二）公路和水路客运能力

1. 总体情况

2019年，长江经济带的客运量和旅客周转量分别占全国总量的50.45%和45.16%。相较2018年，长江经济带的客运量和旅客周转量均呈下降趋势，其中客运量同比下降6%，旅客周转量同比下降6.11%。分运输方式看，公路客运量同比减少6.1%，占长江经济带总客运量的97.59%；水路客运量减少1.89%，占长江经济带总客运量的2.41%；公路旅客周转量减少6.18%，占长江经济带总客运量的99.07%；水路旅客周转量增加1.57%，占长江经济带总客运量的0.93%。

① 《2019年长江运输服务不断优化：长江干线货物通过量同比增长8.9%》，http：//www.zgsyb.com/news.html？aid=533469。

表 7　2019 年长江经济带客运量和旅客周转量

项目	客运量(万人)		旅客周转量(万人公里)	
	公路	水路	公路	水路
上海	3168	441	1084865	7689
江苏	94475	2084	6981857	36718
浙江	72799	4785	3783883	69486
安徽	45643	222	3401726	3039
江西	45933	198	2442452	2751
湖北	69584	632	3920924	47583
湖南	84162	1641	4334651	34516
重庆	50990	756	2429780	57294
四川	72387	1930	4376586	18192
贵州	84255	2305	4714653	75037
云南	30681	1147	2512718	22955
下游	238313	6138	14033737	173478
中游	199679	2471	10698027	84850
上游	216085	7532	15252331	116932
长江经济带	654077	16141	39984095	375260
全国	1301173	27267	88570794	802202
占全国比重(%)	50.27	59.20	45.14	46.78

资料来源：中华人民共和国交通运输部。

2. 上、中、下游比较

与货物运输不同，长江经济带上、中、下游的客运量和旅客周转量分布比较均匀。上、中、下游地区的客运量分别占长江经济带总客运量的 36.47%、30.16% 和 33.36%，旅客周转量占比分别为 35.2%、26.72% 和 38.08%。无论是客运量还是旅客周转量，公路运输量都远远高于水路运输量。

（三）长江干线内河港口运输能力

2019 年，长江经济带的内河港口吞吐量呈下降趋势。其中，货物吞吐量实现 27.4 亿吨，同比下降 36.89%；外贸吞吐量为 5.98 亿吨，同比下降 25.92%；集装箱吞吐量为 5627 万 TEU，同比下降 10.13%（见表 8）。下游地区的吞吐量遥遥领先于其他流域，货物吞吐量占长江干线主要内河港口货物吞吐量的 70.45%，外贸吞吐量和集装箱吞吐量占比均在 90% 以上。上游地区的货物吞吐量、外贸吞吐量、集装箱吞吐量最少，中游次之。但是，相较于上年，下游地区的货物吞吐量、外贸吞吐量和集装箱吞吐量下降趋势最为明显，分别降低45.28%、27.25%和10.79%。上游地区的货物吞吐量和集装箱吞吐量呈下降趋势，外贸吞吐量浮动微小，呈平稳发展态势。中游地区货物吞吐量，外贸吞吐量、集装箱吞吐量均略微上升，分别增加8.97%、5.56%和9.14%。

表8　2019年长江干线主要内河港口货物、集装箱吞吐量

项目		货物吞吐量(万吨)	外贸吞吐量(万吨)	集装箱吞吐量(万TEU)
上游	重庆	17127	567	125
	四川	1909	79	44
中游	江西	15971	386	71
	湖北	30661	1971	209
	湖南	15337	512	69
下游	上海	66351	39664	4330
	江苏	31575	14899	505
	浙江	39681	177	95
	安徽	55488	1591	179
长江经济带		274100	59846	5627
全国		1395083	432069	26107
占全国比重(%)		19.65	13.85	21.55

资料来源：中国交通运输部网站。

（四）航空运输能力

1. 总体概况

根据表9，截至2019年底，长江经济带下游地区有7个机场旅客吞吐量超过千万级，包括上海浦东、上海虹桥、杭州萧山、南京禄口、宁波栎社、温州龙湾和合肥新桥。中游地区有3个千万级机场，包括武汉天河、长沙黄花和南昌昌北。上游地区有4个，包括成都双流、昆明长水、重庆江北和贵阳龙洞堡。

表 9　2019 年长江经济带机场吞吐量及增速

机场	旅客吞吐量			货邮吞吐量		
	增速排名	数量（万人次）	同比增长（%）	增速排名	数量（万吨）	同比增长（%）
上海	27	12179.1	3.5	29	405.8	-2.8
江苏	4	5843.8	13.2	18	64.2	7.5
浙江	19	7015.1	7.3	22	90.0	6.6
安徽	5	1519.2	11.7	3	9.3	23.9
江西	22	1845.7	6.5	1	13.0	42.1
湖北	3	3530.9	13.5	13	25.3	9.7
湖南	8	3361.1	11.2	8	17.9	13.4
重庆	14	4645.0	8.3	19	41.3	7.4
四川	11	6713.6	9.6	25	69.9	2.0
贵州	15	3030.9	8.3	17	12.7	8.0
云南	26	7051.8	4.3	28	46.3	-2.6
下游	—	26557.2	7.0	—	569.3	-
中游	—	8737.7	11.1	—	56.2	17.1
上游	—	21441.3	7.4	—	170.2	2.4
长江经济带	—	56736.2	7.7	—	795.7	1.6
全国	—	135163	6.9	—	1710	2.1
占全国比重（%）	—	41.98	—		46.53	

资料来源：中国民用航空局。

2019 年长江经济带机场全年旅客吞吐量为 5.67 亿人次，较上年增长 7.7%。中游地区增速最高，为 11.1%。下游地区江苏省增速位列全国第四、长江经济带首位，同比增长 13.2%。长江经济带全年货邮吞吐量超过 795 万吨，同比增长 1.6%。下游地区货邮吞吐量基本与 2018 年持平，上游地区略微增长，中游地区增势迅猛，比 2018 年增加了 8.2 万吨，增速为 17.1%。

2. 上、中、下游比较

2019 年，长江经济带有 18 个机场位列全国航空旅客吞吐量 50 强，总计达到 4.91 亿人次，占全国的 36.34%。从货邮吞吐量来看，绵阳南郊机场排名在全国50强之外，上海浦东机场位居全国第一，占长江经济带机场总货邮吞吐量的22.04%。从排名上看，2019年全国旅客吞吐量机场前10名中，有6个机场位于长江经济带，其中重庆江北机场增速明显，比上年同期增长7.7%。与2018年相比，合肥新桥机场、贵阳龙洞堡机场和无锡硕放机场的排名均上升1个位次，武汉天河机场和温州龙湾机场排名上升2个位次，长沙黄花机场和南昌昌北机场排名下降1个位次，丽江三义机场排名下降4个位次。

表10　2019年长江经济带主要机场吞吐量

机场	旅客吞吐量				货邮吞吐量			
	排名	本期完成（人次）	上年同期（人次）	同比增速（%）	排名	本期完成（吨）	上年同期（吨）	同比增速（%）
上海浦东	2	76153455	74006331	2.9	1	3634230.4	3768572.6	-3.6
成都双流	4	55858552	52950529	5.5	6	671903.9	665128.4	1.0
昆明长水	6	48075978	47088140	2.1	9	415776.3	428292.1	-2.9
上海虹桥	8	45637882	43628004	4.6	8	423614.7	407154.6	4.0
重庆江北	9	44786722	41595887	7.7	10	410928.6	382160.8	7.5
杭州萧山	10	40108405	38241630	4.9	5	690275.9	640896.0	7.7
南京禄口	11	30581685	28581546	7.0	12	374633.5	365054.4	2.6
武汉天河	14	27150246	24500356	10.8	15	243193.4	221576.3	9.8
长沙黄花	15	26911393	25266251	6.5	18	175724.5	155513.1	13.0
贵阳龙洞堡	20	21910911	20094681	9.0	28	120110.2	112396.2	6.9
南昌昌北	31	13637151	13524159	0.8	26	122517.3	82604.4	48.3
宁波栎社	33	12414007	11718416	5.9	29	106120.2	105673.2	0.4
温州龙湾	34	12291707	11218701	9.6	33	81106.6	80189.5	1.1
合肥新桥	36	12282384	11110596	10.5	32	87101.6	69787.3	24.8
无锡硕放	42	7973446	7207529	10.6	22	145128.2	123818.9	17.2
丽江三义	45	7173986	7529935	-4.7	50	12616.0	11329.9	11.4
绵阳南郊	49	4159370	3938882	5.6	62	8860.4	7586.7	16.8
常州奔牛	50	4052342	3327722	21.8	45	33161.0	28170.1	17.7
合计	—	491159622	465529295	5.5	—	7757002.6	7655904.6	1.3

资料来源：中华人民共和国交通运输部。

就全国十大货邮吞吐量机场而言，长江经济带的上海浦东、成都双流、杭州萧山、昆明长水、上海虹桥和重庆江北等机场均位列其中。相较于2018年，上海浦东机场和重庆江北机场排名不变，分别列第1位和第10位；成都双流机场和昆明长水机场均下降1位次，杭州萧山机场和上海虹桥机场排名均上升1个位次，分别居第5位和第8位。

上海虹桥机场和浦东机场一直是长江经济带的核心航空枢纽，近些年增速明显放缓，甚至出现负增长，即运营能力渐趋饱和，面临发展瓶颈。长三角一体化快速推进，使得航空交通需求与日俱增，亟须突破机场运营方面的瓶颈，完善长江经济带机场群的功能，提升机场群的运营效率，形成分工明确、精准定位、匹配市场的差异化多层次发展格局。浦东机场的货邮吞吐量位居第一，但连续十年呈缓慢增长态势，2019年甚至同比下降3.6%。位居第九的昆明长水机场的货邮吞吐量也面临出现负增长率的问题。

（五）快递服务业发展情况

随着电商的迅速发展，快递业务与民生基础生活日益紧密相关。当前，人民对美好生活的向往也体现在日常消费水平上。各电商平台年度消费促销活动，以及当下火热的直播带货活动，更是激发了居民的消费热情，也带动快递业务迅猛增长，现快递业务已成为交通运输业中不可小觑的活跃板块。2019年，长江经济带快递业务量突破300亿件，实现总额累计301.97亿件，同比增加24.1%。快递收入突破3000亿元，完成收入额为3696.03亿元，同比增加23.4%（见表11）。长江经济带的快递业务量和快递收入皆约占全国总计的一半。下游地区凭借交通运输体系更加完善、交通运输方式更多元化以及邻近地区联系紧密等多项优势，其快递业务量和收入累计额皆约占据长江经济带的80%；中、上游地区的快递业务量和收入累计均基本占长江经济带总计的10%。

表 11　2019 年长江经济带快递服务企业情况

项目	快递业务量累计(万件)	同比增长(%)	快递收入累计(万元)	同比增长(%)
上海	313326.1	-10.1	12888432.8	26.3
江苏	574060.4	30.8	6189768.3	28.7
浙江	1326252.1	31.2	9129240.5	17.1
安徽	154543.0	37.6	1383815.0	24.7
江西	77719.9	25.5	843014.5	25.7
湖北	168499.8	24.5	1738919.9	20.9
湖南	103079.3	30.6	1009256.0	25.4
重庆	55322.4	20.8	704509.7	21.4
四川	179104.9	22.7	2035863.8	21.8
贵州	24584.4	16.0	461053.6	14.0
云南	43160.8	26.9	576432.6	22.3
下游	2368181.6	23.9	29591256.6	23.7
中游	349299.0	26.5	3591190.4	23.3
上游	302172.5	22.3	3777859.7	20.8
长江经济带	3019653.1	24.1	36960306.7	23.4
全国	6352291.0	25.3	74978235.2	24.2
占全国比重(%)	47.54		49.29	

资料来源：中华人民共和国交通运输部。

三　展望与建议

近两年，长江经济带交通运输业整体呈现稳中有进的发展态势，并已初步形成了横穿东西、纵贯南北的综合立体交通走廊，极大地完善了基础设施网络布局，有效提升了运输服务效率，显著提高了交通运输能力，为长江经济带经济社会进一步发展提供了有力支撑。

目前，交通运输业的重点改革任务之一是减少物流运输成本，优化交通运输结构，实施“公转铁”和“公转水”等有力措施。长江经济带水运优势突出，是全国水运交通的重要枢纽，完善长江经济带交通运输结构将有利于整合交通运输资源，深化全国交通运输业供给侧结构性改革。

我国经济已步入高质量发展新阶段，综合交通运输体系将面临更高层次、更多元化的发展要求。2020 年初，新冠肺炎疫情暴发，对产业供应链造成严重冲击，并影响我国区域经济整体布局。随着新基建工程的推进，交通运输网络智能化也是交通运输业未来发展的重要方向。面对“黑天鹅”事件和与日俱进的新技术发展，长江经济带需从战略全局的角度，针对地区个性化发展进行前瞻性统筹规划。

第一，坚持统筹协调。长江经济带上、中、下游地区要统筹协调不同运输方式间、枢纽和通道间、基础设施服务间、不同流域间、农村与城市间等的带领促进关系。

第二，精准匹配需求。根据各地区基础设施和生产需求，精准制定地方政策，推动地区形成个性化和多样化需求匹配共存，完善地区交通运输线路，促进相邻地区资源合并，强化长江经济带上、中、下游地区交通运输业的联合驱动。

第三，深化产业融合。作为民生之根本，交通运输业与当代经济社会联系愈加紧密。交通运输业的产业布局、空间规划和生态环境等深度融合共同发展，推动交通运输设施与传统基础设施深度融合，推动交通运输业与物联网、人工智能等新型基础设施兼容发展，奠定长江经济带交通运输业在全国中的龙头地位。

Abstract

The report on the development of the Yangtze River Economic Belt (2019 - 2020) is the fifth part of the blue book series of the Yangtze River economic belt. It is also one of the achievements of the national high-end think tank organized by the innovation team of the president of Shanghai Social Sciences triangle think tank. This report takes the overall development of the Yangtze River economic belt as the research object, which is divided into three parts: the general report, the index section and the industry section. It focuses on the economic, social and environmental development status and trend of the Yangtze River economic belt from 2019 to 2020. Using statistical data and government reports, on the one hand, we continue to evaluate and rank the green development, technological innovation and industrial transformation of 126 cities in the Yangtze River economic belt. On the other hand, the main industries such as agriculture, industry, finance and tourism in the Yangtze River economic belt are comprehensively sorted out. The release of these indexes and the research on the main industries and urban development has important decision-making reference value for the construction of the Yangtze River economic belt.

The general report makes a comprehensive analysis of the overall development of the Yangtze River Economic Belt in 2019 from four latitudes of economic development, social development, ecological development and urban agglomeration construction. The economic development report points out that in the face of the complex situation of increasing domestic and foreign risk challenges, the economy of the Yangtze River Economic Belt will continue to maintain a medium and high-speed growth trend in 2019, and its proportion in the national economy will continue to rise, The inter provincial gap within the region has decreased. The industrial structure has been further optimized, and the three major driving forces of economic development, namely investment, consumption and export, are in the stage of dynamic adjustment and change. The scale of investment is still growing, but the growth rate is slowing down; the domestic consumption is growing at a high speed, and the growth rate has dropped somewhat; the social development report focuses on the population and social development, residents' income and consumption, education, medical care and health service development in the Yangtze River economic belt. The development situation and main problems of various dimensions of social livelihood development, such as development situation of exhibition, development of science and technology and cultural undertakings, employment, pension and social security. The ecological development report points out that the ecological development level of the Yangtze River economic belt is rising, the ecological system is gradually recovering, the overall environmental quality is improving, and the efficiency of resource utilization is constantly improving. However, regional and local ecological and environmental problems are still obvious. The report on the development of urban agglomerations points out that the regional economy of the three major urban agglomerations in the Yangtze River economic belt has shown a downward trend in recent years, but it is generally in the middle and high-speed growth range; the total regional economic volume has increased significantly, and the contribution share to the Yangtze River economic belt and China's regional economy has steadily increased; the level of economic development has steadily improved, but there is a large regional gap.

The index includes five indexes: green development, science and technology innovation drive, industrial transformation and social development and income distribution index. The green development index report systematically evaluates the green development level of 126 prefecture level and above administrative regions in the Yangtze River Economic Belt in 2018 from three fields of green ecology, green production and green life. Based on the calculation and ranking of the comprehensive index of green development and the development index of the three major fields, the green development level and spatial pattern of the Yangtze River economic belt are comprehensively depicted in the scale of cities and urban agglomerations. Through constructing the evaluation system of the driving force of scientific and technological innovation in the Yangtze River economic belt, and setting the weights of subjective and objective comprehensive indicators based on ahp-evm model, the report obtains the comprehensive index of science and technology innovation driving force, four special indexes of scientific and technological innovation input, scientific and technological innovation carrier, scientific and technological innovation output, and ten secondary index scores. The driving forces of science and technology innovation of 110 cities in the Yangtze River economic belt are evaluated. The results show that the pattern of taking Shanghai, Nanjing, Wuhan, Suzhou, Hangzhou and other cities as the core driving forces of scientific and technological innovation in the Yangtze River economic belt has become stable, and the ranking of central cities in central and Western China such as Chengdu, Chongqing, Nanchang and Guiyang has been improved. The industrial transformation index report systematically and comprehensively evaluates the industrial transformation and upgrading level of 126 cities in the Yangtze River economic belt from the four dimensions of structural optimization, quality improvement, industrial innovation and environmental friendliness. According to the comprehensive index and four special indexes, 126 cities are ranked, and the top 20 key cities of industrial transformation and upgrading in the Yangtze River economic belt are analyzed. By expanding the sample size and improving the analysis framework, the social development index comprehensively evaluates the development effects of social undertakings, social security, social balance and social vitality of 126 cities in the Yangtze River economic belt. On the whole, the scores of social development index of 126 cities in the Yangtze River economic belt are relatively low, and the regional gap is large. The report on income distribution index has further improved the income distribution index system in 2018. It only evaluates the efficiency and fairness of primary distribution. It selects four indicators, namely factor production efficiency, factor allocation efficiency, fairness of initial distribution process and fairness of initial distribution result, and selects 11 measurement indicators to analyze the income distribution index of 110 cities in the Yangtze River economic belt The evaluation points out that the Yangtze River economic belt has made a lot of achievements in perfecting the income distribution system and improving the income distribution system, but there are still unreasonable and nonstandard areas that need to be further improved.

The industry section tracks and studies the latest development trend of agriculture, industry, finance, tourism, transportation and cultural industry in the Yangtze River economic belt, and comprehensively combs and analyzes the latest statistical yearbook and statistical bulletin data. Among them, the agricultural development report points out that in 2019, the proportion of agricultural added value of the Yangtze River Economic Belt in the whole country will be stable at about 43%. From the perspective of industrial structure, forestry and fishery have relatively high contribution to the dry agricultural economy; in terms of land yield per unit area, the land output rate of grain and rapeseed in the Yangtze River economic belt is significantly higher than the national average level; from the perspective of agricultural modernization level, the agricultural labor productivity, land output rate, mechanization and facility degree in the middle and lower reaches are relatively high. From the perspective of development trend, in recent years, the cultivated land area has shown a downward trend, grain production has declined, the proportion of employment in the primary industry has continued to decline, and the proportion of agricultural employment population in the whole country is relatively stable. According to the industrial development report, in 2019, the overall industrial economy of the Yangtze River Economic Belt will be stable and progress will be made in a stable way. The industrial production will develop steadily, the growth rate of industrial investment will drop, the economic benefits will continue to decline, and the industrial assets will grow steadily. In terms of industries, the manufacturing industry of computer, communication and other electronic equipment in the Yangtze River economic belt has made steady progress, the manufacturing industry of chemical raw materials and chemical products has developed differently, the manufacturing industry of electrical machinery and equipment has developed soundly, and the automobile manufacturing industry has developed steadily. The financial development report points out that in 2019, the financial development level of the Yangtze River Economic Belt will increase slightly, the regional financial development differences will continue to narrow, the insurance depth will rise slightly, and the financial business will occupy a large proportion of the country. The growth rate of bank deposit business remained stable, and the growth rate of loan business was fast; the number of listed companies kept a large proportion with the trading volume of members; the amount of stock fund-raising and securities trading volume increased significantly; the growth rate of insurance business increased significantly. The tourism development report points out that the 11 provinces and cities in the Yangtze River economic belt have made remarkable achievements in the fields of cultural tourism integration, rural tourism vibration and ecological optimization, but at the same time, there are still differences in resource distribution, business performance and development environment in the whole basin.

Keywords: Yangtze River Economic Belt; Index Comparison; Index; Industrial Characteristics; Regional Comparison

Contents

Ⅰ General Reports

Abstract: The Yangtze River economic belt is the gold economic belt with the longest depth, the widest coverage and the greatest influence in China. It plays an extremely important role in China's regional development pattern. In 2019, in the face of the complex situation of increasing domestic and international risk challenges, the economy of the Yangtze River Economic Belt continues to maintain a medium-high speed growth trend, and its proportion in the national economy continues to rise, and the inter provincial gap within the region is reduced. The industrial structure has been further optimized, and the development of service industry, industry and strategic emerging industries has its own merits. Investment, consumption and export are in the stage of dynamic adjustment and change. The scale of investment is still increasing, but the growth rate is slowing down; domestic consumption is growing at a high speed, but the growth rate is falling down; the export shows obvious characteristics of large fluctuations.

Keywords: Economic Development; Industrial Structure; Economic Driving Force; Yangtze River Economic Belt

Abstract: In recent years, the whole area of the Yangtze River Economic Belt has been oriented towards collective protection and no major development, guided by the ecological protection of the river basin, and green and efficient development, relying on the Yangtze River's golden waterways and the cross-basin three-dimensional transportation network to promote the upper, middle and lower reaches of the Yangtze River. Significant results have been achieved in the area of high-quality development. This report is based on the basic social development data of 11 provinces and cities in the Yangtze River Economic Belt. It focuses on the social development including population development, residents' income, education, health care, elderly care services, employment security, social security payments, and assistance for disadvantaged groups. While analyzing the basic trend of social development in the Yangtze River economic belt, the paper tries to clarify the current situation and problems, excavate the pain points and clarify the ideas, so as to provide reference for further promoting the coordinated economic and social development of the whole basin and creating a high-quality social development cluster area.

Keywords: Yangtze River Economic Belt; Social Development; Social Undertakings

Abstract: Ecological development is an important area of Yangtze River Economic Belt development strategy, and the inevitable way for high-quality development of the Yangtze River Economic Belt. In 2019, under the relevant requirements of ecological priority and green development, all provinces and cities in the Yangtze River Economic Belt adhered to the battle against water pollution, air pollution and soil pollution. And all provinces and cities made every effort to rectify the ecological environment of the Yangtze River Economic Belt, especially responded to the issues the central ecological and environmental protection inspector fed back. In 2019, the level of ecological development in the Yangtze River Economic Belt continued to rise, the ecosystem was gradually restored, the environmental quality was improved, and the efficiency of resource utilization continued to increase. However, regional, and local ecological and environmental problems remained obvious. According to the evaluation results of the green development index, the level of green development in the eastern region is generally higher than that in the central and western regions. To improve the level of ecological development of the Yangtze River Economic Belt, it is necessary to protect the green mountains of the Yangtze River Economic Belt, explore the path to realize the value of ecological products, and establish a modern ecological environment governance system.

Keywords: Ecological Development; Battle Against Pollution Prevention and Control; Ecological Environmental; Yangtze River Economic Belt

B. 4 Report on the Development of Three Urban Agglomeration in the Yangtze River Economic Belt: 2019 -2020

Abstract: The Yangtze River Delta Urban agglomeration, Urban Agglomeration in the middle reaches of the Yangtze River and Chengdu - Chongqing Urban Agglomeration are the important engines to support and lead the high-quality and integrated development of the Yangtze River economic belt, and are also important functional areas in the strategic pattern of regional development in China. Based on the statistical yearbook and statistical bulletin data, this paper mainly analyzes the economic development characteristics of the three urban agglomerations. The main conclusions are as follows: In recent years, the regional economy of the three urban agglomerations has continued to decline, but it is located in the medium and high-speed growth range. The total GDP has increased significantly, and its proportion in the Yangtze River economic belt and China's economy has steadily increased. The level of development has been steadily improved, but there is a big regional gap. The economic growth rate of the nine core cities slowed down, the total GDP increased, and the development level improved. Compared within the urban agglomeration, the growth rate of core cities is slow, the scale advantage is obvious, and most of the development indicators are in the lead. The economic development of the three urban agglomerations will face severe challenges in 2020. Due to the different development status, the next key development tasks of the three urban agglomerations are different. There are obvious development gaps among the core cities. In order to promote the high-quality development of urban agglomerations, it is necessary to enhance the development level and function of core cities.

Keywords: Yangtze River Economic Belt; Yangtze River Delta Urban Agglomeration; Urban Agglomeration in the Middle Reaches of the Yangtze River; Chengdu-Chongqing Urban Agglomeration

Ⅱ Index Reports

Abstract: This report systematically evaluates the level of green development of 126 cities in the Yangtze River Economic Belt in 2018 from three areas: green ecology, green manufacturing and green lifestyle. On this basis, the cities' comprehensive green development index and level of development in these three areas are measured and ranked, in order to formulate comprehensive measurements about the level of development and regional characterization in the Yangtze River

Economic Belt. Finally, the development of the top 20 leading cities in the comprehensive index was highlighted.

Keywords: Green Development; Index System; Yangtze River Economic Belt

B. 6 The Science and Technology Innovation Driving Force Index Report in the Yangtze River Economic Belt (2020)

Yang Fan / 114

Abstract: By constructing the evaluation system of the scientific and technological innovation driving force index (S&T IDFI) in the Yangtze River Economic Belt, and setting the weight of the subjective-objective comprehensive index based on the AHP - EVM model, this paper obtain the comprehensive index of the S&T IDFI, the input of S&T innovation, the carrier of S&T innovation, the output of S&T innovation, the performance of S&T innovation, and the score of 10 secondary indicators, and comprehensively and systematically evaluate the S&T IDFI in 110 cities of the Yangtze Economic Belt. The results show that the pattern of Shanghai, Nanjing, Wuhan, Suzhou, Hangzhou and other cities as the S&T innovation hubs in the Yangtze River Economic Belt has stabilized, and the ranking of central cities in the central and western regions such as Chengdu, Chongqing, Nanchang and Guiyang has been improved.

Keywords: Yangtze River Economic Belt; Science and Technology Innovation Driving Force; Urban Development

B. 7 Report on Industrial Transformation and Upgrading Index of Yangtze River Economic Belt (2020)

Ma Shuang / 145

Abstract: This report systematically evaluates the level of green development of 128 cities in the Yangtze River Economic Belt in 2017 from three areas: green ecology, green manufacturing and green lifestyle. On this basis, the cities' comprehensive green development index and level of development in these three areas are measured and ranked, in order to formulate comprehensive measurements about the level of development and regional characterization in the Yangtze River Economic Belt. Finally, the development of the top 20 leading cities in the comprehensive index was highlighted.

Keywords: Yangtze River; Industry; City

Abstract: Based on the social development index of the Yangtze River Economic Belt established last year, the report continue to analysis the development of 126 cities in the Yangtze River Economic Belt in the four areas of social undertakings, social security, social balance and social vitality. On the whole, the social development of 126 cities are relatively at a low level, with a large regional gap. In terms of sub-fields, the development of urban and rural areas is relatively balanced, and the development of heath services and education is relatively good. We separately list the benchmark cities in the four major fields of social development, and further compared the development 14 important node cites, and found that the social development in Shanghai, Hangzhou and Suzhou is relatively balanced, whereas some cities are clearly lagging behind in some sub-fields of social development, where targeted measures should be taken to promote the overall development in social areas.

Keywords: Yangtze River Economic Belt; Social Development; Social Index

B. 9 Report on Income Distribution Index of Yangtze River Economic Belt (2020)

Le Han / 202

Abstract: This report systematically and comprehensively evaluates the industrial transformation and upgrading level of 126 cities in the Yangtze River economic belt from the four dimensions: structural optimization, quality improvement, industrial innovation and environmental friendliness. According to the comprehensive index and four special indexes, the 126 cities and the top 20 key cities are analyzed.

Keywords: Yangtze River Economic Belt; Income Distribution; Fair and Quality

Ⅲ Industry Reports

B. 10 Report on Agricultural Development in the Yangtze River Economic Zone

Dai Weijuan / 220

Abstract: In 2019, the agricultural added value of the Yangtze River Economic Zone accounts for 43% of the whole country. Compared with the planting industry, the forestry and fisheries industry account for a higher proportion of the country. The land output rate of grain and rapeseed in the Yangtze Economic Zone is obviously higher than the national average. From the view of agricultural modernization, the agricultural labor productivity, the land output, the degree of mechanization and facilities in the middle and lower reaches of the region are relatively higher than that in upstream area and national average. In recent years, the area of cultivated land has declined. The grain output decreased slightly. The proportion of the employment in agriculture is declining year by year. The proportion of the agricultural employment population in the whole country was relatively stable.

In 2020, the provinces in the Yangtze River Economic Belt will actively implement the strategy of rural revitalization. They will continue to ensure the supply. They will follow the green ecological and characteristic development guidance, promoting the development of Agricultural Modernization and the Integration of Agriculture and Non-Agricultural Industries.

Keywords: Yangtze River Economic Belt; Agriculture; Modern Agriculture

Abstract: In 2019, the industrial economy of the Yangtze River Economic Belt generally maintained steadily and smoothly, with a steady growth in industrial production, a slowdown in the growth rate of industrial investment, a continued decline in economic returns and a steady growth in industrial assets. The computer, communications and other electronic equipment manufacturing industry maintained a steady progress, the chemical raw materials and chemical products manufacturing industry made a differential development, the electrical machinery and equipment manufacturing industry made a sound development, and the automobile manufacturing industry maintained a steady development. 2020 is the year of building a moderately prosperous society in all respects and the end of the 13th five year plan, and the industrial development of Yangtze River Economic Belt is facing a more complicated and severe situation. The Yangtze River Economic Belt should take precise measures in the optimization and upgrading of traditional industries, the creation of advanced manufacturing clusters, and the integrated development of advanced manufacturing and modern service industries to promote steady and healthy development of industrial economy.

Keywords: Yangtze River Economic Belt; Industry; Advanced Manufacturing

B. 12 Digital Economy Development Report of Yangtze River Economic Belt (2019 -2020)

Xu Limei / 266

Abstract: In 2019, the added value of Chinese digital economy reached 35. 8 trillion, accounting for 36. 2% of GDP. The added value of the digital economy of Jiangsu, Zhejiang, Shanghai, Hubei and Sichuan in Yangtze River Economic Belt exceeded 1 trillion. The digital economy of Shanghai accounted for more than 50% of GDP. And in 2019, the digital industrialization in the Yangtze River Economic Belt has also further developed, and the scale of electronic information manufacturing accounted for 50% of the whole country. Anhui Province's "computer, communications and other electronic equipment manufacturing industry" increased by 21. 1% which was the most significant growth rate in Yangtze River Economic Belt. The number of enterprises and income of industry from software industry and information technology service industry in the Yangtze River Economic Belt both exceeded 40% of the country. Jiangsu Province continued to lead the development of digital industrialization across the country, with the added value exceeding 1. 5 trillion yuan. At the same time, the digitalization of the industry in the Yangtze River Economic has also developed rapidly in 2019. The average value-added scale of industry digitalization in Jiangsu and Zhejiang have exceeded 20, 000 trillion. Looking forward to 2020, the digital infrastructure in the Yangtze River Economic will be further improved, and the overall development speed of the digital economy will be improved; the trend of industrial integration will also be further revealed.

Keywords: Yangtze River Economic Belt; Digital Economy; Industrial Integration

Abstract: In 2019, the financial development level of the Yangtze river economic belt increased slightly, the gap in regional financial development continued to narrow, the depth of insurance slightly increased, and the financial business accounted for a large proportion of the country. The growth rate of bank deposit business remains stable, and the growth rate of loan business is fast. The number of listed companies and trading volume of members maintained a large proportion, and the amount of stock raising and trading volume of securities increased significantly. Insurance business growth also increased significantly. Looking forward to 2020, the financial industry in the Yangtze river economic belt will improve the quality of development while deepening reform and opening wider to the outside world, reduce and defuse financial risks, and maintain the sustained and sound development of the financial sector.

Keywords: Financial; Business Structure; Regional Structure; Yangtze River Economic Belt

Abstract: Yangtze River Economic Zone has rich and high-quality cultural tourism resources and booming market, which building a good basis for division of labor and coordinated development of regional cultural tourism industry. The Yangtze River Economic Zone is one of the regions with the strongest comprehensive strength and the greatest strategic support in China's tourism industry. Promoting the integration of the tourism industry in the Yangtze River Economic Zone and building the Yangtze River International Gold Tourism Belt are the breakthrough points and important factors. So far, tourism industry of the

11 provinces and cities in the Yangtze River economic zone has made remarkable achievements in the fields of integration of Culture and Tourism, promoting rural tourism as well as optimizing the ecological environment. At the same time, there are still differences in the development environment, distribution of resources and operating performance among the provinces or cities of the middle and lower reaches of the Yangtze River. Finally, this article puts forward the corresponding suggestions on further improving the institutional mechanism, deepening the regional cooperation, updating the products and pushing the safeguard measures in combination with the important development opportunities of the Yangtze River tourism belt.

Keywords: High Quality Development; Integration of Culture and Tourism; Yangtze River Economic Zone

B. 15 Development of Cultural Industry in Yangtze River Economic Belt: 2019 -2020 *Wang Yang, Chen Jiahuan* / 346

Abstract: The Yangtze River economic belt, which straddles the East, the middle and the west of China, is one of the core areas for the country to promote cultural development. The trend of cultural industry leading innovation and integration is increasingly obvious, and it has become an important support belt to enhance the comprehensive competitiveness of cultural industry and China's cultural soft power. The construction of "One Belt and One Road", the integration of Yangtze River Delta, the central region and the western development have brought favorable benefits to the sustainable development of the Yangtze River economic belt. The rapid development of cultural tourism integration has greatly promoted the formation of a new industrial development pattern with complementary advantages among provinces and cities in the Yangtze River economic belt.

Keywords: Yangtze River Economic Belt; Cultural Industry; Cultural Tourism Integration

Abstract: In 2019, the development trend of the transportation industry in the Yangtze River Economic Belt will be stable, the transportation investment will be basically the same as last year, the transportation capacity will be steadily improved, and the transportation mode will be gradually expanded. Based on the statistical data of transportation network mileage, road investment, port construction and airport group construction, this report analyzes the transportation development of the Yangtze River economic belt from multiple perspectives, compares the development differences between the upper, middle and lower reaches, and puts forward prospects and suggestions for future development.

Keywords: Yangtze River Economic Belt; Transportation Industry; Port Construction; Traffic Network Mileage

皮书

智库报告的主要形式
同一主题智库报告的聚合

皮书定义

皮书是对中国与世界发展状况和热点问题进行年度监测，以专业的角度、专家的视野和实证研究方法，针对某一领域或区域现状与发展态势展开分析和预测，具备前沿性、原创性、实证性、连续性、时效性等特点的公开出版物，由一系列权威研究报告组成。

皮书作者

皮书系列报告作者以国内外一流研究机构、知名高校等重点智库的研究人员为主，多为相关领域一流专家学者，他们的观点代表了当下学界对中国与世界的现实和未来最高水平的解读与分析。截至 2020 年，皮书研创机构有近千家，报告作者累计超过 7 万人。

皮书荣誉

皮书系列已成为社会科学文献出版社的著名图书品牌和中国社会科学院的知名学术品牌。2016 年皮书系列正式列入“十三五”国家重点出版规划项目；2013~2020 年，重点皮书列入中国社会科学院承担的国家哲学社会科学创新工程项目。

S 基本子库
UB DATABASE

中国社会发展数据库（下设 12 个子库）

整合国内外中国社会发展研究成果，汇聚独家统计数据、深度分析报告，涉及社会、人口、政治、教育、法律等 12 个领域，为了解中国社会发展动态、跟踪社会核心热点、分析社会发展趋势提供一站式资源搜索和数据服务。

中国经济发展数据库（下设 12 个子库）

围绕国内外中国经济发展主题研究报告、学术资讯、基础数据等资料构建，内容涵盖宏观经济、农业经济、工业经济、产业经济等 12 个重点经济领域，为实时掌控经济运行态势、把握经济发展规律、洞察经济形势、进行经济决策提供参考和依据。

中国行业发展数据库（下设 17 个子库）

以中国国民经济行业分类为依据，覆盖金融业、旅游、医疗卫生、交通运输、能源矿产等 100 多个行业，跟踪分析国民经济相关行业市场运行状况和政策导向，汇集行业发展前沿资讯，为投资、从业及各种经济决策提供理论基础和实践指导。

中国区域发展数据库（下设 6 个子库）

对中国特定区域内的经济、社会、文化等领域现状与发展情况进行深度分析和预测，研究层级至县及县以下行政区，涉及地区、区域经济体、城市、农村等不同维度，为地方经济社会宏观态势研究、发展经验研究、案例分析提供数据服务。

中国文化传媒数据库（下设 18 个子库）

汇聚文化传媒领域专家观点、热点资讯，梳理国内外中国文化发展相关学术研究成果、一手统计数据，涵盖文化产业、新闻传播、电影娱乐、文学艺术、群众文化等 18 个重点研究领域。为文化传媒研究提供相关数据、研究报告和综合分析服务。

世界经济与国际关系数据库（下设 6 个子库）

立足“皮书系列”世界经济、国际关系相关学术资源，整合世界经济、国际政治、世界文化与科技、全球性问题、国际组织与国际法、区域研究 6 大领域研究成果，为世界经济与国际关系研究提供全方位数据分析，为决策和形势研判提供参考。

法律声明

“皮书系列”（含蓝皮书、绿皮书、黄皮书）之品牌由社会科学文献出版社最早使用并持续至今，现已被中国图书市场所熟知。“皮书系列”的相关商标已在中华人民共和国国家工商行政管理总局商标局注册，如LOGO（）、皮书、Pishu、经济蓝皮书、社会蓝皮书等。“皮书系列”图书的注册商标专用权及封面设计、版式设计的著作权均为社会科学文献出版社所有。未经社会科学文献出版社书面授权许可，任何使用与“皮书系列”图书注册商标、封面设计、版式设计相同或者近似的文字、图形或其组合的行为均系侵权行为。

经作者授权，本书的专有出版权及信息网络传播权等为社会科学文献出版社享有。未经社会科学文献出版社书面授权许可，任何就本书内容的复制、发行或以数字形式进行网络传播的行为均系侵权行为。

社会科学文献出版社将通过法律途径追究上述侵权行为的法律责任，维护自身合法权益。

欢迎社会各界人士对侵犯社会科学文献出版社上述权利的侵权行为进行举报。电话：010-59367121，电子邮箱：fawubu@ssap.cn。

社会科学文献出版社